MODERN FINANCE SERIES

现代金融译丛

理论类

MODERN FINANCE SERIES

现代金融译丛

——理论类——

20 世纪的中央银行

Central Banking in the Twentieth Century

［英］约翰·辛格顿（John Singleton） ／著

张慧莲 等 ／译

中国金融出版社

责任编辑：陈　翎
责任校对：李俊英
责任印制：丁淮宾

北京版权合同登记图字 01－2014－7895

《20 世纪的中央银行》一书中文简体字版专有出版权属中国金融出版社所有。

本书的译本获得北京市教委"2014 年度北京高等学校教育教学改革立项项目"面上项目（项目号：2014－MS084）和外交学院 2014 年度"教学管理及改革的研究与实践"重点项目（项目号：JG201404A）的资助。

图书在版编目（CIP）数据

20 世纪的中央银行（20 Shiji de Zhongyang Yinhang）/［英］约翰·辛格顿（Singleton, J.）著；张慧莲等译 . —北京：中国金融出版社，2015.4

书名原文：Central Banking in the Twentieth Century

ISBN 978－7－5049－7799－1

Ⅰ.①2… Ⅱ.①约… ②张… Ⅲ.①中央银行—银行史—世界—20 世纪 Ⅳ.①F831.9

中国版本图书馆 CIP 数据核字（2015）第 019458 号

出版
发行　**中国金融出版社**

社址　北京市丰台区益泽路 2 号
市场开发部　（010）63266347，63805472，63439533（传真）
网 上 书 店　http://www.chinafph.com
　　　　　　（010）63286832，63365686（传真）
读者服务部　（010）66070833，62568380
邮编　100071
经销　新华书店
印刷　保利达印务有限公司
尺寸　169 毫米 ×239 毫米
印张　22
字数　360 千
版次　2015 年 4 月第 1 版
印次　2015 年 4 月第 1 次印刷
定价　58.00 元
ISBN 978－7－5049－7799－1/F. 7359
如出现印装错误本社负责调换　联系电话（010）63263947

20 世纪的中央银行

中央银行是拥有较大影响力却不易被常人理解的机构。到 1900 年，日本银行是欧洲之外唯一一家中央银行，但在过去的一个世纪里，中央银行数量与日俱增。约翰·辛格顿在此书中解释了中央银行和与中央银行相关的业务如何在此期间发展并在全球逐渐盛行。他表明世界经历了中央银行业务的两次思维与实践的革命——第一次是在 20 世纪 30 年代初经济大萧条之后；第二次是在应对 20 世纪 70～80 年代高通货膨胀时期。此外，中央银行家作为一种职业也发生了巨大的变化。1900 年，专业的中央银行家不过是特殊类型的银行家，而在当今时代，职业中央银行家除了要满足高水平经济学家的要求之外，还要满足公共部门官员的要求。理解上述变化对于解释近期全球金融危机中中央银行发挥的作用至关重要。

约翰·辛格顿（John Singleton）是英国谢菲尔德哈莱姆大学（Sheffield Hallam University）的历史学教授，此前曾于 2006 年出版过《创新与独立：1973—2002 年间的新西兰储备银行》。

致 温迪

致　谢

　　我要感谢在本书写作过程中为我提供过不同帮助的许多个人和机构。利兹·卡索（Liz Castle）和新西兰储备银行知识中心的工作人员为我提供了得心应手的设备，更重要的是提供了一个免受打扰的工作环境。英格兰银行档案馆的工作人员也为我提供了很大的帮助。2008年至2009年冬天，马克·卡松（Mark Casson）和他在雷丁大学（University of Reading）亨利商学院机构绩效中心的同事热心地为我提供了工作基地。在雷丁大学期间，我组织了一个中央银行研讨小组，其他发言人包括弗雷斯·卡佩（Forrest Capie）、吉姆斯·弗德（James Forder）、亚历山大·默海勒夫（Alexander Mihailov）、凯瑟琳·申克（Catherine Schenk）和理查德·维纳（Richard Werner），感谢他们对小组活动的贡献。惠灵顿维多利亚大学（Victoria University of Wellington）为我在英国的研究提供了一定的资助。我向伦敦政治经济学院（LSE）、新西兰储备银行（RBNZ）、昆斯兰科技大学（Qweensland University of Technology）、伍尔弗汉普顿大学（University of Wolverhampton）的各种研讨会和正式会议所提交的论文也源于此项目。我还就中央银行话题与马吉·艾德雷特（Muge Adalet）、迈克尔·伯德（Michael Bordo）、马克·卡松（Mark Casson）、凯瑞·霍克（Cary Hawke）、亚历山大·默海勒夫（Alexander Mihailov）和迈克尔·瑞德（Michael Reddell）等人进行了饶有兴致地交谈。感谢剑桥大学出版社的迈克尔·沃森（Michael

Watson）和克洛伊·豪威尔（Chloe Howell）的努力工作，我也十分感激（出版社方案室的）罗布·威尔金森（Rob Wilkinson）和艾利森·沃克（Alison Walker）。以上如有疏漏，在此致歉。

中文版序

《20世纪的中央银行》一书的写作在2009年秋季完成，那时正值全球金融危机的高峰。直到2014年12月的今天，人们还是不能确定危机是否真正结束了。虽然许多地区的经济已经开始恢复，欧元区却仍然萎靡不振。欧元区的危机到底是全球金融危机的一部分，还是另一个独立的危机？如果全球金融危机已经结束，那它究竟是什么时候结束的？这些问题很难回答。1934年，评论家们也针对大萧条提出了同样的问题。显然，1934年包括法国（直到1936年才退出金本位制度）在内的一些欧洲国家的经济状况并没有好转。全球金融危机和欧元区危机重启了关于中央银行业务，以及中央银行与国家关系的讨论。在20世纪末，这些问题似乎已经被那些建立灵活的通胀目标制和独立的中央银行的改革所解决了。

《20世纪的中央银行》总的来说是一本编著，但也有两条解释性框架贯穿全书。首先，第二章中提到，在20世纪，重要的中央银行职能都有所发展。20世纪末期，高级央行家们必须精通公共政策和经济学，并能够处理金融市场的复杂事务。可以认为，在21世纪最初的几年中，经济学逐渐成为中央银行的主要工具。然而全球金融危机压制了经济学技术官僚的崛起，并将商业银行学和政治学重新带回中央银行的核心。

其次，本书认为在20世纪有两次中央银行革命。第一次革命始于20世纪30年代大萧条之后金本位失势之时。这一时期，政治家

1

们更加积极地参与经济政策的制定，并或多或少地将中央银行纳入到政府机器中。失去传统的央行独立性是否绝对有害仍有待定夺。20 世纪中期，当发达国家享受着低通胀率，成功避免了系统性的银行业危机时，政府与央行之间的合作确实很顺利；然而到 20 世纪 70 年代，随着宏观经济状况恶化，主要工业化国家出现了高通胀率与经济发展停滞并存的状况。为解决这一困境，20 世纪 80 年代和 90 年代的第二次中央银行革命将货币杠杆从好管闲事的政治家手中交到了保守的中央银行家手中。央行独立性，尤其是对大部分高层中央银行家们来说最重要的货币政策独立性，重新建立了起来。

直到最近我才发现，虽然 G. M. 维尔塞斯（1997）将第一次中央银行革命开始的时间定为第一次世界大战时期，而不是 20 世纪 30 年代初，但我的大部分关于中央银行革命的观点在他的一篇关于中央银行独立性周期的文章中已有体现。我们两人都不认为中央银行独立性有一个规律的周期，重大的世界经济和政治事件都可能破坏或动摇中央银行独立的程度，同时反向的改变也不是不可避免的。

2007—2008 年金融危机伊始，除欧洲央行外（下文还会提及），各国中央银行就通过降低短期利率，购买长期债券（即量化宽松货币政策或 QE），并作为最终贷款人向银行体系提供贷款，积极应对。在危机面前，灵活的通胀目标机制虽没有被抛弃，但也不再是第一要务，中央银行家们也必须暂时放下顾虑去与政府合作。当诸如苏格兰皇家银行，贝尔斯登投资银行，还有雷曼兄弟银行等大型金融机构濒临倒闭时，中央银行家、政府官员和政治家们必须立即决定是否要实施救助行动，并且决定由谁来买单（Ferguson 和 Johnson，2009）。鉴于决策的实施涉及政府债务的规模、支付系统的完整性、宏观经济的稳定性，以及货币状况等方面，因此没有哪一方能够单独做出决策。

目前，量化宽松货币政策还没有导致高通胀。这说明至少从短期和中期来看，2008 年到 2009 年实施的政策所承担的风险还是合理的。英语国家成功避免了 20 世纪 30 年代大萧条的重演，同时在经济恢复过程中设法避免了像 70 年代那样的大规模通胀。作为一个政策框架，灵活的货币目标制在政治上还没有失去信誉，而且就像前美联储主席本·伯南克在 2011 年的一次演讲中提到的那样，灵活的货币目标制看起来很可能被大部分国家所接受（Bernanke，2011）。如果实施货币政策的自主权是中央银行独立性的核心的话，那么可能人们还没有意识到金融危机对中央银行独立性带来的威胁，但这也并不是说全球金融危机对中央银行不会产生长期的影响。例如，在英国，审慎监管工作已经交回英格兰银行。所有的中央银行都意识到宏观审慎和微观审慎是银行业稳定的本质要求。2008 年之前的十年中，一个重大失误就是没有对宏观经济问题和金融系统缺陷给银行业带来的风险给予足够的重视。那时也有支持将名义 GDP 而不是通胀率作为政策调整目标的倾向，然而这一做法能否被接受还有待观察。

过去五年左右的时间里，欧元区可能解体一直是全球经济发展的威胁。本书第十五章介绍了欧洲货币联盟的起源，探讨了在 20 世纪 90 年代末创建的、包括欧洲中央银行在内的货币联盟机制，并且对这个机制应对重大金融危机的能力表示担忧。如在本书的英文版写作期间，全球正在经历的这场金融危机。欧元区已经比许多英语国家的经济学家们预期的更有弹性，但这倒不是因为它产生了什么有利的经济成果，而是它像 20 世纪 30 年代欧洲的金本位那样，获得了顽强的政治支持。欧洲中央银行受到货币联盟条约的严格限制。迄今为止，欧洲中央银行可以对欧元区商业银行履行最后贷款人的职责，但它还不能实施美国那样的量化宽松货币政策，所以欧元区的货币环境还十分紧缩，萧条最严重的欧洲南部经济体尤其如此。从欧洲中央银行不需要满足成员国政府的货币宽松需求的角度来看，欧洲中央银行是完全独立的；但它同时又缺乏足够的独立性，因为它不能像美联储那样可以自主实施帮助美国从全球金融危机中恢复过来的货币政策策略。这是一个悖论，欧洲中央银行在高度独立的同时又受到严格的限制。在部分成员国经济萧条期间，欧洲中央银行不得不将低通胀率作为优先考虑，它的一些措施使中央银行独立性和通货膨胀目标制名声扫地。欧洲中央银行、国际货币基金组织和欧盟委员会这三驾马车对某些欧盟成员国实施严厉的紧缩政策，这进一步为欧洲中央银行的合法性带来了威胁（Beukers，2013）。如果欧元区最终像金本位一样崩溃，民粹主义政府取代名誉扫地的技术官僚掌管经济，那么很多欧洲国家中央银行独立性的前景就不那么明朗了。欧元区现在就像 20 世纪 30 年代的情况，经济的萧条导致对左翼和右翼极端运动的支持都越来越多（De Bromhead，Eichengreen 和 O'Rourke，2013）。

对于发展中国家，尤其是中国这种新兴经济大国而言，过去十年里发生的事情可能会令 20 世纪末曾在西方世界熠熠生辉的中央银行模式黯然失色。即使西方的中央银行都以德意志联邦银行和新西兰储备银行为榜样，知道如何解决通货膨胀问题，但显然它们也不能保证银行体系和更广泛的金融体系的稳定。独立的中央银行并没有帮助美国、英国，还有欧元区国家避免陷入 20 世纪 30 年代之后最严重的这场经济危机。中国很大程度上免于此次全球金融危机的危害，主要是因为其金融市场还没有完全对世界其他国家开放。此次危机在中国的传播更缓慢，更有限（Han，2012）。当然，中国也有自己的问题，比如剧烈波动的资产市场，银行不良贷款，以及经济增长放缓。但这些问题与困扰西方国家的问题大不一样，这部分是因为中国是一个完全不同类型的经济体，部分是因为中国政府实施管控的程度比西方国家要大得多。从北美和西欧国家的央行及其设计者们的成败中能学到很多东西，他们的方法也很有趣，但并不一定方方面面都适合像中国这样的国家。

查尔斯·金德尔博格的著作中提到，资本主义经济体之所以反复出现系统性金融危机，是因为公众对于风险承担的情绪在改变（Kindleberger 和 Aliber，2011）。一些经济学家认为中央银行在错误的时间使用错误的方法干预破坏了繁荣与萧条的周期。例如，在2000—2001 年互联网泡沫破裂之后，美国的货币政策宽松的时间可能持续得太久，从而刺激了住房和次级贷款市场的繁荣与萧条（Selgin，2010）。这么多经济学博士忙忙碌碌，央行更容易选择相机抉择，而不是遵循简单的货币规则（Hetzel，2013）。

在现实中，中央银行到底是不是一个好主意这个问题太难回答，本书未作讨论——但可以相当肯定的是，中央银行不会消失。在当今复杂的经济社会中，即使是说中央银行坏话的人也不能确定，如果没有了中央银行这个世界会发生什么。撇开其他方面不谈，至少人们熟悉中央银行，而陌生的东西会令我们许多人感到恐惧。从这个意义上来说，路径依赖对中央银行家是有利的。白芝浩在《九曲花街》（Bagehot 1896：第 68～71 页）一书中提到过：中央银行有很多弊端，但是维多利亚时期的英国民众无法想象没有英格兰银行的生活，所以讨论是否要废除英格兰银行是徒劳的。而且，中央银行还是资源众多、影响力强大的组织，它们能够适应各种环境，其中也包括十分敌对的环境。无论是顺境还是逆境，我们都要与中央银行共处。在过去的几年里，中央银行或许经历了比较艰难的时光，但它们仍然屹立不倒。

约翰·辛格顿

二〇一五年一月五日

目　录

图表目录

第一章　中央银行入门指南

1979 年我去华盛顿之际，大多数人认为美联储要么像一瓶陈年威士忌，要么类似于美国国民警卫队的一个小分队。

—— 弗雷德里克·H. 舒尔茨（美国联邦储备委员会副主席，1978—1982 年在任）

(Schultz, 2005: 第 343 页)

中央银行是一个陌生的职业，它保护的是普通人的利益，它分享政府的部分权力，它从某种程度上控制着金融机构的业务活动，但很少被这些人和机构所理解。那些从事中央银行业务的人经常自认为是国际共济会成员，即中世纪掌握专门知识或技能的一群"神秘人物"。实际上，在中央银行行为里……总有一些神秘的成分。

——H. C. 库姆斯（澳大利亚中央银行行长，1949—1968 年在任）

(Coombs, H. C., 1981: 第 141 页)

时下，大多数中央银行声称它们遵从透明原则，然而中央银行的世界对外界而言仍然存在神秘莫测之处。这一点部分折射出中央银行的性质。与家禽饲养业或公交运营公司不同，中央银行更重要，更有技术含量。尽管中央银行业务既不及大脑外科手术那样精细，也不及探索宇宙空间那般复杂。但不可否认，它是一项高技术含量的活动。在 20 世纪晚期透明度原则盛行以前，中央银行家们很少去推动公众对其角色的认识。这些人回避社会大众的关注，其稀有的公开声明通常以简短、有意含糊其辞而出名。如此缄默的借口通常是：保守客户的秘密是（中央）银行家的职责所在。

即便大众未能完全理解中央银行，他们也知道中央银行扮演了重要的角色，并拥有极大的权力，但这也带来了问题。就像丹·布朗（Dan Brown，美国畅销书作家。——译者注）的读者理解的那样，那些关于权力和神秘组织的大片总是有巨大的市场。多年前，一位叫威廉·格雷德（William Greider）的记者出版了长达 800 多页的披露美国联邦储备系统的报道——《圣殿的秘密》（1987）。在书中，威廉·格雷德声称美联储是美国经济体中一股神秘莫测、变化无常的巨大力量。最近，经济史学家彼得·泰敏（Peter Tamin）谈论了中央银行改变那些与其接触过的人群的奇特能力。"一个关于人性的理论认为当人们在教堂时就会做礼拜，而我认为经济学上的一个类比便是当人们在中央银行时就会干中央银行的事情。"［引自帕克（Parker，2002：第 37~38 页）］2009 年 8 月，当作者正在写作本书之际，国会议员罗恩·保罗（Ron Paul）正在积极推动对美国联邦储备系统进行侵略性审查。他提出的问题是："美国联邦储备系统正在向美国人民隐瞒哪些信息？"（Paul，2009b）

巧合的是，《圣殿的秘密》的出版恰逢经济学学术界，甚至一些中央银行家开始流露出对透明原则和问责制的更强烈兴趣。在一篇关于《货币之谜》的重要文章中，美国里士满联邦储备银行的经济学家马文·古德弗兰德（Marvin Goodfriend）呼吁对中央银行的神秘性进行更多的利弊研究（Goodfriend，1986）。在接下来的十多年里，这项研究加快了步伐。毫无疑问，神秘本身是有用处的。中央银行代表政府进行许多交易，中央银行需要为其客户保证最佳的交易利益。此外，从短期来看，中央银行的确可以出其不意地对金融市场产生巨大影响；但是从长期来看，这些影响的代价是催生了不信任感和不确定性。尽管如此，像中央银行这样的公共政策机构变得越来越透明，已经是大势所趋。

到 2000 年时，大多数中央银行比 1990 年更加开放，中央银行家们甚至在此转变过程中表现出某种骄傲情绪。21 世纪初的普通人，也比以往更加方便地了解关于中央银行的信息及其活动。然而，对任何一种组织机构的深入了解，都有必要重新检视一下它的历史。组织机构和它们的功能、工作方法随着时间的推移而发生变化，其态度和行为也受到过去成功与失败的影响。今天的中央银行在很多方面都与一百年前的中央银行有明显差异。讲述中央银行的历史是揭开中央银行神秘面纱的一个重要方法。写作本书的目的不是为了揭发什么阴谋，而是通过综合数百位经济学家、历史学家、政治科学家的工作，甚至中央银行家们自己写的文字，来使中央银行的过去更加清晰。

中央银行史

迄今为止，已有大量关于中央银行史的文献资料。其中最有使用价值的是由古德哈特、卡佩和施纳德（Goodhart、Capie 和 Schnadt，1994）在英格兰银行成立三百周年时发表的论文集。这本关于中央银行历史最厚的论文集是受中央银行委托而写的。中央银行自古有一种强大的企业文化（Mooij，2005），出资撰写其机构史是保护和纪念这种文化的方式之一。

英格兰银行是中央银行历史记录工作的领军者，早在 1944 年——英格兰银行诞生 250 周年之际——就曾出版过介绍英格兰银行 1694—1914 年历史的共计 765 页、两卷本的书（Clapham，1944）。更厚的书出现在 1976 年和 1992 年（Sayers，1976；Fforde，1992），目前关于 20 世纪 60 年代和 70 年代中央银行历史的书正在准备出版。还有一些零星的模仿者出现。比如，有本介绍截至 1951 年印度储备银行（RBI）大量史实的书（Simha，1970），还有一本介绍新西兰储备银行（RNNZ）简短历史的书出现于 20 世纪 70 年代初（Hawke，1973）。

随着 20 世纪 90 年代中央银行日益开放，越来越多的官方史料公之于众。沙迪文（Schedvin，1992）出版了关于澳大利亚中央银行至 20 世纪 70 年代中期历史的鸿篇巨著。第二部关于印度储备银行历史的鸿篇巨著记述了 1951—1967 年其发展历程（Balachandran，1998）。1999 年，一本关于德意志联邦银行（德国中央银行）史的合著（共 836 页，已经是此类书籍的典型页数）问世，正值德国被纳入欧元区体系，德意志联邦银行从属于欧洲中央银行（ECB）之际。梅尔泽（Mletzer，2003）的第一部有关美国联邦储备系统历史的权威书籍出版于新世纪之初，厚达 800 多页，涵盖了美国联邦储备系统诞生以来至 1951 年间的发展历程。陪伴英格兰银行的瑞典中央银行已经走过了 350 年风风雨雨（Wetterberg，2009），这提醒着英国民众，瑞典人视英格兰银行为瑞典中央银行的"小妹妹"。

就时间的跨度和对细节的关注度而言，中央银行的史书可与官方的军事和海军史书相媲美。在通常情况下，中央银行史通常由外界学者撰写，有时也由退休的中央银行内部人士执笔。这些作者在观察历史证据时，至少拥有与其他私人或公共部门历史学家同样的自由。有时候，他们可能会发现重要证据遗漏或被破坏了，但这种情况也会出现在其他类型的机构史研究中。我们不能排除中央银行史学家已"入乡随俗"的可能性。另一方面，近年来的中央银行史书似乎比之前更具有批判性。

大多数中央银行史都不涉及当代史，这也许是由于最近发生的事件过于敏感。不过，在某些情况下，即使为了把故事讲至当下，也需要完成几卷这样的史书。只有一位阴谋论者将英格兰银行、印度储备银行和美国联邦储备系统历史十分缓慢的更新视为隐藏权谋之术的象征。但也有一些例外，如第二部新西兰储备银行史书（Singleton 等，2006），其评论的事件就截至 2002 年，此书涵盖的一些话题直至书出版时仍在争议之中。

阅览更多的中央银行史需要投入大量的时间和精力。一些人或许会选择替代的资源来分析中央银行发展的始末。重要中央银行家的传记和自传（见第二章）迎合了那些对中央银行体系中人性维度感兴趣的人。关心国际比较的读者可能会找到几本很出色的史书，它们涉及中央银行发展进程、中央银行独立性观念的兴衰、与金融稳定有关的政策的变迁以及中央银行之间合作的加强等话题（Goodhart，1988；Holtfrerich、Reis 和 Toniolo，1999；De Rosa，2003；Toniolo，2005；Borio、Toniolo 和 Clemen，2008）。他们兴许还能在由托尼奥洛（Toniolo，1988）主编的中央银行史案例研究合著和由迈克尔·柯林斯（Michael Collins）主编的三卷本经典文献（Collins，1993）中发现有价值的内容。

在此，将每一家中央银行的历史都按照年代记录下来是不切实际的。实际上，本书的写作目的区别于其他作品，即识别和评估 20 世纪初以来中央银行发展的大趋势。这些发展进程将通过举例加以阐明，这些例子既包含大型中央银行，也包括一些规模稍小，但不乏趣味的中央银行，尤其是英联邦内部的一些中央银行。

中央银行职能

从狭义上讲，中央银行是其他银行在该行持有存款并将该存款用于银行间支付结算的机构。然而，所有的中央银行还具备其他职能，至少其中一些职能的重要程度与此是相当的。观察人员发现，很难用一句话概括中央银行的精髓。霍克（Hawke，1973）几近把握到了这一精髓，他将中央银行描述为处于"政府和银行之间"的一种机构。两名经典权威人物基希和埃尔金（Kisch 和 Elkin，1932：第 67 页）总结说，中央银行是"公共政策机构，不是私人利益的工具"。中央银行负责实施（且经常参与制定）针对银行业的公共政策，并与受银行部门影响的经济变量息息相关。

经济学家和中央银行家们竭力列出一份令人满意的中央银行职能表。例如普瑞斯（Price，1998）定义了中央银行的五种主要活动——制定利率、监督商业银行、管理政府债务、运行支付体系和运营分支网络。他用这一框架与欧洲中央银行的机构设置进行了对比研究。布鲁尼（Bruni，2001）提出了一个更加复杂的框架，拓展至八个政策领域。更早的还是南非中央银行权威人士迪·科克的书（M. H. de Kock，1949），书中有专门的章节描述中央银行的不同职能：（1）发行的银行；（2）政府的银行、代理人和顾问；（3）商业银行现金储备的保管人；（4）国家黄金和国际储备货币的保管人；（5）再贴现银行和最后贷款者；（6）集中票据清算、结算和转账的银行；（7）信用管理人。虽然这份清单比起普瑞斯的定义更全面，但至少在两方面仍存在怪异之处。其一，迪·科克（De Kock）使用了"信用管理人"这一术语，今天大多数人用的是"货币政策代理人"；其二，迪·科克没有讨论银行监管职能，而中央银行的监管职能已成为许多中央银行的重要职能——尤其在 20 世纪 70 ~ 80 年代。

或许我们应该重新开始制定我们自己的中央银行功能表，并牢记国与国之间、同一个国家不同时间段之间存在显著的差异（Singleton 等，2006：第 5

页），我们的清单如下：

1. 中央银行通常发行法定银行券（也经常发行硬币）以满足大众的需要。有时中央银行也对诸如印制钞票、在银行业内部处理和分发钞票等相关活动负责。值得一提的是，以银行券的形式发行无息负债是一项宝贵特权。制造银行券的成本低廉——20 加拿大元只需大约 6 加分的成本（Bank of Canada，2001）。如果中央银行无须按照 1:1 的比例保留贵金属储备，就有机会获得铸币税。当中央银行使用无息的钞票购买付息的有价证券时，就会带来这种收入。来自铸币税的收入使得中央银行能够在维持高水平的内部成本的同时（即所谓"镀金"的机构），还拥有足够的剩余利润与政府和/或私人股东分享。

2. 中央银行执行并可能制定货币政策。中央银行的这一职能最能吸引经济学家和其他观察人士。由于中央银行在金融业的这种战略性地位，它可以影响货币和信贷状况、总体支出水平，以及或精确或不精确地影响如通货膨胀率、短期产出水平和失业率等关键经济变量。有一些工具可供中央银行使用。宾德塞尔（Bindseil，2004）对这些可用的工具就其历史和现今用途做了很好的综述。第一，中央银行可以调整其对商业银行或其他合格机构贷款，包括日常贷款和紧急贷款的利率。央行利率（bank rate）、贴现率（discount rate）或再贴现率（rediscount rate，这是最准确的术语）实际上是当金融机构在中央银行贴现窗口出售证券换取资金时支付的利率。第二，中央银行可以参与公开市场操作（OMOs），或称买卖合格的证券，如商业票据或国库券等。这些交易可能是直接买卖，也可以由双方同意在规定时间后做反向交易购回所售证券，后者也被称为回购交易。第三，中央银行可以为商业银行提供不同种类的贷款。第四，中央银行可以采取行政手段，如改变商业银行法定准备金水平、对商业银行利率施加上限、对银行贷款规模施加限制。第五，中央银行可以利用道义劝告，或明或暗的威胁来影响商业银行的行为。不论使用哪种工具或工具组合，中央银行的目的都在于影响银行放贷和经济中的总支出。但是是否由中央银行单独制定货币政策，还是由中央银行和政府一起制定，或者单独由政府制定货币政策，则是中央银行需要面对的最大问题之一。

3. 中央银行向政府提供银行服务和代理服务，并经常管理公共债务。尽管中央银行不总是唯一为政府提供银行服务的供应者，但它通常是主要供应者。政府和商业银行之间的支付清算通常通过在中央银行的账户进行。当政府有借款意愿时，它们通常让中央银行代行其职。中央银行可接受请求甚至被要求为政府或其他公共部门提供贷款。但不论是直接贷款还是通过在二级市场上购买国债的方式，中央银行为政府提供的信贷额度都可能有严格的限制。有时，这种融资行为会因为支持政府的"印钞"行为导致通货膨胀而被禁止。

4. 中央银行充当商业银行现金储备的保管人，帮助商业银行间进行余额清算。中央银行是保管其他银行准备金（或储备）方便而且十分安全的场所。商业银行愿意在中央银行保留一些准备金，这些准备金可以用于银行间支付结算以及银行和政府之间的支付（当局是否会强迫银行在中央银行保留超额准备金则视情况而定）。一些国家的中央银行同样拥有和/或运营某些支付系统，通过这些支付系统交换银行间支付指令，为准备结算对这些支付指令进行集中。

5. 中央银行努力维护金融系统的完整性，在某些紧急情况下充当最后贷款人，对银行实施谨慎监管。银行业危机可对经济造成极大的破坏：它能够席卷存款人的存款，使个人和企业难以获得新的信贷（即信贷危机）。系统重要性银行的失灵会造成支付和结算系统陷入困境和大混乱。中央银行有维护银行体系整体稳定性的责任，它能够以一种或多种方式来履行其职责：管理结算体系，作为银行体系（或者单个银行）的最后贷款人随时准备入市干预，监督、管理、检查单个银行等。中央银行也会在解决银行破产问题和管理存款保险计划中发挥作用（中央银行向商业银行提供的大多数贷款都属于正常的商业行为，最后贷款人借款则是例外）。有时，中央银行具有对更广范围的金融业，如金融公司和保险公司进行监督的权力。实际做法千差万别，经济学家们对哪些安排是最有益的这一问题的看法也观点各异（Goodhart 和 Schoenmaker，1995）。今天，我们把中央银行对银行体系总体上的监管称为宏观审慎政策（macropru-dential policy）。对单个银行的监管被纳入微观审慎监管的范畴。实际上，要清楚地区分二者通常是很困难的。传统的做法是中央银行以惩罚性利率为流动性差但还有偿还能力的银行提供紧急援助。但当需要很快作出决定时，银行的偿付能力会很难判断（Bordo，2002）。理想的做法是，中央银行更愿意向银行体系提供流动性，而不是在单个银行中挑挑选选，但这种想法或许也是不切实际的。各国政府通常坚持在最后贷款人角色中占有一席之地，这可能是因为银行破产的政治影响，也可能是因为各国政府不准备让纳税人（他们才是最终的最后贷款人）暴露于潜在的巨大损失面前。

6. 中央银行执行政府的汇率政策，保管官方国际储备货币，也可能协助其管理外汇储备。中央银行通常被赋予执行汇率政策的职责。这通常包括通过买卖黄金或外汇来影响市场供求状况，这又会导致中央银行（和/或政府）资产负债表上外汇储备的增加和/或减少。中央银行也可通过调节利率或对外部交易施加行政管制来影响汇率。

7. 中央银行能通过干预来促进经济发展。尤其是发展中国家的中央银行，它们通常被赋予促进经济发展的广泛义务。如果没有强大的商业银行部门，中央银行也会代行其职并运行其自身的分支网络（中央银行的建立也为银行业的潜在进入者提供了信心）。中央银行有时会为开发项目和企业融资，以及在促进此类活动的国外借贷中发挥部分作用。世界其他地区中央银行的这些特征通常会被北美和西欧核心国家的中央银行专家们所忽视。

8. 中央银行为政府的经济政策进言献策。中央银行在一系列经济和金融问题上拥有丰富的专门知识，自从 20 世纪 60 年代以来就处在经济建模的前沿。政府的部长们发现从财政部官员和中央银行家那里获得的建议可以互补。正如澳大利亚前总理马尔科姆·弗雷泽（Malcolm Fraser，1975—1983 年在任）所言："从不同的渠道获得建议更安全。如果你手中有两种观点，那么你更有可能制定更好的决策……这就是审慎管理。"［引自韦勒（Weller，1989：第 22 页）］

9. 中央银行参与国际货币合作。各国中央银行可以通过交换信息、制定和讨论新的政策动议、为同伴提供信贷支持等方式在国际货币体系管理和国际银行体系监管方面进行合作。即便国家之间存在分歧，他们的中央银行家仍然可以经常相互交流。自 1930 年以来，中央银行合作最主要的管道是位于巴塞尔的国际清算银行。

10. 其他功能。作为与政府有密切关系的机构，中央银行也可被要求承担其他任务，比如为公众提供银行业务服务、消费者保护（如在美国）、部分参与股票交易所所有权或股票登记活动（McKinley 和 Banaian，2005：第 51～56 页）。

这的确是一份比较长的中央银行职能清单。比如，新西兰储备银行（RB-NZ）就为其"全能"中央银行的身份引以为豪——即使现在它已不再以促进经济发展为目标。事实上，没有两家中央银行是完全一样的。值得强调的是，就执行上述任一职能而言，中央银行未必是绝对必要的：商业银行和政府可以（并经常）自行发行货币；财政部门可以执行货币政策；商业银行可以向政府提供包括管理外汇储备在内的全部银行服务；大型商业银行或专业机构可以持有其他银行的准备金，并提供结算服务；其他机构可以促进经济发展，并向政府提供经济发展的建议。那又该如何解释中央银行的主导地位呢？很明显，中央银行的支持者有能力说服政府相信中央银行可以比其他机构更有效地和/或更安全地执行一些重要的职能。政府通常并不十分清楚银行业和货币事务的技术细节（尽管这显然阻止不了政府形成强大的政策观点）。一旦中央银行开始运行，它便明显成为委以（或转嫁）银行和货币领域其他责任的机构。

一些重要的中央银行活动相互之间有紧密的联系，这给外部观察者带来了难题。迪·科克（De Kock，1949：第 25 页）精确地（可能有点啰唆地）解释了这点：

> 某些特定的中央银行贷款活动（即其行使再贴现银行的职能）可能源自商业银行要求更多的现钞（即其行使发行的银行的职能），外汇、黄金（即其行使官方储备保管人的职能），或者必须补充现金储备和清算账户余额（即其行使商业银行储备的保管人和集中票据清算职能），而这些贷款由于整体银根紧缩无法从其他渠道获得（即其行使最后贷款人职能）；在最终影响再贴现之前，中央银行可能已经作为信贷管理者提高了贴现率或施加了某些限制条件。

有时，中央银行的职能之间会产生冲突。比如，如果中央银行被迫为规避银行危机而创造大量新的流动性时，货币政策目标不得不有所妥协。但是大多数情况下，货币稳定和金融稳定是并驾齐驱的。

核心和外围职能

我们可以想见，中央银行的某些活动会比其他活动更重要一些。一些长期行使的职能可能与中央银行业务的本质关系并不大。为何中央银行应参与到印钞活动中并无令人信服的理由。麦金莱和巴纳恩（Mckinley 和 Banaian，2005：第 52～53 页）罗列出中央银行的七个核心业务：货币政策管理，外汇和准备金管理，最后贷款人，商业银行监管，支付和结算体系管理，纸币和硬币管理及国库代理。"七"是一个大数字，有了这七条大学可以凑合着用于教学和科研。

评估一家职能交叉机构的整体表现是困难的，但拆分这样的机构可能会导致效率降低。因为拆分而形成的新的机构竞争可能会阻碍关键信息的流动，或者仅仅是与前同事之间沟通的减少也会阻碍这些信息的流动。20 世纪 90 年代末期，几家中央银行的银行监管职能被剥离，但从 21 世纪初期的经验来看，这并不能保证中央银行在宏观审慎或微观审慎领域的表现更佳。

20 世纪 90 年代初期新西兰储备银行开始考虑中央银行的核心与外围职能，或"广义与狭义银行职能"之辩。新西兰储备银行负责促进该国货币和金融稳定与效率。人们认为新西兰储备银行的使命广泛到足以涵盖这样一些职能：货币政策，有限的审慎监督以及银行券和硬币的供应（但不包括它们的生产）。对未来是否可以开展其他业务仍可讨论，如外汇储备管理、提供证券的注册服务，为海外投资委员会配备人员等。中央银行的功能越是多样化，规模和范围经济和不经济的潜力也同时变大。一方面，中央银行职能的合并能够形成合力。职能多元化的中央银行可以提供更多种类的工作，也因此能吸引和保留更优秀的人才。它也能拥有一支更强大的管理队伍，对行长的不当行为形成制约，并抵制政府或大型外国银行的欺压。可能在一些小型国家，它们才更有理由避免政策制定机构的膨胀。但另一方面，职能多元化的中央银行可能更加官僚化。更高的运营成本会使其更易招致外界的批评，信息清晰和问责制也很难达成，外围职能可能会分散管理者对核心职能的注意力。这场争论的一位参与者曾建议中央银行应该仅保留能够满足成本收益标准的那些职能。但这一讨论尚无定论。新西兰储备银行行长唐·布拉什（Don Brash）决定，除非干扰到核心职能或增加了高额成本，否则没有放弃非核心职能的紧迫需要（Singleton 等，2006：第 243 ~ 245 页）。

或许现代中央银行的职能可归结为以下三方面公共政策的行为和决定：货币稳定、金融稳定和货币的完整性。但这些功能之间的相对优先顺序，以及实现它们所需要的适宜的政策和工具仍然可以讨论。

中央银行史梗概

最古老的中央银行——瑞典中央银行和英格兰银行——可追溯到 17 世纪，

但当时它们并非现代意义上的中央银行。中央银行经历了 18 世纪、19 世纪和 20 世纪的发展演变。尽管 19 世纪在理解一些中央银行职能方面取得了重大进展，帕尔格雷夫（Palgrave）1894 年出版的《政治经济学辞典》并未包含"中央银行"这一词条。在"银行"词条中，英格兰银行被描述为"英国银行业务的中心"，政府（尤其是在"战争和困难时期"的政府）和普通企业重要服务的提供者（Palgrave，1894：第 92 页）。这样的定义并非很有启发性。但是，第一次世界大战之前，"中央银行"这一词赢得了更多的关注，部分原因是美国对是否成立中央银行发生了激烈的争论。

斯坦利·费歇（Fischer, 1994）指出中央银行发展经历了四个阶段。在第一阶段，一些欧洲国家建立了专门的银行。比如，1694 年英国为政府筹集贷款成立了私有的英格兰银行；作为交换，英格兰银行获得了一些银行业特权。这些专业银行通常涉足银行券发行的监管。实际上，它们有很多年一直被视为发行的银行（banks of issue）。第二阶段始于 19 世纪，标志着中央银行常规化的开始。此时，原先发行的银行更多地强调它们作为银行的银行（banks to other banks）的角色，它们通过扮演最后贷款人的角色不情愿地接受一些维护银行系统稳定性的责任。1900 年前，大多数中央银行都被要求保持本币与黄金的可兑换性，汇率是固定的，因此，中央银行拥有为各国货币保持固定汇率的职责。这是金本位的时代。

20 世纪 30 年代和 40 年代，中央银行进入第三阶段。在 20 世纪 30 年代初大萧条的余波和金本位崩溃的过程中，各国经济政策发生了变化。很多私有中央银行被收归国有；那些仍在私人手中的中央银行则与其政府建立起了更加紧密的联系（有人可能会说是屈从关系）。从 20 世纪 40 年代到七八十年代，很多中央银行在制定货币政策方面仅起到附属的作用。在凯恩斯时代，财政政策被认为更加有效。此时，各国政府有了多重宏观经济目标：充分就业、经济快速增长、价格稳定和汇率稳定。

20 世纪晚期中央银行发展到第四阶段。20 世纪 70 年代，出现了反对凯恩斯主义宏观经济政策的声音，批评者认为凯恩斯主义宏观经济政策导致通货膨胀逐渐升高和汇率动荡。中央银行开始重新获得更多的自主权。在宏观经济领域，货币政策重新获得重视，中央银行开始一心一意地关注起国内价格稳定目标。20 世纪 90 年代初，大多数发达国家已将通货膨胀控制在可接受的水平。

从第三阶段到第四阶段，中央银行保留了货币职能，对金融体系的稳定负总体责任。此外，从 20 世纪 70—90 年代，多家中央银行越来越多地参与到银行的审慎监管中来，但在 90 年代末期一些中央银行的审慎监管职能又被撤销。在这四个阶段的每个时期，中央银行自身的发展都与金融市场、金融机构和金融工具的发展紧密地交织在一起。

费歇（Fischer）的这些总结〔后由古德哈特、卡佩和沙赫特（Goodhart、Capie 和 Schnadt，1994）加以充实〕为学习中央银行历史的学生提供了一个绝佳的起点。布鲁尼（Bruni，2001）将费歇定义的前两个阶段合并为"古典或古风"时期；紧随其后的是金本位制崩溃之后相机抉择货币政策的"传统"时期；最后是优先考虑价格稳定的"现代"时期。其他大多数解释也都是对这种方法的补充，有时更侧重于较短时期。霍特弗瑞奇和莱斯（Holtfreich 和 Reis，1999，第 2~5 页）强调自 1918 年以来中央银行在五个方面所取得的发展：放弃黄金兑换的要求、发展对商业银行的审慎监管、将公开市场操作（OMOs）作为关键的政策工具、日益重视国内宏观经济目标以及中央银行独立性的兴衰。希克洛斯（Siklos，2002）对中央银行自第二次世界大战以来发展的研究与这种划分大体一致。

门德泽拉（Mendzela，2005）提出一种不同观点，即中央银行发展的三阶段模式。第一阶段的中央银行以日常的经营活动为主，如处理货币事务、银行间结算、政府的银行业务等，此阶段对于中央银行更多的是行政管理。第二阶段政策职能越来越集中。中央银行需要越来越少但更加合格的工作人员，同时需要更多复杂管理技术来充分利用中央银行的资源。他认为，当组织机构与国家之间的界限越来越模糊，知识和想象力获得更多关注时，中央银行发展开始进入第三阶段。这些阶段之间的转换时间界限虽然不是很清晰，但一个重要特征是对中央银行政策层面的关注越来越多，而不是具体操作层面。

此书的观点是中央银行世界经历了两次革命。第一次革命发生于 20 世纪 30 年代和 40 年代，是对经济大萧条和第二次世界大战作出的反应；第二次革命发生于 20 世纪 80 年代和 90 年代，是对大通胀作出的反应。但我们也不能排除本次新危机发生之后中央银行发生进一步动荡的可能性。

中央银行问题一览

有几个问题是中央银行观察人士和从业者一直感兴趣的。首先，中央银行是否是合意的这个问题似乎永远得不到真相。自由银行制度的支持者认为没有必要为发行或管理货币集中权力，也无须实施相机抉择的货币政策。他们还坚持认为银行体系是强劲的，无须中央银行或其他公共部门进行监管。（即任何可见的动荡都来源于不恰当的监管和干预。）按照他们的观点，中央银行的建立是出于自利的原因，包括渴望从垄断权利的销售和实施中获利。一种稍微宽容点的历史观认为，中央银行的建立可能反映了人们对货币体系特征的真实误解。中央银行依赖于前述核心功能的优势绝不像中央银行家们想让人们相信的那样明显（Capie 和 Wood，1991；Dowd，1992；White，L.，1989；Smith，1936）。尽管如此，本书不打算讨论自由银行制度；这并不是因为对自由银行制度缺乏兴趣，而是因为本书的任务是考察中央银行史，而非研究如果没有中央银行将会发生什么。

研究中央银行的学者和从业者关心的第二个问题是中央银行自治和独立性的合适形式和水平问题。国家要赋予中央银行多少自主权——尤其是在一个民主社会中，中央银行家们又该如何承担责任？几乎不会有人质疑中央银行应该负责，但对谁负责，如何负责，为什么而负责呢？值得注意的是，相同的问题存在于诸多公共政策领域——从公共部门审计（Green 和 Singleton，2009）到战争行为。经济学家和中央银行家们通常会反对对中央银行提供详细的政治指引，因为他们认为这会导致更差的结局。在中央银行自主权和责任之间尽量寻求平衡是不易的。两次世界大战间的许多著作都讨论到这些问题（Kisch 和 Elkin，1932：第 2 章），整个 20 世纪期间中央银行和政府间的力量平衡经历了几次显著的变化（Toniolo，1988；Stiglitz，1998）。历史没有提供明确的答案，因为历史比经济学更倾向于相对主义。在中央银行发展史的不同时期，人们都找到了符合当时政治和知识能力要求的答案，但这些答案是依情况而定的。将来的情况会不断变化，我们的子孙后代可能会再次关注这些问题并找到新的答案，或者重新找到曾经被忽视的问题。

第三，几十年来，人们对哪个或哪些目标适合作为货币政策的目标曾经有过长期激烈的争论。中央银行应该专注于维持本币对黄金的可兑换性或是本币对外坚挺吗？中央银行应该优先考虑国内价格稳定吗？中央银行应该致力于减少失业和熨平产出波动吗？或者，中央银行应该尝试完成以上多种目标吗？所谓的传统智慧一次次发生改变，因为每一代人都相信自己找到了真理。

第四，对于中央银行是应该依规则行事还是相机抉择的争辩由来已久，并不时陷入混乱。一个极其简单的规则是要求中央银行每年将货币供应量提高百分之三。当然，说来容易做来难，尤其是当采用了广义的货币供应量定义和/或当该国执行固定汇率制时。尽管一些经济学派强烈支持规则行事，但是他们却很难对构成规则的定义达成一致，更不用说就哪个规则是最好的达成一致意见。相反，中央银行家们则通常认为政策制定者无法避免采用相机抉择的方式，因为作决策的环境总是在发生变化（Simons，1936；Bibow，2004）。然而，到 20世纪 90 年代晚期，一个基于"受限的相机选择"（constrained discretion）的混合概念诞生了（Bernanke 等，1999：第 6 页），它使人们意识到，实际上货币政策可以是以上两种方式的综合。

最后一个问题是关于中央银行家们的动机和行为的。20 世纪 60 年代和 70年代的一些作者开始质疑中央银行家是具有自我牺牲精神的公共服务团体的传统形象，反之将其描述为寻租的官僚（Toma 和 Toma，1986）。到了 20 世纪 80年代和 90 年代，在中央银行工作的经济学家们似乎忘记了这种官僚主义经济学（Forder，2002），但作为一种可以证明其他动机论更加天真的方法时，它还是具有相当大的作用。与那些政客、将军、主教一样，中央银行家们的动机也是复杂的。我们既不应该认为他们是无私的公仆，也不应将他们揣测为最糟糕的一群人。

结论

几乎整个 20 世纪，中央银行都是神秘的机构。它们同时是非常强大的实体，占据着"政府和银行之间"的战略重地。它们承担一些重要的经济政策职能，包括发行银行券、实施货币政策和监督金融体系。中央银行的这些和其他职能是通过不同的途径获得的：有些是由政府任命的，有些则是随时间的推移自动发展而来的。在 20 世纪，中央银行的目标和方法，以及它们与政府之间的关系经历了两次变革：第一次是在 20 世纪 30 年代和 40 年代，第二次是在 20 世纪 80 年代和 90 年代。本书的目的是阐释这些变革。为此，下一章我们将开始介绍中央银行家这一职业，并考察一些富有盛名的中央银行家的职业生涯。

第二章　非常无趣的人

罗格夫（Rogoff）提出的（保守的中央银行家）概念……是对一个幽默的关于经济学家定义的精彩描述，该定义将经济学家说成是一群看某事实际可行就问它是否在理论上也可行的人。中央银行通常是由非常保守的人掌控着……这还有什么疑问呢？

——艾伦·布林德

（Alan Blinder, 1998：第 47 页）

古巴国家银行行长菲利普·帕佐斯（Felipe Pazos）在与菲德尔·卡斯特罗（Fidel Castro）发生摩擦之后被替换下来。替换他的是埃内斯托·格瓦拉（Ernesto Guevara）……格瓦拉 31 岁，是阿根廷共产党人，他既不是经济学家也不是银行家……他是革命运动的一名杰出领袖，或许被视为卡斯特罗（Castro）的同伙……通过最近的这次行动，卡斯特罗扫荡了金融领域正统权威的残余。

——《古巴国家银行报告》，1959 年 12 月 1 日

（英格兰银行存档，OV162/5）

传统观念认为中央银行家是相当谨慎和保守的人，而切·格瓦拉（Che Guevara）则是个典型的例外，他在古巴国家银行的掌权期相对短暂（Yaffe，2009）。本章要表达的一个重要信息是中央银行家其实是不同类型的人。有些人很顽固，另一些人则很顺从。有些人有旗帜鲜明的经济思想（不论是正统的抑或是另类的），而另一些人则是机会主义者。因此，当瑞士国家银行行长让·皮埃尔·罗斯（Jean‑Pierre Roth）将中央银行家描述成"非常无趣的人"[引自贝克和辛格（Baker 和 Singer，2006：第64页）]时，他其实还算温和。

尽管我们关注的焦点通常是某些首席执行官——大多数情况下是中央银行行长——但这并非意味着其他中央银行家就不重要。一些中央银行行长喜欢独裁，而另一些行长则是优秀的管理团队成员。有时，中央银行内部的权力并不在行长身上，而是在董事会或者政府那里。然而，董事——尤其是兼职董事，很少能成为那些意志坚定的中央银行行长的障碍。中央银行首席执行官通常由政府任命，或至少获得政府的默许。将来或许会有一些关于中央银行家职业发展的讨论。现代中央银行家应该同时像银行家、公务员和经济学家那样思考问题——虽然这并不常见。

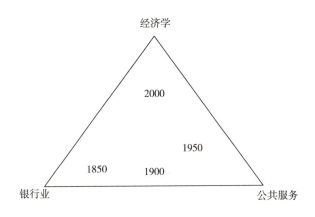

图1 中央银行家职业的三个维度

中央银行家职业的三个维度

19世纪期间，中央银行从商业银行中崛起，作为发行的银行它们迈出了承担公共政策责任的第一步（见图 1）。到 20 世纪中期，中央银行家既是银行家也是公务员。在 1945 年参议院听证会上，当来自纽约联邦储备银行（FRBNY）的艾伦·斯普罗（Allan Sproul）因在银行业务方面的表现很专业而受到恭维，他不耐烦地回应说："我不是以商业银行家的身份来这里的……而是以一名中央银行家的身份来的。"［引自里特（Ritter，1980：第 2 页）］20 世纪下半叶，随着经济学和经济学家的影响日益加深，中央银行业获得了更大的发展（Singleton，2006：第 104~105 页）。艾伦·斯普罗本人也是一位出色的经济学家，但他原本拿到的是果树栽培或水果植物种植学位，他从美国联邦储备系统内部学习经济学知识，尤其是师从约翰·威廉姆斯（John Williams）。

20 世纪早期的中央银行家们对经济学几乎不甚了解。他们也是银行家，只不过其客户是商业银行和相关机构（包括英国的票据贴现所），以及政府部门。正如安西格（Einzig，1932：第 107~108 页）所言，中央银行家的"传统"观点认为他们"应该介于典型的银行家和典型的常任官员之间"，并保留各自所长，而不是像长期担任英格兰银行行长的蒙塔古·诺曼（Montagu Norman）那样附庸风雅和偏心。

从第一次世界大战的金融管理开始，中央银行的公共政策职能相对于银行职能而言有所扩张。尽管一些中央银行在两次大战之间也建立起了统计和经济部门，但是直到很晚人们才感受到其全部的影响力。从 20 世纪 40 年代到 70 年代是中央银行提供公共服务的鼎盛时期。大多数中央银行与各国的财政部保持密切合作。货币政策被视为政府宏观经济政策不可分割的一部分。同时，这段时间也见证了经济学家对中央银行世界的渗透。各国中央银行更多地招募包括经济学专业的大学毕业生，并投入更多资源用于研究。早在 1961 年，美国一半的联邦储备银行行长都是职业经济学家（Whittlesey，1963：第 38 页）。20 世纪 60 年代，一些中央银行开始建立计量经济学模型，当时计量经济学模型还处于初创期。1965—1972 年在美联储任职的谢尔曼·麦索（Sherman Maisel）认为，职业经济学家对中央银行职员的看法开始和那些美联储董事会成员，甚至美联储主席的看法同样——有时更加——有分量（Nelson R. H.，1987：第 82 页），但这一点还有争议。

到了 20 世纪末，中央银行和政府之间的紧密联系有些松动。经济学家比以往更频繁地获得最高职位。中央银行内部的经济研究规模持续扩张（St - Amant

等，2005）。1990—2005 年，有私人部门工作背景的 G10 中央银行行长数量大幅缩减，而有过公共部门工作背景的人数增加，但此前曾经是学者的人数则飙升。"1990 年，仅有十分之一的中央银行行长曾花大把时间（博士后）研究学问。2005 年，在 G10 中央银行行长中，有六名（某种程度上）曾是学者"（Simmons，2008：第 183 页）。20 世纪期间，中央银行在这三个维度上的发展越来越平衡。到 21 世纪初，经济学看上去似乎处于主导地位。

正如一位美国联邦储备系统官员在接受唐纳德·凯特尔（Donald Kettl，1986：第 6 页）采访时所言，中央银行家视自己为"特殊圣职的一部分"。这是对中央银行家这样一个男性社会恰如其分的描述。2001 年，世界上 173 家中央银行的行长只有九位是女性。洪都拉斯的维多利亚·阿斯芙拉（Victoria As-fura）注意到，金融机构与军事和教堂类似，是男性的职业世界。她在百慕大的同事谢莉尔·安·李斯特（Cheryl - Ann Lister）解释说，这是因为大多数任命中央银行行长的政客们自己就是男性（Anon，2001）。

赫莱纳（Helleiner，1994：第 19 页，第 198~201 页）讨论说，中央银行家们展现出某些"跨国认知共同体"的特性。这一术语源自政治科学（Haas，1992），指的是一群有影响力的专家，他们有着对世界共同的科学认识，共同的价值观和政策目标，并且愿意相互合作。中央银行家是认知共同体的这一观念在讨论 20 世纪晚期欧洲货币一体化进程中得到了有力彰显（Verdun，1999）。这种分类是否适用于更早期的几代中央银行家们则不是很清楚（Kapstein，1992）。艾肯格林和泰敏（Eichengreen 和 Temin，2000）认为 20 世纪早期的中央银行家们也有很多共同点，而且他们那些虔诚的信条很多是误入歧途的。实际上，这两人还宣称 20 世纪 20 年代和 30 年代初的中央银行家们都有无可救药的金本位制情结。他们对黄金根深蒂固的认同与许多经济学家和政客们是一样的，这种执着的认同既有认知的因素，也有道德的因素。1918 年后，中央银行家们迫不及待地在国际舞台上寻求合作以力图重建和捍卫金本位制（Clarke，1967），但这一尝试在 20 世纪 30 年代初最终以灾难和相互指责告终。艾肯格林和泰敏总结说，对金本位的执念充其量是伪科学。即便我们不承认 20 世纪早期中央银行家们曾经形成了认知共同体这一观点，然而将其视做一个职业领域的成员是有价值的，有时他们的兴趣和忠诚甚至超越了国家利益。

个性是否重要

一些读者也许认为单个中央银行家无法对决策和结果产生很大影响，因为这些都是由非人为的经济力量和经济关系决定的。有人或许会问一个将军（如拿破仑）的技能或个性力量是否能影响一次军事战役的结局。大多数计量经济学模型都是将个人对宏观经济运行的影响最小化，强调各变量，如利率、货币供应量、借贷、支出和通货膨胀等之间的非人为联系。然而，即便在主流经济学中个性特征是否可以被视做无关紧要，也不是完全清楚。2006 年，美国经济学会（American Economic Association）在召开的年会中有一个分会场的标题为"艾伦·格林斯潘（Alan Greenspan）的遗产：一个初探"。在这个分会场上，克罗米瑞斯（Calomiris，2006：第 170 页）声称"艾伦·格林斯潘对金融监管结构调整的重大变化起到了重要作用。"本杰明·弗里德曼（Friedman，2006：第 176 页）总结称"格林斯潘时代……也许是美国'相机抉择'而非'依规则行事'货币政策的现代巅峰时期。"毫无疑问，格林斯潘的相机抉择起了作用。按照本杰明·弗里德曼（Friedman，2006：第 177 页）的观点，格林斯潘的政策结果不仅会受到未来货币政策制定者的"欣赏"，而且会让他们"嫉妒"，但这个观点现在并不流行。

希克洛斯（Siklos，2002：第 81 ~ 127 页）认为中央银行家的个性在危机时期（如 20 世纪 30 年代）的影响比相对平稳时期（如 20 世纪 90 年代）的影响更大，因为在相对平稳时期可依靠例行程序来管理经济。但这种影响可能是好的，也可能是坏的。例如，泰勒规则（Taylor rule）提供了一套将政策利率与预期通货膨胀水平的偏离、产出缺口的变化联系起来的常规操作方法。希克洛斯的说法是有说服力的，因为个人更容易在动荡环境下发挥作用。但任何认为危机都已过去的暗示都是不靠谱的。

米尔顿·弗里德曼（Friedman，1962）认为中央银行家个人对政策会产生重大影响，并且这种影响几乎总是有害的，因此他热衷于向中央银行推行严格的货币规则。在《美国货币史》一书中，弗里德曼和舒瓦茨（Friedman 和 Schwartz，1963）详细地考察了 20 世纪 20 年代末期美国联邦储备系统领导层人物变化（或失踪）的后果，得出结论认为其对美国经济的影响是灾难性的。梅尔泽（Meltzer，2003）同意这一解释。罗默和罗默（Romer 和 Romer，2004）的研究扩展到了格林斯潘时期，他们也认为美联储主席的经济哲学思想的变化会影响到货币管理的成败。

当然，如果没有合适的理由要怀疑某项特定政策是很困难的，更不用说弄明白谁的话才是决定性的。艾布拉姆斯（Abrams，2006）以尼克松录音带事件中关于货币政策的谈话为基础专门写了一篇文章。倘若个人对政策没有什么影响力，就没有必要仔细琢磨录音带里美联储主席阿瑟·伯恩斯（Arthur Burns）、尼克松总统及其预算办公室主任乔治·舒尔兹（George Schultz）所说的每一个字，并且这篇文章也不会在经济学刊物上发表。但谁说的话最有分量呢？美国联邦储备系统理应与政府行政部门独立开来，货币政策也理应由联邦公开市场委员会（FOMC）而不是由美联储主席单独决定。然而尼克松显然相信联邦公开市场委员会会遵从伯恩斯的指导：“你能够领导他们（阿瑟）。你能够领导他们……不就是踢一下他们的屁股吗”（Abrams，2006：第 181 页）。录音带最终并未给出结论。美国的货币政策为什么在 1971—1972 年选举前放松？伯恩斯和公开市场委员会是否为了选举迫于政府压力而刺激需求，或者他们真的诚实地反映了他们对经济状况的看法发生了改变？因为我们无法看透每个重要人物的思想，由此无法确定他们的真正动机。类似的情况也出现在 20 世纪 90 年代初的新西兰。根据 1989 年新的立法，新西兰储备银行享有业务操作上的独立性。但是，在 1991 年经济衰退期间，政府指责其行长布拉什（Don Brash）的货币政策过于紧缩。当年晚些时候，根据 1989 年新法单独对货币政策负责的布拉什，放松了中央银行的货币政策。布拉什辩称这是基于变化了的通货膨胀预期而决定的，他紧张地否认自己受到了部长们的收买（Singleton 等，2006：第 180 ~ 183 页）。但是，我们无法了解布拉什是否有意或无意地受到了外部压力的影响。

个人确实有潜力影响中央银行的行为，有些人还来自中央银行的外部。伍利（Woolley，1984）认为政客、财政部官员、经济学家、银行家，甚至记者都有可能拥有一定的影响力。中央银行的权力边界与其他机构一样，是可渗透的。参与者越多，经济学家为货币政策建模的困难就越大，需要为理解中央银行而涉及的其他学科，包括经济史和政治科学的内容也就越多。

他们并非无趣之人

在 20 世纪 70 年代和 80 年代初，中央银行家通常被描述为容易被挥霍无度的政客们说服的人。正是在这一背景下，罗格夫（Rogoff，1985）认为社会将从任命"保守的"中央银行家承担货币政策责任中获益。此后，布林德（Blinder，1998）对中央银行家们是否曾经不那么保守提出质疑。如果有时他们顺应了政府通货膨胀的倾向，那么大多数情况下是被迫的。将中央银行家划分为鹰派或"通货膨胀狂人"（Mervyn King，1997：第 89 页）和无用的鸽派的观点则过于简化。本章剩余部分将讲述在过去的百年间中央银行行长们所表现出的各种天分和思想、他们的优势和劣势。这些例子并非随机选取，所有这些中央银行行长都可以在私人部门获得更丰厚的工资报酬。

神秘的行长：蒙塔古·诺曼

几乎没有一位中央银行行长能像 1920—1944 年担任英格兰银行行长的蒙塔古·诺曼（Montagu Norman）那样激起人们巨大的兴趣或争议（Sayers，1976；Boyle，1967；Clay，1957）。毋庸置疑的是，诺曼倾向于货币保守主义。他是稳健货币和金本位制的坚定支持者，即使在 20 世纪 30 年代初金本位制瓦解之后他看到的也一直是金本位制的好处。但是，他承认政府有权力对政策作出最后决断。诺曼的职业生涯见证了外部观察人士，包括媒体和学者，对中央银行风格形成的作用。

诺曼原本是一位商业银行家，是令人尊敬的布朗·施普莱（Brown Shipley）公司的合伙人。就个性而言，诺曼非常腼腆，不善言辞，还有点爱搞恶作剧。他跟艾伦·格林斯潘一样，总是力图对经济过程作出清晰的解释。但与格林斯潘不同的是，诺曼算不上是一个经济学家。实际上，他不相信任何理论家。很大程度上，他是凭直觉处理中央银行事务。诺曼的确留下了一些发言录音，但听起来似乎他对失业这样的问题非常淡漠。

安德鲁·波义耳（Andrew Boyle，1967）写的传记的章节标题或许能给人启发，依次是：诺曼是一个新手、是逃避主义者、是附魔者、是旁观者、是知情人、是炼金术士、是幻觉论者、是被告和替罪羊。诺曼似乎故意为自己培养神秘的名声，他有时以"斯金纳（Skinner）教授"的身份微服私访。根据安西格（Einzig，1932：第101页）的观点，在公众的想象中，诺曼是与巴希尔·扎哈罗夫（Basil Zaharoff）一样的"神秘人物"。巴希尔·扎哈罗夫是著名的军火商或"死亡贩子"。诺曼是横跨大西洋的世界观光旅行家，他与其他中央银行行长交往，尤其与纽约联邦储备银行（FRBNY）的本·斯特朗（Ben Strong）和德意志帝国银行的亚尔马·沙赫特（Hjalmar Schacht）过从甚密。而这激发了公众对他的兴趣，更不必说猜疑。美国人对诺曼与斯特朗的交往很恐惧，害怕诺曼对美国的货币政策产生影响。

诺曼不愿向外人解释他的行为。但他迷恋的金本位制度在政策目标和效果方面是高度透明的。英镑要么可兑换黄金，要么不能；而且，如果英镑不能自由兑换黄金，则意味着货币当局一定是失败了。1931年经济危机期间，当英镑被迫退出金本位时，诺曼一直处于病中。

大师级人物：艾伦·格林斯潘

公众对货币魔力的着迷一直持续到格林斯潘（Alan Greenspan）时代（1987—2006年任美联储主席）。当格林斯潘任期接近尾声之时，业界和学界对格林斯潘在美国货币政策管理上的成绩好评如潮（Kahn，2005）。相对低水平的通货膨胀和前所未有的繁荣成为格林斯潘时代的特征。在他的任期，金融危机要么被成功回避，要么被遏制，如网络泡沫危机。格林斯潘是美国第一位意识到20世纪90年代的生产力增长已经加速的决策者。在这种大好环境下，格林斯潘无须借助于紧缩的货币政策就能维持物价的稳定。回想起来，在格林斯潘退休时人们对他的感情是热情洋溢的。但值得指出的是，即使在2007—2009年之前仍有一些持怀疑观点的人。哈切尔（Hartcher，2006）将格林斯潘形容为"泡沫男"。2005年，巴特拉（Batra）谴责格林斯潘的政策是将毁灭世界经济的巨大"骗局"。

"大师级人物（Maestro）"，这是鲍勃·伍德沃德（Woodward，2000）在介绍格林斯潘职业生涯故事时使用的标题，它唤起了人们对巫术的想象。在格林斯潘时期，美国联邦储备系统持续公布信息，一些中央银行官员还经常与市场人士、媒体、国会会员和学者讨论经济前景。格林斯潘是电视上的熟面孔，这张面孔对一些人而言是和蔼可亲的，对另一些人则是悲催的。让许多观察人士不解的是，尽管格林斯潘在政策上可以收到令人满意的结果，却总是不能直截了当地传达信息。或许，格林斯潘的魔力恰恰来自这种对比。

格林斯潘有着多年在私人部门担任经济顾问和预测分析师的经验，更别说他还拥有经济学博士学位，他本应该能够清晰地表达自己。然而他似乎陶醉于他自己所谓的"有建设意义的模棱两可"。伍德沃德（Woodward，2000：第180~181 页）讲述了格林斯潘向他女朋友求婚的故事。他女朋友因为无法明白格林斯潘想说的话，他不得不重复两次他的求婚词。由于美联储缺乏清晰的政策目标——既不像新西兰的布拉什那样追求通货膨胀目标制，也不像英国的诺曼那样（1925—1931 年）坚持英镑钉住黄金——这种模棱两可的气氛更加突出了。

退休后，格林斯潘（Greenspan，2008）将其回忆录和对未来美国经济及政策的思考结集出版。我们无法排除这样的可能——格林斯潘政策的成功是好运（Mankiw，2006：第182 页）而非高超技艺（Nelson，2007b：第168~171 页）。平心而论，我们还不能形成一个定论。但格林斯潘退休的时间的确十分幸运。

机会主义者：亚尔马·沙赫特

沙赫特（Hja Lmar Schacht）作为中央银行行长的职业生涯发于荣耀而止于争议（如果不是恶名的话）（Weitz，1997；James，1999b）。在 1923 年 9 月至 1930 年担任德意志帝国银行行长期间，沙赫特因帮助德国从恶性通货膨胀的灾难中恢复了金融市场的稳定而受到褒扬。沙赫特与诺曼交往甚密，他被视做 20 世纪 20 年代世界最伟大的中央银行行长之一。

然而，20 世纪 30 年代初期，沙赫特受到了非常不一样的影响。他把自己的命运与希特勒连在了一起，并视其为德国经济的救世主。作为希特勒时期的德意志帝国银行行长（1933—1939 年）和经济事务部部长（1934—1937 年），沙赫特在帮助德国从经济萧条中复苏并重整武装而设计和实施的扩张性货币政策方面发挥了主导作用。沙赫特金融奇才的声誉也因这些成绩而进一步提升。

但后来他与纳粹发生争执，并因为纳粹的集体主义和通货膨胀经济政策而受到公众的批评。此外，沙赫特也反对纳粹的一些社会政策。沙赫特于 1939 年被解除了德意志帝国银行行长的职位，但在第二次世界大战期间仍然效命于德国政府。1943 年，由于被牵扯进谋反希特勒的活动，沙赫特被发配至集中营。战后在德国纽伦堡的纳粹"头子"审判中，沙赫特被无罪释放，无须为战争罪行承担任何直接责任。后来，他出版了一本自证无罪的自传（Schacht，1955）。纽伦堡审判的美籍首席检察官罗伯特·杰克逊（Robert Jackson）如此概括沙赫特："沙赫特代表着有影响力人物中最危险和最应受到谴责的一群机会主义者，他们随时准备加入到他们明知是错误的却可能会赢的运动中去。"（Jackson，1946）可能没有比这个更好的评价了。沙赫特非常傲慢地认为他可以驯服纳粹并让其服从于他自己的目的。

中央银行王子：三重野康

1989 年 12 月，三重野康（Yasushi Mieno）被任命为日本银行行长。他反对日本大藏省的意见，下令大幅提高利率以缓解通货膨胀压力。紧缩的货币政策刺破了日本 20 世纪 80 年代末兴起的资产泡沫，日本经济加速进入滞胀期。1991 年，三重野康被《欧洲货币》誉为"年度中央银行行长"（von Furstenberg 和 Ulan，1998：第 203 页），但是他的政策遗产备受争议。

三重野康是"日元王子"之一。日本银行的王朝始于一万田尚登（Hisato Ichimada），此人 1946 年成为日本银行行长。他仰慕沙赫特，20 世纪 20 年代曾在德国度过了三年时光。在日本被美国占领期间，他在日本经济重建时期曾经大权在握。在战后日本信贷严重短缺的情况下，一万田尚登有权批准或否决大公司的投资计划。因为这一看似无限的权力，一万田尚登被冠以"教皇"的绰号。像罗马教皇一样，他也被说成是从不犯错的人。

1954 年一万田尚登成为大藏省大臣，在位期间他继续支持日本银行。尽管日本银行好像受政府挟制，但维尔纳（Werner，2003）却认为日本银行的软弱是不可信的。一万田尚登建立了在中央银行和大藏省高级官员之间进行官员轮换的传统。无论何时，只要现任行长来自大藏省，副行长是由内部任命的，他就会在下一次轮换时继任行长，反之亦然。来自大藏省的行长会被他们的副手和日本银行内部其他高级官员排挤。

一位观察人士称，"作为幕府选定的继承人，日本银行的行长人选总是既定的。时候一到，日本银行的新王子就从年长的王子手中接过'诏书'……传递诏书的过程实际上像是说'你会成为国王'。而且……这种仪式开始得很早。"［引自维尔纳（Werner，2002：第41～42页）］

一万田尚登将佐佐木正（Tadashi Sasaki）选定为日本银行的首位王子。佐佐木正1962年成为日本银行副行长，1969年成为行长。下一任是前川春雄（Haruo Mayekawa），接着是三重野康（来自大藏省的行长不被视为王子）。三重野康是一位矢志不渝的中央银行行长，他在澄田智（Satoshi Sumita）的领导下担任副行长。澄田智采取的宽松货币政策，刺激了20世纪80年代末日本的股票和房地产市场的繁荣。三重野康接任后通过大幅紧缩，证明了他不会屈从政府的压力（von Furstenberg 和 Ulan，1998：第174—206页）。

保守的行长：唐·布拉什

新西兰为20世纪90年代的中央银行提供了行业标杆。1989年《新西兰储备银行法》将物价稳定奉为新西兰储备银行唯一的货币政策目标。它通过中央银行行长和财政部部长之间签订合同的方式创立了新的中央银行自治形式，此后他们还商定了一份《政策目标协议》（policy targets agreement，PTA）。实际上，《政策目标协议》的关键是通货膨胀目标。除了特殊情况，《政策目标协议》一旦实施政府就不得干预。但若行长违反协议则会遭到谴责或被解雇。沃尔什（Walsh，1995b）将此描述为近乎完美的中央银行合同。

布拉什（Don Brash）是杰出的商人和银行家，他于1988年被政府任命为新西兰中央银行行长，并留任至2002年。是年，他为了进入议会而辞职。布拉什成为行长时，通货膨胀已连续几年下降，1989年法案主要内容也得以落实。尽管布拉什不是新西兰模式的奠基人，但他是热情的拥护者。比如，布拉什在国内经历了几次艰苦的旅行，到各地讲演为小型企业主介绍中央银行和经济情况。其中有一次，当他在受旱灾影响的地方为农民演讲时，倾盆大雨开始落在演讲室的屋顶上。1993年，在接受英国广播公司（BBC）采访时，布拉什明确表示若年通货膨胀率上升超过两个百分点（《政策目标协议》允许的最大值），他会提交辞呈（RBNZ, 1993a：第 286 页）。这是这位保守的中央银行行长吐露的真实心声……也是可验证的。20 世纪 90 年代中期，当通货膨胀率真的几个季度超出了《政策目标协议》规定的上限时，布拉什保住了他的工作。这是因为那时的通货膨胀率比起 20 世纪 70 ~ 80 年代来要低得多，解雇布拉什显得太过苛刻。布拉什在其他方面也同样热心。新西兰储备银行按照那些反对官僚干预的自由市场评论家的意见重塑了银行监管模式。行政成本大幅减少，新西兰储备银行由此成为推动中央银行高效运行的领头羊（Singleton 等，2006）。

激进的行长：马里纳·埃克尔斯

1933 年初，马里纳·埃克尔斯（Marriner Eccles）还是犹他州一位鲜为人知的银行家。一年多一点的时间后，他就成了美联储的主席。在经历了前几年的政策灾难之后，罗斯福政府急于招募有新思想和热情的人，富有天赋的埃克尔斯被看中。尽管如此，埃克尔斯是一位不同寻常的中央银行行长："在凯恩斯观点成为学术界和中央银行家们的主导思想之前，埃克尔斯早就已经持有这样的观点。与凯恩斯思想混杂在一起的是一些更为传统的观点，如消费不足，投资过度，借贷，投机以及收入分配等。埃克尔斯多次重复……大萧条发生的部分原因是收入分配不公"（Meltzer, 2003：第 477 页）。

此外，埃克尔斯与国会议员戈尔兹伯勒（Goldsborough）一样，认为在大萧条的背景下，货币政策有如"推动一根绳子"一样不起作用。埃克尔斯相信对付大萧条和与之相伴随的高失业率的答案是通过借贷增加政府开支，同时进行收入再分配。对于一位中央银行行长而言，这些观点是激进的。在财政政策方面，埃克尔斯比罗斯福政府更为激进，罗斯福政府一直信奉预算均衡。米尔顿·弗里德曼（Milton Friedman）后来认为埃克尔斯"在后来称为凯恩斯政策的推行中比凯恩斯本人起的作用更大"[转引自伊斯雷尔斯（Israelsen, 1985：第 362 页）]。

就个人而言，埃克尔斯和财政部长亨利·摩根索（Henry Morgenthau）间的关系很紧张。但埃克尔斯的评论者说他太容易向财政部的政策倡议让步。但是，"二战"后，当通货膨胀风险超出通货紧缩风险时，埃克尔斯呼吁恢复美国联邦储备系统控制货币政策的自由。这激怒了哈里·杜鲁门（Harry Truman）总统，1948 年他决定不再继续任命埃克尔斯为美联储主席。但埃克尔斯还是留在了美联储董事会，而且他争取美国联邦储备系统更大自主权的努力在 1951 年的《财政部和美联储协议》中开花结果。

顺从的行长：纳吉特·库姆斯

H. C. 纳吉特·库姆斯（H. C.（Nugget）Coombs）曾是一位职业经济学家和公职人员。1949 年担任澳大利亚联邦银行行长时，他曾被视为激进人士。但在 20 世纪 30 年代的激进主义到了 50 年代和 60 年代则被视为正统思想。本质上，凯恩斯时代澳大利亚中央银行的任务就是执行政府关于货币政策的决定。在罗兰德·威尔逊（Roland Wilson）的管理下，澳大利亚财政部倾向于把中央银行看成一个从属机构。库姆斯（Coombs）本人是一名坚定的凯恩斯主义者，似乎把这些安排看做是理所当然（Coombs，H. C.，1981）。他偶尔冒险批判政府的政策时，通常是在背地里进行的。

库姆斯几乎不在公共场合露面。澳大利亚联邦银行和澳大利亚储备银行（RBA）的出版物也没什么实质性的内容。（澳大利亚联邦银行直到 1960 年都既是商业银行又是中央银行，此后其中央银行业务以澳大利亚储备银行（RBA）的形式脱离出来。）1968 年，库姆斯退休。当时库姆斯在一篇报纸上解释说："中央银行希望同时充当政府私人秘密顾问和公开的大众评论家，我认为这没有意义。这两者是不能兼容的。"[转引自卢维斯（Rowse，2002：第 289 页）]

威尔逊是位盛气凌人的财政部部长，他同时在中央银行董事会任职，传达政策和劝诫。"威尔逊总是抓住机会让中央银行服从。尽管库姆斯是一位聪明、有决断的领导人，但他从不颐指气使"（Schedvin，1992：第 154 页），尤其是因为他没有忘记 1931 年经济危机期间曾经因为联邦银行和政府之间的关系破裂，被有些人认为拉长了经济的萧条期。威尔逊限制库姆斯接触各部部长们，要求中央银行向其本人报告。虽然库姆斯与威尔逊的关系不融洽，但并非羞辱性的关系，在政策上他们二人之间没有根本上的冲突。库姆斯更强调短期稳定和微调，而威尔逊更多地重视长期增长和发展，但这些都是细节问题。他们有时在宏观经济政策的改变时机上有不同意见，但库姆斯也没有表示出不愿意服从政府的意思。从部长和财政部官员们的角度来看，他是一位模范中央银行行长。

叛逆的行长：詹姆斯·E. 柯尼

柯尼事件"险些摧毁了加拿大中央银行"（Muirhead，1999：第 167 页）。1955 年，詹姆斯·柯尼（James Coyne）被任命为加拿大中央银行行长。他是由该行内部提拔的行长，此前曾担任高级副行长。由于《加拿大中央银行法》在政府和中央银行关系上有些含混不清，与澳大利亚的库姆斯比，柯尼有更多的腾挪空间。实际上，加拿大中央银行与位于渥太华的加拿大政府之间几乎没有正式的联系。按照 20 世纪 50 年代末的标准，加拿大中央银行实行的是紧缩的货币政策。这种做法使其与财政部长唐纳德·弗莱明（Donald Fleming）以及很多职业经济学家产生了疏远。但是，柯尼担任行长期间最不寻常的特点是他曾公开直率地审查政府的政策（这在澳大利亚是难以想象的）。加拿大中央银行 1959 年的年报单独挑出宽松的财政政策，说它是对经济稳定最大的潜在威胁。1961 年，柯尼旧事重提，发表了广泛详细的政府政策评论，并提出了改革的建议。

部长们被柯尼对政策事务的干预和随时准备向公众公布其不满而激怒了，在他们看来，这些事情与他无关。默尔海德（Muirhead，1999：第 168 页）将柯尼形容为"傲慢得不可理喻"。作为回击，政府在中央银行董事会将柯尼的养老金涨一倍的决定上表达了反对的意见。此外，政府于 1961 年 6 月引入了一项法案，这个法案一旦实施，行长办公室将会出现空缺。众议院通过了此法案。随后，柯尼向参议院银行和商业委员会作了动情的演讲。显然，参议院不会支持政府赶走柯尼的法案。但是，柯尼意识到他的地位已经朝不保夕，所以就主动辞职了（Howitt，1993：第 466~469 页）。柯尼视加拿大总理约翰·迪芬贝克（John Diefenbaker）为"邪恶精灵"，因为是他精心设计了自己的垮台（Macfarlane，D.，2008：第 136 页）。由于拒绝玩服从的游戏，柯尼以丢掉工作付出了代价。

政治家行长：曼莫汉·辛格

历史上，政治家成为中央银行行长或者中央银行行长成为政治高官的例子并不少见。这样的身份转化也呈现出中央银行世界可渗透性的另一面。比如，耶勒·泽尔斯特拉（Jelle Zijlstra）在荷兰担任了多年的政府部长之后，1966 年10 月到1967 年 3 月短暂地担任过荷兰总理，1967 年 5 月成为荷兰中央银行总裁。由于拥有经济学教授的背景，耶勒·泽尔斯特拉在担任荷兰中央银行总裁的同时，兼任国际清算银行（BIS）的总裁。1981 年他同时辞去了这两个职务（Zijstra，1985）。

曼莫汉·辛格（Manmohan Singh）的成就更高。他在经济学术界和公共服务领域都很成功，在 20 世纪 70 年代末担任过一段时间印度储备银行董事，1982 年成为印度储备银行行长，任期三年。印度当时还是严格管控的经济——即牌照制度（"licence raj"），辛格必须在并不怎么适宜的政策框架内工作（Jadhav，2003）。1985 年辛格离开印度储备银行成为计划委员会副主席。1991—1996 年，辛格担任财政部部长。期间，他成为印度经济，包括金融部门自由化的首席设计师。巴格瓦蒂（Bhagwati，1993：第 3 ~ 4 页）表扬辛格最终"将印度引上贾瓦哈拉尔·尼赫鲁（Jawaharlal，Nehru）提到的'与命运共舞'的轨道"。1998—2004 年，辛格担任反对党领袖，2004 年辛格当选为印度总理。辛格在反对党时，曾认为中央银行自主权是"一种心态。它很大程度上取决于中央银行行长的眼界、知识和经验。如果建议很好，任何政府都不会忽视"[引自巴拉斯不莱曼亚（Balasubramanyam，2001：第 94 页）]。

辛格的例子提出了一个问题：一个人要在中央银行工作多久才能胜任中央银行行长的职务？三年够不够？辛格在央行的时间相对较短，这说明终身服务于中央银行并非一大趋势。至 20 世纪末，招聘和留用的原则越来越灵活，入口和出口也越来越多。现在，有很多人加入到某项特定的工作中去，等经验和阅历丰富之后，过几年后就离开了。"职业中央银行家"虽然没有绝迹，但越来越少了（Hickey 和 Mortlock，2002）。

教授行长：本·伯南克

我们已经介绍了三位学者型中央银行行长：阿瑟·伯恩斯（Arthur Burns）、耶勒·泽尔斯特拉（Jelle Zijlstra）和曼莫汉·辛格（Manmohan Singh）。第二次世界大战以后，越来越多的中央银行行长来自大学。21 世纪初，这种情况仍在继续。比如，2003 年，前伦敦经济学院经济学教授默文·金（Mervyn King）被任命为英格兰银行行长。

2006 年，本·伯南克（Ben Bernanke）教授（此前在普林斯顿大学任教）接任艾伦·格林斯潘成为美联储主席。在学术界，本·伯南克以其在 20 世纪 30 年代宏观经济史方面的研究而闻名。伯南克（Bernanke，1995：第 1 页）声称"理解大萧条是宏观经济学的圣杯"。在学生时代，他就为弗里德曼和舒尔茨的《美国货币史》（Friedman 和 Schwartz，2000）所折服。伯南克自己关于大萧条的著作（Bernanke，2000）强调了信贷危机的影响，信贷危机反映了银行体系的脆弱和借款人信用的下降。在接受布莱恩·斯诺登的采访（Snowdon，2002：第 213 页）时，伯南克认为格林斯潘时期美国的货币政策"太个性化了"，并认为应该建立更连贯的决策框架，比如通货膨胀目标制。与之相反，格林斯潘是通货膨胀目标制的怀疑论者。

伯南克于 2002 年被提名加入美联储董事会。两年后，伯南克（Bernanke，2005：第 1 页）表达了对新工作的满意之情："我在新工作中获得的智力挑战与我之前在学术界所遇到的挑战是一样有价值的。"2005 年 6 月至 2006 年 1 月，伯南克担任总统经济顾问委员会主席。他虽然在 2006 年接替了格林斯潘任美联储主席，但并未引入通货膨胀目标制。另一位杰出的经济学家格里高利·曼昆（Mankiw，2006：第 184 页）曾建议伯南克要"尽量像公众人物一样无趣"，要拒绝做"高深莫测的奇才"。曼昆希望美联储主席的个性不再是使美国联邦储备系统的注意力转移至制定和执行货币政策的机构或过程之外的因素。然而，近期来看，美国联邦储备系统的观察家们有更深切的担忧，因为美国和世界其他国家陷入了大萧条以来最严重的金融动荡中。没人能比伯南克更胜任在这一局势下掌舵。

结论

1900 年的中央银行家是高度专业化的银行家；到了 1950 年他们（当时尚未出现女性中央银行家）需要同时扮演银行家和公务员的角色；到了 2000 年他们（此时出现了非常少的女性中央银行家）被要求熟练掌握以下三个方面的技能：银行业务、经济学和公共服务。中央银行成为一个复杂而混合的职业。非严格意义上说，中央银行发展进程中的主要事件恰逢中央银行第一次和第二次革命。公共服务观念在 20 世纪 30 年代和 40 年代中央银行革命期间十分引人注意，而在 20 世纪晚期的中央银行革命中，经济学技巧则变得越来越重要。

随着中央银行在公共政策中扮演越来越明显的作用（但并非总是容易理解或者透明的作用），中央银行家们自己也越来越多地现身新闻视野。蒙塔古·诺曼（Montaguu Norman）是 20 世纪 20 年代首位中央银行界明星。后来成为恶棍的亚尔马·沙赫特（Hjalmar Schacht）和本杰明·斯特朗（Benjamin Strong）都大力支持他。在 20 世纪中期，当中央银行家们被期望成为敬职守责的公务员时这个明星队伍变得暗淡。但是并非所有的中央银行家都乐于成为"无趣的人"。20 世纪 60 年代初，詹姆斯·柯尼（James Coyne）就曾唇枪舌剑公开单挑加拿大政府。这个明星队伍在 20 世纪末带着复仇回归。此时的中央银行成为抗击通货膨胀的先锋，中央银行家也再未远离公众视线。艾伦·格林斯潘（Alan Greenspan）是 20 世纪 90 年代中央银行家中的明星或奇才。

货币经济学教材讨厌探讨个人决策者对货币政策制定和实施的贡献。这些教材认为决策是由一个客观实体——中央银行作出的，中央银行只是对经济和货币数据及预测的变动作出机械的反应。但我们还是有例子说明个体决策者能够产生影响（无论是好的影响还是坏的影响），尤其是在危机时期。此外，谈及中央银行界限可渗透的问题时，我们可以把中央银行视做一个更广泛的决策关系网络的一部分。

第三章　柳林风声：1900 年前后中央银行的小天地

19 世纪末……"中央银行"的概念并没有太超越单纯银行的范畴，只是它们承担着特殊的公共责任，由此弱化了其追求商业利益的性质。

——塞耶斯（R. S. Sayers，1976 年第 1 卷：第 1 页）

为庆祝 1908 年 10 月 8 日出版的《柳林风声》100 周年，英格兰银行博物馆举办了一场新颖、永久性的展览以纪念该书作者肯尼斯·格雷厄姆（Kenneth Grahame），他曾在英格兰银行工作了三十年……博物馆馆长约翰·凯沃斯（John Keyworth）说道："格雷厄姆在银行工作时默默无闻，但三十多年的职业生涯很可能影响到了他的写作；或者同事们对他书中那些著名的人物特征产生了直接的影响，或者在庞大的古老机构工作的生活氛围融入到了他的书中。"

—— 英格兰银行（Bank of England, 2008）

20 世纪初，中央银行的世界很小，甚至有些沉闷，只是偶尔有一些令人兴奋的小插曲。1903 年 11 月 25 日《时代》杂志报道了一则题为《对英格兰银行愤怒的射击》的新闻。一位游客要求面见前任行长，他被人带去面见行长秘书，而那位秘书正是肯尼斯·格雷厄姆（Kenneth Grahame）。此人随后拔出手枪朝格雷厄姆开了几枪，但未命中。勇敢的银行家制住了这个袭击者，并将其锁在候客间。《时代》杂志称，携枪袭击者在接受警方调查时表达了其"社会主义思想"，警方指其"四处游荡，被认为是一个疯子"。

20 世纪，中央银行还只是一种典型的欧洲现象，只在日本有一家（见表 1）。美国直到 1914 年才有中央银行。本章介绍部分代表性中央银行的起源、所有权结构和治理，讨论它们的主要职能和政策工具。本章不求面面俱到，仅选取四个案例进行分析，包括英格兰银行、法兰西银行、德意志银行和日本银行。这并非要否定其他国家中央银行取得的杰出成就，如比利时、葡萄牙以及瑞典等（Buyst 和 Maes，2008a；Reis，2007；Wetterberg，2009）。古特哈德、卡佩和施纳德的著作（Goodhart，Capie 和 Schnadt，1994：第 123~231 页）对更多中央银行起源和历史做了简略而精彩的介绍。

表 1　　　　　　　　发行的银行和中央银行的成立时间

瑞典银行（Sveriges Riksbank）	1688
英格兰银行（Bank of England）	1694
法兰西银行（Banque de France）	1800
芬兰银行（Bank of Finland）	1811
荷兰银行（Nederlandsche Bank）	1814
奥地利国家银行（Austrian National Bank）	1816
挪威银行（Norges Bank）	1816
丹麦国家银行（Danmarks Nationalbank）	1818
葡萄牙银行（Banco de Portugal）	1846
比利时国家银行（Banque Nationale de Belgique）	1850
西班牙银行（Banco de España）	1874
德意志帝国银行（German Reichsbank）	1876
日本银行（Bank of Japan）	1882
意大利银行（Banca d'Italia）	1893
瑞士国家银行（Swiss National Bank）	1905
澳大利亚联邦银行（Commonwealth Bank of Australia）	1911
美国联邦储备系统（Federal Reserve System）	1913

资料来源：Broz（1998：第 237 页）。

传统上，分析 1870—1914 年的中央银行史是从讨论金本位开始的。金本位制是 1900 年前后盛行的国际货币体系（Bordo 和 Schwartz，1870）。正如加拉罗蒂（Gallarotti，1995）所称，金本位的国际推行源自此前政府和发行的银行做出的货币稳定的承诺，他们承诺单位本币可兑换成固定重量的贵金属。当时英国已经在实行金本位制，黄金被广泛视做比白银（更别说纸币）在价值上更加稳定的贵金属。鉴于英国在商业和金融领域的领导地位，其他国家也有意效仿采纳金本位制度。

到 1900 年，关于发行的银行［这一术语当时仍然被广泛使用（Conant，1896）］的目的究竟是为股东盈利还是为国家利益服务的争议已经尘埃落定，即为国家利益服务。倘若现代的中央银行家穿越回到 1900 年，他们会发现有何怪异之处呢？那可能就是当时的人们一边倒地支持黄金可兑换性而不是国内物价的稳定性。直到第一次世界大战及战后，政策制定者们才开始更多地考虑其他目标。缺乏明确的经济模型及经济和货币数据的稀缺也会让他们感到震惊，因为这些都是今天的中央银行家认为必备的。假如没有这些东西，中央银行就不是一门科学，而是一门艺术。

从银行宠儿到中央银行

19 世纪是全球化的第一次浪潮（O'Rourke 和 Williamson，1999），某种程度上也是独立中央银行的第一次浪潮。独立中央银行这一术语听起来很现代，但实际上早在 20 世纪 20 年代就出现了（Kisch 和 Elkin，1932：第 17 页）。1900 年的中央银行比 1950 年更具自主性。几家主要的欧洲中央银行享有极大的操作自主权；这种自主权有时是法律上的，有时是事实上的（Flandreau 等，1998：第 133～135，138～139 页）。政府很少告知中央银行什么时候要调整再贴现率，以及主要的政策手段是什么。考虑到当时的中央银行必须保证黄金的可兑换性，它们并不享有政策目标上的独立性。但是，这在中央银行跟政府同样强烈信任黄金的年代是无关紧要的（Eichengreen 和 Temin，2000）。当今仍然有很多独立的中央银行只享有操作的自主性，而没有目标的自主性。

首批发行的银行的创始人还没有中央银行的概念，更不用说中央银行独立性的想法。在讨论英格兰银行的起源时，劳伦斯·怀特（Lawrence White，1991：第 39 页）强调政府希望拥有一个"能够借到钱的银行宠儿"——尤其是在战争时期。很多欧洲国家的政府会建立特殊的银行以解决自身的金融问题，这些问题通常与战争有关，而这些银行则逐渐演化成发行的银行（Broz，1998：第 240 ~ 241 页）。许多早期的发行银行都完全或很大程度上为私人股东所有，但也并非所有的发行银行都如此。比如，1765 年成立的普鲁士皇家银行便是国有的。

作为向国家提供贷款和其他服务的交换条件，这些银行及其所有者获得了一些特权，包括发行银行券和收取铸币税的权利（不一定享有独占权）。通过对其他银行实施准入和经营活动的限制，发行的银行还得到了不同程度上的竞争性保护（Grossman，2001）。它们的特许权还会根据情况变化时不时重新商议调整。为了获得更多的贷款，政府愿意提供新的特权；或者，得不到贷款就用退出特权威胁它们（Broz 和 Grossman，2004）。发行的银行（或中央银行的原型）与政府之间的关系错综复杂，导致此后二者之间出现很多问题。一方面，拥有独立于政府的一些自主权很有必要，它有利于让股东和存款人放宽心，不用担心会被欺骗。另一方面，政府担心发行的银行会为了获取铸币税而超额发行银行券，并引起通货膨胀和金融动荡。（但不应过分夸大银行发行银行券的欲望，通货膨胀会让银行资产的真实价值贬值，削弱存款人的信心，这也不利于它们获得特许权的续期。）对付过度发行威胁的通常方法是强迫发行的银行以黄金和/或白银作为发行储备。换句话说，即采用金本位、银本位或金银复本位。除此之外，还可以设计政府与股东共享铸币税和其他利润的规则。在设计发行的银行的过程中，限制追逐私利和保护国家利益（无论怎样定义的国家利益）成为主要的考虑因素。可兑换性至少一定程度上可以作为限制发行银行行为的工具（Flandreau，2007）。至于法律要求多少的贵金属作为支持银行券发行的储备，这些细节则因国家而异。

19 世纪下半叶，较早成立的发行银行巩固了它们的地位。这些银行成为其所在地区主要的（如果不是专门的）银行券发行人。此外，它们在金融市场上扮演着重要参与者的角色（如果不总是主导整个市场的话），它们的客户既包括私人企业客户，也包括核心的政府银行业务。因为发行的银行受政府支持，非发行的银行发现在那里存款是有益处的，它们视其为安全港。在"中央银行"的存款可作为储备和/或用来进行银行间结算。中央银行为其他银行和机构提供再贴现和贷款。对中央银行来说，借贷和再贴现是有利可图的业务。

在一次银行业危机中，对再贴现的争议变得很激烈，使中央银行家们陷入两难境地。中央银行应该向其他银行提供紧急援助，还是任其仅依赖其储备而破产不顾？这两种选择对中央银行都是有利可图的。一家发行的银行如果接受最终贷款人的角色，则可以扩大其证券投资组合，获取更多利息收入；让其他银行倒闭，发行的银行可以接管它们的部分客户。自 18 世纪 90 年代以后，人们一直在讨论发行的银行充当最后贷款人职责的话题。但实际上，发行的银行十分不情愿承担此责任，这个主张直到 20 世纪头十年才在中央银行世界里被普遍接受（Wood，G. E. 2000）。争论的一个焦点是，中央银行是应该帮助单个银行还是专注于为整个银行系统提供紧急流动性。根据古德哈特（Goodhart，1988）的观点，中央银行在判断何时需要最后贷款人进行干预方面是独一无二的人选。因为与其他银行日常的接触使得发行的银行能够对这些银行的管理状况、资产质量和流动性进行监督。即便如此，在 20 世纪之前，中央银行尚未进行明确的审慎监管（Grossman，2006）。

到 19 世纪后期，发行的银行向中央银行转换的过程进行得很顺利。中央银行是银行的银行，也是政府的银行。大多数中央银行承诺维护本币与贵金属之间的可兑换性。尽管它们与政府关系紧密，但仍享有高度自主权。只要可兑换性神圣不可侵犯，政府操控中央银行和货币状况的能力就会受限。中央银行与其他银行之间同样存在着微妙的关系。一方面，中央银行的许多高级官员和股东都来自顶级金融机构，中央银行可能会认为对该团体有利的东西对所有人都有利。另一方面，很多银行家依然将中央银行视做危险的竞争对手，即使这样的竞争大多发生在过去。

谁对早期的中央银行影响力最大？博宁（Bonin，1992：第 223 页）在评论 19 世纪的法国时认为，"很难评估国家或由其任命的（中央银行）行长意志与那些或多或少代表着商界和金融界的董事意志之间的权力制衡。"然而，在黄金可自由兑换盛行之际，没有谁可以为所欲为。

英格兰银行

英格兰银行（Bank of England）是第一家从发行的银行转变为真正意义上的中央银行的银行。其总部位于针线街，是当时世界上最综合的金融市场的心脏（Clapham，1944，第 1 卷，第 7 章；Sayers，1976，第 1 卷：第 1~4 章）。

直到 1946 年国有化之前，英格兰银行的所有权完全属于私人所有。银行行长、副行长和董事都是经股东选举产生的。政府限制英格兰银行的盈利和红利支付，虽然在某些情况下的确有权要求它提供贷款，但政府也厌恶对其进行干预。鉴于这种所有权和治理安排，英格兰银行拥有相当大的操作独立性。英格兰银行与政府间的关系十分和谐。二者都坚定承诺黄金自由兑换和财政保守主义。英格兰银行无须鼓吹其独立性，政府也没有理由削弱它的独立性。

从文化层面上看，英格兰银行是英国绅士资本主义的支柱之一（Cain 和 Hopkins，1993a，1993b）。英格兰东南部的大土地主和富有阶层之间的通婚巩固了这种同盟关系。英格兰银行是一个精英机构，该行大多数行长和董事都是从伦敦金融城招募来的；还有部分董事也是议员。但这并不意味着英格兰银行与伦敦金融城的其他机构之间的关系也那么亲密。大型商业银行（或“清算行”）憎恨英格兰银行对流动性的影响力——即便它们发现获得中央银行援助是有好处的。它们憎恨英格兰银行的部分原因是，英格兰银行不久前还是它们的竞争对手。英格兰银行尽管在外省设有分支机构，但其业务重点是大都市和国际业务。20 世纪，英格兰银行与带来国家繁荣的外省和苏格兰制造业之间存在的文化疏离曾经引来众多批评，但在 1914 年之前人们还没有注意到这些（Daunton，1992；Green，1992；Howe，1994）。

英格兰银行的政策由财政委员会（该委员会与英国女王或英国财政部毫不相干）制定，该委员会包括行长、副行长和其他高级官员。英格兰银行等级森严，带有家长式作风（de Fraine，1960），但在银行运作上却不显费力。从公共选择角度看，英格兰银行也可以被视为一家预算软约束的官僚机构。

英国采用金本位的时间比其他国家都要长，黄金自由兑换在拿破仑战争期间曾一度中断，到 1821 年才恢复。英格兰银行按照《1844 年银行法》运作。

在机构设置上，它包括一个银行券发行部和一个银行业务部。该行有义务储备足量黄金以兑换所有发行的银行券，汇率是每盎司黄金合 3 英镑 17 先令 9 便士，但一个小额的 1400 万英镑的信用发行例外。这一标准比其他国家要严格，其他国家的金准备通常大大低于 100%。某些其他的英国银行，尤其是苏格兰的银行，保留了部分银行券发行的权力。

实际上，英格兰银行的黄金储备要高于最低标准，这些储备可以在内外部流动性枯竭的时候起到部分缓冲作用。诚然，发行银行券只占银行系统存款的一部分。理论上，所有银行存款都可兑换成黄金——尽管真做这个试验的话，储备会很快耗尽。在国内发生金融恐慌时（19 世纪曾经发生过几次），英格兰银行担心黄金会耗尽。此外，当出现国际收支逆差而且其他手段用尽的情况下，需要通过黄金输出来弥补。因此，英格兰银行的黄金储备需要用来应对其内部和外部的流动性枯竭。

英格兰银行为英国的各银行提供存款和清算服务，并为某些金融机构提供合格证券抵押贴现和贷款。包括吉列特（Gilletts）在内的贴现行，充当了英格兰银行和清算银行之间的缓冲。每当出现流动性短缺，贴现行就从中央银行借款。吉列特贴现行大体上是每个月一次，通常是要求贷款，偶尔也提供证券再贴现（Sayers，1968：第 54 ~ 60 页）。贴现窗口所要求的利率是中央银行利率（bank rate），略高于市场资金利率。

英格兰银行的目标是通过保留黄金储备来维持黄金自由兑换。通常，英格兰银行通过调整中央银行利率以管理黄金储备水平和储备与债务或流动性之间的比率（Giovannini，1986）。当英格兰银行感觉黄金储备和/或流动性过低（无论是由于国内还是其海外发展所致），它都倾向于提高中央银行利率。高的利率水平可以将资金从海外吸引到英国，改善其国际收支状况，吸引的黄金最终存入英格兰银行。而且，高的利率可以抑制国内借贷和经济活动，减少对银行券的需求，英格兰银行也得以用更少的黄金达到管理的目标。相反，当该行认为黄金储备充足时，它可能下调利率——虽然这么做的动机相对较弱。英格兰银行如何系统性地应对储备与流动性的变化，它又是如何按照不成文的金本位游戏规则行事的？——这些还有待讨论。1914 年前，英国对金本位的信奉很少受到质疑，其自由裁量权的余地很大。

当中央银行能够控制市场流动性，迫使私人机构去贴现窗口贴现时，贴现率政策会比较有效。但 19 世纪晚期这经常成问题。好在，1900 年之前英格兰银行已经开发出吸收流动性的技术，即以政府证券为抵押从市场借款，或者说为了此后购回证券而出售证券（即公开市场操作）（Bindseil，2004：第 108 ~ 117，145 ~ 146 页）。此外还有一些其他的方法。如调整用于再贴现的合格证券范围。英格兰银行还掌握着黄金设施（gold device）：对黄金进口商进行鼓励，对黄金出口商强征管理费用，或推迟其出口时间。也可以通过从国外购买或借入的方式补充黄金储备。

沃尔特·白芝浩（Walter Bagehot，1873）是关于中央银行的最富盛名的一本书《朗伯德街》（Lombard Street）的作者，他斥责英格兰银行推卸其作为危机管理者和最后贷款人的责任。他认为英格兰银行好几次都未能扮演好一个负责任的中央银行的角色。但是，在 1890 年和 1906—1907 年危机期间，英格兰银行比以往更为决断，成功地化解了恐慌。在 1890 年巴林银行（Barings）危机事件中，英格兰银行成功组织了一个金融城财团为其债务提供担保，甚至从自有资金中拿出 100 万英镑救助该行。除此之外，借入和购买金块使得黄金储备大大增加。以上这些举措都富有成效。在 1906—1907 年危机期间，英格兰银行持续从国外获得黄金贷款。在危机期间，它不间断地在市场上提供再贴现贷款，而不是防御性地后撤（Kindleberger，1996：第 147 ~ 140，169 ~ 170 页；Clapham，1944，第 2 卷：第 326 ~ 339 页）。

到 1900 年为止，英格兰银行是最复杂、经验最丰富的中央银行。它归私人所有，行长和董事由股东任命。在遵循金本位制和《1844 年银行法》的大前提下，英格兰银行享有高度的操作自主权。到 1900 年，英格兰银行已经视自己为一家致力于维护银行体系稳定的公共机构，而非商业机构。换言之，它已经完成了从发行的银行向中央银行的转变。

法兰西银行

法兰西银行（Banque de France）成立于 1800 年，起初是拿破仑·波拿巴（Napoleon Bonaparte）的银行宠儿。法兰西银行在 19 世纪发展成一家卓越的中央银行。但在某些方面，它与英格兰银行之间存在明显不同。特别是，法国在金融领域落后于英国，这对法国中央银行的行为产生了影响。

1900 年，虽然法兰西银行为私人所有，但它绝不是追求利益最大化的机构，其分红是有上限的。该行由国家任命的一名行长和两名副行长，及另外 15 名由股东选举产生的董事负责管理。法兰西银行事实上拥有高度自主权，它无须向政府提供短期信贷，但必须将盈余的一半投资于法国政府债券。左翼批评人士说，法兰西银行被来自"200 个家庭"或金融界精英的股东和董事掌控。但这一说法有点夸大其词，事实上，该行的股东和董事来自社会各个领域（Plessis，1992：第 147 ~ 150 页）。

法兰西银行在发行银行券方面面临着一些限制，但对发行银行券的黄金或白银准备并无详细的数量规定。在法律上法国实行的是复本位制，法兰西银行有权使用黄金或白银兑换银行券（Gallarotti，2005：第 630 页）。但自 1878 年起，法国开始成为实际上实行金本位的国家，法兰西银行通常支付黄金兑换银行券。

拿破仑时代留下的遗产之一是确立了一个信条，即法兰西银行须为法国经济的发展提供可承受的信贷支持。为此，法兰西银行将再贴现率维持在较低且相当稳定的水平（通常在 3% ~ 4%）。同时代的人常常讨论法国再贴现率的稳定性，尤爱拿它与英格兰银行的再贴现率作比较。法国的贴现窗口对众多工业企业和银行开放，而且向它们提供贷款。由于公开市场操作受到禁止，法兰西银行在执行政策时会遇到阻碍。由于巴黎的银行常常拥有很高的流动性，几乎不会使用贴现窗口，这限制了法兰西银行对货币状况的影响力。实际上，大型的巴黎银行很不情愿在法兰西银行存款（Bopp，1952；Bonin，2000）。法兰西银行黄金储备充足，保障了利率的稳定性，这对英格兰银行而言简直是奢侈。在调整再贴现率之前，法兰西银行能够应对储备水平的大幅变化。当法兰西银行希望增加其储备时，它通常会采用黄金设施而不是变更再贴现率。

发展相对原始的银行业妨碍了法国地方经济的发展。虽然有些不乐意，法兰西银行还是被劝服提升其在区域中心的银行和转账服务水平，不过它并不欢迎零售客户。1902 年，法兰西银行已拥有 126 家分支机构，50 家附属办公室，在 234 个城镇有联络点，其总部位于巴黎（Palgrave，1903：第 143 页；Plessis，2007）。让人奇怪的是，法兰西银行在地方比在巴黎更像中央银行，因为如上所述，巴黎的银行不怎么需要其服务。

19 世纪 80 年代法兰西银行肩负起最后贷款人的使命。1882 年，法兰西银行对巴黎和里昂的股票交易所提供贷款，阻止了一场危机在银行系统蔓延。1882 年联合银行（Union Generale）破产之后，它也给几家银行提供了贷款。1889 年和 1891 年，法兰西银行再次支持和重组了一些坏账银行（Goodhart，1988：第 121 页）。

与英格兰银行相比，法兰西银行对经济发展的作用更大，尽管它对这一功能并不热情。低水平而稳定的贴现率促进了法国经济的发展。尽管法兰西银行运作的环境与英国不同，但它在能力和成就上丝毫不逊色于英格兰银行。

德意志帝国银行

德意志帝国银行（Reichsbank）始建于 1876 年（于 1948 年结束营业——译者注），普法战争结束和德国统一后。得益于大量的法国战争赔偿，德国于 1871 年采用了金本位制度。德意志帝国银行沿袭了普鲁士皇家银行众多的职能，科南特（Conant，1896：第 197 页）说它"在所有制上完全是私有的，但在管理上是公共机构"。显然，德意志帝国银行从一开始就是为大众或帝国利益服务，而不是追求股东利益最大化的。

德意志帝国银行首要任务之一便是统一货币。第二个任务是促使新发行的银行券得以流通，第三个任务是加速区域内支付体系的完善。为此，德国全境都成立了分支机构，在柏林还建立了一家清算所。人们希望该行能以一种温和的利率水平向德国企业和银行提供再贴现服务。通过提供这些服务，德意志银行促成了德国金融一体化，也因此帮助德国崛起为一个新兴的超级经济大国（Goodhart，1988：第 105 ~ 111 页）。

表面上看，德意志帝国银行的独立性并非很强。德意志总理担任德意志帝国银行监督委员会的主席。实际上，该行受董事会管理，董事会成员由联邦参议院提名，由德国皇帝任命终身任职，首席执行官是总裁而不是行长。董事会偶尔会接到一些行政命令。一个著名的例子是，1887 年在政府的一再要求下，和某些外交政策的原因，"德意志帝国银行禁止用俄国债券为抵押品提供贷款（lombardierung）"（James，1999b：第 9 页）。此外，德意志帝国银行须向政府提供短期贷款。但是，大多数时候政府允许董事会不受干预地管理。甚至股东也有一些制衡力量——他们有权就德意志帝国银行的发展方向进行质询，有权否决该行与帝国或州政府进行的优惠交易。霍特弗瑞里奇（Holtfrerich，1988：第 111 页）总结说，尽管"在法律上，德意志帝国银行从属于政府，但实际上其董事会享有高度自主权"，至少在金本位制度框架下是如此。

德意志帝国银行被要求为其银行券发行提供固定限额的准备金，准备金的 1/3 为黄金（或白银），2/3 为最高级的票据。增发的银行券则需 100% 的现金准备（Flandreau 等，1998：第 133 页）。德意志帝国银行的政策是对"真实票据"贴现，"真正票据"是指来自"真实"商品交易而非投机性活动的票据。1900 年，近 63000 家公司或个人能够直接或间接地使用贴现窗口，他们都有独立的信贷额度。除此之外，该行还以更高的利率以各种私人或公共部门证券为抵押提供贷款 [伦巴德（Lombard）贷款]。受市场利率影响的再贴现率是其主要的货币政策工具。在 1914 年之前，公开市场操作仅开展了四次（Giovannini，1986：第 474 页）。

计量经济学模型的分析表明，德意志帝国银行根据其黄金储备与负债之间的比率变化来调整再贴现率。当流动性下降时，德意志帝国银行便会面临提升再贴现率的压力。但 1876—1913 年，再贴现率始终保持在 3% ~ 6% 。只在 1907 年危机期间，这一比率越过了 6%（Bindseil，2004：第 129 ~ 135，139 页；Sommariva 和 Tullio，1987：第 101 ~ 118 页）。

20 世纪伊始，德意志帝国银行开始扮演最后贷款人的角色。1901 年，莱比锡银行（Leipziger Bank）和德累斯顿信贷银行（Dresdner Kreditanstalt）破产时，为规避危机的蔓延，德意志帝国银行进行了干预，不过当时的慷慨解囊可能带来了道德风险（James，1999b：第 13 页）。在长期为政府提供银行业务服务的基础上，德意志帝国银行逐渐演变为一家真正意义上的中央银行，它为政府和私人部门提供一系列金融服务（Lexis，1910）。它在德意志帝国诞生后融合德国经济方面，起到了关键作用。虽然德意志帝国银行未能拥有像英格兰银行那样正式的自主权，但它的专业性还是赢得了德国政府的尊重。大多数情况下，德意志帝国银行都被允许独立完成其工作。

日本银行

1882 年，第一家欧洲之外的中央银行——日本银行（Bank of Japan）诞生了。19 世纪中叶，日本经济受西方影响，经历了一段时间的金融探索和动荡。带有欧洲风格的日本中央银行，表面上看是以比利时国家银行（Banque Nationale de Belgique，BNB）为原型的。依照日本官方的说法，组建日本中央银行是金融稳定和现代化进程的重要一环，在当时是最先进的。由于渴望成为现代化国家，日本决心复制欧洲最成功的机构（Schiltz，2006）。银行券的发行被并入新的中央银行，日本银行开始为政府和银行业提供一系列的金融服务。

我们不应夸大早期日本银行与比利时国家银行及它的欧洲同僚之间的相似之处。比利时国家银行为私人所有，拥有相对的自主权，而日本银行很大程度上是在政府的控制之下。政府是其最大股东。普通民众若想在中央银行获得股份，须事先从大藏大臣那里获得批准。日本银行的政策由日本财政部下达。因此，该行没有权力否定对政府提供短期贷款的请求。欧洲和日本银行的第二个不同之处在于横滨正金银行（Yokohama Specie Bank）的独特作用。横滨正金银行也是受政府控制的机构，它的职能包括处理海外贸易融资、在海外筹集官方贷款以及积累贵金属。日本银行为横滨正金银行提供特别再贴现工具。因此，在日本有两家重要的承担公共政策职能的银行机构，它们均从属于日本大藏省。

比利时与日本中央银行的第三个重要不同点在于中央银行与商业银行之间的关系。当市场有需要时，比利时国家银行愿意以等于或高于市场利率的水平对高质量的商业证券进行再贴现。相反，日本银行只与少数大银行发生联系。这在 1900 年，大约是 2000 家银行中的 40 家大银行。尽管日本银行提供再贴现，它也经常接受流通性相对较差的证券作为抵押，为客户提供直接贷款。1903 年前后，日本银行提供贷款的利率低于市场利率。

1890 年危机期间，日本银行成为最后贷款人。该行为日本银行体系的发展作出了重大贡献。同德国的情形一样，该行涉足支付体系和地区间转账系统的建设，在许多城市拥有分支机构。但以西欧银行的标准来看，日本的市场利率较高，各地区间的利率存在一定程度的利差，这表明日本金融市场未及欧洲金融市场成熟（Tamaki, 1995；第 57 ~ 73 页；Ohnuki, 2007；Goodhart, 1988：第 150 ~ 160 页；Patrick, 1965）。

中日甲午战争（1894—1895 年）胜利后，日本从中国政府获得了巨额黄金赔款。这为日本自 1897 年起将银本位调整为金本位奠定了基础。早在 1893 年印度实行金本位制以后，日本就一直谋划转向金本位制。那些金本位制的拥趸们认为白银相对于黄金正在贬值，坚持银本位制会导致通货膨胀。但 19 世纪 90 年代后期世界黄金供应剧增，这意味着自 20 世纪开始，实际上采用金本位制的国家更容易发生通货膨胀。参与金本位制改革的管理者要求日本银行与横滨正金银行紧密合作（它们被戏称为"连体双胞胎"）。虽然有些妒忌不可避免，但这两个机构保持了高水平的人员往来。实际上，是横滨正金银行在英格兰银行开通了一个账户，以便利国际间的官方转账（Tamaki, 1995：第 82 ~ 85 页；Mitchener、Shizume 和 Weidenmier, 2009）。

与欧洲的英国、法国或德国相比，日本还处在金融和经济发展的早期阶段，但它急于采纳欧洲国家中央银行的形式，但较少采纳它们的内容。从这一点看，日本已超过了美国，因为后者在第一次世界大战的前夕还在争辩建立中央银行的利与弊。

国际金本位

我们在此不打算详细介绍金本位的历史和运作，读者可以参考其他书籍（Bordo 和 Schwartz, 1984；Eichengreen, 1985, 1996：第 2 章；Officer, 2001；Bayoumi、Eichengreen 和 Taylor, 1996），在此只择其中一些方面来分析。在 19 世纪许多国家以英国为榜样，让本国货币与黄金自由兑换，最终在 19 世纪的最后 30 年演化为国际金本位（Gallarotti, 1995）。在 1990 年，中国、西班牙和巴西是仅存的几个没有实行黄金自由兑换的大国。但是，从美国的例子可以看出，即使没有中央银行也可以实现黄金自由兑换。

到了 19 世纪 90 年代晚期，由于在南非和澳大利亚发现了金矿，黄金产量大增。当黄金变得越来越丰富的时候，各国及其中央银行积累黄金储备，维持金本位就变得越来越容易了——但这无法阻止外围国家时不时地脱离金本位。黄金供应的增加也导致了世界范围的物价上涨。但黄金并非唯一的储备形式。许多国家的中央银行，包括德意志帝国银行就持有核心货币储备，尤其是英镑。当英国对黄金可自由兑换的承诺被相信是不可动摇的时候，伦敦银行账户上的英镑存款就跟黄金一样好——至少一些中央银行和其他金融市场参与者是这样认为的。然而，在第一次世界大战之后他们对英国的信任被证明是放错了地方。

许多人（包括那些更明白的人）相信国际金本位的运行最终需要在中央银行之间大量转移黄金以平衡国际收支。但实际上，真正因为清算赤字需要而导致的黄金流动很少。中央银行可以通过提高利率吸引短期资本流入，或者说加固黄金设施来避免黄金储备从外部枯竭。由于核心国家中央银行对金本位制的承诺是可信的，投机活动反而起到了稳定的作用。由于指望有外贸逆差的国家提高利率，投机者不仅不急于从这些国家提走存款，反而还增加了存款。所以，利率的很小变化就足以逆转国际收支不平衡。但这只对那些黄金自由兑换承诺可信的核心国家才管用。

由于中央银行既关注国内金融状况，如银行业发生动荡的可能性，也关注外部金融状况，还能依赖稳定性投机活动，所以并不总是急于通过提高利率来应对外贸逆差。类似地，黄金的流入也可以被冲销以化解通货膨胀压力。换言之，中央银行并不总是遵守"游戏规则"——那不过是对金本位下中央银行行为的误导性的描述。1900 年并没有正式的金本位制度，只是有一些拥有类似目标和信仰的松散的国家和中央银行网络。

即使在典型金本位的年代，也绝不缺乏货币危机、银行危机，或者二者皆有的危机（Bordo，2007）。外围国家和美国比发达的欧洲国家更脆弱，但没有国家可以幸免。例如，1907 年发端于美国的一场金融危机导致英格兰银行的黄金严重枯竭。即使提高再贴现率也无济于事，英格兰银行不得不从国外借黄金以补充其黄金储备（Flandreau，1997）。中央银行对黄金自由兑换的承诺与其在国内充当最后贷款人的功能之间总是存在冲突的风险。当中央银行向单个银行或者银行体系注入流动性的时候，通货膨胀和黄金储备流失的风险就会增加。幸运的是，在 1914 年之前并没有遇到太大的困难。最终的威胁来源于外汇储备的快速增长。如果持有英镑的中央银行想要黄金怎么办？英国就会处于越来越脆弱的位置，但是很少有人意识到这个问题。

在 1914 年之前，金本位在核心国家一直运行顺利，这是因为冲击都比较温和，相对价格水平没有发生严重的偏离，政策目标也没有改变。只需要对利率做些微小的调整就能使金融系统正常工作，对银行体系和实体经济的负面影响很小。但是在第一次世界大战期间及其后，这种良性的状态就不复存在了。

结论

在 1900 年，中央银行既要对政府负责，也要对股东负责，但没有任何标准模式。不同国家中央银行的自主权不同。从前文的例子中，我们观察到金融发展与中央银行独立性之间的松散联系。或许，1900 年的中央银行世界里最奇怪的内容是没有美国的参与——尽管当时美国也已经实行了金本位。

中央银行再贴现（和贷款）利率是最主要的政策工具。黄金设施被证明是有用的，但公开市场操作相对而言并不常用。关键的政策目标是保持本币与黄金之间的可兑换性，实际上这一目标是法律所要求的。中央银行在支付和清算系统中也发挥了作用。它们从其他银行吸收存款——尽管数目可能很小，它们促进了区域之间的支付。此外，中央银行还监督整个金融体系的健康运行，时不时地充当紧急情况下的最后贷款人。

国际金本位是成功的，因为它发源于各国自己的货币管理，并非一种从外部强加的机制。在战前，在既有汇率水平下承诺金本位制并不会对实体经济产生过分的压力。中央银行也没有赋予熨平国内经济波动和消除失业（原文是就业——译者注）的重任。无论如何，那时的中央银行并不拥有像 20 世纪中期受欢迎的，管理经济事务所必需的智力资本和制度框架。1914 年之后，世界发生了巨大的变化，中央银行面临着新的挑战。他们如何应对这些挑战？我们将在后面的几章中谈及。

第四章 中央银行的新面孔: 1900—1939 年

通常认为,当公共金融事务掌握在一个只对由公众选举出的立法机关负责的政府部门手中的时候,该部门可能会随着政局的不断变化而变化。于是最可取的方法就是,由一个可持续操作的独立机构来掌控一国的货币和信贷,而保障这份独立性和持续性的唯一可行性手段就是设立一个独立于政治影响的中央银行。

——乔治·舒斯特爵士 (Sir George Schuster),总督委员会财政委员,1933 年

(Simha,1970:第 38~39 页)

中央银行的福音在 1900—1939 年得到了广泛的传播。于 1914 年开始运作的美国联邦储备系统的确有其值得骄傲之处。但是直到 19 世纪 20 ~ 30 年代中央银行才在中欧、东欧、大英帝国及拉丁美洲等广泛地建立起来。创设中央银行的动机多种多样，对其带来的利益的理解也经常存在分歧。关于其体制设计，管理方式，政策最终目标的问题也是众说纷纭。

1918 年之后，中央银行在全球政治和经济的动荡中繁荣发展。战后的动荡和重建工作一直持续到 20 世纪 20 年代。经过短暂的停歇之后，世界经济于 30 年代初重陷大萧条，直到 1939 年第二次世界大战爆发也未能完全恢复。接下来的两章我们讨论两次世界大战之间的中央银行活动。

美国联邦储备系统的起源

1913 年是中央银行史上划时代的一年——美国《联邦储备法》于当年 12 月通过。美国联邦储备系统（the Federal Reserve System，简称 the Fed）由位于从波士顿到旧金山的 12 个地区性储备银行（federal reserve banks）和位于华盛顿的联邦储备委员会（Federal Reserve Board，简称美联储）构成，于 1914 年开始运作。时年 8 月欧洲宣战，联邦储备银行于 11 月开业（Meltzer，2003：第 74 页）。与处理国内银行体系稳定性问题的初衷相较，美国联邦储备系统在起步之时面临的主要问题却是国际性的分裂和动乱。

在美国，中央银行一直是个富有争议性的话题。第一美国银行（the First Bank of the USA，1791—1811）和第二美国银行（the Second Bank of the USA，1816—1836）均履行了一些中央银行的初级职能，直到与其反对者发生冲突。反对中央集权的经济机构是美国人生活中恒久不变的特征。身居内陆的政客、农民和商业领袖都憎恶"货币霸权"，或那些东北部的金融机构，他们担心任何中央银行会大行其道。美国银行体系以一种杂乱无章的方式发展，既有州注册银行，也有联邦注册银行，还严格限制银行设立分支机构。在国民银行体系下不同中心的银行形成了错综复杂的关系链：乡村银行在各储备城市银行拥有账户，储备城市银行又在中心储备城市银行拥有账户，其中最重要的是纽约储备银行；银行间支付通过私人票据交换所进行清算（计算并确认），由储备城市银行或中心储备城市银行间账户进行转账结算。黄金储备分布广泛，但主要集中于美国财政部和某些纽约的银行手中。

国民银行发行银行券，发行数量由其资本和在货币监理署存放的美国政府债券的数量决定。对于这些银行吸收的存款，有严格的准备金要求。准备金可以包括银行自己在储备城市或中央储备城市银行某个限额内的存款，也包括黄金和白银、金银兑换券及美钞（Champ，2007）。银行券和存款的持有者有权兑换黄金，要求当地银行从储备城市银行，并最终从中心储备城市银行提取黄金。中心储备城市银行可从美国财政部或海外取得黄金，但其位置很快就变得微妙和敏感。

纽约的银行在一定限度内有能力担当其他银行的最后贷款人。尽管他们时不时地提供紧急流动性，但也不能持续依赖它们。在 1893 年的危机中，由于害怕黄金流失过多，它们选择了袖手旁观，结果导致许多地方性银行步履维艰。纽约的银行不像英格兰银行和法兰西银行，没有中央政府作为后盾，也不起公共政策机构的作用。在危机期间，美国财政部的确几次注入流动性，但这并不是其主要功能。票据交换所同样会通过允许在清算和结算过程中使用特殊存单来应对危机，纽约的银行会时不时地通过暂时中止黄金自由兑换来阻止黄金流入公众手中。美国的银行系统容易陷入混乱还不是其唯一的问题。流通中国民银行券（national banknotes）的数量和政府债务量间的固定联系导致了货币缺乏弹性，从而带来诸多不便。在丰收季节，农业交易量上升，导致货币需求增加。而这些货币又不是现成准备好的，于是导致利率飞涨，银行忙于应付挤兑。货币缺乏弹性使银行易于受到挤兑。在 20 世纪初的许多美国人眼中，缺乏一个有证券再贴现能力、能应对货币需求的季节性变化、充当最后贷款人的中央银行是美国经济的阿喀琉斯之踵。但有些人并不相信这些，他们认为一些有限的改革就足以提高货币弹性并减少危机的发生（Wood，J. H.，2005：第 6 章）。

1907 年的金融危机推动了有关中央银行争论的发展。纽约一家投机铜交易的专业银行——尼克博克信托公司（Knickerbocker Trust Company）遭到挤兑之后导致恐惧蔓延。随着危机的发展，许多银行暂缓了对存款人的支付（Friedman 和 Schwartz，1963：第 156～168 页）。最终还是美国财政部和由摩根大通牵头的一批银行家们向银行系统和纽约证券交易所提供了紧急流动性，从而避免了一场可能发生的系统性崩溃。尽管如此，由于美国投资者和金融机构急于将资金调回本国，导致英格兰银行和其他中央银行的黄金外流，随后带来了欧洲经济衰退的一系列影响。

也许一家中央银行能更有效地应对尼克博克危机，消除它对银行体系和经济活动的影响。无论如何，1907 年之后这是一个合理的想法。《1908 年奥德里奇—弗里兰法案》（Aldrich Vreeland Act 1908）为创设紧急流动性做了准备。1908 年还专门设立了国家货币委员会（National Monetary Commission，NMC）讨论美国货币体系存在的问题。这个由共和党参议员纳尔逊·奥德里奇（Nelson Aldrich）担任主席的委员会体系完整。委员们从一位非常出色的经济学家 A. 皮亚特·安德鲁（A. Piatt Andrew）处学习货币银行学课程（Caporale，2003：第 319 页），他们还到欧洲去实地视察那里真实的中央银行。一开始奥德里奇持怀疑态度，后来他越来越相信美国也需要一个中央银行。但这在经济学家、政客和社会公众间还是一个有分歧的话题。国家货币委员会对外国货币和银行系统的详细研究提供了关于第一次世界大战前欧洲中央银行业最全面的阐述（Mitchell，1911），他们的研究惠泽后人。

1910 年 11 月，奥德里奇参议员、安德鲁教授和一群纽约银行家领袖经过长期的深思熟虑之后聚于佐治亚州的哲基尔岛，为成立国家储备协会（National Reserve Association，NRA）起草法案。为了减少争议，他们提出了一个银行合作联盟而非中央银行的方案。国家储备协会可以履行中央银行的职能，如商业票据再贴现。加入国家储备协会的银行则以在国家储备协会存款的形式持有其大部分储备。国家储备协会实际上由签约银行拥有，由一个中央委员会掌管，计划开设 15 家分支机构。中央委员会的成员由分支机构选出，主席、首席执行官或行长则由美国总统任命（Wicker，2005）。

奥德里奇希望能巩固本国银行系统，使纽约成为能与伦敦角逐的金融中心。这也是许多东北部银行家的共同心愿。与伦敦或巴黎相比，纽约的票据市场还太过原始。由于缺乏足够的再贴现数量，纽约还无法吸引国际金融业务（Broz，1999）。

当 1910—1912 年民主党横扫议会和总统选举时，他们将奥德里奇法案描绘成一个确立"货币霸权"（money power）的策略。从哲基尔岛的提案原件来看，这是个貌似合理的说法。当时，华尔街的银行家被看做牛鬼蛇神，普约委员会（Pujo Commission）正着手调查"货币信托"的阴谋。奥德里奇法案于是受到了阻挠。但是，民主党表示对某些中央银行提案敞开大门，但这些提案必须要对货币霸权带来的不合理集权和操纵设有保护条款。1912 年当选的伍德罗·威尔逊（Woodrow Wilson）总统和国务卿威廉·詹宁斯·布赖恩（William Jennings Bryan）认为，一个为国家利益（正如他们认为的那样）而不是那些东部金融机构利益而运作的中央银行是有用的。威尔逊作为一名高尚的律师和学者，非常愿意打破经济力量的过度集中。布赖恩曾在 1896 年竞选过总统，他是农民的朋友、金本位的强烈反对者（Forder，2003）。他们都对一个特别是在困难时期能向各地提供流动性的中央银行感兴趣。

1912 年，民主党众议员、前新闻记者卡特·格拉斯（Carter Glass）成为众议院银行和货币委员会（House Banking and Currency Committee）一个附属委员会的主席，该附属委员会专门负责考察银行和货币方面的改革提案。委员会成员非常看重另一个经济学家亨利·帕克·威利斯（Henry Parker Willis）的意见，要他帮助委员会制定一个新的中央银行提案，这个提案将包含一个独立的区域性储备银行体系，协调程度要达到最小。奇怪的是，威尔逊总统认为格拉斯的计划过于分权，坚持要求由一个政府指派的中央委员会来负责协调。威尔逊的修改构成了《格拉斯—欧文法案》（*Glass Owen bill*）和《1913 年联邦储备法》（*Federal Reserve Act* 1913）的基础。弗德（Forder，2003）注意到威尔逊关于中央银行独立性的理解与当代经济学家和中央银行家的理解有不同之处。威尔逊强调，中央银行应独立于纽约的银行业机构，并将政府的参与视为其自主权的保证。相反，奥德里奇的计划则是一个由银行家运营的体系。我们今天的传统观念认为中央银行应该同时独立于政客和银行家而实行自治。

《1913 年联邦储备法》的目标是"为联邦储备银行的建立做准备，供应有弹性的货币，提供为商业票据再贴现的手段，为美国银行业建立更有效的监管机制，以及其他目标"。（美联储，1994：第 2 页）向政府提供贷款这一欧洲早期发行的银行的一个关键职能没有在条文中体现，也没有提及例如物价稳定等宏观经济目标。

美国联邦储备系统包括 12 家联邦储备银行和一个位于华盛顿的联邦储备委员会（简称"美联储"），联邦储备银行的选址经过了一番争吵才最终确定下来（Sprague，1914）。每个储备银行由所在地区"会员"银行所有，这些会员包括所有国民银行和合格（并有兴趣的）州注册银行。国民银行可通过转为州银行的方式退出（Wood，J. H.，2005：第 165 页）。资本的初始认购由黄金或黄金凭证支付。联邦储备银行 2/3 的董事由会员银行选出，其他董事则由联邦储备委员会选出。被选出的董事中银行家不能超过一半。联邦储备银行的总裁或行长在影响力方面参差不齐，其中最重要的要数纽约联邦储备银行的行长。

联邦储备委员会被授权通过联邦储备银行发行银行券，为此联邦储备银行需要保持至少 40% 的黄金储备。联邦储备银行券逐渐取代了第一次世界大战时期发行的国民银行券。联邦储备银行也需要为会员银行的存款保持最少 35% 的黄金和其他合法货币准备（Hawtrey，1992a：228）。政府将大部分银行业务都转移到储备银行。会员银行需要在最近的储备银行那里持有存款余额的一个固定比例作为准备金，但准备金要求并不像在国民银行体系下那么严格。银行准备金逐步从原有储存机构手中转移到各储备银行。从 1917 年开始，只有那些存入储备银行中的准备金才算数（Scott，1914；Friedman 和 Schwartz，1963：第 194 页）。储备银行被授权对合格证券进行再贴现，并参与公开市场操作（Small 和 Clouse，2004）。这些权力能用来调整货币状况以满足季节性准备金需求，同时方便储备银行作为最后贷款人进行紧急干预。只有"真实的"票据——代表真实的农业、工业、商业交易，而非金融交易的票据，才可以用来再贴现。但是，这种区分的逻辑是存在争议的。

1913 年法案很少提及美国联邦储备系统在支付体系中的作用。尽管如此，联邦储备系统在此领域迅速变得活跃，尤其是在引入一个改进版的支票收集服务系统和区际转账便利设施之后。昂贵而迟缓的支票收集、整理、清算过程一直是国民银行系统的弊病。从 1918 年开始，会员银行可以通过联邦储备系统清算银行同业间债务。到 1920 年，联邦储备系统在 22 个城市拥有分部，也是唯一的全国性银行集团（Gilbert，2000）。1913 年法案也涉及了审慎监管。它委任货币监理署每年两次审查各家会员银行，同时联邦储备系统也能酌情审查他们。但是，联邦储备系统和货币监理署之间监管功能的重叠可能导致了他们之间持续的摩擦（Robertson，1968：第 105 ~ 112 页）。

位于华盛顿的联邦储备委员会拥有七位成员：财政部部长、货币监理官，及由美国总统提名并获得参议院批准的另 5 位任期十年的成员。总统将在委员会成员中挑选美联储主席和副主席。起初该委员会仅有 45 名工作人员。威利斯（Willis）是委员会的第一任秘书长（Dykes，1989）。

按照伍德（Wood, J. H., 2005：第 165 页）的说法，联邦储备系统是"人人都有份"的。换句话说，它是银行家和政府之间集权和分权妥协的产物。美国当时的政治情形决定了它不可避免是一个混乱的安排。由于当时有中央银行实际操作经验的人员和董事人手有限，加之联邦储备委员会和储备银行间的职权划分不明，这妨碍了美国联邦储备系统功能的正常发挥。储备银行自认为是独立的机构，而联邦储备委员会则试图去管理和协调他们。梅尔泽（Meltzer, 2003：第 75 页）注意到"联邦储备系统开业之前，联邦储备委员会和储备银行间就开始剑拔弩张了"。由于纽约联邦储备银行的战略地位及其行长本·斯特朗（Chandler L. V., 1958：第 41 页）的卓越才能，纽约联邦储备银行在这个体系中处于举足轻重的地位（Friedman 和 Schwartz, 1963：第 190 页）。斯特朗不信任委员会中被政客指定的成员，于是他怂恿储备银行成立了一个行长会议（Conference of Governors），这就是后来的主席会议（President's Conference）。

联邦储备系统、美国财政部和美国政府之间的关系也不简单。财政部和联邦储备系统的权力在许多领域有重叠，财政部部长和货币监督官作为财政部的代表参与美联储委员会。美联储第一任主席查尔斯·哈姆林（Charles Hamlin）曾担任过美国财政部部长助理。在财政部的坚持下，联邦储备委员会被设在华盛顿的财政部大楼里，这一安排被威利斯称为"组织过程中的根本性失误"，因为这暗示联邦储备委员会是财政部的一个分支机构（Clifford, 1965：第 79 页）。在美联储中财政部和非财政部两派一直有矛盾。尽管联邦储备系统很快申明自己的独立身份，但它还是不能抵抗政府所有的影响，尤其是在战争时期。

美国联邦储备系统作为美国国会 1913 年创立的全球最有权势的经济机构，它不得不在货币史上最动荡的年代通过不断试错学习业务，同时还要面对困难的组织问题。美国联邦储备系统的确与那些 19 世纪 90 年代晚期到第一次世界大战期间美国和英国成立的协调不力的控股公司有些类似（Chandler A. D., 1990：第 75～78 页）。联邦储备系统迅速被卷入第一次世界大战及其余波中，而它所从事的活动是其创立者们所未曾预见到的。因为美国联邦储备系统曾被认为是只会对经济活动的波动需求作出反应的"被动体系"，它被迫变得更加主动。

欧洲和拉丁美洲中央银行

美国联邦储备系统并不是 20 世纪初唯一的新式中央银行。1905 年，瑞士中央银行成立；澳大利亚根据《1911 年联邦银行法》收购的一家国有商业银行最终演化为中央银行。第一次世界大战遗留下许多政治和经济上的不稳定因素（Singleton，2007；Eichengreen，1992a，1996：第 45 ~ 92 页），由此产生成立中央银行的新驱动力，部分原因也是为了恢复表面上的货币秩序。奥匈帝国、俄罗斯帝国、德意志帝国的瓦解为中央银行福音的传播创造了机遇。英格兰银行、纽约联邦储备银行、法兰西银行、国际联盟也为那些考虑开设中央银行的国家提供了许多鼓励和建议。但是，两次世界大战期间中央银行的迅速传播不是任何单一因素能够解释的（Helleiner，2003a，第 140 ~ 162 页）。

第一次世界大战期间，由于欧洲各国政府都极力遏制黄金外流，金本位被暂停了。到 1919 年，除美元外几乎所有货币都开始浮动。这种情形警醒了许多西欧和北美的经济学家和政策制定者，因为他们都相信金本位对 1914 年之前的经济繁荣是至关重要的。他们希望中央银行能在 20 年代将那些新的外围国家锁进重建的金本位中。如果新型中央银行能与国内政治操控绝缘，它们将在克服高通货膨胀（甚至恶性通货膨胀）中扮演重要角色，而这正是货币稳定和引入某种形式的自由兑换的前提。一个有自主权的中央银行可以让国际投资者放心，因为那些不负责任的政府政策将被阻止，而用于重建和发展的贷款将唾手可得（Bordo、Edelstein 和 Rockoff，1999）。

在那些对组建中央银行存有争论的国家中，许多人认同国际精英的观点，但也有不少人提倡中央银行是出于各种不同的动机。在最基本的层面上，正如一位前奥匈帝国的中央银行史学家所写："国家货币需要国家中央银行"（Schubert，1999：第 222 页）。中央银行可能会被看做国家身份和现代化的象征。而且，中央银行不仅不会限制国内政客，反而可能会为其所用来刺激经济活动和发展，根本不会理睬英格兰银行或其他国际权威机构的意见。即使在核心国家中，也出现了对强调中央银行作为金本位守护者传统是否恰当的质疑。一些经济学家，如美国的欧文·费雪（Irving Fisher），英国的拉尔夫·霍特里

（Ralph Hawtrey）和约翰·梅纳德·凯恩斯（John Maynard Keynes），都认为应该优先考虑国内物价稳定（Mehrling，2002）。简而言之，中央银行的倡导者们所提出的经济理由各种各样。

1920 年的布鲁塞尔国际金融会议对成立中央银行的推荐进一步促进了中央银行事业的发展。受国际联盟号召，这次会议讨论了战后金融危机的解决方案（忽略了德国赔款问题）。所有国家都迫切希望能平衡预算、抵制通货膨胀，并努力恢复金本位。与会代表排除了引入某种国际货币的可能性，得出结论认为所有国家都应成立独立的发钞行（中央银行）（Davis，1920；League of Nations，1945：第 12，20 页）。20 世纪 20 年代，与英格兰银行关系密切的国际联盟金融委员会（Clavin，2003：第 223 页）为中东欧国家推出了一系列稳定和重建计划，而一个享有自主权的中央银行正是这些计划的标准元素。一旦预算恢复平衡，通货膨胀被遏制，（新的）货币实现稳定且与黄金挂钩，中央银行就能保证这个机制平稳运行并捍卫货币的可自由兑换。蒙塔古·诺曼和其他中央银行家为联盟及其客户提供建议、人事和短期信贷（偶尔），并帮助它们推销重建贷款。当然，欧洲中央银行之间仍然不可避免地为彼此地位钩心斗角，其中英国和法国尤甚。

对诺曼与其同侪来说，为中央银行开疆拓土绝不是一个单纯的技术活儿。独立的中央银行会将中东欧国家与国际自由资本主义经济更紧密地联系起来。通过促进金融稳定与经济繁荣，他们为大陆帝国继承者们打了反对共产主义和军国主义的预防针，从而巩固欧洲的和平和经济发展。如果这些新的中央银行能被诱导服从英国（或法国）对国际货币体系管理的意见，则也能服从英国（或法国）的国家利益。1923 年，诺曼希望为东欧找到一个"囊括多瑙河流域六国的无关税壁垒的自由资本主义经济联盟为基础的，终极解决办法"［引自佩特里（Péteri，1992：第 251 页）］。

第一个国际联盟重建计划是为奥地利提出的，大体上是由英格兰银行包办的。1918 年之后，奥地利领土范围缩小，新的奥地利共和国深陷恶性通货膨胀和政治动荡之中，来自前中欧市场的关税日益减少。前奥匈帝国的中央银行于 1919 年关门，于是解体后的奥地利、匈牙利和捷克斯洛伐克都没有中央银行（Schubert，1999）。奥地利重建计划包括由欧洲各国政府提供有担保的贷款，平衡收支和预算，实现货币稳定等多项措施，此计划为后来匈牙利计划的形成打下了基础。1923 年，一个名为奥地利国民银行（Austrian National Bank）的中央银行成立了。按照塞耶斯（Sayers，1976，第 1 卷：第 168 页）的说法，根据"奥地利新国民银行的章程，奥地利人……整体接受了英国人的观点：（中央银行）没有政府官员，董事由股东选举产生，不向政府机构贷款，银行券的发行有部分黄金准备"。国际联盟坚持要求新中央银行必须有外国顾问，这开启了先例（Santaella，1993），第一个外国顾问是瑞士人。这些顾问与国际组织和各大中央银行，尤其是英格兰银行保持密切联系。1924 年匈牙利模仿奥地利成立了中央银行（Péteri，1992）。捷克斯洛伐克、波兰、南斯拉夫、波罗的海国家，甚至但泽（Danzig)[①] 都成立了中央银行，在不同地区国际联盟及其他局外人介入的程度有所不同。

货币稳定并不包含采取金本位法则。20 世纪 20 年代的趋势是金汇兑本位，即本国货币可以先自由兑换为储备货币如美元和英镑，然后这些储备货币可以被兑换为黄金，这就是 1925—1931 年英镑的情形。国际储备越来越多的是以储备货币的形式存在。但即使是金汇兑本位也只存在了很短时间。欧洲的新型中央银行再也没有能力像英格兰银行或美国联邦储备系统一样应对 20 世纪 30 年代的冲击了。

但是，这一中央银行业信条的容身之地绝不仅仅局限于欧洲。"货币医生"就通常用来指那些来自英国、美国或法国的专家，他们诊断世界其他国家的金融和货币病症并对症下药，他们的处方通常包括财政清廉和组建独立的中央银行（Flandreau，2003）。在拉丁美洲，以来自美国的专家为主，其中最著名的就是来自普林斯顿大学的埃德温·凯默勒（Edwin Kemmerer）教授（Drake，P. W.，1989）。尽管凯默勒并不代表美国政府或美国联邦储蓄系统，但他给拉丁美洲带来金融改革和稳定的工作也获得了美国当局的欢迎（Seidel，1972）。凯默勒一人就替代了国际联盟金融委员会。他作为一名勇敢的旅行家，也时常遇到人身危险。例如，1922 年他搭乘的轮船在巴拉圭和阿根廷间的巴拉那河发生爆炸时，凯默勒及其家人险些遇难。当时有 80~100 名乘客和船员因溺水或烧伤而亡。凯默勒找到了一个漂浮的啤酒箱，他让妻子抓住它从而救了她一命（《纽约时报》，1922）。

---

① 波兰北部港口城市格但斯克。——译者注

1917—1931 年，凯默勒曾作为墨西哥和危地马拉政府的财务顾问，亲自带领工作组前往哥伦比亚、智利、波兰、厄瓜多尔、玻利维亚、中国和秘鲁。另外，他还为南非的中央银行事务建言献策，并在 1924 年与道斯委员会（Dawes Committee）合作应对德国赔款及金融问题。在第一次世界大战之前凯默勒曾参与美国的国家货币委员会，并于 1918 年出版了著作《联邦储备系统的入门知识》（Kemmerer，1918）。凯默勒最戏剧性的一次任务是 1923 年在哥伦比亚，在金融危机期间参与组建其中央银行，即哥伦比亚共和国银行（Banco de la Republica）。尽管哥伦比亚成立中央银行的法律预案早在 1922 年就通过了（Goodhart 等，1994：第 182 ~ 186 页），凯默勒还是积极参与中央银行的设计和推行。波兰人在规划中央银行时也找到了凯默勒及其他美国专家，因为信任他们能比欧洲专家更加公正无私。在凯默勒的建议下，大多数国家的中央银行要么得以成立，要么得到了更大的自主权。但这些银行在 20 世纪 30 年代初的大萧条来袭时尚未做好准备。有时，凯默勒的意见在开花结果之前会有很长时间的延误。例如，凯默勒工作组早在 1929 年就建议中国成立中央银行，但到 1935 年都迟迟没有行动。直到 1937 年中国抗日战争爆发，还是没有一个合适的中央银行（Trescott，1995）。

很难评判凯默勒与其他活跃于两次世界大战期间的货币医生的动机及其遗产。凯默勒自认为是一个稳健货币、良好治理、民主精神和经济发展的无私倡导者。1926 年，在美国经济学会的主席致辞中（Kemmerer，1927）他断言，在货币问题上，美国比欧洲核心国家更能提供公正客观的意见。在他看来，创设包括中央银行在内的更完善的机构能帮助拉丁美洲及其他发展中地区实现稳定并吸引美国资本。但在批评者眼里，中央银行不过是将拉丁美洲经济纳入以黄金为最终基础的美国剥削关系网的一部分。一位外交史学家竟然将凯默勒描述成美国白人"男子汉气概"的代表，他的使命就是监督那些"无序的"、女人气质的国家：

按性别代码行事——去设计融入义务、规则、责任心的制度——很有必要，它不仅有助于形成一套强有力的关于（白人）男子汉气概更具优越性，并应由其监督弱者的天然使命的话语权，而且有助于形成全球金融新秩序——包括金汇兑本位货币、中央银行、由男性带来的使会计程序规范化的科学关税——中的新兴机构（Rosenberg，1998：第 173 ~ 174 页）。

58

但是在全球金融秩序中，位于中东欧和拉丁美洲的新兴机构并非自由资本主义优越性的活广告。大萧条期间金汇兑本位是一个负担，当时欧洲外围国家和拉丁美洲的中央银行家们完全手足无措，那些声名更显赫的机构中的"男子汉们"也是如此。然而，在休克疗法的帮助下，大多数中央银行在 20 世纪 30 年代的狂流中存活下来，只有欧洲的少数几家中央银行在第二次世界大战和前苏联扩张后消失了。

英国自治领地的中央银行

在《英国自治领地的中央银行》（1940）一书中，普伦特（A. F. W. Plumptre）讨论了澳大利亚、南非、新西兰及加拿大等国中央银行的起源。他总结说，中央银行成立的原因是多样的。各国政策制定者追求金融和经济稳定，希望提高民族自治权。同时英格兰银行在这些自治领地推行中央银行是因为它希望借此巩固国际货币稳定和协作，树立制度壁垒抵制货币领域的异端邪说（Plumptre，1940：第 422 ~ 423 页；Sayers，1976，第 1 卷：第 200 ~ 210 页，1976，第 2 卷，第 512 ~ 519 页；Cain 和 Hopkins，1993b：第 90 ~ 92，109 ~ 145 页）。这些推行中央银行的动机里混杂着民族主义和帝国主义的成分。

赞成或反对中央银行的言论非常复杂，那些争论也通常语焉不详。普伦特（Plumptre，1940：第 201 页）认为"无论是民族主义观还是帝国主义观都缺乏逻辑。他们众说纷纭，经常胡言乱语，自相矛盾"。因为缺少清晰连贯的中央银行学理论，加之美国、英国及欧洲大陆明显的政策失误，可能加剧了这种潜在的混乱。

在英国自治领地的每家中央银行都可以发行银行券，向商业银行提供结算和再贴现工具，向政府提供银行业务，但在其他一些方面则存在差异。普伦特专门在一章中阐释"英国的"影响，但是这个因素的重要性是值得商榷的。自治领地政府并不欣赏诺曼及其同僚的插手。最后，普伦特（Plumptre，1940：第 201 页）预言英格兰银行的权威将会衰落："民族主义来日方长，它在自治领地的影响力方兴未艾。"

澳大利亚联邦银行（CBA）最初是以州立银行而不是中央银行的形态出现

的。它是由劳动部成立的，向联邦政府提供银行服务，并作为当时不被公众信赖的商业银行的替代品。政府任命了一位行长来管理这家银行并给予他相当大的自主权。第一次世界大战后，澳大利亚联邦银行开始向中央银行演变。从1924 年起，商业银行需要在联邦银行开立结算账户。同时设立了董事会来决定货币政策。尽管这些董事是由政府任命的，他们并不需要听从政府的指挥。他们会听取英格兰银行关于中央银行正确运作的意见。在经济萧条期间，澳大利亚联邦银行从各商业银行收购黄金，并开始调控汇率，使本币与英镑而非黄金挂钩，保持固定汇率。澳大利亚是英镑汇兑本位制，在英国实行金本位时则间接与金本位相联系。1931 年，澳大利亚联邦银行戏剧性地宣称从澳大利亚工党政府中独立，谢绝了通货再膨胀的财政计划，因为购买更多的国库券会导致通货膨胀。不管怎样，联邦银行都"拒绝再兑现任何政府支票了"［引自康沃尔（Cornish，1993：第 442 页）］。直到第二次世界大战，澳大利亚联邦银行都充当了对抗左翼政策的壁垒。但无论如何，由于缺乏活跃的商业票据、国库券及其他政府证券的二级市场，它影响货币状况的能力是有限的（Giblin，1951；Gollan，1968；Schedvin，1992：第 23～61 页）。

南非储备银行（South Africa Reserve Bank，SARB）成立于 1921 年。第一次世界大战前夕南非就开始讨论建立南非中央银行的初步计划。第一次世界大战接近尾声时，政府开始考虑未来的金融和汇率政策。一位联络英国和南非采矿和金融业的领袖人物——亨利·斯特拉克（Henry Strakosch）曾被征求意见，而他的建议是设立一家中央银行。尽管有一些内部的反对意见，尤其是商业银行，设立南非储备银行的提议还是生效了。南非储备银行一直是私有的。在两次世界大战期间，大多数董事由股东选举产生，少数由政府任命。商业银行需要在南非储备银行持有与其负债成一定比例的存款。大多数政府的银行业务也被转移到了中央银行。南非储备银行与采矿公司达成协议，成为了自治领地黄金开采行业的垄断收购者，以便于控制汇率。然而发展商业票据市场和政府债券二级市场的努力却很不成功。就像澳大利亚一样，透支系统满足了大多数企业的金融要求，商业票据发行量很少（De Kock，G.，1954；Strakosch，1921）。塞耶斯（Sayers）暗示斯特拉克曾对诺曼产生过不小的影响。南非储备银行首创成功使诺曼相信在大英帝国的其他领地推行中央银行是值得的。斯特拉克和诺曼都尽可能使南非储备银行和英格兰银行相似（Sayers，1976，第 1 卷：第

203 页）。南非储备银行的第一任长官克莱格（W. H. Clegg），曾担任过英格兰银行的总会计师。即使如此，南非人还向荷兰和美国（包括凯默勒教授）寻求指导，所以他们也不完全蒙恩于英国（Plumptre，1940：第 58 ~ 63 页）。

新西兰的情况又不同。尽管新西兰储备银行（RBNZ）建立于 1934 年，此时大萧条接近尾声，但任何认为其目的是促进经济恢复的猜测都是错误的。新西兰政府的野心也没有那么大，它们的目的只是将新西兰和澳大利亚的银行货币系统分离开来。当时许多商业银行在两国都开设有业务。它们在伦敦有英镑准备金存款，同时在澳大利亚和新西兰发行英镑面值的银行券。当在伦敦的准备金增加，这些银行会增加在澳大利亚和新西兰的贷款。当在伦敦的准备金减少，它们也会缩减在两国的贷款。在大萧条期间，澳大利亚的国际收支状况比新西兰恶化更多，澳大利亚的金融被认为是不稳定的。结果伦敦金融城误认为新西兰也有同样的问题。此外，当这些银行在伦敦的准备金因为澳大利亚的情形而衰竭时，它们也削减了在新西兰的贷款。新西兰人相信他们是因为澳大利亚的问题而受罚的。

英格兰银行的一位高官——奥托·尼迈耶（Otto Niemeyer），曾受新西兰政府邀请就汇率政策提供意见。1931 年 2 月，他在报告中提议新西兰设立中央银行（Niemeyer，1931），受到了新西兰政府的欢迎。因为中央银行不仅能够调控汇率，同时还能实现新西兰与澳大利亚的货币分离。此外，它还能接过货币发行职能，接受银行准备金存款的任务。那么，银行的贷款行为将由新西兰的货币经济情形决定，而不是由澳大利亚的情况或者英国的想法决定。然而，新西兰政府只是将中央银行视为一个技术问题，而不是大萧条中的当务之急。大多数商业银行也反对成立中央银行，同时反对党工党也担心它会被海外金融利益集团控制。直到 1934 年，经济已经开始复苏，新西兰储备银行才开始运营。

新西兰储备银行 2/3 的股本由皇室认购，其余 1/3 属于个人股东。行长和副行长，以及首批 7 名董事均由皇室任命。抵抗政府压力的空间是有限的。1936 年，新工党政府将新西兰储备银行国有化，更强硬地使国家权力凌驾于该行之上。工党政府大体上在财政政策上持保守态度，却比之前的政府更具经济扩张性。尽管它并未试图强行掌控新西兰储备银行的日常运作，却还是强迫该行向公共部门扩大信贷，尤其是支持国家住房项目和乳制品产业。新西兰储备银行的首任行长莱斯利·勒福（Leslie Lefeaux）是由诺曼推荐而任命的，他曾担任英格兰银行的副首席司库。勒福谴责政府的政策，却未对那些非正统思想的部长们产生任何影响。1939 年，新西兰储备银行是当时自治领地中央银行中最缺乏独立性的一家（Singleton 等，2006，第 1 章；Hawke，1973：第 12 ~ 81 页；Wright，2006）。

加拿大银行于 1935 年创立，主要由于当时普遍认为大萧条期间加拿大货币体系管理失误，加之茫然相信中央银行能做得更好。但是从美国及其他国家的中央银行的表现来看，中央银行是否可能在大萧条中帮助加拿大渡过难关是不确定的。此前即使没有中央银行，加拿大也避免了曾给美国制造灾难的银行业崩溃。英国试图影响加拿大银行设计和管理的企图失败了。加拿大的金融更发达，也比其他自治领地更有自信。根据《加拿大银行法》，特许银行必须在中央银行持有最小限度的存款。由于加拿大的资本市场相对成熟，它比其他自治领地通过市场实施货币政策的空间更大。自 1929 年实行浮动汇率制以后，从未有试图去使汇率固定的行为发生。加拿大银行是以私人公司的形式成立的，虽于 1938 年完成了国有化，但实际的政治干预还是很小的（Bordo 和 Redish，1987；Cain，1996；Watts，1993：第 1 ~ 41 页）。

普伦特认为自治领地中央银行的设立在某些方面还是不成熟。尤其是因为它们的资本市场欠发达，进一步导致缺少公开市场操作的空间，而公开市场操作是英格兰银行经常使用的。这也是当今发展中国家普遍面临的问题（IMF，2004：第 11 页）。普伦特曾希望那些新的中央银行能鼓励金融市场的发展，但却从政府行为中发现了潜在的障碍："（自治领地的）中央银行……会大致按照公认路线发展下去，还是会越来越多地直接干预金融事务，依赖各国政治发展的走向"（Plumptre，1940：第 426 页）。自治领地中央银行虽然受到英格兰银行的支持，还提供了关键岗位人事，却没有沦为英国货币当局的工具。尼迈耶辞退了那些被他认为是"殖民地野人"的自治领地领袖，认为他们需要受到伦敦控制（Cain，1996：第 342 页），但这些野蛮人却抗拒这种操纵。到 1940 年，他们将来不会继续服从英国人影响的意志更加明确了。

印度储备银行

最终，我们来到印度，这个大英帝国的宝石。英国经济学家约翰·梅纳德·凯恩斯（John Maynard Keynes）在1913年曾为印度草拟了一份中央银行计划（Simha，1970：第21~23页），但直到1935年印度储备银行（Reserve Bank of India，RBI）才成为现实，伦敦的大英帝国当局（包括英格兰银行）、被英国控制的印度政府和印度人自己之间长达二十多年的争执还未结束。

印度金融稳定对英国有很大益处。一个可靠的银行系统能促进两国间贸易，保证支付转账平稳顺畅进行。这些支付包括每年印度支付给英国的大量"国内费用"（home charges），涉及债务费用及包括殖民地退休官员退休金在内的管理费用。英国希望卢比和英镑之间汇率稳定，并维持在一个能同时方便印度对英国支付国内费用，又能鼓励英国对印度出口的水平。他们也希望避免印度可能会吸干英国甚至世界黄金储备这一情况的发生——印度成功家庭对黄金的胃口很大（时至今日仍然如此）。英国不得不将布鲁塞尔会议上应该在世界范围设立中央银行的建议铭记在心。尽管这项建议是否适用于非洲或加勒比海的小殖民地，还有待商榷，但印度是世界经济的重要组成部分，这一点是毋庸置疑的。印度政客和商界领袖都看到了成立由印度而不是英国掌控的中央银行的好处。至于英国则是莫衷一是，德里当局常比伦敦当局更具有亲印度的立场（Balachandran，1994）。

在20世纪20年代期间，印度中央银行的职能划分给了政府和印度皇家银行（Imperial Bnak of India，IBI），印度皇家银行是由三家区域性银行于1919年合并而成的。尽管印度皇家银行有私人股东（包括印度人和英国人），但它的大部分董事都是由政府任命的。印度皇家银行垄断了包括管理公共债务在内的政府银行业务。此外，它还持有其他银行的现金账户，并提供清算、汇款和再贴现便利。20世纪20年代，印度皇家银行履行中央银行职能的表现并不逊于澳大利亚联邦银行。但是，银行券的发行和汇率却掌控在印度政府手中。许多观察家都对这种责任划分感到困惑。蒙塔古·诺曼与印度皇家银行联系非常密切，视其为萌芽阶段的中央银行。诺曼有一个很奇怪的想法是，英格兰银行和印度皇家银行应该彼此"联姻"（Balachandran，1994：第629页）。

1926年，针对印度金融和货币问题的希尔顿·杨委员会（Hilton Young Commission）提出应该建立一个全功能的印度储备银行，以取代印度皇家银行和印度政府发挥的中央银行作用。该委员会认为，印度储备银行应该私有，由股东选出多数董事，少数董事由总督选派（Simha，1970：第26~28页）。争论就此热烈展开了。根本上，英国想要一家由它控制的私有中央银行，而印度政治和经济领袖则坚持印度应该相当大程度上参与中央银行事务，如中央银行的发展方向，由国家及地区立法选举部分董事等。政治参与（或者说印度人政治参与）中央银行管理是英国人最讨厌的。双方僵持不下好几年，直到 1933 年才拼凑出一个似乎有利于英国的妥协方案（Simha，1970：第 28~39 页）。

在 1935 年印度储备银行成立之时，它是私营的中央银行，其股东分散于印度各地。有一个由 16 人组成的中央董事会：其中 7 名董事由总督任命，包括行长和副行长在内；另 8 名董事由股东任命（没有董事是由立法决定的）。这 16 名董事都是无投票权的政府官员。这给了英国一个远离民族主义者控制的机构，同时使印度人入股，并作为政府或股东代表入选董事会的机会（Simha，1970：第 87~112 页）。一位英国财政部官员希望这个董事会是"理智的白人而不是政治性的黑人"主导的——奇怪的是，他根本没有提及需要"男子汉气概"（Balachandran，1994：第 638 页）。结果，第一届董事会中有 12 名印度人，其中一名还是副行长；4 名来自大英帝国，其中一名来自澳大利亚。从英国人的观点来看，印度人是理智的。诺曼仍然希望和印度储备银行来一场"印度式婚姻"，但情况却相当混乱。英国人自己甚至都无法达成一致。当首任行长澳大利亚人奥斯本·阿克尔·史密斯（Osborne Arkell Smith）在汇率政策上与政府吵翻之后，他的电话遭到窃听，他的通信和疑似情妇都受到秘密警察的调查（Balachandran，1994：第 643 页）。

然而，印度人还是获取了一些重要的管理岗位，在独立前四年的 1943 年，钦塔曼·德斯穆克（Chintaman Deshmukh）成为行长。至少，英国成功地在世界最大发展中国家之一的印度建立起了中央银行，并在十年之内同意任命一名印度人为行长。抛开英印关系中的闹剧元素，印度储备银行的创立算得上是中央银行史上的重大事件。

结论

中央银行被视为 20 世纪初许多问题的解决方法之一，这些问题包括但不限于：美国缺乏弹性的货币和金融动荡，中东欧的恶性通货膨胀和政治极端主义，英印复杂的金融关系，澳大利亚和新西兰银行体系的纠葛。就针线街的蒙塔古·诺曼或纽约联邦储备银行的本·斯特朗而言，最终目的在于将更多国家纳入一个基于固定汇率、黄金、英镑、美元之上的自由资本主义体系中。但是在外围国家看来，中央银行通常被看做是民族发展和自治的标志。尽管诺曼及其支持者重建战前世界的梦想在 20 世纪 30 年代初被粉碎了，制度连续性的强大元素却被保留下来了。新的中央银行抵抗住了打击，并在 20 世纪 30 年代及 40 年代采取了更强的民族主义立场。

第五章　中央银行的系列灾难：1914—1939 年

　　人们很容易为自己或他人辩护，把缺少能力作为失败的理由，却不愿承认自己没有判断力。

　　——米尔顿·弗里德曼和安娜·施瓦茨（Friedman 和 Schwartz，1963：第 418 页）

　　中央银行事业的一个特点是，它具体处理当局委托的促进经济福利的工作。

　　——拉尔夫·霍特里（Ralph Hawtrey，1932：前言第 6 页）

在两次世界大战之间的关键时期，尤其是在 20 世纪 30 年代初的大萧条时期，中央银行家们推进社会福利的表现一败涂地。当一个个国家都放弃金本位之后，中央银行被推入第一次革命时代，他们被迫为自己的缺陷付出了代价。

麦迪逊（Madison, 1995：第 65 页）把 1913—1950 年的整个时期描绘为"一个破碎的年代，所有加速发展的潜能都被一系列灾难挫败"，这包括两次世界大战和史上最严重的大萧条。本章主要关注中央银行在这些困境中的活动：中央银行业是如何被战争和萧条影响的？中央银行有能力应对意料之外的事件吗？它们应该为 20 世纪 30 年代初的大萧条负多大的责任？大萧条之后它们又能保留多大的自主权呢？总体上说，第一次世界大战和第二次世界大战期间对中央银行而言都是灾难性的。战争带来了通货膨胀，金本位的暂停，以及中央银行对政府的屈服。20 世纪 20 年代一些国家发生了恶性通货膨胀，最严重的是德国，还有一些国家实施了通货紧缩政策。中央银行家们努力重建金本位，重申自主权。但他们获得的胜利是暂时的，因为 30 年代又出现了新的混乱：工业化国家的产出和价格暴跌，失业率攀升，成千上万银行倒闭，许多国家抛弃了金本位。中央银行无力阻止，或者至少遏制经济衰退实在令人尴尬。不出所料，随着人们对中央银行的信心普遍缺失，政府对它们的监督也越来越多。

第一次世界大战

对大多数经济学家来说，第一次世界大战（1914—1918 年）本质上说是无谓的（Pigou, 1921）。它毁灭了数百万人的生命，导致大多数欧洲国家经济活动严重下滑（Broadberry 和 Harrison, 2005；Singleton, 2007）。中央银行在管理战时经济中发挥了重要作用。1914 年，作为最后贷款人，它们向初期恐慌中的金融市场提供了流动性。作为黄金储备的管理者和政府的银行，它们对战争行动至关重要。政府要求中央银行家提供经济政策意见，销售战争贷款，并代表各自国家参与国际金融谈判。更有争议的是，它们被要求购买越来越多的短期和长期政府债券，此举增加了货币供给从而导致了通货膨胀。正如蒙塔古·诺曼（Norman, 1932：前言第 5 页）所言："随着 1914 年战争的爆发，在政治权宜之计的压力下，中央银行的传统操作方式被逐渐丢弃了。"弗格森（Ferguson，2001：第 156 页）补充道："战争使中央银行和国家之间的关系退回到了18 世纪。"

政府支出增长非常迅速，为这些支出融资对所有交战国来说都是一个难题。税收被提高，但是税收的增长还是赶不上政府战争支出的增长。越来越多的政府债券出售给国内国外的投资者，但是投资者对这些债券的购买欲望是有限的。由于政府不愿以与风险相称的利息率借款，出售政府债券的任务很艰巨。由于税收和从私人部门及海外借贷的资金不足以支撑政府支出的增长，政府被迫求助于印钞。简而言之，中央银行被命令购买国库券（短期国债），从而增加了货币供给并导致通货膨胀。"通货膨胀税"与其他税收一样侵蚀了人们的收入和储蓄。

战争时期英格兰银行与英国财政部合作更加紧密，在许多事务上得听从政府的安排。1914 年 8 月第一次世界大战爆发时，英格兰银行和政府同意表面上维持金本位以稳定人心，但对黄金出口施加严格限制。英格兰银行承销政府债券，并通过购买国库券直接为战争融资。1916 年，英格兰银行提醒财政部这些贷款使其遏制通货膨胀、管理汇率变得更加困难（Sayers，1976，第 1 卷：第95~96 页）。时任英格兰银行行长坎列夫勋爵（Lord Cunliffe）还帮助政府从海外获得贷款。1917 年 4 月，他作为英国经济代表团成员前往华盛顿进行政府间贷款谈判（Sayers，1976，第 2 卷：第 93~94 页）。坎列夫是一名职业商业银行家。他留着海象胡，不是很聪明，有傲慢自大的恶名（Burk，2004）。而且，他性格有些叛逆。他在美国访问时声称英国的一些财政部官员，包括凯恩斯在内，都在破坏他在英国的权威，并要求解聘他们，但是政府拒绝这样做。此后坎列夫卷入财政部关于加拿大代表英国持有黄金的控制权之争中。当坎列夫向渥太华发送动用这些黄金的指令后，英国财政大臣安德鲁·伯纳尔·劳（Andrew Bonar Law）和首相戴维·劳埃德·乔治（David Lloyd George）非常气愤。按照坎列夫所言，劳埃德·乔治威胁要"接管"英格兰银行。坎列夫被迫向伯纳尔·劳卑躬屈膝地道歉，同时他承认在非常时期中央银行应该服从政府命令。赛耶斯（Sayers，1976，第 1 卷：第 109 页）把此次事件描述成"中央银行行长和财政部长关系史上最坏的一笔"。

德意志帝国银行支持着德国的战争机器。1907—1923 年的德意志帝国银行行长鲁道夫·冯·哈芬施泰因（Rudolf von Havenstein）被称为"钱元帅"

（Feldman，1997：第 32 页）。他比坎列夫顺从。德意志帝国银行建立了一个宣传和营销机构来向公众出售政府债券。德意志帝国银行的策略是要隐瞒它为政府提供大量短期贷款的真相。德国被迫放弃黄金自由兑换，但却还在假装维持其货币的价值。甚至向公众出售的长期政府债券也被货币化了，因为它们可以当做抵押品从德意志帝国银行控制的"贷款局"获得贷款。贷款局发行的银行券也算做铸币，还能支持更多的货币发行。德国还努力获取国外贷款。与它的敌国一样，它在国内也受到了人们对高税收的抵制（Balderston，1989）。为了压制对德意志帝国银行的批评，德国还设立了审查机关，连"通货膨胀"这个词都成了禁忌。德意志帝国银行称价格上升是因为有人囤积居奇，这完全是一派胡言。实际上"政府和德意志帝国银行正在印越来越多的钞票为战争埋单"（Feldman，1997：第 49 页）。当国内对战争贷款的供应开始消退时他们不得不更快地印制钞票。到战争的最后阶段，德国投资者已经完全无望收回投资了。法兰西银行在战争融资中的参与则透明得多，通货膨胀的程度要轻一些。中央银行向政府贷款的法定限额从 1913 年 12 月的 2 亿法郎一步步抬升至 1919 年 2 月的 240 亿法郎。法兰西银行对国库券进行贴现并出售了大量的国防债券（Moure，2002：第 32，38 页）。

即使美国在 1917 年 4 月前都是中立国，战争还是对美国联邦储备系统造成了很大挑战。战争伊始，美国黄金外流，但很快美国吸引了大量的黄金，因为欧洲对美国的初级产品及军火需求渐长，投资者也要为他们的资本寻求一个避风港。从 1914—1918 年美国的货币黄金库存量增加了 88%（Meltzer，2003：第83 页）。美国卷入冲突之后，美国联邦储备系统在推销政府债券（或自由公债）中扮演了重要角色。为了让各会员银行及其客户购买更多的自由公债，美国联邦储备系统以低于市场利率的水平发放贷款。梅尔泽（Meltzer，2003：第 88页）解释道："联邦储备银行提供（政府）融资的数量，恰好相当于它们直接购买的数量"。美国联邦储备系统还以优惠利率对国库券再贴现。在联邦储备委员会，那些反对政府以低利率贷款的意见被搁置一旁。财政部长威廉·麦卡杜（William McAdoo）曾一度威胁说，如果联邦储备委员会再制造麻烦就会接管联邦储备银行的职能（Meltzer，2003：第 86 页）。因此，美国联邦储备系统在战争后期及战争结束初期都不幸充当了"通货膨胀的引擎"。

中央银行的工作环境也恶化了。中央银行的工作人员也无法对 1917 年后席卷世界的反抗思潮免疫。1919 年 1 月 1 日，英格兰银行的员工向管理层表达了自己的怨气。他们指出在长期的战乱后"必定会对动荡和不满做出反应，渴望更好的工作时间和报酬"，他们要求成立雇员—管理层委员会来研究这些事宜。员工们强调他们的动机并非"背信弃义或吹毛求疵的批评"，而是希望在这些牢骚得到妥善处理之后，能"重建和谐友好之情"（Sayer，1976，第 3 卷：第 51，54 页）。于是，英格兰银行适时建立起了员工代表制。

货币供应大幅增长带来的后果是可预见的。从 1914—1918 年，美国消费者价格增长了 69%，英国增长了 100%，法国增长了 113%，德国增长了 204%，奥匈帝国增长了 1063%，比利时增长了 1334%（Maddison，1991：第 300，302 页）。1919—1920 年，一些国家的通货膨胀还在加速，这对各国中央银行和政府而言都是巨大的挑战。

通货膨胀、通货紧缩与金本位的恢复

与 1914 年 8 月之前相比，1918 年 11 月之后的世界迥然不同。不只是中央银行家们在试图理解工资和价格黏性以及浮动汇率，出生于维多利亚时代的诺曼和他的同行们也"对新的货币形势措手不及"（Cassis，2006：第 165 页）。大多数政策制定者确信有必要尽快恢复金本位（Eichengreen 和 Temin，2000），但这一目标却不是那么容易实现。即便是英镑也于 1919 年脱离了金本位，开始浮动；美元则成为当时仅存的仍与黄金挂钩的主要货币（Eichengreen，1992 a：第 100~124 页）。

控制通货膨胀——如果不能扭转通货膨胀的话——是维持汇率稳定的先决条件。通货膨胀威胁到银行和金融体系的稳定。按照凯恩斯的想法，通货膨胀会抑制储蓄，并助长对被视为牟取暴利的企业家的不满情绪，从而削弱社会凝聚力，对资本主义的生存构成威胁（Moggridge，1992：第 333 页）。应对通货膨胀是一个代价高昂的过程。中央银行家们相信，恢复中央银行自身独立性有助于提高反通货膨胀措施的可信度，由此带来了 20 世纪 20 年代欧洲和美国中央银行自主权的回归（Kisch 和 Elkin，1932：第 16~41 页）。

当时的传统观念认为，恢复金本位将增强企业信心，促进金融稳定。一个以坎利夫勋爵为主席的委员会对恢复金本位的态度没有丝毫妥协［重印于艾肯格林（Eichengreen，1985：第 169~183 页）］。由于金本位制在部长和财政部官员头脑中的地位如此根深蒂固，它充当着中央银行独立性的支柱。国家操纵中央银行的尝试将受到抵制，理由是这可能会阻碍黄金可自由兑换性的恢复。恢复金本位之后，确切地说是恢复金汇兑本位（指次要货币通过美元或英镑与黄金间接挂钩）之后，中央银行继续对政治干预保持警惕。在汇率固定和资本市场开放的条件下，货币刺激政策只会导致外部危机（Obstfeld、Shambaugh 和 Taylor，2004）。

中央银行家们对政客们持怀疑态度，认为他们无能、虚伪和投机取巧，且经常行为前后不一。1926 年，法兰西银行行长埃米尔·莫罗（Émile Moreau）的顾问皮埃尔·魁奈（Pierre Quesnay）对蒙塔古·诺曼的思想作了如下总结：

> 对英格兰银行的行长来说，20 世纪的主要任务就是在全球组建经济和金融组织。在他看来，政治家和政治机构并不具备必要的能力和连续性来指导这项任务，他希望这项任务由独立于政府和民间金融机构的中央银行来承担，……（中央银行）可以使那些诸如金融安全、信贷分配、物价变动等对于国家的发展和繁荣至关重要的问题摆脱政治的干预［引自波义耳（Boyle，1967：第 205 页）］。

金本位的支持者认为，一次急剧而短暂的通货紧缩的介入就足以使价格恢复至战前水平，并能扭转 1914 年之后相对收入和财富发生的巨大改变。但由于社会和政治的变动，这一补救措施没有生效。战时劳动力的短缺增强了工会的实力和好斗性；一些行业进一步走向垄断；工资和价格不再像 1914 年之前那样富有弹性。同时，战争使许多欧洲国家公民选举权的范围得到扩大。随着更贫穷的人获得选票，他们对那些通过削减政府开支，尤其是削减津贴和食品补助来抵御通货膨胀的狂热政策的支持就下降了（Eichengreen，1992a；Eichengreen 和 Simmons，1995；Maier，1975）。中央银行家们致力于重新争取自主权、压低物价和恢复金本位。政客们也希望恢复金本位，但他们不得不对来自工人阶级的压力保持敏感。德国以及中欧国家存在着政治上的分裂、混乱和不满。恢复金本位就是这样一种解决麻烦的办法！

然而在美国，可能是由于劳工的崛起不如欧洲明显，反通货膨胀进行得相对顺利。战后美国联邦储备系统拉开了与政府之间的距离。为战胜通货膨胀，货币政策和财政政策都齐力紧缩。1920—1921 年，在严重衰退之后，很快出现就业和产出的快速回升。价格水平下跌，尽管还未能达到战前水平。或许，1920—1921 年的情形夸大了美国联邦储备系统理解经济现象并获得好结果的能力（Parker，2002：第 3 ~ 4 页）。20 世纪 20 年代美国经济保持了高成长和低通货膨胀态势。由于许多欧洲国家经济和货币疲软，美国积累了大量黄金。美国联邦储备系统急于阻止通货膨胀的再度发生，没有允许黄金流入和货币化，而是采取了冲销的政策（Meltzer，2003：第 139 页）。这种做法是与游戏规则相悖的，但是积累黄金的国家比流失黄金的国家有更多实现国内目标的余地。

美国联邦储备委员会和联邦储备银行之间的矛盾一直延续到了 20 世纪 20 年代。若不是纽约联邦储备银行行长本·斯特朗的权威地位，联邦储备委员会或能更早巩固其控制地位。直到 1928 年早逝之前，斯特朗都是美国联邦储备系统的重要人物。这个强悍的大人物是从美国金融界最有活力的信孚银行来到纽约联邦储备银行的。他的传记记载了他 1920 年离婚之后，"斯特朗不再过平凡的家庭生活，他全身心地投入到了美国联邦储备系统的工作之中"（Chandler，L. V.，1958：第 30 页）。斯特朗的主要竞争对手是阿道夫·米勒（Adolph Miller），他是一位职业经济学者，美联储委员会委员。米勒是个优柔寡断的政策制定者，他与斯特朗持的见解不同。米勒对真实票据原理深信不疑，而斯特朗则持怀疑态度；米勒强调再贴现利率政策，而斯特朗则推崇公开市场操作；斯特朗喜欢与国外中央银行合作，米勒则有点孤芳自赏，并认为斯特朗与英国的关系过于亲密（Meltzer，2003：第 245 页）。20 世纪 20 年代初期和中期美国货币政策的明显成功是否反映了斯特朗的影响力和技巧，或是宽松环境或好运气所致，是值得讨论的。

到 1925 年，英国终于成功使得黄金回到了战前的平价水平，即 4.86 美元，但付出了延长通货紧缩的代价。在坎列夫之后继任的行长诺曼坚持认为没有其他可替代选择。在 1925 年任财政大臣的温斯顿·丘吉尔（Winston Churchill）对金融事务并不专业，他对中央银行和财政部推荐的这一做法感到不安。但最终，丘吉尔放下了他的疑虑，听从了诺曼的建议，而凯恩斯却对此十分反感（Skidelsky，1994：第 197 ~ 200 页）。为维持英镑与黄金的可自由兑换，1925—1931 年英国持续推行紧缩的货币政策，此举加剧了失业（Moggridege，1969；Sayers，1976，第一卷第 6、7、9 章）。丘吉尔非常后悔回到金本位，他不肯原

谅诺曼。"我彻彻底底地反对金本位。见鬼去吧！"1932 年他大发雷霆，"这就
是一个毁灭我们的卑鄙陷阱"〔引自伍德（Wood，J. H.，2005：第 293 页）〕。
事后回想起来，诺曼也承认 4.86 美元是一个高估的汇率（Collins 和 Baker，
1999，第 29 页）。

同样发生在 20 世纪 20 年代，但不如 1925 年的"诺曼之争"那么出名的是
英格兰银行日渐卷入企业事务中，这通常并不是一个与独立中央银行发生联系
的领域。在诺曼的推动下，英格兰银行鼓励并承销了一些公司和产业的重建计
划。他这么做一方面是为了帮助客户，例如军火商阿姆斯特朗·惠特沃斯
（Armstrong Whitewoorth），一方面是为了防止企业破产而使银行系统落入危险境
地（Sayers，1976，第一卷第 14 章；Garside 和 Greaves，1996）。

20 世纪 20 年代早期，一些中东欧国家，如德国、波兰、奥地利和匈牙利
都遭受了恶性通货膨胀。1922 年，奥地利的员工拿银行券当草稿纸使用，因为
它们实在一文不值（Pauly，1997：第 53 页）。德国的恶性通货膨胀受到了高度
重视（Balderston，2002）。当时的人通常把这一现象归因于汇率贬值和德国政
府失控的预算赤字，而这些也都反映出货币当局已对通货膨胀失去控制。汇率
的下跌抬高了进口商品价格，增加了政府向受影响群体增加转移支付和补助金
的压力。预算赤字的增加又刺激了对进口商品的需求，瓦解了世界市场对纸马
克的信心（Eichengreen，1992a：第 125 ~ 145 页）。为支付战争赔款，当局又不
得不将纸马克兑换成硬通货，从而加速了马克螺旋式的贬值。战争赔偿虽然是
个负担，但也仅仅占战前至 20 世纪 20 年代早期德国国民生产净值中政府支出
增加的 1/3。预算赤字的主要原因还是福利支出（失业救济、战争抚恤金和食
品补贴），以及铁路和邮政系统的损失（Ferguson，1996）。左翼和右翼党派之
间的僵持不下是这次危机的根源，前者不愿缩减支出，后者不能忍受大幅提高
税收。在恶性通货膨胀的顶峰时期，共有 133 家银行在印制银行券（Dorn-
busch，1987：第 346 ~ 347 页）。储蓄被蒸发，从而导致了后来被纳粹利用的社
会异化。

尽管《1922 年自治法》表面上增加了德意志帝国银行的自主权，但它丝毫
不抗拒通货膨胀（Holtfrerich 和 Iwami，1999：第 70 ~ 71 页）。马克斯·沃伯格
（Max Warburg）是一位杰出的汉堡银行家，他把部分责任归咎于哈芬施泰因：

　　他原本是极具同情心和坚定责任感的，令人尊敬的人，但现在却不是这样。

从战争一开始，顺应服从所谓的上级权威——总参谋部也好，德国财政部也好，德国经济部也好，就变成了他血肉之躯的一部分，即使维持德意志帝国银行的独立性是有可能的，他都不懂得如何去做（引自 Feldman，1997：第795页）。

德国政客和银行家都对控制赤字和停止印钞感到恐惧。哈芬施泰因认为向德国企业和政府提供信贷是他的职责，即使这会导致通货膨胀（James，1999b，第21页）。直到1923年德国货币几乎不值一钱，政府才鼓起勇气着手采取严厉措施。由于哈芬施泰因拒绝下台，政府决定绕开中央银行，直接任命亚尔马·沙赫特（Hjalmar Schacht）为"货币委员"。当哈芬施泰因最终因心脏病发作下台，尽管有中央银行董事会的反对，沙赫特还是被任命为德意志帝国银行总裁。1923年11月15日，德意志帝国银行停止对国库券进行再贴现，印钞厂也被关闭了。

费尔德曼（Feldman，1997：第796页）注意到德意志帝国银行"在沙赫特的挥鞭施令下"改变了航向。各种权宜之计用尽。根据詹姆斯（James，1999b，第23页）在1924年的记录，当时同时存在"三个平行的德国中央银行"，即德意志帝国银行（Reichsbank）、德国地租银行（Rentenbank）和德国黄金贴现银行（Golddiskontbank）。但是，货币总算恢复了稳定，政府也控制住了预算赤字。1924年8月，《银行法》获得通过，该法重组了德意志帝国银行并恢复了其独立性，并引进了一种新型的由黄金担保的货币——德国马克（Reichsmark）。一个由14人组成的中央银行"总理事会"（由7名德国人和7名外国人组成）成立，以作为对抗国内政治干预的壁垒。总理事会中的一名外国成员被授权可否决银行券的发行——如果他认为黄金可兑换性受到威胁的话（James，1999b：第24~25页）。实际上，通过法律铭记中央银行自主权和货币稳定往往发生在引入反通货膨胀政策之后而不是之前——这与20世纪80年代新西兰的情况一样。

法国有一些和德国相似的预算和政治问题，但法国设法避免了恶性通货膨胀，并在1926年恢复了货币稳定。尽管汇率下跌不少，法国还是于1928年正式重返金本位。法兰西银行在20世纪20年代经过了漫长的抗争才从政府操控中解脱出来，但优势的天平却摇摆不定（Bouvier，1988：第81~86页）。国家干预最明目张胆的例子便是1925年才真相大白的假账案（Moure，2002：第77~86页）。据基施和埃尔金（Kisch 和 Elkin，1930：第22页）所言，"在政府压迫下法兰西银行对财政部的借款最终超出了法定限额，公布的资产负债表隐瞒了此事"。更意味深长的是，他们补充道："当然，这种政府权力的极端滥用只在一国终止金本位时才有可能发生。"

20 世纪 20 年代，一些中央银行增加了新的职能。西班牙银行（1921 年）、葡萄牙银行（1925 年）和意大利银行（1926 年）分别获得了银行审慎监管的正式职责。美国联邦储备系统继续掌握有限的监管权力，而其他重要的中央银行，包括英格兰银行和德意志帝国银行还没有正式的监管权力（Grossman，2006）。

对中央银行而言，20 世纪 20 年代是动荡的年代。通过巨大的努力，终以金汇兑本位的形式重建了金本位（Eichengreen，1992a：第 153～221 页）。一些中央银行在 1914—1918 年丧失的自主权得以恢复。但是，国际经济并没有完全得到恢复。可悲的是，中央银行对下一次的动荡也准备不足。

对中央银行目标的新思考

20 世纪 20 年代见证了中央银行内部统计和经济学研究的开始。美国联邦储备系统是这一领域的先驱（Yohe，1990）。到 20 世纪 30 年代，一些小型中央银行，如澳大利亚联邦银行已经设立了它们自己的小型经济学部（Cornish，1993）。中央银行统计学家和经济学家投入他们的大部分时间收集、整理、呈现金融和经济信息，希望这些信息能使政策制定者更好地知情决策。但没有证据显示这些愿望最终是否实现了。中央银行内部研究的推动力是为了解释货币体系的具体细节，而不是挑战已有的思想基础；更激进的思考则必须向局外人请教了。

经济理论的发展指导人们重新思考货币政策的目标。在第一次世界大战之前，芝加哥经济学家欧文·费雪（Irving Fisher）和他在斯德哥尔摩的同事克努特·维克赛尔（Knut Wicksell）曾检验过以国内物价水平稳定性为基础的政策的优劣（Skidelsky，1994：第 168～170 页）。这些思想在 20 世纪 20 年代被英国财政部官员及经济学家拉尔夫·霍特里（Ralph Hawtrey）和凯恩斯（Keynes）所运用，当时凯恩斯因为在凡尔赛和平会议中的行为从财政部辞职，此后他吸收了不少媒体人的特质。

实行金本位国家难免需要忍受暂时性的通货膨胀、产出和就业率的波动，因为正是通过价格和工资的变动才能使严重的国际收支不平衡得到调整。但是黏性的工资和价格给实体经济带来了越来越沉重的负担。换言之，外部稳定和内部稳定之间潜伏着冲突。为找到折中办法，霍特里（Hawtrey，1932：第116~302 页）认为应该对金本位进行管理以避免价格水平和商业活动的剧烈波动。霍特里为中央银行设计的角色比只对坎列夫报告负责的教条主义者更活跃。当时，关于货币政策应该按照规则行事还是相机抉择的争论正在进行之中。20 世纪 20 年代，美国联邦储备系统在某些方面采用了霍特里的做法。美元与黄金挂钩，美国国际收支有盈余，但是考虑到要遏制通货膨胀、平稳国内经济状况，美国联邦储备系统不愿顺势进行快速的货币扩张。在两次战争期间，唯一明确以物价稳定为目标的只有德意志帝国银行，瑞典随后在 1931 年被迫退出了金本位（Berg 和 Jonung，1999）。

在《货币改革之道》（*A Tract on Monetary Reform*）中，凯恩斯采取了更为激进的姿态。为什么要仅仅为了追求黄金自由兑换就牺牲就业率，不顾企业破产呢？他总结道"当内部价格水平稳定和外部汇率稳定不相容时，通常前者更可取"。金本位是"野蛮人的废墟"和"陈腐的教条"（Keynes，1923：第163~164，172，173 页）。1925 年，当无力劝服丘吉尔拒绝诺曼的建议后，凯恩斯在一篇名为《丘吉尔先生政策的经济后果》（*The Economic Consequences of Mr. Churchill*）的文章中对英国政策展开了严厉的抨击（Skidelsky，1994：第 200~207 页）。凯恩斯的思想也在不断发展（Moggridge 和 Howson，1974；Bibow，2002）。在一场大冲击之后，他开始怀疑物价稳定是否足以熨平经济周期或达到充分就业的目的。在一些情况下，货币政策可能不起作用。如果名义利率已经接近零，而物价还在下跌，此时实际利率是上升的，那么传统的中央银行工具将会失去对抗通货紧缩的能力。这就是著名的流动性陷阱（liquidity trap）。在 20 世纪 30 年代，凯恩斯使财政政策在经济管理中有了值得骄傲的位置。凯恩斯的《通论》发表之前，许多国家的中央银行已被废黜，这倒不是凯恩斯理论的胜利（这个还有争议），而是因为它们自己在大萧条中的表现太糟糕。

本·斯特朗与包括沃尔特·斯图亚特（Walter Stewart）和卡尔·斯奈德（Carl Snyder）在内的美联储经济学家，以及包括埃德温·凯默勒（Edwin Kem-

merer）在内的其他学界领袖都曾进行过多次长谈（Chandler L. V.，1958：第
50~51 页）。1928 年，斯图亚特赴英格兰银行任诺曼的顾问，但是诺曼和其他
官员基本上都很抵制新思想。1925 年，英格兰银行曾考虑聘用一位经济学家进
入其"经济部"工作，有人推荐了一位凯恩斯主义的同情者，就遭到了反对，
理由是"这比无用更糟糕"（Hennessy，1992：314）。

随着 20 世纪 30 年代初期危机的开始，经济学家们提出的建议就更有分歧
了，这也给中央银行家的优柔寡断提供了借口。曾任美国联邦储备系统经济学
家的温菲尔德·里夫勒（Winfield Riefler）在就五本均由杰出经济学家所写的著
作的述评中总结道："专家们关于中央银行问题的意见分歧已经远远超过了有
激励作用的、可取的学术争论的范畴。这都快成了学术丑闻，对公共政策制定
的影响已经达到了令人震惊的效果。"怎么能指望中央银行家们从这众多"灵
丹妙药"中懂得合理取舍呢？

大萧条

20 世纪 20 年代末欧洲和美国的经济衰退最终演变成了 30 年代初史上最严
重的萧条。几百万工人失去工作，成千上万银行倒闭，物价暴跌，贸易崩溃。
德国和美国承受了大萧条的主要冲击，但从新西兰到挪威的每一个资本主义国
家都受到了影响。1931 年金汇兑本位开始瓦解，但人们对哪里出了问题却没能
达成共识。中央银行应该在多大程度上对此次衰退负责尚在争论之中（时至今
日也未能达成共识），但他们当时确实没能拿出一个解决办法（Parket，2002；
Eichengreen，1992a，第 222~286 页；Temin，1989；James，2001）。

最初的衰退是从欧洲还是从北美开始，是由货币因素还是非货币因素引起
的，都是仍在争论中的问题。然而最重要的是要解释一次常规的衰退究竟是如
何最终演变成一场大灾难的。许多解释都认为是从美国开始的。1928 年，美国
联邦储备系统为抵制投机狂热而紧缩了货币政策，此举被认为是此台戏的开幕。
此后几年，美国联邦储备系统的行为时常不一致。联邦储备银行（尤其是纽约
联邦储备银行）和美联储委员会之间，以及董事会董事之间的持续争执没有半
点用处。联邦储备系统及政府中的一些领导人物都希望戳破明显的泡沫，其他

一些人则希望通过大量注入流动性来促进经济复苏，还有一些人则拿不定主意。联邦储备系统（或它的一部分）致力于货币刺激，在 1929—1933 年的不同情况下使用了公开市场操作和降低再贴现率，但这些努力最终由于优柔寡断和频繁的走回头路而付之东流。从某种程度上说，美国联邦储备系统由于对金平价的担心而缚手缚脚也是可以解释的，尽管在这方面美国比除法国之外的任何国家都要安全（Hsieh 和 Romer，2006）。

人们对美国的中央银行无力规避危机的原因众说纷纭（Meltzer，2003：第271~413 页；Wood，2005，第194~211 页）。回想起来，美国联邦储备系统当初不应依赖会员银行向联邦储备银行贷款的水平来决定货币政策立场改变的时机（即里夫勒·伯吉斯教条，Riefler Burgess doctrine）。通常认为，会员银行并不愿意向联邦储备银行借款。当经济疲软时它们会求助于贴现窗口，而这才是放宽货币政策的信号。会员银行贷款少被认为是情况良好的信号，不需要做出政策改变。不幸的是，联邦储备系统对会员银行贷款的这种理解是本末倒置的。实际上，在经济萧条时期，越来越少的真实票据进入流通中，更少的票据被用来再贴现。联邦储备系统过于依赖一个糟糕的经济状况指标，这妨碍了它作出经济正在迅速恶化的正确判断。同时，美国联邦储备系统未能辨别名义利率和实际利率的差异。尽管美国联邦储备系统削减了再贴现率，但由于物价还在下跌，20 世纪 30 年代初的实际利率是明显上升的。如果美国联邦储备系统注意到了实际利率的变化，它就能看出货币状况实际上非常紧缩，就有可能加大公开市场操作的执行力度。简言之，美国联邦储备系统未能充分地放松货币政策。

一个更严重的失误是美国联邦储备系统忽视了它作为紧急最后贷款人的职责。据弗里德曼和施瓦茨（Friedman 和 Schwaartz，1963：第342~359 页）所言，美国联邦储备系统高级官员将银行倒闭归因于管理不善而非经济的螺旋式下跌，反而是低层"技术级"官员尤其是纽约联邦储备银行的官员抓住了实情。在 1930 年 12 月至 1933 年 2 月间，1/3 的美国银行在一系列危机中倒闭。即使恐慌仅是地区性而非全国性的，其影响还是可观的。数百万美元存款流失，公众对现金的偏好逐渐超过存款，导致了美国货币供应量下降，并带来一场严重的信贷紧缩。20 世纪 30 年代，即使一些稳健的企业也发现借款困难，因为幸存下来的银行变得极度规避风险，对贷款申请人持更怀疑的态度，它们宁愿囤积政府债券也不愿意向私人部门贷款（Bernanke，1983，2000）。这并不是拯救一两家大银行的事，就像那些小银行较少的国家可能发生的情况一样。成千上万的中小银行陷入困境。许多银行资不抵债，缺乏流动资金；在危机中心确实很难保证单家银行的偿付力。这种情况下最后贷款人的正确角色应该是从系统层面提供足够的流动性，但美国联邦储备系统没有这样做。从货币主义观点来看，抵抗萧条的最佳保障是无论如何要保持货币供应量的固定增长率。

弗里德曼和施瓦茨（Friedman 和 Schwartz，1963：第 412 ~ 413 页）总结说，如果有更好的领导力，一切皆会不同：

> 如果斯特朗还在世，在 1930 年的秋天还担任纽约联邦储备银行行长的话，他很可能已经意识到将要来临的流动性危机，很有可能已经根据经验和信念而准备好采取恰当有力的应对措施，可能也会拥有与美国联邦储备系统并肩作战的地位。斯特朗明白货币措施不可能立竿见影，因此他不会以商业活动暂时性低迷为由推迟扩张性政策路线。

这一大胆推测并非人人赞同。威克（Wicker，1966）就认为，斯特朗对中央银行业务原理的理解算不上出众，他在 20 世纪 20 年代对货币政策的处理也不能让人相信在危机中他会比联邦储备系统乏善可陈的团队里其余那些人更有能力。梅尔泽（Meltzer，2003：第 281 页）在评价斯特朗及其同僚时说：回想起来，美联储领导人的许多举动都看似"荒谬"，是因为他们被当时的传统观念束缚，受内部冲突所妨碍，被迫在不充分和过时的信息基础上作出决定。他因此怀疑即使斯特朗还健康地活着，他能否为 20 世纪 30 年代初的美国经济管理作出决定性改变（Meltzer，2003：第 408 ~ 409 页）。然而，美国联邦储备系统认为它已经做出了正确合适的应对，并不断宣称"它不对这次崩溃负责"（Meltzer，2003：第 413 页）。

大萧条并不只是美国现象。艾肯格林（Eichengreen，1992a，1992b）研究了大萧条的世界性连锁反应，发现其传导机制就是金本位。1928 年，当美国联邦储备系统紧缩了国内货币政策之后，资本从欧洲流到了美国。美国经济减速后，对欧洲（及世界）的进口需求下降，美国的居民和公司继续减少其外国资产，导致许多国家的国际收支和中央银行的黄金及外汇储备承压。在为重建国际货币体系苦苦奋斗多年之后，欧洲人决意捍卫金本位到底。"黄金储备流失的中央银行尽管可以延期清算，但它们很快不得不捍卫黄金的可兑换性。坚持金本位就要能接受储备流失所带来的国内货币、信贷、物价下跌，乃至最终整体经济活动下降的后果（Eichengreen，1992a：第247页）。

政府勒紧了裤腰带。破产和失业在欧洲及其他地区快速蔓延。欧洲人并不仅仅是因为自傲而这样做：他们坚信从长远看保全黄金可兑换性比贬值更有益。20 世纪 20 年代的经验是，货币贬值往往与高通货膨胀联系在一起。也许这在物价暴跌的时期并不是一个可靠的经济推理，但是政策制定者不愿拿非传统政策冒险的想法也是可以理解的。

对照银行业危机的某种定义（Oliver，2007：第 196 ~ 198 页），从 1929 年 8 月至 1934 年 9 月期间，阿根廷、奥地利、比利时、捷克斯洛伐克、埃及、爱沙尼亚、法国、德国、匈牙利、意大利、拉脱维亚、墨西哥、波兰、罗马尼亚、瑞典、瑞士、土耳其、英国和美国都发生了银行业危机。在固定汇率制度下各国中央银行作为紧急情况最后贷款人的能力是有限的——除非其外部储备真的巨大。他们进退两难：是应该注入流动性来拯救银行业还是减少流动性以保卫汇率呢？

1931 年，欧洲银行业大危机加速了英国脱离金本位的进程。5 月，危机从一家大银行——奥地利的安斯塔特信用社（Credit Anstalt）的倒闭开始。此后，外国人设法从奥地利撤出资金，奥地利人为自保而冻结了部分资金，包括英国人的存款（Bordo 和 Schwartz，1996：第 449 页）。奥地利国民银行和政府为了挽救安斯塔特信用社付出了巨大代价，这家尽管资不抵债又缺乏流动性的银行被认为是"大而不能倒"的银行（Schubert，1992）。在奥地利发生的事情打击了人们对德国银行的信心，此时德国的银行还没能完全从恶性通货膨胀的影响中恢复过来。面对这种经典的两难局面——黄金可兑换性和银行体系同时受到威胁，德意志帝国银行起初选择把注意力放在外部形势上，它通过施加更严格的贴现窗口限制以紧缩货币政策。然而 7 月达纳特银行（Danat Bank）破产，德累斯顿银行（Dresdner Bank）也表示自己在破产的边缘。政府命令银行休长假，在此期间当局引入了外汇管制。此后，德国马克对黄金和外汇的可兑换性通过行政管制勉强得以维持。按游戏规则来看这是公然的欺骗。银行业休假之后，德意志帝国银行实施了稍微宽松的贴现政策。银行业开始合并，德国政府和德意志帝国银行附属的德国黄金贴现银行（Golddiskontbank）购买了几家大银行的大部分股份（James，1986：第 288 ~ 323 页；Schnabel，2004；Balderston，1991）。

英国银行在德国拥有十分可观的存款，现在它们却再难以轻易提现。危机蔓延到整个英国银行业并似乎要终结英国的金本位。从 1925 年起金本位国家的身份几乎使英国的工业变成残废。1931 年夏天，为应对黄金的持续消耗，英格兰银行呼吁部长们进一步采取紧缩开支的措施，并建议政府到海外借款（Kunz，1987；Sayers，1976，第 2 卷：第 387 ~ 415 页）。自第一次世界大战之后汇率政策就是政府和英格兰银行讨论的焦点。1914 年以前中央银行独自处理英国的金本位国家身份。然而到 20 世纪 20 年代的确出现了金本位的替代品，虽然其中有些是令人难以接受的。塞耶斯（Sayers，1976，第二卷：第 387 页）注意到，1931 年重要的政策决定都是部长们而非中央银行行长做出的。诺曼的观点仍然很有分量，但即使是他也明白政府在关乎国家利益的事务上有最后决定权。1929 年，在与新任财政大臣菲利普·斯诺登（Philip Snowden）的会晤中，诺曼承认中央银行行长"负责技术和金融层面，（而）财政大臣负责政治和财政层面"（Kynaston，1995：第 28 页）。

1931 年夏天的局势是史无前例的。纽约联邦储备银行的乔治·哈里森（George Harrison）向英国提出忠告说，若大幅增加中央银行利率被解读为恐慌信号，则可能产生降低英镑信心的"反常"效果（Sayers，1976，第 2 卷：第 405 页）。危机中中央银行利率提高至不超过 4.5%。尽管政治上有些动荡，政府仍实施了财政削减计划，并从海外中央银行和摩根为首的财团借款，但这些措施并未生效。海军因削减工资而导致的"兵变"（实际上是抗议）被认为是英国陷入混乱的又一个标志。英国财政部和英格兰银行的一小部分官员推断进一步抵抗退出金本位的代价是高昂的。（诺曼在危机最严重时身体不适。）9 月，首相拉姆齐·麦克唐纳（Ramsay MacDonald）决定"暂停"金本位制。他的举动在某种程度上是为了保卫剩余的黄金储备，一些人尤其是英格兰银行对重返金本位还抱有希望。银行业大体上安然无恙地幸存下来了。格罗斯曼（Grossman，1994）总结说，脱离金本位是避免银行业危机最有效的办法；这也有助于形成一个稳健的银行业结构和负责任的最后贷款人制度。

英国放弃金本位后，世界各国开始缓慢向浮动汇率转变，因为其他国家意识到坚持金本位会让他们的处境更加艰难。1931 年后中央银行很难再让人产生敬畏之心了。它们在大萧条中挣扎，不知道怎么做才好，只好抱着金本位、财政紧缩政策，还有美国的真实票据说这些老教条不放。当失业率激增，物价暴跌，这些教条失去了可信度，教条的支持者们也失去了公信力。

经济复苏和中央银行独立性的丧失

那些较早脱离金本位的国家如英国、瑞典和日本最早开始复苏，而那些对金本位死不放手的国家诸如法国，则萧条了更长时间。美国居中，于 1933 年开始浮动，又在 1934 年汇率下跌后回到了金本位。贬值开启了复苏之路。当政策制定者意识到不需要再用高利率来保障国际收支平衡后，宽松型货币政策就至少显得同样重要了。德国选择了一条不同的道路，他们维持金平价，在外汇管制的壁垒下继续通货膨胀（Eichengreen，1992a：第 287 ~ 399 页）。

复苏的细节在此不再赘述，我们的目的是讨论金本位之后中央银行是如何自处的。各国政府不禁对货币政策舞台产生了进一步的兴趣。那些拒绝金本位思想、对中央银行独立性兴趣索然的政客们在若干核心国家上台，包括美国的富兰克林·罗斯福（Franklin Roosevelt）、德国的阿道夫·希特勒（Adolf Hitler）和法国的里昂·布鲁姆（Leon Blum）。中央银行的地位、影响和治理都遭到了质疑。例如，1936 年法国通过立法加强了政府对法兰西银行的控制（Moure，2002：第 222 ~ 226 页）。

即使在政治变动不那么大的英国，经济政策制定者也有了新的当务之急。据蒙塔古·诺曼所言："当金本位被放弃，在英格兰银行和财政部之间立刻出现了权力与职责的重新划分。"（Kynaston，1995：第 28 ~ 29 页）1932 年，英国政府按照财政部的意见引入了低息货币政策，坚持将中央银行利率上限控制在2%，并持续至 1939 年战争爆发为止。1932 年外汇平准账户（Exchange Equalization Account，EEA）形成后，政府加紧了对汇率政策的控制。外汇平准账户的职能是在外汇市场上进行干预以避免汇率的过度波动，保证英镑的运行轨道与政府政策路线一致。因此，英国的浮动汇率制是"肮脏"浮动。英格兰银行和财政部在对外汇平准账户的管理上进行协作，英格兰银行以自己名义进行所有交易，而英镑政策的最终话语权则落入了政府手中（Eichengreen，1992a：第304 页）。政府的策略是使用灵活的货币政策来促使经济复苏。中央银行被请求而不是被要求合作，也无须对有关立法作任何变动。诺曼和英格兰银行接受了这种新的局面，他们别无选择。

在美国，中央银行组织结构的革命是更现实的问题。《1932 年格拉斯—斯蒂格尔法》（*Glass Steagall Act* 1932）拓宽了联邦储备系统合格再贴现证券的范围，并（起初只是临时性）允许用政府债券作为银行券发行的支持，最初这些权利的使用很有限。1933 年罗斯福政府上任后马上着手战略与人事的根本性改革。罗斯福在银行业危机中当选为总统，而这场危机的部分原因是人们预期他将会使美元贬值。罗斯福的货币理念并不像他的一些支持者那么激进。尽管如此，他主持的重要改革削弱了美国联邦储备系统的独立性。根据《1933 年托马斯修正案》（*Thomas Amendment*），总统有权改变美元兑黄金的比价，指导联邦储备系统进行包括政府债券在内的公开市场操作。美联储也被授权经总统同意可调整法定准备金率，此前美国的法定准备金率在 1913 年《美国联邦储备系统法》中被固定下来。1933 年 4 月实行了黄金出口禁令，实际上使美元浮动起来。这项决定激起了整个美联储委员会的怒火，但他们获得的是一场迅速而及时的货币贬值。1934 年 1 月，罗斯福使美元与黄金重新挂钩，黄金从 1933 年以前的每盎司 20.67 美元升至每盎司 35 美元（Wood, J. H.，2005：第 213 ~ 214 页；Eichengreen，1992a：第 331 ~ 332，336 页）。同样在 1934 年 1 月，美国政府将联邦储备系统的黄金储备国有化，还成立了类似于英国外汇平准账户的外汇稳定基金（Exchange Stabilization Fund，ESF）。如此一来，美国财政部就把纽约联邦储备银行变成了自己的财政代理人，并控制了对外汇市场的干预（Bordo、Humpage 和 Schwartz，2007）。

1934 年 11 月，罗斯福政府任命了一位经济激进派——马里纳·埃克尔斯（Marrineer Eccles）作为联邦储备系统行长（或按照 1935 年银行业法称为联邦储备委员会主席）。埃克尔斯坚信通货再膨胀财政政策是经济复苏的关键。由于怀疑货币政策达成经济复苏的能力，他并没有责怪是其前任们的消极被动造成了经济的衰退（Meltzer，2003：第 465 页）。他还认为中央银行应该协助完成政府的经济策略，而这实际上意味着要保持适度低的利率。在接受任命之前，埃克尔斯从罗斯福处获得了对联邦储备系统实行全面改革的承诺。埃克尔斯的改革计划是想将权力集中到联储委员会手中。实际上，早在 1933 年就联邦储备银行对公开市场政策的影响已经开始有所限制了。埃克尔斯进一步要求限制联邦储备银行的自主权，宣称这些银行代表的是私人银行利益。简言之，他希望将联邦储备系统变成一家真正的，由华盛顿的联邦储备委员会掌控的中央银行。

乔治·哈里森（George Harrison）向埃克尔斯的任命表示祝贺时被上了一课。埃克尔斯告诉哈里森，自己"为实行一项重要的立法项目而接受了这个职位，但这个项目你十有八九会反对"［引自梅尔泽（Meltzer，2003：第470页）］。

《1935 年银行业法》对埃克尔斯来说是个胜利。联储委员会对联邦公开市场委员会的控制权得到加强，而原先单个联邦储备银行由联邦公开市场委员会授权可以不参与公开市场操作的权利也被撤销。联邦公开市场委员会不再由 12 家联邦储备银行行长组成，而是由 7 名联储委员会成员和 5 位联邦储备银行总裁组成［联邦储备银行行长变为总裁；美国联邦储备委员会变为行长委员会（此后我们仍然译为美联储——译者注），其成员是行长；该委员会的长官称为主席］。美联储也被授权无须美国总统事先同意便可调整会员银行的法定准备金率。此外，美联储还有对联邦储备银行总裁任命的否决权。虽然财政部长和货币监理署官从委员会中被移除，但实际上美联储与政府之间建立起了更紧密的联系。然而埃克尔斯的所有目标并不是都达成了，他想掌控对所有银行的检查权的要求就被驳回了。审慎监管职能依然由几家机构分享（Clifford，1965：第125 ~ 162 页；梅尔泽，2003：第463 ~ 490 页）。1935 年法案并没有重新界定联邦储备系统的目标。埃克尔斯曾想将稳定"产出、贸易、物价和就业"作为联邦储备系统的任务，但遭到了太多的反对，目标由此并未改变（Wood，2005：第220 ~ 222 页）。

20 世纪 30 年代中期的其他改革包括在第二部《格拉斯—斯蒂格尔法》下商业银行和投资银行的分离，为重振银行业而建立复兴金融公司（Reconstruction Finance Corporation，RFC）和联邦存款保险公司（Federal Deposit Insurance Corporation）。复兴金融公司实际上是联储委员会委员尤金·迈耶（Eugene Meyer）的想法，而他也成为了该机构的首任长官（Nash，1959）。但对建立联邦存款保险公司，联邦储备系统未予置评（Meltzer，2003：第433 页）。

1934 年后的货币政策都比较宽松。在多数情况下联邦储备系统都在与财政部合作，实际上是听从它的领导。通过外汇稳定基金流入的未冲销黄金强化了 20 世纪 30 年代中期的货币扩张（Romer，1992：第774 页），使财政部在货币政策中发挥了直接的作用。联邦储备系统一次严重的政策失误发生在 1936—1937 年，当时联邦储备系统对"自由准备金"——银行准备金超出最低准备金要求的数量——的增长感到担忧，就将法定准备金率提高了一倍。不幸的是，作为货币状况指标的自由准备金水平与再贴现量一样不可靠。1936—1937 年的紧缩显然导致了 1937—1938 年的衰退（Meltzer，2003：第 490 ~ 534 页）。

在纳粹执政下，德意志帝国银行在德国的经济复苏和重整军备计划中扮演了重要角色。希特勒让沙赫特在 1933 年做回了德意志帝国银行行长，1934 年他还担任经济部部长。虽然直到 1939 年德意志帝国银行的地位并没有正式的改变，但在纳粹执政下法律细节无足轻重，这家中央银行遵循政府政策的压力渐增。希特勒怂恿包括沙赫特在内的贵族为权力和影响力而奋斗。沙赫特起初是纳粹经济计划的狂热支持者，其重点是公共工程、重整军备及控制对外贸易。德意志帝国银行发放了多种形式的贷款，为转移人们对这些政策潜在的通货膨胀后果的注意力其中一些被深深地掩盖起来。例如，由四家军备公司为重整军备融资建立的金属研究公司（Mefo），为偿付兵器公司及承包商债务发行了短期票据。这些票据当时与现金等价，因为它们可以在德意志帝国银行贴现。此外，德意志帝国银行负责管理所有德国居民和企业对外国的债务及利息支付。外国债权人只能拿到沙赫特认为合适数量的欠款，他们还经常被迫接受不可自由兑换的货币。这些政策的确带来了经济复苏，尽管是一种失衡的复苏（James，1986：第 343 ~ 419 页；Weitz，1997：第 145 ~ 261 页）。

德意志帝国银行员工与其他德国人一样，对纳粹有各种不同的看法。在沙赫特的回忆录里（Schacht，1995：第 391 页），他声称他曾在中央银行内部抗议过纳粹的态度和行为。1936—1937 年，他确信重整军备的程度已经超过了重建德国大国地位所需要的程度了。而且，他厌恶纳粹的独裁野心，对不断上涨的物价也很担忧。1937 年，在与德国独裁者希特勒的一场激烈的会谈中，沙赫特拒绝再为重整军备提供贷款（Weitz，1997：第 315 页）。与纳粹的冲突导致沙赫特在 1937 年被免去了经济部部长的职位，1939 年被免去德意志帝国银行行长的职位。1939 年的《德意志帝国银行法》最终打消了人们对中央银行在纳粹德国拥有自主权的幻想。

确定中央银行独立性程度是一门艺术而不是一门科学，这一点早在 20 世纪中叶就获得学者们的认可（Kriz，1948）。然而可以很明显地看出，20 世纪 30 年代的潮流是政府更多地卷入中央银行事务。并不令人惊奇的是，这在集权国家表现得尤为突出，虽然沙赫特并不像希特勒希望的那样顺从。在像美国和法国这样的民主国家中，法律和人事的变动预示着政府与中央银行将有更密切的合作。在英国，多数情况下这些变动是经协商一致后发生的。新权力构架在汇率政策领域最清晰可见，如英国和美国的中央银行分别以外汇平准账户和外汇平准基金的形式被迫与政府共享控制权。

结论

中央银行只是 1914—1939 年经历过命运戏剧性动荡变化的机构之一。在此期间中央银行制定公共政策的地位变得更突出，起初是由于战时所需，后来是由于兴起了国家经济应该在某种程度上被管理的信念——尽管这种信念还不是很连贯。几乎所有中央银行家都认可的陈旧的金本位理念一直留存到了 20 世纪 30 年代，尽管它并未考虑到核心利益集团诸如贸易公会会员、商业领袖、选民和政客的行为变化。20 世纪 20 年代中央银行的独立性比 1914 年之前更加不确定，并在 20 世纪 30 年代初的灾难后更加弱化。一个有趣的问题是：中央银行家们是否明白 1929—1933 年他们到底在做什么？因为他们的行为经常前后矛盾，好像迷失了方向。应对经济危机他们无计可施；实际上他们的政策还加剧了危机。不出所料，他们丢面子的结果是政府开始坚持更深地介入货币政策和汇率政策的制定。诚然，对某些人来说，英镑花了很长时间才退出金本位制。1931 年，当英国脱离金本位时，有报道说，当时的财政大臣斯诺登曾十分震惊："没有人告诉我们可以这样做！"〔引自威廉姆斯（Williamson，2004：第 23 页）〕像诺曼、斯特朗、埃克尔斯和沙赫特这些中央银行家们则需要比 1914 年前他们的前辈们更有政治协调性。现在，作出一些政治决策需要中央银行家和政治领袖达成一致，尽管这对诺曼这种性格的行长来说很难接受。中央银行家不是公仆，但为了生存他们还是要适应和考虑政府的意愿。

我们可以通过霍特里、弗里德曼和施瓦茨的研究总结出，中央银行事关总体经济福利，并不是单纯的技术活，这一点在 1914—1939 年更加明显。但这并没有使得中央银行家（或者他们最终的政治导师）选择最符合公共利益的政策变得简单些。此间中央银行的失败是否像弗里德曼和施瓦茨所言的无力胜任，还是困境与特殊知识背景的约束所致，这还有待商榷。但这还不是唯一要讨论的问题。至今，军事历史学家们还在讨论着有关第一次世界大战的同样的话题。

第六章　中央银行合作之谜

中央银行家们在一起发生了许多令人感动的事……有时他们面对面交流，更多时候是通过书信、电报或者电话进行交流，反复努力试图找到国际货币问题的解决方法。

——克拉克（S. V. O. Clarke, 1967：第 17 页）

（我们）四个人之间有很多的交谈，个人之间的理解和友谊越来越深。但是，迟早我们所处位置的根本性差异……对中央银行合作感到伤心与其说是借口，不如说是深切的现实！

——蒙塔古·诺曼，1927（Sayers, 1976，第三卷：第 98～99, 100 页）

蒙塔古·诺曼是 20 世纪 20 年代推动中央银行合作的主要倡议者,他评价认为一些同僚的反应相当冷淡而且肤浅。当今,中央银行间的合作是理所当然的:它们彼此互换信息、意见、建议和人员;它们相互提供银行设施;它们在例如审慎监管和汇率管理等领域协调政策;中央银行行长们在国际会议上定期会晤,并有自己的行业期刊(如《中央银行》)和学术期刊(如《中央银行国际期刊》)。然而一百年之前,中央银行间几乎没有什么联系。本章主要审视 1939 年之前的中央银行合作史,讨论合作(和不合作)的动机,并评价其得与失。由于篇幅有限,本章无法赘述所有事件,需要研究细节的读者可参考塞耶斯(Sayers,1976)、艾肯格林(Eichengreen,1992a)、克拉克(Clarke,1967)、迈耶(Mayer,1970)和托尼奥洛(Toniolo,2005)等的著作。

一位英格兰银行官员席普曼(H. A. Siepmann)在 1943 年写道:中央银行合作是"福音",它有自己的"信徒"[引自莫雷(Moure,2002:第150页)]。保尔·爱因齐格(Paul Einzig,1931)嘲讽地将欧洲中央银行家领袖描绘成各自国家财务参谋总部的成员,忙于欧洲控制权之争。实际上,他们到底是合作的信徒还是金融领域的战士要视情况而定。与私营企业中的关系一样,合作和合谋或者操纵的区别,都是旁观者的看法。每次当美国联邦储备系统的代表,尤其是本·斯特朗与欧洲中央银行的行长们交好时,有孤立主义思想的美国人就心存疑虑。西欧中央银行行长在 1939 年捷克黄金危机中的表现给许多旁观者留下了他们在与纳粹德国勾结的印象。

随着通信成本的下降和出行速度的提高,中央银行家之间的互动频率也增加了。两次世界大战之间的金融混乱为中央银行家们提供了更频繁会谈交流的动机。另一方面,他们面临的经济和政治问题如此严峻,使得达成共同立场,更不必说实现妥协结果的可能性大大降低了。两次世界大战之间的确出现了中央银行合作的松散框架,尤其是国际清算银行,它后来变得有点像中央银行家俱乐部,虽然在欧洲被分裂成疲弱的民主国家和好斗的极权国家之时这里未必显得那么舒适。也许比建立多边关系同样重要(如果不是更重要的话)的是打造中央银行之间的双边关系,如英格兰银行和美国联邦储备系统之间的合作关系。

为什么合作

按照物价—铸币流动机制（price specie flow mechanism）理论——金本位制下的传统货币调整理论——发钞行或中央银行之间根本不需要合作。当一国国际收支顺差（或逆差）时黄金流入（或流出），造成通货膨胀（或通货紧缩），竞争力下降（或上升），进而修正原先的失衡。然而，中央银行实际上用再贴现率和其他工具来调整国际收支失衡，1918 年之后还利用这些工具对国内经济的某些方面进行管理。此外，他们还时不时作为最后贷款人进行干预。假如中央银行可以做出政策选择，也并非完全被动，那他们至少还有就这些选择进行协调的可能。即使中央银行按游戏规则行事，在出现外贸逆差时提高再贴现率，在出现外贸顺差时削减再贴现率，那也还是一种隐性的合作形式。

当资本大量外流，黄金和外汇储备会迅速减少，必须采取急剧的通货紧缩措施，这样甚至可能威胁到黄金自由兑换。暂时脱离金本位并不是世界末日，但这却会被视为国家的耻辱，所以中央银行会竭尽全力避免这种情况发生。一国中央银行可以从其他国家中央银行或市场上借入或买进黄金及外汇。因为其他中央银行是按照商业条件提供援助的，就此而言，这种合作的程度还很有限。在寻求利益的同时，贷款人可能还考虑到要巩固金本位制度。中央银行有时会面对一种囚徒困境：如果几家中央银行都担心黄金外流，它们或许会陷入资金竞购战，从而推高利率，抑制经济活动。这就是大萧条初期阶段所发生的情况。合作，不论是正式还是默认的，都为打开这个僵局提供了一条出路，但合作并不总是现成的。中央银行也参与其他游戏。例如，1921 年英格兰银行和法兰西银行的员工还在一起踢足球（Cottrell，1997：第 67 页）。

1914—1939 年国际货币体系的问题愈发严重。第一次世界大战以后，这个体系如何回归到稳健的基础？货币如何稳定在现实的水平？如何战胜那些对体系重建后的稳定性造成的威胁？人们普遍认为要解决这些问题，必须加强中央银行合作。但是这种合作应该采取什么形式，成功的机会又有多大呢？

合作的框架

20 世纪 20 年代，中央银行应该系统地合作而不仅仅作为权宜之计的思想应运而生。英格兰银行是合作的主要提倡者。不幸的是，诺曼的合作热情经常被其他中央银行和政府猜忌，尤其是法兰西银行和法国政府。本节将概括在两次世界大战期间若干合作提议（不一定被执行），并讨论其中一些实际操作问题。

在筹备 1922 年热那亚会议期间，英格兰银行为中央银行间发展更密切关系制订了一系列指导原则。首先，中央银行应相互协商，避免做出会给彼此带来不便的举动。其次，一家中央银行应该只在其他国家的中央银行开设账户，这样做的部分原因是可以便利东道国中央银行了解它们之间的所有交易。再次，英格兰银行为其他中央银行持有英镑存款余额，以促进金汇兑本位的平稳运作。第四，中央银行应该尽可能地从政府中独立出来（Sayers，1976，第一卷：第 157~159 页）。席普曼认为独立性是有助于合作的，因为独立性强调了中央银行家和政府官员之间的区别。中央银行家是"有特定才能的专业和企业责任的群体，且……其利益超越民族特殊性"［引自莫雷（Moure，2002：第 151 页)]。席普曼似乎预见到了某种认知共同体的出现，但这在 20 世纪 20 年代和 30 年代还不被完全理解。

几乎没有中央银行家出席热那亚会议，这是政府间的事务。尽管如此，会议认可了金汇兑本位制和中央银行独立性，还通过了一项旨在"促进发行的中央银行持续合作"的决议。代表们推选英格兰银行举办一次国际中央银行家大会以讨论合作的框架（Hawtrey，1992b：第 290 页）。于是英格兰银行针对此次会议起草了另一套指导原则以供参考。这些原则包括：尽管合作应该具有连续性，但绝不能限制参与者的自由；合作应该包括交换如再贴现率、汇率稳定性和黄金流向之类的机密信息；一国中央银行应通过其他中央银行开展国外银行业务，且不得以此从合作伙伴那里牟利；不得限制一国中央银行从其在他国中央银行账户上提款的权力；各中央银行应尽力保证在其辖域内远期外汇市场的自由（Peteri，1992：第 240 页；Sayers，1976：第三卷：第 75 页）。结果，这次会议被无限期推迟，其中部分原因是其他中央银行不愿接受英国领导，或者不想作出新的承诺。

建立多边合作框架的第一次尝试失败后，他们想到了一个临时方案或许还有些价值。斯特朗和诺曼都意识到，在一场由很多代表出席的大会上想要达成共识是多么艰难。他们更愿意建立一个基于主要中央银行同意的非正式合作形式，这些中央银行包括纽约联邦储备银行（代表美国联邦储备系统）、英格兰银行、法兰西银行，或许还包括德意志帝国银行（Chandler，1958：第40~41页）。几年之后他们差不多做到了。

直到1930年多边合作方案才以国际清算银行（BIS）的形式获得了新的动力。按国际清算银行的章程，它的主要职能是促进中央银行合作。（国际清算银行的起源和最初的挫折在下文讨论。）在国际清算银行的《第五年年度报告》中，勾画了它对中央银行合作的看法：合作符合各方长远利益的最大化，所以应该是连续而不是间断的；中央银行应该努力发展一致的货币理念，回归各方均接受的国际标准（最理想的就是金本位）；各方应该尽力理解彼此的困难，避免互相伤害，建立互惠关系，收集并交换信息，在技术层面协作，帮助小国建立中央银行并鼓励他们制定稳健的政策。最后，中央银行应该共同合作改善国际货币体系（Toniolo，2005：第1~3页）。这些原则比诺曼在20世纪20年代初的设想要更进一步，并且花了很长时间才完全实现。但即使是今天，这些观点仍然是中肯的（Cooper，2008：第78~80页）。

国际清算银行《第五年年度报告》还指出成功的合作取决于定期的沟通和信息交换。国际清算银行会议每年在巴塞尔举办十次，欧洲各地中央银行家均出席（Toniolo，2005：第3~4页）。虽然美国联邦储备系统并不是国际清算银行的成员，它也派代表间接出席会议。中央银行家们也在其他会议会面。1928年在巴黎还举办了一次专门讨论经济和金融统计及信息的会议（Moure，2002：第172页）。中央银行家们还与各国政要和官员们一起参与主要国际会议，如1933年的世界经济会议（Clavin，1992）。但他们不是这类会议上的焦点人物。热那亚会议的标准版报告（Fink，1984：第232~242页）表明政治领袖们主要考虑的是政治和安全议题，而金融问题则交给了由财政部官员、商业银行家和中央银行家参加的"专家"委员会。热那亚会议上代表英格兰银行参会的是该行董事查尔斯·阿迪斯爵士（Sir Charles Addis）（Sayers，1976，第一卷：第

157 页），他的地位要低于财政大臣罗伯特·霍恩爵士（Sir Robert Horne）。

中央银行家也互相拜访，并通过"书信、电报和电话"进行交流（Clarke，1967：第 17 页）。沙赫特任德意志帝国银行行长伊始即赴伦敦拜访诺曼，寻求他的支持。诺曼不辞劳苦赶往利物浦街车站亲自迎接沙赫特。他们相处得很愉快，诺曼还成为了沙赫特一个孙子的教父（Schacht，1955：第 194，203 页）。1927 年，诺曼、沙赫特和法兰西银行的查尔斯·瑞斯特（Charles Rist）乘班轮跨越大西洋去长岛与斯特朗举行峰会。诺曼和沙赫特一起乘坐"毛里塔尼亚号"（Sayers，1976：第一卷：第 337 页），自以为他们的航行是"匿名微行"。然而，《纽约时报》却大肆报道"他们想避免吸引注意力的努力却正好适得其反！"（Chandler，1958：第 375 页），有关他们此行的会谈内容引来媒体的狂热猜测。斯特朗在 20 世纪 20 年代曾经多次访问欧洲。会晤的间隔期诺曼与斯特朗也保持了经常性的联络，但这也无法避免他们在两国利益不一致时发生分歧。斯特朗称诺曼是"亲爱的老怪鸭"，也不知道是何意 [引自吉姆斯（James，2002：第 205 页）]。诺曼一直努力与其他国家中央银行行长保持联系（或者说是纠缠）。他定期向各国中央银行及大英帝国的准中央银行寄送"帝国书信"（Hennessy，1992：第 296 页）。

乘飞机跨越大西洋旅行的年代还未到来。但是 1930 年 7 月，无畏而绝望的德意志帝国银行总裁汉斯·路德（Hans Luther）就不顾一切地飞往伦敦与诺曼讨论德国面临的金融困境（Toniolo，2005：第 104 页）。面对面的会谈对于建立国际经贸中的信任和长期伙伴关系至关重要（Miller，2003）。我们没有理由相信它在中央银行世界的价值会变小。1921 年，斯特朗给诺曼写信说："我们成功完成的每一件事都如此依靠……私人关系"，并提醒诺曼如果他退休，其继任者将很难复制这种关系 [引自莫雷（Moure，2002：第 149 页）]。1925 年，诺曼提议建立一个中央银行家俱乐部，但直到 1930 年国际清算银行成立才有些进展（Toniolo，2005：第 30 页）。两次世界大战期间建立的合作框架并不会特别可靠，但这已经是当时能做到的最好的了。

合作的障碍

国际清算银行《第五年年度报告》对中央银行的合作前景并不完全充满乐

观，它指出合作还存在许多障碍。中央银行都很神秘、傲慢，通常还有民族主义情结。它们还非常重视自己的"独立性"，不管这独立性是真实的还是臆想的。这些特质并不利于合作精神。纵使中央银行家希望合作，国际清算银行也担心会受到20世纪30年代敌对的国际关系所阻碍（Toniolo，2005：第4页）。

经济理论表明，在一些情况下虽然合作能带来净效益，但这种合作很难启动并维持下去，除非能对局外人和背叛者实施惩罚。当外部效益巨大或急需果断行动以应对危机时，合作可能是有利的（Toniolo，2005：第10~13页）。一个顺畅运行的国际货币体系就是一种公共物品（Kindleberger，1986），它能给消费者带来巨大的非竞争性利益。而且，由于不存在一个霸权来强迫各国分担成本，这些利益还具有非排他性。一个有效的国际货币体系能遏制风险和不确定性，降低交易成本，使调整收支失衡的过程变得顺利，还能为可能发生的冲击提供某些缓冲作用。因为一个有用的国际货币体系（或标准）是公共物品，每个国家都有动机消费这些好处，而无须承担维护成本。这些成本包括外汇干预带来的损失，以及为达到国际标准要求调整经济政策所导致的产出下降。所以，这样的国际货币体系基本可以被忽略，除非各国政府和中央银行愿意分担成本，进行合作。

1945年以后，美国是毫无争议的霸权国，强势的国际金融机构包括国际货币基金组织和世界银行，而美国对这些机构都拥有相当的影响力。原则上，美国可通过提供更多的官方资本流动来奖励合作，通过阻碍资本流动来惩罚不合作。1914年以前，除了在大英帝国内部，英国并没有发挥霸权影响力的意识。我们在第三章中阐述过，1914年之前的国际金本位只是核心国家追求本国货币和金融稳定的体现。1918—1939年比1914年前或1945年后发生了多得多的金融危机，却没有一个霸权主义或者领袖——尽管诺曼很希望充当这个角色。当时虽然存在一定的国际金融援助帮助各国平稳货币或者捍卫货币平价，但却缺乏对不当行为的惩治；而按当时的标准来看，几乎所有大国都出现了不当行为：英国在1931年放弃了金本位；德国采取了外汇管制；美国在1933年暂停了金本位；法国囤积黄金不让它回流。当然，他们都认为自己有充足的理由采取这些政策。实质上，维持金本位国际货币体系的成本已经过高了。能否通过一个更实质性的合作计划限制黄金争夺，从而使这些成本降低到一个可以接受的水平，这是有争议的。

虽然私人关系很有价值，但却不能替代政策协议，而这些协议是很稀缺的。1918 年后，各国在战争债务、赔款、贸易、声望和权力上的竞争使得中央银行之间的合作遭到重重阻碍。这些竞争没一项是纯经济性的。两次世界大战之间的中央银行家希望合作，但都只愿按照自己的条件合作。就像克拉克（Clarke，1967：第 29 页）指出的那样，他们都是"最最民族主义的中央银行家"。从某种层面上说，两次世界大战期间的中央银行家都是金本位的奴隶；但从另一个层面上说，他们都能迅速识别国家利益——他们所理解的国家利益与政客所理解的国家利益有所不同——与世界利益的区别，结果导致脆弱的合作关系被误解和争执所中伤（Clarke，1967：第 32 页）。

像诺曼与沙赫特或诺曼与斯特朗那样亲密的关系很少有，即使这些关系也是视情况而定的。中央银行家相互之间都很刻薄。在对长岛峰会的回忆录中，诺曼写道："本杰明·斯特朗称沙赫特是一个独裁者或霸王：也没有同情心，缺少对他人的理解"[引自塞耶斯（Sayers，1976，第三卷：第 96 页)]。当斯特朗的纽约联邦储备银行行长之位被乔治·哈里森接替时，他与英格兰银行之间的关系已经变冷淡了，这在艾肯格林（Eichengreen，1992a：第 209，220 页）看来是个重要的因素。几乎不可避免的是，法国和英国之间彼此猜忌。1926—1930 年担任法兰西银行行长的埃米尔·莫罗（Emile Moreau）将诺曼描绘为"一个企图通过使英镑成为国际汇兑工具而……让自己国家主宰全世界的帝国主义者"[引自迈耶（Mayer，1970：第 31 页)]。由于诺曼认为应该帮助德国尽快从战争中复苏，而不要背负过多的战争赔款，因此法国人认为他是危险的亲德分子（Sayers，1976，第一卷：第 185～188 页）。英国人对莫罗的看法也是有偏见的。席普曼认为他"缺乏想象力和一般理解力，是个追逐狭隘贪婪目的的大斗士"（Moure，2002：第 156 页）。爱因齐格强调了国际货币关系的退化，他强烈反对法国大量囤积黄金的政策，断言这会在欧洲其他国家引起混乱。

实际上，两次世界战争之间中央银行家们的动机是五花八门的：他们想重建金本位制，恢复国内外的稳定；他们虽不是政客的奴才，但仍然想为国家服务；最后但并非最不重要的是，他们渴望拓展自己的职业生涯和声誉。这使得情况更加复杂了。

1920 年前的合作

　　人们对 1914 年之前中央银行的合作程度是有争议的。艾肯格林（Eichen-green，1995：第 104 页）认为，中央银行之间的"合作是情景式的，但会在系统的货币锚受到冲击时发生"。在变动贴现率的政策中，其他中央银行在英格兰银行的带领下也有一些非正式合作，英格兰银行就好像是乐队指挥，但这种合作的协调程度还有待商榷（Eichengreen，1996：第 33 页）。中央银行有时会通过相互间再贴现票据或借贷黄金来合作。在 1890 年的巴林银行危机期，英格兰银行就从法兰西银行和俄罗斯银行那里获得了黄金。1895 年，当美国金本位受到威胁时，欧洲的中央银行进行干预并支撑了美元。1898 年，德意志帝国银行和德国银行系统从英格兰银行和法兰西银行处得到了援助。1906—1907 年，英格兰银行再一次向法兰西银行求助，德意志帝国银行也从奥地利银行那里获得了帮助。1909—1910 年，法兰西银行又一次向英格兰银行提供了帮助。艾肯格林认为，这些中央银行之间的合作是以维持金本位的共同决心为基础的。第二次世界大战爆发之前的十年间，中央银行之间的合作不断加强。

　　然而弗朗德罗（Flandreau，1997）却认为，1914 年前的中央银行合作只是一个幻影："所谓的合作只不过是中央银行追求自身利益的结果"，并不存在一个中央银行家国际共同体，他们对待彼此的态度也是"摇摆于憎恶、轻慢和冷漠之中"（Flandreau，1997：第 737 页）。法兰西银行在向英格兰银行放款和对英国票据进行再贴现的过程中牟利。法国人也知道，帮助英国避免一场银行业或汇率危机实际上也就避免了法国的银行系统和黄金储备被传染的危险。此时的合作都只是单边的。

　　普里西拉·罗伯茨（Priscilla Roberts，1998：第 587 页）将"在纽约联邦储备银行、英格兰银行、摩根财团（为法国和英国政府服务的美国银行）之间，较小程度上还包括法兰西银行……之间的跨国联系"加强，归功于第一次世界大战。斯特朗与他在美国联邦储备系统的其他同事不同，他是个国际主义者。他在战时合作的发展中扮演了一个很重要的角色，这并不仅仅因为他亲同盟国，还因为他希望给纽约吸引生意。在斯特朗的鼓动下，美国联邦储备系统放松了一些监管政策以便于同盟国政府进军纽约资本市场，尽管此举遭到了包括保罗·沃伯格（Paul Warburg）在内的亲德派的反对。在欧洲内部，英格兰银行和法兰西银行之间的关系虽然麻烦多多，但仍然在不断发展中。在第一次世界大战中轮到英格兰银行对法兰西银行施以援手了。1916 年英格兰银行和法兰西银行行长办公室之间装置了一条电报线路，虽然那时坎列夫通常无暇顾及法国（Moure，1992：第 262 页，2002：第 148 页）。法兰西银行金库中的黄金还被运送到英格兰银行作为对英国贷款的担保。斯特朗在战时曾赴欧洲，分别在伦敦和巴黎举行会谈。会谈的结果是，纽约联邦储备银行和英格兰银行之间成功建立起了代理行关系（Chandler，L. V.，1958：第 93~98 页）。它们开设了相互往来账户，为彼此提供优惠的银行业服务，并同意互换信息。1918 年，纽约联邦储备银行在法兰西银行开设了账户，但它们之间的合作也就到此为止（Moure，1992：第 262 页）。1917 年，纽约联邦储备银行和意大利银行也订立了协议（Toniolo，2005：第 17 页）。斯特朗的战时经验更激发了他与欧洲各中央银行合作的兴趣（Roberts，2000：第 68 页），但这并不代表他会忽视美国的利益。

20 世纪 20 年代的合作

如果人们对 1914 年前中央银行合作的程度不能达成共识的话，那么对于 1918 年后中央银行的合作是增多还是减少了存在更多分歧，就不足为怪了。艾肯格林（Eichengreen，1992a）认为在两次世界大战之间的合作出现决定性的减少，他相信这给世界经济带来了灾难性的后果。但是，克拉克（Clarke，1967）认为 20 世纪 20 年代中期是中央银行合作的一个短暂的黄金时期。博里奥和托尼奥洛（Borio 和 Toniolo，2008）认为中央银行合作在 20 年代增加了，但在 30 年代又回落了。他们找出了影响合作力度的三个因素：总体国际关系的状况；中央银行的声誉和独立性——较高的声誉和较强的独立性使中央银行有更多的合作自由；国际形势的"技术难度"——中央银行面临的问题越复杂，合作的需求就越强烈。20 世纪 20 年代的国际关系并不太利于合作，但是中央银行独立性和国际形势的技术难度正在增强，并大于这一不利因素。20 世纪 30 年代国际关系更糟糕了，中央银行的声誉和独立性也大大降低。但是这两个因素是否大于博里奥和托尼奥洛总结的第三个因素，仍不太清楚。或者可以说，1914年前少许的合作就足以维持国际货币体系，但是1918年之后面临的问题就严重到非得加强合作不可了。

战后的国际货币问题是在一个极度紧张的政治气氛中讨论的（Singleton，2007）。《凡尔赛条约》将战争责任判定给了德国。以法国为首的欧洲同盟国决心从德国压榨出尽可能多的黄金赔款。同时美国坚持要欧洲偿还至少部分的战争贷款。美国政府谢绝加入国际联盟，似乎决定对欧洲撒手不管了。奥匈帝国和俄罗斯帝国的崩塌导致中东欧陷入一片混乱。苏联在国际体系中的地位还是悬而未决。英国和法国在争夺欧洲大陆的主导权，在对德国的前景问题上也相互抵触：法国的政策主张是德国越弱越好；英国则认识到一个繁荣的、民主的德国的价值。

没有了斯特朗的领导，美国联邦储备系统也不再费心去与欧洲的中央银行合作了。然而斯特朗明白，美国的经济不是自给自足的，它会从欧洲经济复苏中受益（Chandler, L. V., 1958）。与所有同时代人一样，他坚信恢复黄金可自由兑换是经济复苏过程中不可或缺的一部分。他承认有必要将世界黄金储备的一部分从美国再分配到欧洲去，但他也清楚地知道美国民众（以及他在美国联邦储备系统的很多同僚）是不会接受一个为了外国人而明显牺牲美国国家利益（包括低通货膨胀和高黄金储备）的政策的。斯特朗担心诺曼和其他欧洲人把他当做软柿子。比如，1922年诺曼提议举行中央银行家国际会议，斯特朗最初表示支持，后来又退缩了。斯特朗意识到美国联邦储备系统在票数上将不敌欧洲的中央银行，他还会在这样一个大会上收到令人尴尬的求助请求（Clarke，1967：第36~40页）。

在第四章中我们曾提及，包括纽约联邦储备银行在内的主要中央银行为较小的（和新兴的）欧洲国家推行稳定计划，并帮助它们建立中央银行。即使是一些较小的信用或贷款都被金融市场看做是对受益人信心的标志。即便如此，关于这些计划领导权的竞争还是存在的，尤其是英国和法国之间，从罗马尼亚的例子不难看出这点（Mayer，1970）。金德尔伯格（Kindleberger，1987：第301页）对英法关系的评价是很尖刻的："如果法国不是冒着打破整个系统稳定性的风险，威胁要从伦敦提走余款，英格兰银行和法兰西银行之间关于谁应该

在东欧重拾中央银行独立性、维持货币稳定方面拥有领导权的竞争还是令人同情的。"新兴国家英、整前太不出，还国际上有客商

1924 年德国的稳定也是同样的富有争议。在 20 年代初曾对德意志帝国银行发放了几笔小额贷款的诺曼，下定决心要在稳定马克的任何行动中扮演关键角色。他希望让马克与英镑固定（当时英镑还是浮动的），但是专门为德国赔款和融资成立的国际组织——道斯委员会（Dawes Commission）却决定马克应该与黄金固定。英格兰银行的一位董事罗伯特·金德斯利（Robert Kindersley）是道斯委员会的一员，但是诺曼的观点却没能占上风。虽然诺曼很失望，但大体上他是欢迎道斯计划的，包括其捍卫德意志帝国银行自主权的提议。诺曼同意承销为德国筹资而设立的道斯借款中在敦伦的那部分债券。英格兰银行参与道斯这种商业贷款，确保了它的成功（Clarke，1967：第 45 ~ 70 页；Sayers，1976，第一卷：第 175 ~ 183 页）。诺曼对德国稳定的兴趣被描述为"中央银行与国际政治间任何严格的界限都是不现实性的一个重要例子。"（Sayers，1976，第一卷：第 182 页）

20 世纪 20 年代中期，为帮助英国重返金本位，美国联邦储备系统实行了宽松的货币政策，为英格兰银行提供了 2 亿美元的备用贷款，并利用自身影响力为英国安排政府间贷款（Eichengreen，1992a：第 190 ~ 192 页；Meltzer，2005：第 171 页）。或许，20 年代核心中央银行合作最"声名远扬或臭名昭著"（Cooper，2008：第 77 ~ 78 页）的例子就是 1927 年的长岛峰会（Long Island Summit）。尽管内部有反对的声音——主要来自芝加哥联邦储备银行——美国人还是同意削减再贴现率来缓解英国的国际收支压力，这降低了英国进一步紧缩的必要。法国和德国的中央银行也同时承诺当下不会采取削弱英镑的举动（Meltzer，2003：第 175 ~ 178，220 ~ 224 页）。在这次峰会之前，英国人相信法兰西银行正在系统性地、蓄意地逼迫他们吐出黄金（Eichengreen，1992a：第 210 ~212 页）。毫无疑问，英国和法国之间的竞争还是很激烈。艾肯格林（Eichengreen，1984）称，他们有时会放弃合作转而竞相通过推高利率来吸引黄金流入。长岛会议的措施虽然在短期内帮助了英国，但并没有纠正汇率的基本错位，这部分反映为英镑被高估而法郎被低估。

克拉克（Clarke，1967：第 41 ~42 页）注意到，1927 年当美国联邦储备系统准备帮助英格兰银行之时正值美国经济疲软，所以调低再贴现率有其国内的

正当理由；但是当 1928—1929 年美国经济经历投机泡沫破灭的阵痛时，它就不再愿意帮助英国了。换言之，中央银行只在合作对自己有利时才会合作，如果代价太高则不会。他总结道，直到 1928 年中期中央银行合作都算是成功的。但此后，美国和德国经济衰退开始，国际中央银行社会日渐问题缠身，中央银行合作大都是失败的。

国际清算银行成立

国际清算银行是德国战争赔款争议的副产品。1929 年 2 月，美国银行家欧文·杨（Owen Young）主持的另一个国际委员会开始调查赔款问题（Kindleberger，1987：第 65 ~ 68 页）。杨的提议包括在国际市场上为德国筹集商业贷款，削减每年的赔偿金额，并建立一家国际银行专门负责接收贷款和偿还德国的债权人（Simmons，1993）。

德意志帝国银行的亚尔马·沙赫特和比利时银行家埃米尔·弗兰魁（Emile Francqui）都为此国际银行拟订了草案。国际清算银行的设计就来源于这些竞争方案的一个折中。国际清算银行由各中央银行所有，而它们在国际清算银行开立账户。在管理赔款过程的同时，国际清算银行也会促进中央银行间的合作和交易。这些注定会成为核心业务的附加职能之细节在当时还是模糊的，但后来在实践中逐渐清晰。沙赫特设想出了向欠发达国家提供发展贷款的世界银行的萌芽，但这个想法当时被大多数中央银行家认为野心太大而被驳回（Toniolo，2005：第 24 ~ 60 页）。

诺曼对国际清算银行计划感到很高兴，因为这能实现他成立中央银行家俱乐部的梦想。莫罗也赞成国际清算银行计划，因为其中的限制条款规定中央银行的行动自由不得被干涉（Toniolo，2005：第 38 页）。瑞士的巴塞尔被选做国际清算银行安全和中立的总部所在地。国际清算银行秘书处是国际性的，一些官员是从各中央银行借调过来的，但许多低级别官员则由瑞士人担任。英国军团的队伍是最大的，其次是法国。人们希望国际清算银行的这些职员能够搁置对本国的忠心，有些时候他们的确做到了，但是欧洲各军团之间的竞争还是不可抑制的。起初，对高层管理职位还有一些争执。前法兰西银行经济研究部部长皮埃尔·魁奈（Pierre Quesnay）担任了总经理的职位。在瑞典人皮尔·雅各布森（Per Jacobsson）的带领下成立了一个小型的经济研究部。包括诺曼和莫罗在内的高层中央银行家则被提名为董事会成员（Tonilolo，2005：第 61 ~ 66 页）。

国际清算银行的 22 家创始会员银行只有两家不是欧洲的中央银行。这两个例外很有意思：日本银行由日本商业银行联合体代表，纽约联邦储备银行代表美国银行联合体。美国政府忠实于它的孤立主义原则，坚持认为美国对德国赔款没有直接利益，拒绝卷入欧洲内部扭曲的金融事务中去。让纽约联邦储备银行懊恼的是，美国政府禁止美国联邦储备系统直接涉足国际清算银行事务。但是，国际清算银行说服了摩根大通公司，纽约第一国民银行和芝加哥第一国民银行认购其资本。盖茨·麦加拉（Gates W. McGarrah）辞去了纽约联邦储备银行主席的职位，就任国际清算银行的总裁兼主席（Toniolo，2005：第 44 ~ 48 页）。所以，纽约联邦储备银行的参与实际上是通过代理进行的。日本的法律禁止日本银行在国际清算银行直接持股，所以它委托 14 家日本的银行代其购买股份（Toniolo，2005：第 68 页）。

1931 年 6 月，由于战争赔款支付暂停，国际清算银行失去了使其得以成立的职能。为了生存，它不得不关注其他一些不那么明确但仍然重要的职能。

20 世纪 30 年代的合作

20 世纪 30 年代，中央银行并没有放弃合作的潜在意愿，前二十年间发展起来的关系也没被抛弃。与此同时，原先的竞争对手，比如英格兰银行和法兰西银行之间的竞争还在继续。艾肯格林（Eichengreen，1992a：第 10 ~ 11，393 页）认为，20 世纪 30 年代初只有中央银行（和政府）间的合作程度有一个大的提升才能拯救金本位。当失业率飙升，物价和产出下跌时，货币当局捍卫金本位的承诺也就失去了公信力。在这种情形下，需要的是国际间的协调行动。各国中央银行和政府本应达成放松货币政策的一揽子国际性措施；他们应该加强协调以降低利率，增加货币供给，而不是争夺黄金。他们未能这样做反映出他们对危机原因的认识不一致。英国将大萧条看做一场不幸的外部冲击；法国则将其归因于 20 年代英国和美国宽松的货币政策；美国人则没有达成共识。如果对事件缺乏一致意见，则很难想象合作解决方案（Eichengreen，1995）。但是就算按艾肯格林的路线合作，也不一定能阻止大萧条的加剧。如果金本位本身存在致命缺陷，为拯救这一制度而合作是毫无意义的（Temin，1989）。

1931 年国际金融危机期间，国际清算银行和各国中央银行都没闲着。贷款通过国际清算银行分别发放给了奥地利国民银行（1 亿先令）、匈牙利国民银行（三次共计 2600 万美元）、德意志帝国银行（1 亿美元）、但泽银行（15 万英镑）和南斯拉夫国家银行（300 万美元）。国际清算银行与一家或多家中央银行一起提供了这些贷款（Tonilolo，2005：第 108 ~ 109 页）。

但是当时所提供的这些援助还远远不够。1931 年 6 月 26 日，德国宣布 7 月 5 日信贷资金将耗尽，而 7 月 16 日就有到期要支付的款项。当时有 9 笔贷款需要展期，每笔展期三个月，但德意志帝国银行并不是理所当然地会获得展期。债权人急于限制他们承诺的贷款金额，而需要帮助的人又倾向于低估他们的实际需要。6 月 22 日，德意志帝国银行行长卢瑟（Lurther）与诺曼联系，想借 1 亿美元，期限三周。诺曼坚持纽约联邦储备银行的介入，后来又坚持要求法兰西银行也介入进来。最后还是纽约联邦储备银行的乔治·哈里森（George Harrison）与麦加拉（McGarrah）协力，但提出对德国的贷款应该在国际清算银行的主持下进行。对危机援助不足的另一个原因则是政治局势。因为国际清算银行借款的还款日马上就要到了，卢瑟分别于 7 月 9 日和 10 日赴伦敦和巴黎举行紧急会谈。这次卢瑟想要的是 10 亿美元。诺曼认为局势如此严峻，必须要政府间合作才能挽救局面。在巴黎，卢瑟会见了法国财务部部长弗朗丹（P. E. Flandin）和中央银行行长克莱门特·莫内（Clement Moret）。法国表示愿意对现有借款延期，但反对增加贷款——除非德国停止与奥地利的关税同盟，放弃建造新战舰的计划，放弃对波兰的领土要求并停止赔款上更多的让步。而美国则要求德国进一步紧缩货币政策。结果，进一步会谈也无法打破僵局（Tonilolo，2005：第 101 ~ 106 页；Eichengreen，1992a：第 275 ~ 278 页）。7 月 13 日，德国银行业危机开始显现。在所有其他的路都堵死之后，德国开始对国际贸易施加限制。这是恢复金本位过程中的第一次大的失控。可以说，在此情形下国际清算银行已经尽力了。它只能依赖国际主要力量的善意，既缺少权力也缺乏资源来独立制定救助路线。

在 1931 年危机中，法兰西银行对英格兰银行的支持超过对德意志帝国银行的支持。7 月 25 日，莫内向英格兰银行保证如果美国也提供相似援助的话，英国会得到所需要的所有帮助。法兰西银行和纽约联邦储备银行都同意各自提供 2500 万英镑的贷款。英国授予莫内骑士身份以表彰他在这场并不成功的英镑保卫战中的努力。1931 年 9 月，英国脱离金本位，并且英镑贬值，这让法兰西银行和其他中央银行感到极其愤慨，因为就在此之前英国还向他们确认过英镑存款的安全性。英镑存款的黄金价值减少了，但英格兰银行拒绝向国际清算银行之外的任何英镑资产持有者赔偿（法兰西银行最终从法国政府获得了补偿）。1931 年 9 月，由于英镑资产的损失，荷兰中央银行行长被迫辞职。英国的做法遭到了怨恨，那些存在已久的对金汇兑制度的担忧变成了现实，然而中央银行合作的原因却未被永久推迟（Moure，1992：第 274 ~ 276 页；Eichengreen，1992a：第 280 ~ 285 页；Sayers，1976，第二卷：第 414 ~ 415 页，第三卷：第 258 ~ 261 页）。

1933 年 6 月，两次世界大战期间的最后一次重大经济外交——世界经济会议——在伦敦举行（Eichengreen，1992a：第 317 ~ 337 页）。虽然这次会议基本上是一件政府间事务，但会议准备过程中有中央银行和国际清算银行的广泛参与。许多中央银行家作为本国的代表出席了会议。他们的"技巧比制定有效货币政策的专业知识更被需要"（Clavin，1992：第 309 页），他们也没有提出什么新想法。他们大都还在迷恋着黄金，渴望汇率与黄金挂钩，保持固定，而这一点是不值得赞扬的。会议本身是一败涂地。1933 年 4 月，罗斯福将美元与黄金脱钩，这表明他并不把即将来临的集会或寻求国际危机的合作解决办法看得多么重要。美国总统对会议发出的信号十分不屑一顾，他抨击"对所谓国际银行家的老式崇拜"，还指出各国在试图重建国际货币体系之前应该先管理好自己的国内经济（Meltzer，2003：第 443 ~ 450 页）。代表们对美国的浮动汇率和罗斯福明显蔑视他们的努力而感到震惊。然而实际上罗斯福的分析是正确的。并且没有他的干预，很难相信这次会议会产生一个可行的计划。

1933 年后，中央银行继续进行双边合作，同时通过国际清算银行开展有限的合作。中央银行的黄金库存急剧下降。政客们并不关心中央银行家在巴塞尔谈论了些什么。如果不是固执地坚持要复兴金本位的话，国际清算银行的地位会很稳固（Toniolo，2005：第 136 页）。虽然 30 年代的国际清算银行有了一些俱乐部的特点，但它仍然不能将自己从不同国家和意识形态上的竞争对手中分离出来，这些国家和竞争对手在第二次世界大战中分属于不同的阵营。从意识形态上，国际清算银行的成员分属两派——民主派和集权派——均发现保持联系是值得的，这似乎表明一个虽非完美但还不错的中央银行共同体正在形成之中（Toniolo，2005：第159～200页）。

1936年，当一个关于抵消美元、英镑和法郎价值短期波动的三方协议获得有限通过时，参与方分别是美国、英国和法国的政府，而不是纽约联邦储备银行、英格兰银行和法兰西银行（Moure，2002：第242～243页）。这个所谓的三方协议表明中央银行在有长期重要性的政策领域的地位的丧失。政府间合作的重要性开始超过中央银行间的合作。

国际清算银行史学家托尼奥洛对此机构的缺陷直言不讳。1939年3月，国际清算银行的地位达到了历史低点。当时德国入侵捷克斯洛伐克，国际清算银行同意向德意志帝国银行转移一部分捷克存在国际清算银行但由英格兰银行持有的黄金储备。一名德意志帝国银行"特派员"陪同入侵者抓住并威胁捷克国家银行的董事，命令他们给国际清算银行指令向德意志帝国银行账户支付黄金。但是这家捷克中央银行的董事们设法让国际清算银行明白自己是被胁迫的。国际清算银行管理层收到指令后踌躇不决，于是向英国和法国中央银行咨询。英格兰银行和法兰西银行完全可以否决这笔转账，但他们最终什么都没做。捷克黄金的所有权被转给了德意志帝国银行，德意志帝国银行又将其中一小部分卖给了英格兰银行，其余大部分交换了荷兰和比利时中央银行持有的黄金。于是黄金从比利时和荷兰运往德国。当这些消息传到媒体耳中后一片哗然（Toniolo，2005：第204—214页）。这件事让中央银行和国际清算银行都显得懦弱或阴险。布洛泽（Blaazer，2005）则将责任主要归咎于诺曼，因为他决心与德国保持良好的关系。在诺曼看来，与德意志帝国银行的合作（或安抚）要比阻止一个在德国占领下国家的中央银行的黄金被盗重要得多。

结论

1918年后，中央银行之间合作的理由比1914年前要多。国际货币体系一片混乱，远比之前更需要关注和维护。中央银行家们是明显想解决，或者至少是尝试去解决这个难题的。中央银行合作的主要倡议者是诺曼和斯特朗。诺曼合作的意愿是最坚定的；但若没有斯特朗的支持，美国人是没兴趣与欧洲人合作的。合作的确取得了一些成功，尤其表现在 20 世纪 20 年代的稳定货币和成立新的中央银行方面。但合作一直是视情况而定的，就是不能过度影响对其他目标的追求。合作也被猜忌和对抗所削弱，尤其是英法之间。

20 世纪 30 年代初期，中央银行家继续合作，尤其是通过国际清算银行。但由于当时国际货币体系面临的问题实在太大，他们的合作努力所起的作用是微乎其微的。但无论如何，那些修复金本位的尝试是根本不值得的。或许，世界经济需要的是更灵活的汇率和货币政策，而不是要协调通货再膨胀计划。但是，对于仍然坚持金本位理念的中央银行集体来说，没有现实的选择。中央银行合作的唯一表现机构——国际清算银行，成为了怀念金本位的中央银行家的清谈会。这算不上一个大成就。或许除马里纳·埃克尔斯（Marriner Eccles）之外的中央银行家，就是没有答案。到 20 世纪 30 年代中期，政府中真正的政策制定者绕开了中央银行家。20 世纪 30 年代对中央银行家来说是一个星光暗淡的年代。他们是一个已经名誉扫地的信仰的信徒。他们仍然需要做政府和银行之间的中介，但已不再主宰经济政策或者影响国际货币体系了。

第七章　第一次中央银行革命

　　美国联邦储备系统如此无足轻重，没人相信马里纳·埃克尔斯（Marriner Eccles）说的话，也没人关注他。

——富兰克林·D. 罗斯福总统，1940 年 12 月
引自梅尔泽（Meltzer，2003：第 556 页，第 286 个注）

　　毕竟重要的不是机构的理论架构，而是财政部和联邦储备银行之间的合作精神。这一合作关系是否成功归根结底取决于政府希望提供哪些服务，并提供相应的机会。

——印度储备银行行长钦塔曼·德希穆克（Chintaman Deshmukh），1948 年
引自贾达夫（Jadhav，2003：第 18 页）

1936 年开始，中央银行的世界里出现了一股国有化的浪潮，第二次世界大战期间及其后政府更多地主张对货币和银行政策进行干预。到 20 世纪中期，中央银行的自主权变小了。20 世纪 30 年代中期到 40 年代后期可以被视为第一次中央银行革命时期，上一章我们已经就它的开端进行了讨论。大萧条过后，新的制度安排得以实施，一些新的领导者被任命，其中最为著名的就是埃克尔斯。人们可能很容易将 20 世纪 30 年代和 40 年代看成是中央银行被政府征服和占领的时代，但实际上这种新的风潮正是一种合作。中央银行并不消极。1951 年，美国联邦储备系统重新确立了它在 40 年代曾经放弃的一些权力；20 世纪 50 年代，联邦德国的政治精英们对于中央银行缺乏共识，德意志国民银行（Bank deutscher Lander，BdL）和德意志联邦银行（Dundesbank）得以追求鲜明的独立路线。大多数中央银行家们都承认，他们如今是政府宏观经济政策制定领域的合作伙伴，通常是次要伙伴。换句话说，他们调整自己适应了新的环境。金本位时代的忠实拥趸们已经退休，接替他们的新一代中央银行家们对现代经济管理理念更为包容，也更乐意与政府共事。

幸运的是，这种新的体制是否就是真正的凯恩斯主义并不是我们在此要讨论的问题（Congdon，2007），尽管这的确是个比较方便的标签。战后的中央银行家们没有把自己看成政府的配角，这样描述他们也是不公平的。直到 20 世纪 60 年代后期，政策的效果还都是不错的。第一次中央银行革命并未导致 50 年代和 60 年代初通货膨胀的蔓延。这一时期的通货膨胀率和失业率都很低，也几乎没有出现大的银行业危机（Goodhart、Hofmann 和 Segoviano，2004：第 593 页）。

本章重点讨论 20 世纪中期中央银行和政府之间关系的变化，接下来的一章将考虑其职能、技术和内部组织的演进。在此，我们先讨论第二次世界大战时的中央银行。

第二次世界大战

在 1939—1945 年，中央银行的角色就是协助政府，支援战争，尤其是通过销售（及购买）政府证券和管理汇率等方式。马里纳·埃克尔斯评论说，在战争期间"美联储仅仅执行财政部的决议"[引自梅尔泽（Meltzer，2003：第382页）]。通过再贴现和直接购买，中央银行获得了大量的政府债券，并因此不得不开动印钞机。尽管采取了增加税收、价格管制以及信贷配给等措施，所有交战国都经历了通货膨胀。卡佩（Capie，2007：第166～168页）注意到，第二次世界大战期间及其后最糟糕的通货膨胀发生在希腊、匈牙利和中国。在希腊，德国侵略者对希腊政府提出了高额支付要求，最后不得不通过增加货币供给来满足。在匈牙利，其物价水平从1945年7月到1946年8月上涨了3^{1025}倍，这显然是因为苏联占领者急切地想要毁灭中产阶级，对中央银行的补救措施要求置之不理。在中国，由于中日战争和国内战争及革命交叉出现，情况更为复杂。1945年之后，通货膨胀持续飙升。"根据某（中国）大学教授协会（1948年）的观察，当时他们的收入比苦力劳动者或农村的掏粪工还要低。"（Spence，1981：第315页）

　　德意志帝国银行（1939年更名为 Deutsche Reichsbank）在战争期间的活动引发了广泛的关注和谴责（Marsh，1993：第122～141页；James，1999b：第41～49页）。1939年，纳粹德国经济部长瓦尔特·芬克（Walther Funk）接替沙赫特成为德意志帝国银行行长，其他纳粹党人也被提升或任命至其高级职位。其中一名叫鲁道夫·布林克曼（Rudolf Brinkmann）的恶棍，他的桌上总放着一把上膛的左轮手枪。芬克太过忙碌，无暇管理中央银行，这一任务便被指派给埃米尔·普尔（Emil Puhl）。普尔于1913年进入该行成为一名职员，此后一步一步晋升。他也是一名纳粹党人。虽然他对纳粹思想的信奉程度尚不明确，但他的确是某些罪行的同谋。德意志帝国银行官员参与了诸如波兰等被占领土的货币管理，德意志帝国银行则成为赃物的接收者，纳粹把从被占领土夺取的黄金储备存放在德意志帝国银行。从1942年8月到1945年1月，德意志帝国银行共接收了76次财产交付，其中包括珠宝、外汇、金融证券，以及纳粹党卫军从集中营囚犯处罚没的黄金做的牙齿填充物。这些财产的一部分通过柏林市当铺进行售卖，收入记入一名党卫军军官的账户上。还有一部分赃物是德意志帝国银行从党卫军手中购买的。当德国需要向诸如罗马尼亚等同盟国或是西班牙和葡萄牙等中立国付款时，黄金就从德意志帝国银行转移到瑞士国家银行，德国和瑞士佯装这些交易仅仅涉及合法取得的黄金。在战争的最后阶段，存放在德意志帝国银行的黄金被取出，连同其他的战利品一起被藏起来。其中一些黄金被送往位于默克斯（Merkers）的盐矿，后来被美国人发现了（Bradsher，1999）。纳粹的部分财宝究竟藏哪儿了至今仍是个吸引人的谜。1945 年之后，芬克和普尔进入监狱服刑，但有很多德国银行家们恢复了职位，其中包括德意志帝国银行的高官。显然，由于重建德国经济需要他们的专业技能，并且他们被认为并不是狂热的纳粹分子，对这些官员在 1933—1945 年的行为也只好睁一只眼闭一只眼（Marsh，1993）。

战争给政府和中央银行官员带来前所未有的紧密联系，他们共同应对经济和货币管理问题。比如在澳大利亚，当时的联邦银行经济学家纳吉特·库姆斯（Nugget Coombs）被临时调派到财政部。澳大利亚联邦银行首席经济学家莱斯利·梅尔维尔（Leslie Melville）同时还担任着几个重要的顾问职务，他还带领澳大利亚代表团参加了 1944 年的布雷顿森林货币会议（Schedvin，1992：第105 页）。吉布林（Giblin，1951：第 261 ~ 263 页）评论说，相比于其他专业的官员，来自中央银行和政府部门的经济学家们更容易合作。因为，经济学家们说的是同一种语言。

中央银行：奴仆还是伙伴

在 1936 年之前，国有中央银行还较为少见，瑞典、芬兰、苏联、保加利亚、乌拉圭、冰岛、澳大利亚、中国和伊朗是其中主要的例外。而从 1936—1945 年，丹麦、加拿大、新西兰、玻利维亚以及危地马拉的中央银行被国有化，爱尔兰、波兰、泰国、埃塞俄比亚、哥斯达黎加、巴拉圭、尼加拉瓜和阿富汗成立了新的国有中央银行。第二次世界大战之后，新一轮的国有化消灭了英国、法国、民主德国和联邦德国、荷兰、挪威、捷克斯洛伐克、南斯拉夫、匈牙利、罗马尼亚、阿根廷、印度、印度尼西亚、埃及、西班牙、萨尔瓦多以及秘鲁等国中央银行的私人股份（De Kock, M. H., 1974：第304 ~ 305 页）。

中央银行是否国有不一定是政府控制程度的可靠指标，而短时间内的一阵国有化风潮的确象征着政府和中央银行关系的改变。在很多国家，即使所有权没有转移，新的立法也重新定义或阐明了中央银行和政府之间的关系。而先前的立法，尤其是对于那些比较古老的中央银行来说，对这一关系的定义往往是模糊的（Kriz，1948：第565～566页）。

1936年，工党政府透露出要把中央银行收归国有的计划，新西兰储备银行行长莱斯利·勒福（Leslie Lefeaux）感到很恐慌。而他在英格兰银行的前上司蒙塔古·诺曼（Montagu Norman）试图这样安抚他：

你知道我同意你的观点，任何趋向削减中央银行真正独立性的东西都是难以接受的。但请让我重申我的想法，而且我可以肯定你也会同意：如果使法案生效的相关人员乐意合作，并懂得谨慎管理的话，那些重大的立法改变所引起的恐慌就是毫无根据的 [引自辛格顿（Singleton，2009：第9页）]。

诺曼意识到，游戏的性质正在改变，反抗是徒劳的。如果中央银行能够做好准备与政府合作，它们仍有希望主导政策的制定。他的同事欧内斯特·哈维爵士（Sir Ernest Harvey）补充道：

无须我提醒你，有关信贷和货币的最终权力必须落入政府手中……但当中央银行和财政部都能理解这一点时，中央银行有着无与伦比的机会可以将自己的意见传递给财政部，并能够逐渐获得财政部的认可。即使中央银行收归国有，也不一定会丧失它提出独立意见的权力 [引自辛格顿（Singleton，2009：第8页）]。

勒福非常保守，很难被劝服。于是20世纪40年代和50年代，能够接受和政府合作必要性的行长接替了他。

沙迪文（Schedvin，1992：第63～64页）将澳大利亚《1945年联邦银行法》视做中央银行史上的里程碑。虽然这种说法可能言过其实，但正如《1989年新西兰储备银行法》奠定了20世纪90年代中央银行的基调一样，澳大利亚《1945年联邦银行法》对战后的中央银行来说也是如此。澳大利亚《1945年联邦银行法》勾勒出雄心勃勃的准凯恩斯主义目标：除了确保币值稳定之外，中央银行还需要推动充分就业，促进繁荣，提高人民福利。中央银行行长被要求与财政部部长密切合作，而最终决定权在政府手中。在其他国家，类似的立法强调的是政府有权决定中央银行的政策大方向。但这一权力也受到禁令的约束，以便双方寻求共识。并且在一些国家，比如在澳大利亚和荷兰，中央银行可以通过上诉机制对政府的指令提出抗议。澳大利亚1951年启用的争端解决机制，使中央银行行长能够向执行委员会上诉（Schedvin，1992：第149～155页），后者必须向议会解释其所作的决定。尽管这一程序还未曾被使用过，但它的潜在力量可以阻止任何一届澳大利亚政府过于逼迫中央银行。

在一定程度上，国有化和立法改革奠定了金本位瓦解后政府与中央银行之间的新型关系。纽约联邦储备银行职员米罗斯拉夫·克里兹（Miroslav Kriz）认为，这些改变并不一定使中央银行陷入臣服境地，和政府关系的质量才是关键。克里兹强调"伙伴关系"，而"独立"是个不切实际的愿望，"主从关系"是集权主义社会的特征。他总结说，中央银行和政府之间的关系十分"微妙"，反映着"特定国家的情况"（Kriz，1948：第580页）。

为什么在20世纪中期，如此多的政府都急于主张对中央银行即使是最宽泛的所有权呢？大萧条之后，大多数民主国家都出现"左"倾现象，这一思潮持续至20世纪40年代，并因战时计划经济的成功得以加强。中央银行象征着痴迷于黄金，不诚信和过时的政策体制。在不受监督的情况下，人们不再相信它们会为公众利益服务。许多经济学家和政治家担心战后的全球经济再次陷入萧条。他们认为至关重要的，是要将经济政策的各个方面都协调和动员起来，以避免出现萧条的结果。中央银行不能阻碍政府的政策。没人能提前知道1945年之后会不会发生严重的经济衰退。

在20世纪40年代和50年代，财政政策被视为宏观经济政策最坚固的支柱。凯恩斯的追随者和诠释者相信货币政策工具相对乏力，并对调整利率能否稳定宏观经济表示怀疑。中央银行在经济政策中发挥支持的作用，但不再占据中心地位。为了减少庞大公共债务的负担，刺激就业市场，鼓励重建和开发，并帮助包括出口商、农户和购房者在内的利益集团，政府希望维持低且稳定的利率。保持低利率就需要进行直接调控，并实施宽松的货币政策。由于低利率很可能鼓励消费，加剧通货膨胀压力，恶化国际收支，许多政府对银行信贷和外汇实施行政管制。到20世纪50年代，包括中央银行在内的宏观经济政策制定者追求的是由充分就业、低通货膨胀、稳定的国际收支以及经济高速增长组成的多重目标。

1960年，针对英国货币体系的拉德克利夫报告（Radcliffe Report）为货币政策只是陪衬这一观点提供了最详尽的解释（Capie，第3章，即将出版）。拉德克利夫委员会的委员甚至比凯恩斯走得还远，后者至少认为货币政策在大多数情况下而不是所有情况下是有效的。该委员会淡化了货币存量对经济的影响，强调一个更加难以明确的"流动性"的概念（Kaldor，1960）。该委员会提倡加强英格兰银行和财政部之间的合作。其设想的这种伙伴关系有极端顺从的倾向：中央银行的政策"必须自始至终与大臣们的公开声明和辩护相一致"（货币体系运作委员会，1959：第768段）。这个委员会的假设和结论遭到很多海外批评者尤其是美国人的反对（Sayers，1961；Gurley，1960）。尽管拉德克利夫报告的很大部分对于现代的读者来说令人费解，但它反映了20世纪50年代和60年代一脉有影响力的思想。

在20世纪50年代后期和60年代早期，主流（凯恩斯主义）经济学家和政客们信心高涨：宏观经济问题正被掌控。与20世纪30年代相比，这一时期的经济取得了惊人的成就。在美国，可以说肯尼迪时代乐观的气氛达到巅峰。新西兰经济学家比尔·菲利普斯（Bill Phillips）的研究成果证明了通货膨胀和失业率之间的权衡取舍是可以人为控制的。"菲利普斯曲线"似乎简化了宏观政策制定者们的工作——尽管菲利普斯本人未曾打算让自己的发现引导经济政策（Leeson，2000）。但是，战后传统凯恩斯主义并未说服所有人。1979年就任美联储主席的保罗·沃克尔（Paul Volcker）就是当时不太知名的怀疑论者之一，那时他正处于职业生涯的早期阶段（Volcker，2000）。随着20世纪60年代的消逝和宏观经济动荡加剧，不同的声音也不断增加。

战后的中央银行家们承认宏观经济政策应协调配合，也大体上认可了政府部门官员具有决定政策总体动向的权力。费城联邦储备银行的工作人员卡尔·波普（Karl Bopp）承认，在政策方面，有时政府是对的而中央银行是错的（Bopp，1944：第263~264页）。波普也能接受中央银行的多重目标思想："当我仔细考虑可供选择的目标时，我自己也想到了价格水平和就业的组合。"（Bopp，1954：第17页）他指出，中央银行家们不能忽视学术和政治环境。"中央银行很少推行与公众预期相差过大的政策，这不足为奇。基本的思维习惯通常变化缓慢，中央银行家们是人口的一部分，他们也会受到相同因素的影响。"（Bopp，1954：第12页）中央银行既不应独立，也不该从属于政府。"我相信，重心从强调权利、管辖权和独立转移到对社会福利的责任及义务的理解，有助于这两个机构建立合乎现状的关系。"（Bopp，1944：第277页）在20世纪中期，讨论政策制定机构共同为公共利益服务而不招来嘲笑是可能的。纳吉特·库姆斯对战后共识更为热心。在就任澳大利亚联邦银行行长之后，他致力于"建立'凯恩斯主义的'概念框架，作为同事之间、银行和政府（或财政部）之间、银行和商业银行客户之间沟通交流的语言" （Coombs，H. C.，1981：第 147～148 页）。虽然一些中央银行家倾向于凯恩斯主义，但他们并不像一些经济学家、政治家、财政部官员以及拉德克利夫委员会成员那样，认为货币政策不起作用。中央银行家们积极游说，呼吁有节制地使用直接管制措施，并采取更灵活的利率政策。

凯恩斯主要因其在理论和公开辩论中的贡献而著名，但他对中央银行的设计及其与政府之间的关系有自己的观点。早在第一次世界大战之前，他就曾在印度货币改革提案中提到这些问题。20 世纪 30 年代，凯恩斯大体上支持英国工党对英格兰银行的国有化政策，他认为国有化之后的英格兰银行应该和财政部地位相当。此外，他还认为应由"专家"而不是政府或财政部官员来管理中央银行。尽管货币政策目标应该由国家决定，但在政策实施方面，中央银行应有足够的自主权。凯恩斯因此希望货币政策目标与操作独立性之间有所区别。但是，不同于此后的一些思想家，他坚持认为中央银行和政府之间应该总是合作的关系（Bibow，2002）。

在不同国家，政府和中央银行的伙伴关系有着不同的性质。在一些国家比另一些国家更为平等；有时联系紧密，有时则较为疏远；分歧时有发生，其中一些还十分激烈。但从根本上说，在 20 世纪中期，政府和中央银行的关系的确是建立在合作的基础上的。

英格兰银行

很难说清 1946 年的国有化给英格兰银行在政策制定方面的角色带来多少改变（Collins 和 Baker，1999：第 17～19 页）。1944 年退任的蒙塔古·诺曼接受了这一观点：即货币和汇率政策的重大事项应由政府最终裁定。英格兰银行没有抵制 1946 年的社会化；实际上它还与政府合作起草了必要的法案（Fforde，1992：第 4～30 页）。如果中央银行保持（名义上的）私人所有，那么在 1945 年之后它也不太可能采取如此不同的政策。

诺曼对国有化的反应很令人费解。1946 年访问英格兰银行之后，他说他的老同事试图"假装这里同从前一样"［引自基纳斯顿（Kynaston，1995：第 30

页)], 但他显然心存些许疑问。如果不是别的什么, 就是英格兰银行失去了一定的地位。国有化对工党有重大的象征意义, 特别是因为这个"针线街的老妇人"对两次世界大战期间的萧条负有部分责任。接管英格兰银行还是更广泛的国有化计划的首要步骤, 这一计划将扩展至包括交通、采矿和公共事业在内的经济"制高点"(Singleton, 1995)。保守党只是较为温和地表示了反对。

研究战时英格兰银行的史学家理查德·塞耶斯(Sayers, 1958: 第69页)是拉德克利夫委员会的关键人物之一, 他认为国有化促进了英格兰银行的"专业化"。管控权掌握在"行长和一小群专业的中央银行家"手中, 后者包括一名副行长和四名执行董事。与之前相比, 兼职董事干预的余地更小。然而, 有近期的银行史学家认为, 总的来说英格兰银行仍然由执拗的无能老朽所掌控(Capie, 即将出版)。

《1946年英格兰银行法》在中央银行与财政部的关系细节上含糊不清(Cairncross, 1988: 第50页), 很难确定英国的货币政策是如何制定的。虽然财政部保有管理中央银行行长的权力, 但在实践中它并未被使用。中央银行行长、财政大臣以及财政部官员在会议上共同讨论货币政策, 他们并不总能达成共识。比如在20世纪40年代后期, 英格兰银行批评工党政府的"廉价货币", 或者说低利率政策(Howson, 1993), 但这一政策并没有被废止。随着1951年保守党政府上台, 利率政策恢复了一定的灵活性。然而无论英格兰银行的观点怎样, 它从没怀疑过利率政策最终是政府的事情(Fforde, 1992: 第398~409页)。卡佩(Capie, 即将出版)则认为, 在20世纪60年代以前, 利率是由英格兰银行而不是财政大臣决定的, 而且英格兰银行保有相当大的自主权, 但它不可能执行与政府有严重分歧的战略, 这很大程度上取决于行长的性格和说服力。英格兰银行或多或少了解自己的权力范围, 而政府则愿意听从英格兰银行对金融市场的了解。英格兰银行继续管理着银行系统。根据财政部的法律建议, 1946年法案没有赋予政府指导银行业的权力; 相反, 它需要通过英格兰银行这一中介才能与商业银行接洽。由于战后的货币政策依赖于道义劝告, 即劝说银行调整信贷数量和方向, 英格兰银行占据重要的战略地位。

英国中央银行和财政部之间的关系是复杂的。相比于国内经济政策, 二者在平衡国际收支政策上有更多的合作。政府的"西区"(财政部)和"东区"(中央银行)的顾问之间时常爆发激烈的争论。1955年, 即将就任财政大臣的哈罗德·麦克米伦（Harold Macmillan）对财政部和中央银行官员间联系之罕见表达了惊讶之情，此后双方人员开始举行定期会谈（Peden，2000：第 440 页），但关系依然紧张。

1955 年，英格兰银行实施的紧缩信贷政策失效，使得选举前承诺的减税措施不得不反向执行，政府对此感到不满，这也是其决定起草拉德克利夫报告的重要因素。如果不是英格兰银行误解了政府意图，就是如批评者所言，它有意不遵守政府的要求。有指控称（后来被判定指控失实），两个在伦敦金融城任职的英格兰银行兼职董事利用内部信息从利率变动中获益，这增加了对中央银行行为进行全面审查的压力（Cairncross，1988：第 55 ~ 57 页；Fforde，1992：第 700 ~ 703 页）。拉德克利夫委员会成员亚力克·凯恩克罗斯（Cairncross，1998：第 203 页）认为，此次审查是英格兰银行和政府间关系的"分水岭"，它消除了所有对财政大臣掌权的疑点。卡佩（Capie，即将出版）更加谨慎，认为拉德克利夫报告带来的改变微乎其微。

20 世纪 60 年代中期，英格兰银行行长克罗默勋爵（Lord Cromer）无视工党政府的反对，坚持提高利率，几乎引发一场危机。他威胁称，如果此举遭到否决便将诉诸公论。首相哈罗德·威尔逊（Harold Wilson）声明，如果克罗默真的这么做，那将意味着英格兰银行的终结。最后克罗默让步了，他没能连任，而是回到家族商业银行——巴林银行任职（Orbell，2004）。1968 年，他的继任者莱斯利·奥勃良（Leslie O'Brien）公开批评政府的经济政策，认为它已经失去了伦敦金融城的信任。尽管奥勃良最后保住了自己的饭碗，这一事件的爆发还是引起了另一场风波（Schenk，2004：第 336 ~ 337 页）。

英国中央银行因为继续推动伦敦金融城作为国际金融中心的发展，经常与财政部对立，极力要求其放松资本账户交易的管制。由于克罗默与商业银行的关系，他和伦敦金融城有着尤为密切的联系。英格兰银行鼓励并推动欧洲货币市场的发展，欧洲货币市场是美元和其他离岸货币借贷的市场，英格兰银行顶住了政府要对欧洲货币市场参与者进行监管的压力。因此，英格兰银行为伦敦金融城在 20 世纪 60 年代及之后的复兴作出了贡献（Burn，1999；Schenk，2004；Cassis，2006）。

由于英国人对机构之间关系的爱好并不在乎形式上的安排，因此很难评估英格兰银行的自主权被国有化约束的程度。正如两次世界大战期间一样，战后几十年里英格兰银行和政府间的关系虽然并不总是融洽的，但的确存在合作关系。适时地表现主动性并坚持一定程度的自主权主要取决于英格兰银行，它在处理与伦敦金融城的关系时就做得很好。

美国联邦储备系统

战后在美国联邦储备系统历史上，比较有开创性的一件事是 1951 年它与财政部签署的协议，迈耶（Mayer，2001：第 83 页）将其视做中央银行史上最重要的事件。无论他的说法是否夸张，这个协议无疑是一个"巨大成就"（Meltzer，2003：第 712 页）。

1942 年，美国联邦储备系统开始将国库券利率维持在 0.375% 以下，政府长期债券利率不超过 2.5%。当这些上限受到威胁时，美国联邦储备系统就会介入，增加公开市场购买。战后，这些上限得以维持。低利率不仅使政府易于实现低成本借贷，也保护了战争债券的持有者免受资本损失，人们还相信它可以确保国家免予新一轮衰退。另一重要举措是《1946 年就业法》，它要求政府和美国联邦储备系统尽可能减少失业——尽管并未明示。20 世纪 40 年代后期，以纽约联邦储备银行的艾伦·斯普罗为首的中央银行家们对长期低利率可能导致通货膨胀感到担心。虽然财政部在 1947 年就已经承认短期利率适当灵活的必要性，它仍极力反对任何可能使长期利率突破 2.5% 上限的行为。1950 年末，中国全然不把美国军队放在眼里，不顾事件有可能升级为另一场世界战争，加入了朝鲜战争，事情到了紧急关头。美国联邦储备系统预计这些事件将导致政府借款增加，而在当时的政策下，政府借款迟早会被货币化，它不得不呼吁取消利率上限并允许利率随行就市。

1951 年，政府行政部门的两次欺诈行为使得美国联邦储备系统和政府之间关系恶化。1 月 18 日，财政部长约翰·斯奈德（John Snyder）宣布，美联储主席托马斯·麦克凯（Thomas McCabe）再次重申中央银行承诺 2.5% 的利率上限，但事实上麦克凯并没有做出过这样的承诺。1 月 31 日，联邦公开市场委员会与总统哈里·杜鲁门（Harry Truman）会面。会后，政府错误地宣布联邦公开市场委员会同意遵从政府的利率政策。1948 年退任美联储主席后仍留任联邦储备委员会委员的埃克尔斯被这种不实陈述激怒了。他公布了联邦公开市场委员会 1 月 31 日的会议记录，直截了当地否定了政府对这次事件的说法。2 月 19 日，美国联邦储备系统告知财政部，如果没有新的政策安排，联邦公开市场委员会将主动采取行动，这意味着利率可能会升高。政府急于避免出现战时内部不和的局面，并估计自己缺乏对抗美国联邦储备系统所需的国会和公众的支持，于是态度变得缓和。总之，它们之间达成妥协，美国联邦储备系统重获利率政策的控制权（Hetzel 和 Leach，2001a；Meltzer，2003：第 699～712 页；Sproul，1980：第 49～88 页）。

1951 年 3 月，与《美国财政部—联邦储备系统协议》一同发布的公开声明措辞相当乏味："财政部和美国联邦储备系统已经就债务管理和货币政策问题达成了完全一致，双方将追求共同目标，确保成功地为政府需求融资，同时尽可能减少公共债务货币化"（Meltzer，2003：第 711 页）。在维护自己刚获得的自主权方面美国联邦储备系统将走多远尚有待观察，人们也从未想过美国联邦储备系统会直接与政府对抗。斯普罗（Sproul，1080：第 73 页）的立场基本上是认为，"在美国联邦储备系统和财政部职责重叠的领域，二者是相互平等的。"实际上，他认为沟通并寻找共同点是这些机构中"知情且负责任的人"的职责。

《美国财政部—联邦储备系统协议》签订之后，由于通货膨胀很快减弱，利率无须马上大幅提高。20 世纪 50 年代到 60 年代初期的大部分时间里，美国的经济环境较为宽松，政府和中央银行之间很少发生严重分歧。然而到了 20 世纪 60 年代中期，鉴于"伟大社会"计划和越南战争所需政府开支带来的通货膨胀压力，双方发生冲突的可能性在增加。1951 年 4 月，（小）威廉·麦克切斯尼·马丁（William McChesney Martin）接替麦克凯（McCabe）成为美联储主席，他曾任财政部部长助理，并协助过《美国财政部—联邦储备系统协议》的谈判（Bremner，2004）。批评者原以为马丁是政府的傀儡，但他却成为中央银行自主权的坚定守卫者。的确，在早期冲突中杜鲁门曾指责他是政府的"叛徒"（Bremner，2004：第 91 页）。马丁留任至 1970 年，他的俏皮话给人留下了深刻记忆。他说：中央银行的职责就是当欢宴开始热闹起来时把喝酒的杯子拿走。他让纽约联邦储备银行乖乖臣服，同时提高其他联邦储备银行的地位，并遵从"逆风向调节"为特征的货币政策，这意味着

"使短期利率水平向减少周期性波动，维持价格稳定的方向变化"（Hetzel 和 Leach，2001b：第 58 页）。

1965 年，马丁公然对抗林登·约翰逊（Lyndon Johnson）总统，提高再贴现率以应对不断增加的通货膨胀压力，此举激怒了政府部门。尽管和总统在"木棚小屋"进行了一次会谈，马丁也没有让步。但是，赛拉（Sylla，1998：第 33 页）认为此次事件可能使美国联邦储备系统受到了惊吓，此后变得不再情愿向政府挑战。大体上来说，相比于 20 世纪 50 年代，马丁在 60 年代更加通融，他经常听从肯尼迪和约翰逊政府，也包括联邦公开市场委员会内部关于扩张性政策的主张。他赞成寻求共识（Romer 和 Romer，2004：第 137 ~ 138 页）和与政府合作。当政府工作的优先重点发生改变时，这种方式更难与追求价格稳定相协调。马丁对他任期最后几年通货膨胀率的上升感到沮丧。

德意志联邦银行

德意志联邦银行（Bundesbank）是公认的卓越的独立中央银行。它建立于 1957 年，有着曲折的历史起源。在战后初期，真的很难确定怎样的中央银行安排适合联邦德国这个由英国、美国和法国占领区合并而成的国家。

在战争快结束时，美国人急于查禁德意志帝国银行。1947—1948 年，联邦德国的每个地区都建立了德国中央银行（Landeszentralbanken，LZBs）。美国人设想在这一网络的顶端设立一个松散的协调委员会，这在某种程度上令人联想到早期的美国联邦储备系统。而英国人则偏爱更为集权的架构，因此最后的结果是二者折中。1948 年，德意志诸州银行（Bank deutscher Lander，BdL）成立。尽管它明显代表德国中央银行（LZBs），但也有很多是对英国观点的妥协（Holtfrerich 和 Iwami，1999：第 91 ~ 93 页）。1948 年，德国马克被采用，这种新的货币此后将成为联邦德国繁荣的象征。

同盟国强调德意志诸州银行不应受德国的政治控制，这主要是因为它们希望该行受到同盟国银行委员会的监督，而并非出于对中央银行独立性的兴趣。随着同盟国对控制德意志诸州银行的欲望减弱，这个处于发展初期的中央银行获得了真正的自主权。在新的联邦德国政府设计出一个永久的中央银行架构之前，德意志诸州银行只是一个权宜之计，而德国人似乎并不急于给出结果。1951 年，同盟国放弃了对德意志诸州银行的控制权，这引发了德意志诸州银行和联邦德国政府之间的关系问题。联邦德国政府和议会内部对中央银行的问题也有不同的看法。一些政客倾向于独立的中央银行，而另一些人则希望中央银行更为顺从。由于无法达成共识，德意志诸州银行保留了相当大的自主权，只有一些模糊的限制性条款要求它照顾政府的政策。尽管这一安排没能预先得到最终解决方案，德意志诸州银行却因此巩固了自己作为有抱负的独立中央银行的地位。

关于德意志诸州银行，同时也是早期德意志联邦银行的一个争议点，就是它们从前德意志帝国银行那里承接的工作人员的连续性。马什（Marsh，1993：第 159 页）评论说，直到 1969 年，联邦德国中央银行董事会成员至少半数是前德意志帝国银行的官员，这些人或多或少和第三帝国有关联。比如，在 1958—1969 年就任德意志联邦银行总裁的卡尔·布莱辛（Karl Blessing），也是世界最受尊敬的中央银行家之一，他曾在 1938 年主持德意志帝国银行接管澳大利亚国民银行的行动。他于 1937 年加入纳粹党，他曾以纳粹党需要温和派来平衡极端分子为由为自己辩护（Marsh，1993：第 52～54 页）。然而这听起来非常像另一个机会主义者的例子。无法与过去彻底决裂并不令人感到吃惊，联邦德国需要有经验的中央银行家，这和战后德国的其他领域并无二致。

联邦德国总理康拉德·阿登纳（Konrad Adenauer）是宣扬顺从型中央银行最有权势的人，但某种程度上，经济部长路德维希·艾哈德（Ludwing Erhard）并不同意他的看法。在艾哈德看来，政府没有权力向中央银行发号施令，但他设想中央银行应该愿意与政府密切合作。这一想法和斯普罗的想法类似，后者相信"知情且负责任的人"有能力得出好的结论。奇怪的是，20 世纪 50 年代，不只是艾哈德和其他右翼"秩序自由主义者"支持中央银行独立的原则，在阿登纳对德意志诸州银行的抨击下，左翼议员们也试图使中央银行脱离政府的操纵（Bibow，2009）。

1957 年《德意志联邦银行法》使得德意志诸州银行从 1958 年起变为公有中央银行——德意志联邦银行（Deutsche Bundesbank）。1957 年法案规定，"德意志联邦银行的主要职责是调控流通中的货币总量和提供给经济的信贷总量，目标是保护货币，同时对国内外支付事务做出安排。"（Stern，1999：第126页）中央银行要在不妨碍自身职责履行的范围内支持政府经济政策。《1967年稳定与增长法案》概括了一系列国家宏观经济目标，包括物价稳定、充分就业、外部均衡及经济增长。虽然该法案要求德意志联邦银行将这些目标考虑在内，但它并没有凌驾于《德意志联邦银行法》之上（Stern，1999：第128页）。

那种认为德意志联邦银行喜欢完全不受限制的独立性的说法是不准确的。联邦政府有权将德意志联邦银行的决议推迟最多两周。并且更重要的是，汇率政策是由政府决定的。德意志联邦银行比大多数中央银行更为独立，部分是因为多数联邦银行委员会成员实际上是由地方政府选出的（Lohmann，1998）。就国内货币政策而言，德意志联邦银行的主要任务是保护币值，它在这方面拥有高度自主权。另一方面，国内货币政策和汇率政策是相互依赖的。在像布雷顿森林体系这样的可调整钉住汇率制下，政府在汇率方面的决议（或是迟疑不决）会影响国内货币状况。斯特恩（Stern，1999：第154页）描述了德国"联邦政府与联邦银行间的关系是微妙和平衡调节的"，并试图"让独立和合作结合起来"。

德意志联邦银行对政府和议会所负责任相当模糊，这使得20世纪后期像1989年《新西兰储备银行法》那种争取中央银行独立的方式并不顺畅。之前已经提到，德意志联邦银行达成了它的主要目标，成功地建立起强大的公众支持基础，或者说"稳定文化"。尽管德意志联邦银行不能对政治干扰免疫，但它阻止了中央政府影响政策制定的多数企图（Neummann，1999）。

日本银行

1998年以前，日本中央银行一直在第二次世界大战时效仿《1939年德意志帝国银行法》建立的框架下运作。《1942年日本银行法》第一条规定，"日本银行的目标是调节货币，监管融资，发展与国家政策相符的信贷体系，以此确保国家总体经济力量的合理运用"，第二条重申"日本银行专为完成国家的目标而运作"[引自维尔纳（Werner，2003：第54页）]。

《1942年日本银行法》的持续时间很长不是因为它的优点，而是因为无法就新法案达成共识。日本银行和日本政府的关系比美国和联邦德国的中央银行与政府间关系更密切，但并不一定更容易相处。战后的日本银行仍然在为满足战争融资而设计的法律体系下运作，这使得日本银行成为发达国家中自主权最小的中央银行之一。1998 年之前，日本在中央银行的法定独立性方面表现得很差（Dwyer，2004：第 249 页）。然而正式的法律地位只是中央银行自主权所面临的诸多问题的一个方面。政府和中央银行之间的关系不是僵化不变的。如同英格兰银行一样，日本银行常常能在政策制定团队中发挥作用。

与德国不同，日本的诸多国家机构没有在 1945 年消失。美国占领当局通过包括日本银行在内的现有机构管辖日本（但横滨铸币银行被关闭并转变为私营机构——东京银行）。美国、日本政府和日本银行曾就战后日本的银行和货币政策结构进行过复杂的讨论。美国方面和日本中央银行家都认为，政府对日本银行的完全控制权应受到限制。《1947 年金融法》限制了中央银行为政府提供便利的义务。讨论也曾提及由独立的货币政策委员会掌管中央银行，但这一提议遭到反对。1949 年，日本银行内部成立了政策委员会（Holtfrerich 和 Iwami，1999：第 86 ~ 91，97 ~ 100 页）。日本银行和大藏省既是伙伴也是对手，它们常常像相扑运动员那样被绑定在一起，但也会为货币政策控制权而竞争。

缺乏透明度始终是日本货币政策的突出标志。维尔纳（Werner，2003：第 2 页）认为日本银行通常假装处于日本政府的控制之下，以掩饰其通过"窗口指导"在货币和信贷政策中扮演的关键角色，大藏省在这一机制上无法施加任何影响。1954 年"教皇"级人物一万田尚登（Ichimada）离开日本银行就任大藏大臣后，他为中央银行法改革进行游说，以提高中央银行的正式自主权。他获得了工业和银行集团以及议员的支持，并有一个政府委员会建议将物价稳定设为中央银行的目标之一。1958 年，一万田尚登（Ichimada）从大藏大臣之位下台后，支持现状的人多起来，1960 年立法提案流产（Werner，2003：第 65 ~ 68 页）。但这并不代表着日本银行决定性的失败，它仍继续控制着信贷的数量和分配，只不过是隐藏在表面上的法律从属地位之下。

日本中央银行和政府之间这种含糊不清、模棱两可的关系足足持续了几十年之久。从 20 世纪 50 年代到 80 年代末，日本的经济表现令人印象非常深刻，日本银行也由于为这一成就作出贡献而赢得了尊重（Cargill、Hutchison 和 Ito，1997）。尽管在 1990 年左右日本奇迹就已变糟，直到 1995 年日本中央银行改革才被再次认真考虑（Dwyer，2004：第249页）。

总结

20世纪30年代和40年代见证了中央银行发生的巨变，并最终导致成一场中央银行革命。一些中央银行被国有化，许多已经国有的中央银行则实施了新的立法，有关政府与中央银行关系的定义条款阐述比以往任何时候都更为精确。此外，为完善经济管理政府寻求更多地对中央银行产生影响。考虑到两次世界大战期间的灾难，这是一次合理的改革计划。

然而，得出典型的中央银行仅仅是政府机器的附属物的结论是不公平的。一两个像澳大利亚的纳吉特·库姆斯那样特别谦卑的中央银行家有时较为顺从，但其他很多中央银行行长以及中央银行都设法维持了相当程度的自主权。20世纪50年代初，美国联邦储备系统成功地向财政部重新主张了其独立性；德意志联邦银行从建立伊始就是极为独立的中央银行；即使是英格兰银行和日本银行也都找到了影响政策的方式；在加拿大（见第二章），中央银行行长詹姆斯·柯尼在20世纪60年代初直言不讳地批评政府政策，后来成为中央银行史上最声名狼藉的人物之一。并不只有柯尼，甚至英格兰银行的莱斯利·奥勃良也在1968年公开指责英国工党政府的政策。

第二次世界大战到20世纪60年代之间，合作而非从属或独立是政府—中央银行关系的主旋律，至少在发达世界是这样。诸如路德维希·艾哈德（Ludwig Erhard）等政客以及诸如艾伦·斯普罗等中央银行行长们都认为合作或伙伴关系最为理想。只要政府和中央银行在政策问题上的立场较为接近，大多数时候（虽然不是全部）合作都是可行的。中央银行家们也认同经济管理与货币和财政政策相协调的必要性。他们不一定喜欢许多经济学家和政客对货币政策的嘲讽，但合作是一种可持续的策略，在低通货膨胀和总体经济运行较为平稳的年代尤其如此。直到很久之后，严重的问题才会出现。

第八章 没空天马行空："凯恩斯主义"时代的中央银行

如今的中央银行家既是公仆，又是银行家，他们的作用就是操作某种公共政策工具实现社会的经济目标。

——加拿大银行行长路易斯·拉斯敏斯基（Louis Rasminsky），1966 年 11 月 9 日

引自 Rasminsky，1987：第 75～76 页

证据显示，财政部并不知道自行其是的（英格兰）银行是否高效……他们也不知道自己的钱能获得什么回报。

——英国议会产业国有化专门委员会，1969—1970 年

引自 Hennesy，1995：第 209 页

到 20 世纪 50 年代,主要的中央银行都成为了拥有数千员工的大型机构,主要从事诸如货币印制和发行等日常工作。在 20 世纪 40 年代,面对不断增加的金融系统监管负担,中央银行内部快速扩张。比如,英格兰银行的雇员人数从 1939 年的 4120 人(Hennessy,1995:第 205 页)增加至 1950 年的 8250 人(Vaubel,1997:第 204 页)。许多中央银行获得了大量包括管理外汇在内的新职能,一些中央银行还新增或扩大了银行监管职责。20 世纪 50 年代,最为严格的战时及战后初期管制有所放松,中央银行雇员规模趋于平稳并有所减少。但在 20 世纪 60 年代,上升趋势再次开始。当中央银行扩展了统计和经济研究的职能,并开始发展预测部门时,对专业人员的招募增加了,但大量中央银行职员仍然处于专业化很低的操作领域。

本章重点关注 20 世纪中期工业化国家的中央银行活动。它们如何实施货币和汇率政策?它们怎样和其他银行业合作?它们在促进金融市场发展中扮演什么角色?它们如何(以及为谁)运作?它们怎样提高自己的研究能力?希克洛斯(Siklos,2002:第 12 ~ 14 页)把 1945 年之后的半个世纪描述成中央银行的"实验"期。从 21 世纪的角度来看,20 世纪 40 年代建立的政策及监管体系显得很特别,但它们在 20 世纪 60 年代中期以前被证明是合理有效的。

货币政策的实施

20 世纪初,再贴现率在中央银行工具箱中占有骄人的位置。我们今天的货币政策以控制短期利率为中心,短期利率要么固定,要么由中央银行设定有目标区间(Borio,1997:第 13 ~ 14 页)。但在 20 世纪中期,货币当局很少依赖利率调整来实现目标(Bindseil,2004:第 203 页),这反映出人们对利率作为经济管理工具的有效性的疑问——在一些国家怀疑的程度更大,同时也夹杂着认为利率应维持在稳定的低水平以促进投资和经济增长的想法。

迪·科克(M. H. de Kock,1974)在有关中央银行的经典著作中用五章篇幅讨论了"信贷控制"或货币政策中使用的工具。这些章节涉及贴现率政策、公开市场操作和可变准备金要求,以及包括贷款的选择性和定量控制,"道义劝告"和外汇管制等在内的"其他手段"。1963 年,国际清算银行公布了一项针对八家欧洲中央银行的调查，列举并描述了它们的货币政策实施工具，比如比利时国家银行（BNB）有"任其处置"的贴现率、货币市场干预、准备金率、外汇操作、定量和定性控制以及"作为政府和银行顾问的地位"（BIS，1963：第 38 页）。不幸的是，有些监管措施的目的相当模糊。古德哈特（Goodhart，2004：第 342 页）指出，英国"保留了现金和流动性比率要求，但它们的作用是否与货币政策或金融稳定相关并不十分明确；不论怎么伪装，它们的效果也一样不清楚"。

不管一国的国际收支是像英国那样长期处于逆差，还是像联邦德国那样持续顺差，国际层面是货币政策的主要难点。为保持高估的汇率，20 世纪 50 年代和 60 年代英国货币当局专注国内目标的能力受到了限制（Ross，2004）。联邦德国的货币政策制定者也面临着几乎同样棘手的问题：由于德国马克被低估，产生了巨额的对外顺差，这威胁到了国内物价的稳定。德意志联邦银行的奥特马尔·埃明格尔（Otmar Emminger）把联邦德国的国际收支称为"业余央行"或"中央银行替代品"，因为它会把货币注入经济。当德意志联邦银行实行紧缩的货币政策以应对通货膨胀压力时，市场利率的上升反倒吸引更多的资本流入联邦德国（Franke，1999：第 391 页）。

当国内外优先事项有可能发生冲突时，指派最适合的政策工具非常重要。20 世纪 60 年代初，蒙代尔（Mundell）和弗莱明（Fleming）为此提供了一些理论指导。在实行固定汇率制和资本允许自由流动的经济中，实现内部平衡的任务最好留给财政政策，而货币政策则用来维持外部平衡（Thirlwall，1980：第 124 ~ 129 页；Mundell，2000：第 333 页；Boughton，2003）。然而在实践中，资本账户限制十分普遍，对实现政策目标的工具指派也没有清晰的划分，人们希望货币政策在国内外经济管理中同时发挥作用（Thirlwall，1980：第 132 ~ 133 页）。

与刺激疲软经济相比，利率政策在控制通货膨胀方面被认为更有效。但即使在控制通货膨胀方面也存在这样的担心：货币限制要么不足以完成任务，要么由于产出和就业下降太多导致成本过高。法定或自愿的价格和收入政策（incomes policy）原本是以一种没有痛苦且更为有效的补救措施提出来的。但实际上，并非如此。洛克伍德（Rockwood，1969）、布里坦和里利（Brittan 和 Lilley，1977）就反对当时对收入政策的评价。

然而，再贴现率仍然是货币当局意图的一个重要信号。20 世纪 40 年代末及50年代初，利率政策逐渐有了更大的弹性，货币当局倾向于"逆风向行事"，当总需求过大时上调利率，失业率上升时则降低利率。市场利率还会受到公开市场操作、法定准备金率变动、道义劝告的影响，并最终受市场情况的影响。中央银行通常比财政部更看重利率政策。比如澳大利亚中央银行就再三敦促政府更多地利用利率的变化（Schedvin，1992：第308~14页），但财政部表示反对，以致有观察家把利率政策描述为澳大利亚货币当局的"盲点"（Holder，1965：第95页）。

战后几十年间的一个重要特征就是强调通过数量控制（包括银行准备金、流动性以及银行贷款，但不包括货币供给）而不是利率变化来实施货币政策。宾得赛尔（Bindseil，2004：第242页）将这一阶段视为货币政策实施中较长的"定量迂回"的一部分，它从20世纪20年代一直持续到20世纪70年代和80年代初期的货币学派时代。

但利率确实也曾经占据过中心位置。20世纪60年代初，肯尼迪政府打算减少净资本流出，以刺激国内投资和经济增长。美国联邦储备系统曾实行过"扭转操作"（Operation Twist），即通过公开市场操作扭转收益率曲线，或者说不同期限证券的市场利率关系。美国联邦储备系统卖出短期债券，目的是提高短期利率以支撑美元的国际地位；同时买入长期债券，以压低长期利率以促进经济增长。这种策略成败参半，批评者视其为骗人的花招，美国联邦储备系统内部也有人对此持怀疑看法（Bremner，2004：第162，180~181页；Beckhart，1972：第384~386页）。

在大多数国家准备金要求都十分重要，虽然它们最初是基于审慎原因被引入的，但20世纪30年代，法定准备金要求逐渐发展成为货币政策工具。1933年，美国成为第一个授权货币当局改变法定准备金率的国家，1936年新西兰紧随其后（Goodfriend和Hargreaves，1983；Feinman，1993；Sayers，1957：第85~91页）。通过变动法定准备金率，中央银行可以减少或增加商业银行能够用于信贷创造的"自由"准备金的数量（自由准备金也会被诸如公开市场操作等其他措施影响）。战后几十年间，在美国联邦储备系统看来控制自由准备金水平至关重要。从1958年到70年代初，这一方法的变种——自由流动准备金（free liquid reserves）目标被德意志联邦银行采用（Holtfrerich，1999：第320~321页）。1947年，意大利开始实施强制准备金制度，"明确地寻求建立一个用于货币控制的体系，尽管它建立在为实施银行监管而赋予货币当局的权力之基础上"（Gelsomino，1999：第175页）。商业银行也会被要求保持一个可变的流动性资产（如国库券和政府债券）占存款的最小比重。在包括澳大利亚和英国在内的一些国家，当需要额外紧缩银根时，商业银行要向中央银行存入无息的"特别存款"（Ross，2004：第305～306页）。

由于准备金不足时银行有权使用再贴现窗口，再加上大量囤积的政府债券和战时公债使得第二次世界大战后的银行流动性很高，银行准备金和流动性管理的影响被削弱。像联邦德国这样长期保持外贸顺差的国家试图通过改变最低准备金要求实施货币控制通常没有效果，因为资本流入就会引起银行准备金的增长。对此，德意志联邦银行的方法是参与互换交易，暂时把德国马克从商业银行资产负债表上移除并替换成等值的外汇，但霍特弗瑞里奇（Holtfrerich，1999：第322，391页）认为这一政策的力度还不够。

其他管理手段更为直接。货币当局通常会对银行允许放款的数量和方向提出指导或指令（Dow，1970：第235～242页）。这些指导有两个目的：首先是为了在实际利率较低的时期抑制总支出；其次，它们被认为应该鼓励有价值的或政治上合意的支出（如出口产业和房地产业的资本形成），同时限制奢侈品消费（如度假和消费性商品）。有经济学家担心，由于缺乏引导资源流向生产活动的措施，澳大利亚会出现无用的"牛奶酒吧"（milk bar）经济（Copland，1949）。某些经济活动是非生产性的旧观点仍然很活跃。

第二次世界大战期间出现了许多管制措施：

到1942年春天，（W条例对消费信贷的最低首付及期限限制所覆盖的物品）清单包括崭新和二手商品、鞋、帽子及男子服饰用品。按月收费账户也被覆盖在内。这些管制如此详细，以至于美国联邦储备委员会同意把童子军和铁路职工需要使用的精密表免除在外（Meltzer，2003：第602页，第34条注）。

在和平时期，一些管制措施被保留下来，给消费者、商家和银行造成相当大的麻烦（Merrett，1998：第137～139页）。在货币可替代条件下，聪明的人可以在表面遵守规定的同时逃避管制的实质。如通过购买"至关重要的"新机器的借款将留存利润挪出，用来支付"无关紧要"的公司总部建设或者建"牛奶酒吧"连锁店。

窗口指导，或者说对单个银行的贷款施加限制，是"日本银行所运用的最主要货币政策工具"之一（Cargil、Hutchison 和 Ito，1997：第 30 页）。日本的窗口指导于 1954 年引进，主要但并不仅应用于城市银行或者主要中心城市的大型商业银行，它会根据中央银行对扩张或紧缩需求的评估进行月度或季度调整。关于日本银行通过这一机制影响行业和企业间信贷分配的程度存在一些争议（Vittas 和 Wang，1991：第 8 页）。大藏省用自己的权力影响信贷方向（Okazaki，1995）。尽管在某种意义上说窗口指导只是建议，但银行无法轻视日本银行的意愿，因为它控制着再贴现窗口的使用权，并有权决定银行能否开设新的分支机构（Rhodes 和 Yoshino，1999）。

道义劝告是行政指令在西方国家的等价物，是每个中央银行工具箱的一部分，在银行部门高度集中的国家尤其如此。银行业越集中，需要影响的银行越少。中央银行可以通过公开训诫和私下谈话的方式影响主要银行的信贷。在英国，整个对准备金、流动性和信贷的管控体系都是建立在道义劝告基础上的，英格兰银行更愿意通过达成协商一致来进行监管。哈罗德·麦克米伦（Harold Macmillan）任职财政大臣时把这种方法描述为"英式管理银行体系的方法"［引自弗洛德（Fforde，1992：第 660 页）］。同日本的银行一样，英国的银行也明白，如果直截了当地拒绝合作它们将受到惩罚（Capie，1990：第 133 页）。最终，中央银行或者政府可以使它们服从。纳吉特·库姆斯和英格兰银行有着相同的理念，他把澳大利亚商业银行视做以澳大利亚联邦银行为首的一个大家庭。20 世纪 50 年代中期，他倾向于通过协商而不是正式规则进行监管，并使银行同意达成一个有关短期政府债券比率的君子协议（Rowse，2002：第 223 页；Schedvin，1992：第 196～197，212～220 页）。诸如美国等银行体系较为分散的国家对道义劝告的依赖则较少（Adams，1957：第 133 页）。

布列顿和文特洛比（Breton 和 Wintrobe，1978）认为商业银行还有其他的理由积极响应道义劝告。通过与中央银行合作，它们能够获得关于货币体系状况和货币当局想法的有价值的信息。对中央银行在利率及贷款量方面领导地位的认同使得管理银行卡特尔的任务简单化。战后时期的经济以银行业强有力的共谋为特征，在那些由少数几家商业银行主导的经济体中尤其如此。

外汇管制，或者外汇配给，是最后的政策工具。第二次世界大战期间，大部分国家的政府实施了外汇管制，以留住像美元这样的稀缺货币。商业银行通常在中央银行的监管下处理外汇申请。对于长期国际收支逆差的国家，有效的外汇管理至关重要。尽管国际货币基金组织能够容忍对资本流动的管制行为，成员国仍然有义务在战后尽快恢复经常项目可自由兑换。然而许多经常账户的限制条例仍以"美元缺口"为由保留至 20 世纪 50 年代（Mikesell，1954；Mac-Dougall，1957；Eichengreen，1993）。中央银行家们对外汇管制的感情很矛盾，既承认它们在保护外汇储备和汇率方面的价值，但又期盼着某个时候它们不再必要。批评者则认为外汇管制是用来保护无效产业的。1958 年 12 月，欧洲主要国家重新开始实行经常项目可自由兑换，此时美元短缺的情况已经结束了。此外，联邦德国还采取了一些措施开放资本账户交易，日本则在 1964 年实行了合格的经常项目可兑换项目（Helleiner，1994：第 51 ~ 77 页；Schenk，1994；Kaplan 和 Schleiminger，1989），澳大利亚也紧随欧洲实行了经常项目可兑换。但新西兰为使本国经济免受外部冲击影响仍继续限制此类交易，这种做法在 20 世纪 60 年代和 70 年代变得越来越另类。

对于中央银行为政府提供的融资便利，各国有不同的规则和做法。融资可以直接提供，也可以通过购买二级市场上的政府债券来间接提供（Leone，1991）。包括联邦德国在内的一些国家对中央银行向政府贷款有严格的控制，但在其他国家管制则较为松懈，比如 1959 年之前的法国。迪·科克（M. H. de Kock，1974：第 34 ~ 56 页）注意到，1945—1970 年中央银行对政府的贷款大幅增加，这加剧了 20 世纪 60 年代的通货膨胀压力。

一些国家别无选择，只能依赖于行政管理而不是以市场为基础实施货币政策。这些国家商业票据和政府债券的二级市场极不发达的，公开市场操作对利率的影响有限。20 世纪 50 年代初，即使在一些相对较为成熟的经济体，如加拿大、意大利、日本和澳大利亚等，它们的金融市场仍然存在很大的差距。中央银行竭力克服这些缺陷。加拿大银行在 1953—1954 年推动了更广义的短期货币市场的兴起，在一定程度上就是为了提升对国库券公开市场操作的依赖，尽管那时更古老的货币控制方法，尤其是政府资金在中央银行和商业银行间的流动，仍处于优先位置（Watts，1972，1993：第 94 ~ 98 页）。中央银行的抱负并不总被政府赏识。日本银行原本对培育国库券市场感兴趣，但大藏省并不领情，他们更愿意通过政府债券辛迪加这种更易于控制的方式借款。而且，如果为了使短期市场能够高效运行，利率需要具有一定的灵活性，可能会导致借款成本上升，这对大藏省来说是不可接受的（Rosenbluth，1989：第 51 ~ 52，63 ~ 64，

79，98～99页）。部分受到加拿大案例的启发，澳大利亚中央银行在20世纪50年代推动了短期货币市场的发展。在打消财政部的疑虑之后，一个官方的短期货币市场在1959年正式开放。然而由于仍然存在限制措施，它在此后的十年里没能充分发挥作用（Schedvin，1992：第248～270页）。

第二次世界大战结束后到20世纪60年代后期之间的货币政策有效性又如何呢？其效果是令人满意的，尽管那时的政策目标和技术与我们今天的最佳实践之间相差巨大。20世纪50年代和60年代是世界经济的黄金时代。发达国家经济增长很强劲，尤其是日本和1958年成立的欧洲经济共同体国家。经济快速增长的同时，通货膨胀率维持在适中水平，尽管它们在20世纪50年代后期开始慢慢爬升——有文章（Fischer等，2002：第876页）认为开始于1957年。此外，严重的银行业危机也没有出现，一切都与两次世界大战期间完全不同。

货币政策实施中对直接管制的依赖的确有严重缺陷。银行在贷款决策方面受到约束，被迫持有比它们自己愿意持有量多的包括政府债券在内的流动性资产。对银行业的管制促进了脱媒，或者说非银行金融机构的发展，而这可能是更不稳定的因素。同时，监管创造了一种环境：银行卡特尔蓬勃发展，不用提高效率就能获得令人满意的利润（Ross，2004）。合规成本也上升了。1971年4月，新西兰储备银行行长如此总结这一情形："这一体系变得越来越复杂，它的任性专断也越来越明显"[引自辛格尔顿等（Singleton等，2006：第27页）]。

然而这一事实无法否认：与20世纪20年代和30年代相比，战后的货币政策要成功得多，并且直到60年代末，通货膨胀都不再是国际关注的重点。罗默和罗默（Romer和Romer，2002b：第121页）对20世纪50年代美国的货币政策赞赏有加，他们认为美国联邦储备系统成功地控制了物价，并具有"实际上相当成熟的"思想。他们发现美国联邦储备系统在20世纪50年代的目标及政策制定者的"理解"与20世纪90年代"极其相似"。对北美以外的货币政策制定者来说，恢复经常项目可自由兑换是一项重大成就，如果通货膨胀失去控制它也不可能实现。直到20世纪60年代后半期，这一宽松的经济环境才开始瓦解。

中央银行与商业银行的关系

来自行政控制和道义劝告上的新压力改变了中央银行和银行业的关系，激起了商业银行家的一些怨怼情绪。战后，一些中央银行更多地涉足审慎监管。很难简单地概括中央银行与商业银行间这种既有共谋和胁迫，又有合作的关系。

基于从审慎监管到民粹主义的不同动机，政府和立法机关对塑造金融系统结构的兴趣比以往更加浓厚。实施结构管理的任务通常被指派给了中央银行，结果更加复杂化。比如在美国，20 世纪 30 年代的新监管措施对银行业的结构有重大影响，《格拉斯—斯蒂格尔法》（官方称为《1933 年银行法》）实现了商业银行与投资银行的分业经营。《1933 年银行法》和《1935 年银行法》授权美国联邦储备系统设定定期存款和储蓄存款的利率上限（即 Q 条例），且不允许对活期存款付息。国会设立 Q 条例的目的之一就是通过使存入金融中心银行的大额存款无利可图，鼓励乡村银行集中精力贷款给当地社团。国会还希望通过对存款价格竞争的限制减少高风险贷款的诱惑。1966 年，Q 条例被扩展到储蓄机构，同时利率上限也允许稍有突破，以减轻特定类型借款人的负担。储蓄机构能够提供比商业银行稍高的利率，以促进存款的再分配和增加按揭抵押贷款（Gilbert，1986）。监管条例也有自己的生命周期，随着为了应对新情况被不断地修改，它们看起来越来越古怪。Q 条例造成的扭曲让 20 世纪 50 年代和 60 年代的一些观察者感到很苦恼，但这一条例一直沿用到 1986 年。1966 年 12 月，艾伦·斯普罗（Sproul，1967：第 144 页）在美国金融学会和美国经济学会演讲时说，Q 条例已经被"当成一般货币政策的婢女……就像一个溜溜球一样在各种金融机构之间转移资金"，他对此深表痛心。

一些中央银行家与政府一样对金融业的结构问题感到担心。20 世纪 60 年代初，意大利银行行长吉多·卡利（Guido Carli）承认应该限制银行间的竞争，他尤其希望能保护与大型全国性银行竞争的中小型地方银行（Alhadeff，1968：第 39 页）。1918—1967 年，英格兰银行和英国财政部明确表示它们反对任何英国"五大"清算银行之间的合并行为（Cottrell，2003：第 45，54～55 页）。

无论管制的基本理由是什么，它们的顺利实施都需要商业银行有合作的态度。联邦德国最大银行——德意志银行的卡尔·克拉森（Klasen，1957：第 25 页）认为中央银行"总是依赖于商业银行的合作"，这对于中央银行获得道德权威尤为重要。作为"道义劝告或施加心理影响"的先决条件，克拉森（Klasen，1957：第 41 页）补充道，"中央银行和商业银行之间必须存在紧密联系"。尽管当政府将"过多要求"强加给中央银行时可能造成其与商业银行之间出现

"紧张局势"，但合作在联邦德国仍是常态（Klasen，1957：第42页）。同样的原则也适用于英国，并且由于监管的自愿性质，或许英国的情况更是如此。定期磋商和时不时邀请商业银行行长共进午餐对他们保持一定程度的共识是有帮助的。同样，按照弗洛德（Fforde，1992：第696页）的想法，"（英格兰银行）掌管的这个摇摇欲坠的君主政体不可能在不违抗君主及损害中央银行地位的同时调解分歧"。1957年，英格兰银行行长卡梅伦·科博尔德（Cameron Cobbold）声称，他能在"约半小时"以内将银行界的高级代表们聚集起来开会（Roberts，R.，1995：第180页）。伦敦清算银行委员会（Committee of London Clearing Bankers，CLCB）主席"常为英格兰银行行长提供参考意见"，伦敦清算银行委员会每个季度在中央银行举办一次会议，更低层级的联系也频繁发生（Ellerton，1957：第117页）。

新西兰的银行业监管强度对发达资本主义国家来说很罕见。实施监管是基于货币政策的原因，同时也是为了给不同层次的金融机构提供受保护的市场。商业银行不能直接和社区所有的信托储蓄银行及邮政储蓄银行竞争，它们的市场份额因此而减少。随着旧的漏洞被堵住而新的漏洞又被发现，这一体制变得越来越复杂。虽然厌恶严格的监管，商业银行还是和中央银行保持着友好关系（Holmes，1999：第36~45页），新西兰储备银行仍然是"它们在官方政策制定体系中最好的朋友"（Holmes，1999：第37页），但这也不能说明什么。除了货币政策实施任务，有时中央银行还是政府圈子中的银行业代表。因此，这样的关系是多层面的。

在世界其他地方很明显的寡头垄断倾向没有在美国银行业中表现出来，这很大程度上是因为美国对银行跨州设立分支机构的监管限制。在地区层级，联邦储备银行和商业银行间存在密切联系。实际上，具备联邦储备系统会员身份的商业银行在联邦储备银行的管理上拥有一定的话语权。在联邦层级，联邦储备委员会和银行业协会之间存在协商机制，但关系并不像其他一些国家那样紧密。

伍利（Woolley，1984：第69~87页）认为，并无依据说明联邦储备系统被银行业俘获。联邦储备系统必须顾及众多支持者和选民，其中包括国会和总统，还有财政部以及诸如农户和制造商等其他商业利益集团，这些人都有自己的政策偏好（Kettl，1986）。结果是，中央银行不受他们任何一类人，包括银行家的控制。而且，单单控制联邦储备系统也不够，因为还有其他几家监管机构。20 世纪 50 年代和 60 年代，其他一些国家的中央银行与银行业间的合谋就有更大的空间。虽然监管妨碍了最具创新精神的银行的发展，但它能帮助银行系统整体在很少或无风险的条件下获得健康的利润。低利率带来了超额的信贷需求，这使银行能够只选择最好的贷款申请者。古德哈特（Goodhart，2004：第 342页）认为，监管使得"银行业成为 1945—1973 年极其安全并且无聊的职业"。银行卡特尔还对当局有益。比如，卡利（Carli）认为把存款及贷款利率的管理权留给意大利银行卡特尔会带来便利（Alhadeff，1968：第 349 页）。而且当局并不急于提高银行效率。战争间的大崩溃从来没有远离战后第一代银行高管、中央银行家和政客的脑海，他们厌恶风险的态度就很容易理解了："寡头垄断状况……似乎是确保银行系统健全与稳定需要付出的合理代价"（Onado，2003：第 170 页）。

官员空降（amakaduri）是日本的做法，就是通过把退休的大藏省和中央银行官员任命到大银行和其他企业的高管职位，这为他们与前同事的合谋创造了机会。在窗口指导下设立贷款目标就是一个例子（Horiuchi 和 Shimizu，2001）。另一方面，在一些人看来的合谋关系或许对另一些人来说意味着压制。回顾 20世纪 60 年代瑞典的经验，奥森和尤马吉（Olsson 和 Jornmark，2007：第 206 ～207 页）总结说"银行好像是被中央银行行长限制起来的物件"。瑞典银行行长"不得不与私人银行经理发展非常特别并且密切的关系，他经常会见这些人，要么进行劝说，要么威胁他们"。

澳大利亚联邦银行努力提升与澳大利亚商业银行的关系，但多年未见成效，因为它自己就是一家主要的商业银行。其他商业银行憎恨这一事实：澳大利亚联邦银行既是监管者又是竞争者——用板球术语来说既是裁判又是球员（Rowse，2002：第 215 页）。尽管实际上，澳大利亚联邦银行内部的商业银行和中央银行业务是分开的。行长库姆斯赞成保留双重职能，部分是因为倘若再发生一次萧条，它将很容易派上用场。然而，来自商业银行的政治压力使得澳大利亚联邦银行在1960 年分解，中央银行职能分配给了新的澳大利亚联邦储备银行。分拆缓和了中央银行和商业银行之间的紧张关系（Schedvin，1992：第 271 ～294 页）。

中央银行和其他金融机构有时会在向企业提供融资方面进行合作。第二次世界大战末期，为突破产业金融的瓶颈，英格兰银行和伦敦金融城的金融机构组建了两家公司:产业金融公司和工商业金融公司。这两家公司协助许多行业,尤其对促进小企业和新兴产业发展感兴趣,它们扮演着某种开发银行(Fforde,1992:第704~727页)或是风险资本家(Roberts,R.,1995:第175页)的角色。在新西兰,新西兰储备银行在1964年认购了30%的开发金融公司(Development Finance Corporation,DFC)的股份。开发金融公司的目标是为那些在其他地方无法以合理的条件获得资金的"新兴及扩张中的产业提供金融和咨询服务"(Morrell,1979:第113页)。至于开发金融公司是否真正必要,或者说它是否仅是一个政治噱头,此事尚可讨论(Hawke,1985:第271页)。由于大部分开发金融公司股份由商业银行和保险公司持有,这就包含了一些中央银行和私人部门之间的合作关系,尽管这种合作还有点犹犹豫豫。由于开发金融公司在1973年变为政府所有,新西兰储备银行参与该公司的时间很短。澳大利亚联邦银行也承担了发展的任务,它在1945年设立了产业金融部为小企业融通资金。此外,在20世纪50年代初,澳大利亚联邦银行还为陷入财务困境的维多利亚国家电力委员会和其他公共部门提供了贷款(Schedvin,1992:第5,67,199~200页)。换句话说,澳大利亚中央银行变成了电力管理局的最后贷款人。从今天的角度看来这似乎很奇怪,但它符合这一理念:中央银行是国家政策的灵活工具。

在战后几十年里,审慎监管并非一个十分迫切的问题。在银行监管严格、垄断盛行的情况下,存款者面临的风险很小。20世纪70年代中期以前,英格兰银行只有一名高级官员从事可以被称为审慎监管的活动,而且没有明确的任务(Goodhart、Capie和Schnadt,1994:第26页;Fforde,1992:第749~779页)。在包括比利时(Buyst和Maes,2008b)、法国和瑞士在内的一些国家,中央银行则未被委托承担审慎监管的工作。美国的银行监管一直由美国联邦储备系统和政府机构共同负责。联邦德国也同样是责任分担,联邦银行监管办事处把日常的监管任务委派给了中央银行(Franke,1999:第253~261页)。在日本,大藏省负责监管日本的银行,但日本银行也会对在中央银行拥有现金账户的银行进行现场检查(日本银行家协会,2001:第46页)。

一些中央银行的确在审慎监管领域变得更加积极。1947年,意大利银行确定了审慎监管的责任,它重新承担了在1936年交付给信贷检查机构的职责(Gelsomino,1999:第175页)。荷兰中央银行长期承担着非正式的监管职能,这一职能在1948年和1952年获得了立法支持。《1953年信用体系监管法》对荷兰中央银行从事货币监管或货币政策的授权、保护银行债权人的商业监管以及提高系统效率和稳定性的结构性监管做出了区分（Prast，2003：第 168～190 页；BIS，1963：第 249～252 页）。

如今人们普遍认同中央银行应促进银行部门的稳定和高效。20 世纪最后 25 年的重点是效率；而在 1950—1975 年，重点则是稳定，这一目标常通过管制和道义劝告来完成，而不是审慎监督。重视稳定并不是不成熟的象征，它反映了公众对不确定性的反感以及对 20 世纪 30 年代之后银行业崩溃的恐惧。作为战后货币与银行政策独特措施的副产品，中央银行和商业银行的联系比以往更紧密。它们之间的关系也是多层面的，包含着合作、共谋和胁迫的成分。

作为机构的中央银行

中央银行家是自私帝国的建造者（Toma 和 Toma，1986），这一观点只能得到表 2 中数据的部分支持。20 世纪 50 年代，英国、法国、意大利以及瑞士中央银行的雇员规模实际上都在减少，但在 20 世纪 60 年代又有所上升。只有美国联邦储备系统雇员规模在 20 世纪 50 年代和 60 年代表现出了不可阻挡的扩大趋势。对此有一种解释是，美国联邦储备系统在维护自主权方面比其他欧洲中央银行更有优势。

表 2　　　　中央银行就业人数（1950—1990 年）

年份	英国	法国	意大利	瑞士	联邦德国		美国	
					总计	董事会	美联储体系	美联储委员会
1950	8250	12185	8421	415	9570	1778	18571	563
1955	7450	11429	7370	397	11110	2153	19693	576
1960	7110	11406	7233	393	10647	1967	20527	598
1965	7350	12496	7336	414	11450	1960	19335	667
1970	7700	14850	7549	432	12734	2113	23126	1016
1975	7900	14935	8073	462	13545	2463	27960	1460
1980	7000	16065	8645	516	14825	2705	25733	1498
1985	5470	17349	9261	583	15077	2762	24929	1520
1990	5140	17176	9229	547	(17519)	(2939)		

数据来源：韦奥博（Vaubel，1997：第 204 页）。

韦奥博(Vaubel,1997)认为,20世纪后半叶的中央银行独立性(用中央银行设定高级官员薪金及支配利润的权力衡量)和中央银行雇员规模之间有正相关关系。米尔顿·弗里德曼(Friedman,1986:第27页)曾经痛心地说,"美国联邦储备系统不受有效预算的约束,它自己印钱,支付自己的费用。"1947年之后,美国联邦储备系统不再有把盈余收益交给财政部的法律义务,但它的确自愿交了大量款项给财政部。舒加特和托里辛(Shughart 和 Tollison,1986)认为美国联邦储备系统作为本系统员工的代表,试图实现报酬最大化。他们声称,因为联邦储备系统通过(有通货膨胀倾向地)在公开市场上购买有息债券而获益,货币政策的功能也因此而遭到削弱。艾奇逊(Acheson)和钱特(Chant)采取了不同的攻击路线,他们认为在20世纪50年代和60年代,加拿大银行为了避免对它的错误和支出负责,故意实施复杂和不透明的货币政策(Chant 和 Acheson,1986;Acheson 和 Chant,1986)。

我们该如何看待这样的批评呢?20世纪中期的中央银行家们的确变得更像公务员,并且也没能对常见的官僚主义动机免疫。然而我们还是很难相信,比尔·马丁或克罗默勋爵的动机是最大化中央银行利润,或是招募更多的职员及打字员。他们本可以通过进入私人部门来使自己的薪金翻倍。顶级的中央银行家们对成功实施政策的兴趣至少不会低于对掩饰错误和为生存而挣扎的兴趣。影响力、声誉以及在历史上的一席之地对他们来说才是至关重要的。他们的声誉依赖于政策的成功,或者至少也要为他们所认为的好政策而奋斗。同时,在宽松的预算约束下,他们无须担心内部成本(Willett,1990)。级别较低的中央银行家最有可能表现得像狭隘的官僚。1982年,有位行长助理把新西兰储备银行描述为一双"舒适的旧拖鞋",工作条件和待遇"令来访的财政部官员艳羡不已"[引自辛格尔顿等(Singleton 等,2006:第237页)]。不管怎样,在20世纪50年代和60年代,这一职位并不一定会比垄断的银行业更好。

大多数中央银行仍然不透明。如同自私自利一样,中央银行的神秘性正好符合那些急于表明决策层内部意见一致的行政领导的心意。澳大利亚财政部的罗兰德·威尔逊爵士(Sir Roland Wilson)就"限制中央银行行长库姆斯(Coombs)对经济政策公开发表意见"(Rowse,2002:第211页)。1967年,一名澳大利亚记者评论说,澳大利亚联邦储备银行的年度报告非常简短而隐晦,就像《启示录》(*Book of Revelation*)一样难懂(Schedvin,1992:第342页)。

当然，包括加拿大中央银行行长柯尼在内的一些人对此就持有异议，但并不多见。按照当时相当低的标准，美国联邦储备系统实际上是最透明的中央银行之一（Bindseil，2004：第 2 页）。《1935 年银行法》要求美国联邦储备委员会和联邦公开市场委员会在年度报告中必须包括"所有行动、行动的原因以及得票情况的完整记录"（Meltzer，2003：第 486 页）。20 世纪 60 年代的美国联邦储备系统领导人经常处于一些国会议员的压力之下，尤其是众议员赖特·帕特曼（Wright Patman）和参议员威廉姆·普罗克斯迈尔（William Proxmire），他们不得不为政策决策及浪费资源的指控进行辩解。显然，"在这些绅士中的任一人面前进行听证都是一种煎熬，委员会接到在这些人面前作证的新的邀请时总是伴随着一声叹息"（Stockwell, E. ，1989：第 26 页）。透明度越大，中央银行越容易受到批评。然而，持续增加的员工数量说明对美国联邦储备系统的批评是无效的。

至少有一部分增加的员工补充是源于外部压力，20 世纪 40 年代尤其如此。国家对金融系统不断增加的干预给官僚们带来了更多的工作。一些包括外汇管制在内的新的管理职能被委派给中央银行。获得新的劳动密集型任务并不总能使中央银行家们高兴。比如，英格兰银行一开始把它在外汇管制方面的行政任务看做"不受欢迎的"负担或是麻烦事（Hennessy，1995：第 205 页），尽管它承认在战争期间以及战后美元短缺时期这样的管制是必要的。20 世纪 50 年代，一些国家中央银行雇员规模下降，这表明一些战时管制在逐渐放松。20 世纪 60 年代和 70 年代雇员规模的扩张更容易从官僚主义重现的角度去理解，在宽松的预算约束下单个部门要求的资源越来越多。即便如此，一些中央银行还是意识到需要进行有限的内部改革。1953 年，美联储建立了财务总管处（Office of the Controller）以提高内部审计和预算能力，并指派了外部审计师。这些主动措施是为了阻止国会的审查（Stockwell, E. ，1989：第 16 ~ 17 页）。1968 年，英格兰银行指派了一家管理咨询公司——麦肯锡公司（McKinsey & Company）汇报有关组织方面的问题。麦肯锡报告的结果就是，英格兰银行设立了一个新的人力资源服务（包括电脑运算）部门，并开始使用改良的预算控制系统（McKenna，2006：第 182 ~ 185 页；Hennessy，1995：第 207 ~ 209 页）。

中央银行高级官员的生活可能会与神秘和特权联系起来，但中央银行的许多操作性职能是极其乏味的。新西兰政府指派给新西兰储备银行的职能之一就是管理政府证券的登记。据该部门的一名员工回忆，空闲的时间很长，"我们五个人坐在登记处等着文件到来，那样我们才有事情做。有时候无聊程度是难以想象的"（RBNZ，1994）。中央银行是正规的、相当古板的机构，尽管在澳大利亚和新西兰还不是那么明显。女性面临着歧视，不能指望升任到央行的高级职位。在新西兰，她们一旦结婚就要从联邦储备银行的退休金计划中退出。

经济学家的崛起

随着对准确而及时的金融统计需求的增加，经济学与日俱增的声望（尽管不乏挑战），训练有素的经济学家、计量经济学家越来越多，以及计算机建模的出现，中央银行研究活动的步伐在不断加快。从第二次世界大战开始，政府也开始雇用更多的经济学家。经济学正在成为一种职业（Coats，A. W.，1981）。

美国联邦储备系统是这方面的先锋。斯普罗在纽约联邦储备银行建立了研究部门，雇用了从顶尖大学毕业的最好的经济学专业毕业生（Ritter，1980：第9~10页）。肯尼迪和约翰逊政府更愿意让凯恩斯学派经济学家到美联储任职。随着1965年谢尔曼·麦索（Sherman Maisel）的聘任，经济学家在美联储中占到了多数。不可避免地，这一趋势激起了一些非经济学家的愤恨，他们感觉自己的贡献不再像以前一样被重视（Stockwell，E.，1989：第21页）。20世纪60年代，计量经济模型在美国联邦储备系统兴起，但是建模和预测仍然被认为是非常荒诞的行为（Mayer，T.，1999：第18页），直到20世纪70年代它们才被完全接受。比尔·马丁自己是金融学博士，他任命经济学家担任空缺的联邦储备银行总裁职位，但他对计量经济学模型仍持矛盾态度。1966年，在麦索的建议下，马丁同意将计量经济预测引入联邦公开市场委员会的讨论，一类模型针对宏观经济，另一类模型针对货币和信贷。马丁对早期计量经济预测没有多少信心，这也许是有道理的，因为这些预测通常存在严重缺陷。他还看不起"统计分析"，不赞成把委员们分为经济学家和非经济学家（Bremner，2004：第192，253，269，271页）。

1966年，随着计量经济模型在加拿大经济中的应用发展，加拿大银行的研究也开始转向定量分析。这种分析最初被称为 HOSS，以四位主要的贡献者姓名的首字母命名：哈里维尔（Helliwell）、奥菲瑟（Officer）、夏皮罗（Shapiro）以及斯图尔特（Stewart）。哈里维尔（Helliwell，2005—2006：第 35 页）记得，"每晚成盒的计算机存储卡被汽车送到蒙特利尔大学计算机中心，然后在第二天早上被送回来"。不久之后，数据在夜间通过调制解调器传送至位于盐湖城的计算机上。由于小故障频繁发生，研究者们必须在银行待到深夜，"用大桶的饼干充饥"。加拿大银行和其他中央银行的计量经济研究涉及内部研究员和外界学者之间的广泛合作。到 20 世纪 70 年代前半叶，计量经济模型在中央银行范围已全面展开（Masera、Fazio 和 Schioppa，1975）。中央银行的计量经济模型并不只用来预测，它还可以用于模拟可选政策的效果，并通常在这方面更为有效（Singleton 等，2006：第 74～75 页）。

20 世纪 40 年代和 50 年代，英格兰银行中的经济学家很少，地位也相对较低。这种状况在拉德克利夫报告发布后开始发生改变。这份报告批评英格兰银行在统计、经济研究和信息公布方面存在缺陷。尽管英格兰银行内部的保守派抗拒"研究"这个词，因为它听起来非常"美国式"，并且太过学术味。但 1959 年之后，研究工作扩张得很快，并于 1964 年成立了一个新的经济情报部门（Hennessy，1992：第 316～323 页）。1968 年，查尔斯·古德哈特（Charles Goodhart）就任该行经济顾问，明显提升了英格兰银行在经济与计量经济分析方面的能力（Goodhart，1984：第 1～19 页）。英格兰银行早期预测所使用的模型是"由伦敦商学院首次开发的"（Bank of England，1976：第 444 页），这又是一个中央银行与学术界进行合作的例子。

在日本银行，无论毕业生们的学位是经济学还是其他学科，他们都会接受经济学方面的内部培训，然后最有前途的新成员会被送到海外从事经济学的博士后研究（Komiya 和 Yamamoto，1981：第 271～272 页）。经济学家给中央银行的工作带来了新的思想和不同的逻辑方法。经济学专业毕业生不只仅供职于中央银行研究部门，但他们中的很多人的确认为这里是比较理想的工作场所。

人们希望中央银行的经济学家们能进行实证研究。斯普罗无暇顾及那些喜欢"天马行空的想象和形而上学拐弯抹角"的经济学家（Ritter，1980：第 10 页）。中央银行更愿意雇用那些持温和观点的而不是受意识形态主导的经济学家。对中央银行的经济学家来说，给行长或者政府找难堪不是一种好的职业规划策略。服从是日本银行特别看重的优点。据内部人士称，20世纪60年代的日本银行研究部塞满了"应声虫"（yes men），他们按准军事化规则运作（Werner，2002：第47~49页）。同时，像挪威银行那样拥有可信赖的内部经济学专家的中央银行，在反对难以接受的政府政策方面处于更强势的地位（Bergh，1981：第166页）。

总结

　　与此前和此后相比，西方发达国家的中央银行在第二次世界大战和20世纪60年代中期之间取得了可观的成绩。通货膨胀得到控制，也没有发生威胁到金融稳定的银行业危机，这些都是使用包括广泛的直接管制在内的方法所取得的成效。大多数情况下，中央银行和政府密切协作。这个在20世纪40年代建立起来的安逸世界到了60年代后期开始瓦解，但也不能因此贬低此前20年的成功。1945年之后，中央银行为追求更高的安全性牺牲了金融市场的效率。即便如此，金融市场仍在中央银行的鼓励下继续发展。中央银行自身也经历了20世纪40年代和60年代的发展（有时也可以包括50年代）。与营造帝国相比，杰出的中央银行家对子孙后代更感兴趣，但面对松散的预算约束，他们没有控制成本的动机。到20世纪40年代，中央银行家变成了公职人员兼银行家。经济学家在20世纪60年代之前也加入进来，中央银行正在向我们今天所熟悉的多学科组织转变。

第九章 布雷顿森林体系时期中央银行的再次合作

联合国货币和金融会议建议尽早关闭国际清算银行。

——布雷顿森林会议最后文件第5条决议，1944年

引自贝尔（Baer, 1999：第361页）

1960年9月，国际货币基金组织年度会议正式提出美元汇率问题。两个月之后的肯尼迪大选对安抚市场帮助不大。正是在这样的背景下美国"重新注意到"国际清算银行。

——Claudio Borio 和 Gianni Toniolo（2008：第45页）

20世纪40年代，中央银行之间的国际联系与活动引起了相当大的怀疑，尤其在一些布雷顿森林协定的缔约国。国际清算银行在战前热衷金本位制，还被视为轴心国的合谋者，这些污点使人们对国际清算银行持有特殊敌意。布雷顿森林协定是政府间行为，中央银行很大程度上承担体系运行方面的从属性技术任务。从1945年到20世纪70年代初布雷顿森林体系汇率制度终结为止，中央银行和国际清算银行竭力重建在国际舞台上的影响力。中央银行的成功非一日之功，很大程度上要归功于布雷顿森林体系及其委托代理人——国际货币基金组织的缺陷。到20世纪70年代，中央银行已经逐渐恢复了它们在20世纪30年代和40年代失去的地位。

战时的国际清算银行

1939年9月战争爆发时，交战双方以及中立国的中央银行都十分希望国际清算银行继续运作。没人能够预知敌对状态会持续多久，人们还希望国际清算银行能参与金融重建。各中央银行指示本国在国际清算银行的职员与来自敌国的同事和睦相处（Jacobsson，1979：第141页）。然而，1940年德国入侵西欧之后，这种表面上的和气难以维持了。时任国际清算银行总裁的托马斯·麦基特里克（Thomas McKittrick）承认，一些职员和他们的家庭成员"开始彼此仇视"［引自托尼奥罗（Toniolo，2005：第222页）］。

随着中央银行间交易减少，员工人数受到削减，国际清算银行变得更像一个清谈俱乐部兼研究机构。托尼奥罗（Toniolo，2005：第229~230页）认为，国际清算银行成员身份是来自轴心国的职业中央银行家们体面的遮羞布。意大利中央银行家支持国际清算银行是因为他们将国际清算银行视做德国金融力量的对手。双方的政府都唯恐国际清算银行会被敌方操纵。

国际清算银行试图保持中立，它设计了详尽的规范，避免参与可能被认为是支持战争任意一方的事务（Toniolo，2005：第215~217页）。国际清算银行官方史承认，这些规范并不总是成功的（Toniolo，2005：第257~259页）。美国银行家麦基特里克（McKittrick）在战争前夕被选为国际清算银行总裁，并一直任职至1946年。1943年，尽管不再是一个中立国的公民，他仍得以连任，因为同盟国和德国人都能够接受他的存在（Toniolo，2005：第 224 ~ 226 页）。战时的国际清算银行是一个"信息磁场"（Jacobsson，1979：第 151 页）。在履行职责期间，国际清算银行的官员造访柏林、伦敦、华盛顿和其他首都城市，从而对交战国的想法有独到的洞察。国际清算银行经济顾问佩·雅各布森（Per Jacobsson）是瑞典人，他在 1943 年到访柏林，与德国政府讨论英国和美国对战后货币重建的提议（Toniolo，2005：第 231 页）。在这种场合下，国际清算银行的人不可避免地会告诉东道国一些有关敌对一方的动态，哪怕只是小道消息。雅各布森本人同情同盟国。1942 年他从美国回来后，德意志帝国银行的埃米尔·普尔来拜访他，询问美国人对德国的看法。雅各布森随后把这次会面告诉了他的朋友艾伦·杜勒斯（Allen Dulles），后者是美国战略服务处（中央情报局前身）欧洲部的负责人（Jacobsson，1979：第 152 ~ 154 页）。1945 年，在日本委员会及银行职员的要求下，雅各布森试图在东京和华盛顿之间进行调解，但没有成功（Jacobsson，1979：第 169 ~ 177 页）。

国际清算银行继续为中央银行开展有限的业务。比如在德国接管之前安排西欧国家的黄金储备向美国转移。但它也参与了一些相当冒险的活动。1941 年，法兰西银行正处于德国影响（如果还不算控制的话）之下，国际清算银行协助其把黄金转移至葡萄牙银行换取原本可能用来支援轴心国的葡萄牙货币。它代表德意志帝国银行向匈牙利和南斯拉夫进行了可疑的支付，还代表罗马尼亚和保加利亚的中央银行进行交易活动，这两国都是轴心国的支持者（Toniolo，2005：第 238 ~ 245 页）。

在交战国强大的压力之下，国际清算银行为了生存不得不做出妥协，这对诸如瑞士、瑞典、葡萄牙和西班牙等中立国来说也是如此。由于银行日常业务紧缩，国际清算银行严重依赖于战前在德国的投资收益，这些投资是该行参与杨格计划（Young Plan）的遗留资产。国际清算银行无视有关德国正在使用从比利时国家银行掠夺的黄金支付利息的警告。后来它还透露，从荷兰盗来的黄金和一小部分从大屠杀受害者处抢来的黄金也作为利息支付给了国际清算银行（Toniolo，2005：第 247 ~ 252，257 ~ 258 页）。然而，洛斯（Schloss，1958：第 117 页）认为，如果国际清算银行拒绝接受德国的黄金，对它的批评也不会减少：国际清算银行的管理部门"可能会因为援助德国允许其持有黄金而受到指控……以及无视银行债权人的利益而受到指控"。换句话说，国际清算银行无法避免这样或那样的谩骂。1948 年，国际清算银行同意把 3740 千克掠夺来的黄金归还给它们原先的主人。这次让步之后，国际清算银行在战争期间被冻结的美国资产也被解冻了（Toniolo，2005：第 278 页）。

无论是对还是错，不仅在美国，而且在一些欧洲国家，国际清算银行都被看做是相当阴暗且不受欢迎的组织。在美国联邦储备系统内部，只有纽约联邦储备银行对它表示些许同情（Toniolo，2005：第 267 页）。国家清算银行不愿谴责轴心国，这可能很容易被解读为一种背叛。保罗·爱因齐格（Einzig，1960：第 240 页）曾经是最知名的国际清算银行的批评者之一，他后来公开认错，承认国际清算银行保持着"严谨的中立"。如果国际清算银行在 1939 年或 1940 年迁址到英国并且全心全意地支持同盟国，它在影响战后发展方面可能会处于更加有利的地位，但没有迹象表明这些选项曾经被考虑过。

布雷顿森林体系

1944 年 7 月在新罕布什尔州华盛顿山酒店召开的布雷顿森林会议标志着中央银行家地位和影响力在历史上的一个低点。来自超过 40 个同盟国和中立国的代表参加了这一会议，会议的目的是设计一个可以使战后世界免予重复 20 世纪 20 年代和 30 年代错误的国际货币体系。英国代表团团长凯恩斯曾嘲讽地把布雷顿森林描绘成由罗斯福总统组织的一个"巨大的猴子园"（Cesarano，2006：第 167 页）。布雷顿森林协定背后的很多思想都来源于凯恩斯对战争期间的经济问题和补救措施的分析（Cesarano，2006：第 206 页）。布雷顿森林会议的基本原则是：国际货币体系要能够阻止那些曾给 20 世纪 20 年代和 30 年代的经济带来破坏的资本流动、汇率和产出的剧烈波动。

会议代表面临着两种可选计划，一种计划由凯恩斯提出，另一种计划由美国学者及财政部代表哈里·怀特（Harry White）提出。两种计划都设计成固定或"钉住"汇率制，并有向暂时发生国际收支赤字的国家提供贷款的国际方案的支撑。这些贷款可以使逆差国保持钉住汇率而无须经受剧烈的通货紧缩，尽管一些内部调整可能仍然是必要的。凯恩斯和怀特在国际方案的设计上有所不同。凯恩斯建议成立一个清算联盟，或者说一种国际中央银行，它能够发行自己的货币，并为逆差国提供数量慷慨的贷款。他预见到各国中央银行在这一方案的管理中将发挥主要作用。怀特的提议没有那么野心勃勃，他建议设立一个可以借出有限数量成员国货币给债务国的基金。他的计划不如凯恩斯的那样慷慨，按照他的计划，赤字国不得不尽快且更强烈地紧缩经济。这一计划更明显地属于政府间领域，中央银行作用更小。怀特的支持者认为凯恩斯的计划有通货膨胀倾向；凯恩斯的支持者则认为怀特的计划过于吝啬，且有通货紧缩倾向。

最终的协定更接近怀特计划而不是凯恩斯计划。美元以每盎司 35 美元的汇率钉住黄金，其他国家将自己的汇率直接钉住美元，或者通过英镑或法国法郎间接与美元挂钩。美国以黄金的形式持有外部储备，其他成员国可以持有黄金、美元、英镑或法国法郎。汇率只能在出现"根本性失衡"（并未清晰界定）情况下才能做出调整，上调或下调汇率超过 10% 需要得到国际货币基金组织的同意。布雷顿森林协定的缔约国需要在国际货币基金组织存入黄金和本国货币。逆差国可以从国际货币基金组织借款，但数额有一定的上限。布雷顿森林体系的成员国可以限制资本账户交易——对热钱流动带来不稳定影响的担忧是普遍存在的，但是他们应在战争结束后尽快恢复经常账户可自由兑换。由于美国认购的资本份额最大，国际货币基金组织由美国政府主导，在初期尤其如此。除了国际货币基金组织，国际复兴开发银行（世界银行）的建立也是为了帮助重建被战争破坏的经济。国际货币基金组织和世界银行的主角是政府而不是中央银行，尽管很多中央银行家代表他们的政府被借调到这两家机构。换句话说，中央银行家走的是后门，他们不能控制布雷顿森林协议下的机构（Van Dormael, 1978；Gardner, 1980；Eckes, 1975；Cesarano, 2006；Bordo 和 Eichengreen, 1993；Helleiner, 1994：第 25 ~ 50 页）。

詹姆斯（James, 1999a：第 323 ~ 324 页）解释说，"国际货币基金组织建立时，人们对中央银行的看法仍然停留在两次世界大战期间中央银行的失败上：人们还记得，作为在固定汇率体制下调节的一部分，中央银行强行推动了令人无法忍受的通货紧缩措施。"在战后世界的汇率体制设计方面，人们不再信任中央银行家。但是人们还是理所当然地认为，（或多或少的）固定汇率制度是令人满意的。当时最有影响的汇率政策研究认为，汇率的波动在两次世界大战期间加剧了全球动荡（Nurkse, 1944）。回顾过去，我们可能会产生疑问：这真的是我们应该吸取的教训吗？

按照 20 世纪 20 年代的标准，布雷顿森林协定的多个方面都可以算是有关货币的异端邪说。的确，布雷顿森林协定是凯恩斯经济学和新政民粹主义（New Deal populism）的结合体，后者怀疑（所有的）银行家，但信奉计划经济。以国际清算银行的保守视角来看，凯恩斯计划和怀特计划都不够令人满意。雅各布森认为战后主要的宏观经济威胁是通货膨胀而不是通货紧缩。由此而论，凯恩斯计划的弱点是它具有高度的通货膨胀倾向。另一方面，怀特计划虽然没有通货膨胀倾向，但它排除了传统的货币正义保护者——中央银行家的影响（Jacobsson，1979：第 178～185 页）。但此阶段，国际清算银行的看法几乎无足轻重。

　　一些中央银行官员作为国家代表团成员而不是独立代表出席了布雷顿森林会议。凯恩斯本人就是英格兰银行的董事。澳大利亚代表团由澳大利亚联邦银行经济学部主管莱斯利·梅尔维尔（Leslie Melville）带领，他被政府牢牢掌握着（Cornish，1993）。马里纳·埃克尔斯是美国代表团成员，美国联邦储备系统也派员担任会议工作人员（Meltzer，2003：第 617 页）。美国联邦储备系统没有对布雷顿森林会议施加很大影响。怀特计划是由美国财政部提出的，它对国外（也许还有国内）中央银行家们持怀疑态度。美国联邦储备系统对这一计划的支持相当冷淡。当时美国联邦储备系统的主流观点认为支持财政部是最好选择，要么是因为原则上国际合作是个好主意，要么是因为公然违抗摩根索（Morgenthau）部长及政府是不理智的。但纽约联邦储备银行的斯普罗和他的导师约翰·威廉姆斯（John Williams）对此表达了强烈不满。斯普罗和威廉姆斯认为怀特和凯恩斯的计划都不会起作用，因为它们忽视了从战争到和平的过渡问题，并且在完成过渡之后逆差国也不能受到足够的约束。威廉姆斯是经济学家，也是纽约联邦储备银行的副总裁和研究部主管，他认为战后协定应该建立在美国和英国这两个世界主要货币管理者双边合作的基础之上（Williams，1978）。纽约的银行界和纽约联邦储备银行有着同样的担忧。由于不想被堵住嘴，威廉姆斯拒绝出席布雷顿森林会议。随后纽约联邦储备银行公开批评会议决议，激起了埃克尔斯和财政部的愤怒（Meltzer，2003：第 612～627 页）。最终，"美国联邦储备系统从未正式考虑过布雷顿森林协定，也没有被要求这样做"（Meltzer，2003：第 585 页）。在所有参加布雷顿森林会议的中央银行家中，加拿大银行的路易斯·拉斯敏斯基作出了最有建设性的贡献。加拿大的政策是要避免英美之间出现裂痕，拉斯敏斯基承担了中介和调和者的职责（Muirhead，1999：第98~112页）。

对于布雷顿森林会议上的提议，英格兰银行有一些和纽约联邦储备银行相同的疑虑，尤其是在缺乏适当的过渡机制方面。英国也不赞成美国财政部对快速推动经常账户可自由兑换的建议（Fforde，1992：第49~62页）。英国的出口产业需要至少五年的时间才能从战争中恢复过来，战时海外资产的出售还减少了利息和股息收入。此外，几个英联邦国家通过在战争期间向英国供给货物和服务积累了大量英镑债权（英镑贷款），这些贷款以后或许会被用在北美等地。在这种情况下英国怎么能恢复经常账户可兑换呢？英格兰银行还认为，布雷顿森林会议试图确认美元作为世界主要货币的地位，并因此压制了英镑。英格兰银行只有一位官员——乔治·博尔顿（George Bolton）出席了布雷顿森林会议，他以一种"消遣式的超然态度"（Fforde，1992：第61页）观察会议进程和凯恩斯的表演。尽管英国人对布雷顿森林会议的分歧并不比美国人小，他们还是和大多数其他国家一同签署了最终协定。但新西兰对国际银行家存在猜疑，直到1961年才跟随这些国家走上了布雷顿森林道路（Singleton，1998）。苏联也拒绝批准布雷顿森林协定。

在哈里·怀特和美国财政部的鼓励下，挪威代表团在布雷顿森林会议上提议，应在新的国际货币体系建立之前关闭国际清算银行。他们要求调查国际清算银行在战争时期的记录。美国代表团首席法律顾问安塞尔·卢卡斯方德（Ansel Luxford）认为，国际货币基金组织的成员应限制在那些中央银行公开谴责国际清算银行的国家范围内。只有英国和荷兰代表对国际清算银行表达了些许同情。凯恩斯习惯性地认为美国人的立场令人生气，荷兰代表团团长则认为卢卡斯方德的介入"十分愚蠢"（Beyen，1949：第177页）。在一番争执之后，挪威人对国际清算银行的调查提议以及卢卡斯方德的建议都被否决了。各国签署了折中的方案，要求国际清算银行"尽可能早地"关闭。对国际清算银行的普遍憎恶来源于几个方面。除了被指控与德国勾结，国际清算银行还被看做是金本位思想的残余，还有人担心它会成为国际货币基金组织的潜在竞争对手。怀特和美国财政部憎恶国际清算银行，是因为它看起来像一个欧洲派系。战争接近尾声时，美国政府急于进入国际清算银行的清偿关闭阶段，但欧洲人开始拉他们的后腿。中央银行的意志没能很好地在布雷顿森林会议中体现出来。会议过后，包括英格兰银行在内的欧洲中央银行开始聚集在国际清算银行周围，为自身的利益游说政府。面对欧洲的犹豫不决，美国人认为不值得清理关闭国际清算银行了（Toniolo，2005：第 267 ~ 282 页；Schloss，1958：第 118 ~ 121 页；Kahler，2002）。

从战后重建到货币可自由兑换

1945 年 4 月，罗斯福总统去世，他的继任者哈里·杜鲁门总统更加赞同威廉姆斯的关键货币理论，更愿意倾听纽约银行家们的想法。1945—1946 年布雷顿森林体系钉住汇率制确定后，美国的政策重点开始转向达成英镑可自由兑换上，并将其视为经常账户多边可自由兑换的第一步。美国政府向英国提供了 37.5 亿美元的贷款，并约定英国必须提早恢复可自由兑换。1947 年 7 月是选定的最后期限——远远早于凯恩斯、英格兰银行和英国其他人的设想。为减少英国准备金的压力，印度、巴基斯坦和埃及的英镑存款余额被部分冻结。1947 年 7 月，英镑经常账户可自由兑换如约恢复，但由于黄金和美元储备快速下降，自由兑换在 1947 年 8 月被迫暂停，并一直持续到 1958 年（Cairncross，1985：第 121 ~ 164 页）。看到英镑的惨败后，其他国家决定维持在经常账户交易上的广泛限制。1949 年，包括英镑在内的欧洲货币发生大幅贬值，全面实施布雷顿森林体系的步伐停顿下来。汇率已被钉住，国际货币基金组织和世界银行已经开始运作，但除美国之外的大多数国家仍依赖外汇管制来维持钉住汇率。

这种情况下中央银行和国际清算银行在哪里呢？布雷顿森林体系一开始的错误就是没能重建中央银行家们在国际金融外交中的主导地位。与 20 世纪 20 年代不同（Ahamed，2009），国际货币政策的轮廓仍然由各国政府塑造。中央银行家们对大多数事务提供参考意见，实施政府和国际货币基金组织做出的决策，但他们并不起带头作用。但是，中央银行家们之间仍经常会面，并就当时的主要问题保持通讯联系。国际清算银行委员会会议在 1946 年末恢复。

中央银行家们继续被借调至国际货币基金组织和世界银行任职。实际上在布雷顿森林机构中，大国可以任命本国的执行董事和候补者。1948—1966 年，在国际货币基金组织和世界银行中的澳大利亚执行董事和候补人员由财政部和中央银行人员轮流担任，中央银行家常常占其中之一（Schedvin，1992：第109页）。这种合作形式很普遍，更小的国家则聚在一起，共同选出一个执行董事，轮流担任这一职务。

英镑区国家——由英联邦国家和英国除去加拿大再加上一些像冰岛这样的小国组成——把他们的黄金和美元储备集中在一起。海外英镑区国家被要求（殖民地则被强令）在英格兰银行把他们的美元收入兑换成英镑。这样就可以将英镑存入英格兰银行，或是换成国库券或其他可交易英镑证券（新西兰储备银行，1963：第16页）。英镑区国家原则上可以利用集中起来的黄金和美元，进行对美国、加拿大或其他"硬通货"国家的支付。然而实际上，印度、巴基斯坦、缅甸、锡兰、伊拉克、埃及和殖民地区对美元黄金总库的使用权是受到限制的，但对英镑区的白人国家唯一的限制就是道德约束（Bell, P. W.，1956；Schenk，1992，Shenk，1994；Schenk，2010；Singleton 和 Robertson，2002）。无论英镑区有利或弊，它的运作需要中央银行家之间的密切合作，在为政府提供建议和监督外汇管制措施方面尤其如此。英格兰银行是黄金和美元库的管理者，就像这张网中心的那只蜘蛛。

清偿关闭的威胁远离之后，国际清算银行开始重建，并着手寻求为成员国提供服务及施加影响的新方式。它和布雷顿森林机构之间建立了工作关系。1947年8月，当世界银行启动一项欧洲任务时，国际清算银行总部为它提供了办公场所。1948年，国际清算银行帮助世界银行向瑞士银行发行债券，并在自己的投资组合中购买了部分债券。国际清算银行代表从1948年起开始出席国际货币基金组织和世界银行的年会，它还和纽约联邦储备银行保持着亲密的关系，甚至它和美国财政部的关系也开始缓和（Toniolo，2005：第300~301页）。

就在1947年7月英国尝试实行经常项目可自由兑换之前一个月，美国国务卿乔治·马歇尔将军（George Marshall）宣布了一揽子新的欧洲援助计划，后来被称为马歇尔计划。该计划的目标是为了帮助欧洲复苏，并为抵御共产主义建造更强的壁垒。援助款项支付的条件是，受援国要与邻国合作，并着手推动欧洲内部贸易和支付的自由化。7月和8月发生的兑换危机给马歇尔的计划带来了更多的推动力。实际上，英国有望成为马歇尔援助计划的最大受益者。作为对美国援助的回应，欧洲人成立了欧洲经济合作委员会（OEEC）。法国、意大利和比荷卢经济联盟（比利时、荷兰和卢森堡）开始了一项对贸易盈余和赤字进行月度双边结算的计划。这个小团体被称为支付协定委员会（Committee on Payments Agreements）。在某次重要会议上由于国际货币基金组织的代表没有出现，它们于是开始寻求国际清算银行官员的技术协助。1947 年 11 月，在国际清算银行的协助下，它们起草并签订了多边货币合作协议（Agreement on Multi-lateral Monetary Cooperation）。此外，在此次以及随后的两个计划中，国际清算银行还被选定为支付代理人（Toniolo，2005：第 301 ~ 308 页；Jacobsson，1979：第 192 页）。中央银行十分希望国际清算银行承担这一任务，它们相信在拒绝政治干预方面，国际清算银行比任何机构都有优势（Helleiner，1994：第 54 页；Fforde，1992：第 177 ~ 178，205 ~ 206 页）。

尽管范围有限，但 1947 年 11 月的协定是欧洲货币走向更加密切合作的一步，它也为国际清算银行提供了树立新形象的机会。美国急于加强欧洲贸易和货币合作，是因为作为政治、经济和军事伙伴，西欧的强大和统一具有重要意义，尽管这将带来对美元和美国出口品的进一步歧视（Hogan，1987；Milward，1984）。为了设计一个更可靠的欧洲支付协定，欧洲政府和中央银行、美国政府、美国联邦储备系统、国际货币基金组织以及世界银行之间开始进行新一轮的磋商。到了 20 世纪 40 年代末期，与多边政策细节相比，美国更关心西欧的复苏。国际货币基金组织同意容忍建立欧洲支付联盟（European Payment Union，EPU）的提议，尽管这个地区性安排与布雷顿森林会议的理念不相一致。原则上，国际清算银行赞同多边而不是地区性框架，但面对与欧洲支付联盟一起工作的机会，它无法再挑剔什么（Toniolo，2005：第 333 页）。

1950 年欧洲支付联盟开始运作，它收到了马歇尔援助基金提供的 3.5 亿美元的拨款，用作欧洲内部的贷款（Eichengreen，1993：第 26 页）。简言之，欧洲支付联盟类似于一个地区性的国际货币基金组织，几乎囊括了包括英国在内的所有西欧国家，间接地包括海外英镑区、法国及荷兰。欧洲支付联盟的成员国如与其他成员国之间出现暂时性逆差，可以从欧洲支付联盟获得贷款，贷款额度是预先确定好的。最终结算则通过黄金和美元进行。作为计划的一部分，欧洲支付联盟成员之间将分阶段放开经常账户的外汇管制（Kaplan 和 Schle-iminger，1989）。在这方面，欧洲支付联盟非常成功。

比利时人建议欧洲支付联盟可以由欧洲中央银行行长委员会来管理，但中央银行家们自己并不喜欢这个主意，因为他们不想给国际清算银行树立一个竞争对手。相反，一个政府间的欧洲支付联盟管理委员会成立了，国际清算银行成为财务代理，"保管账簿和资金"（Schloss，1958：第124页）。当中央银行家们聚集在巴塞尔举行国际清算银行月度会议时，代表欧洲支付联盟成员国的银行家们可以讨论联盟的事务，并寻求国际清算银行工作人员的建议。国际清算银行对欧洲支付联盟的实际贡献实际上超过了账簿保管。1950—1951年，借款限额用尽的联邦德国出现了支付危机，欧洲支付联盟管理委员会邀请国际清算银行的佩·雅各布森和欧洲经济合作委员会的亚力克·凯恩克罗斯（Alec Cairncross）到访德国并就经济形势做报告。他们的政策建议在一定程度上帮助联邦德国和欧洲支付联盟克服了困难（Dickhaus，1998：第168页）。

几位国际清算银行人员被委派到欧洲支付联盟工作，他们接收来自成员国中央银行的信息，并通过机械计算器（不是电子计算机）的协助计算每个中央银行的月度净头寸，"将要收到或支付的黄金或美元，以及可以获得或借出的自动信贷额度"（Kaplan和Schleiminger，1989：第339页）。当欧洲支付联盟需要向中央银行进行支付时，国际清算银行就从一个美国财政账户中提取资金；当中央银行向欧洲支付联盟进行支付时，国际清算银行就把收到的资金投资于美国国库券或政府债券，或是存放在巴塞尔的某个账户上。国际清算银行在几个国际中心账户上的黄金为欧洲支付联盟专用。为方便结算，中央银行在国际清算银行拥有黄金账户。这时，黄金和美元是可互换的。

1958年，当欧洲货币最终实现了与美元在经常账户上的可自由兑换时，欧洲支付联盟被关闭。这一成功源自多方面：相比于美国工业，欧洲工业的表现在好转；美国向欧洲及世界其他地区提供了高水平的援助和投资。虽然欧洲支付联盟的贡献不应被夸大，但它无疑加强了欧洲的团结和自信，为经常项目可自由兑换的实现提供了平台（Eichengreen，1993）。通过参与欧洲支付联盟事务，国际清算银行展示出了为管理国际货币体系作出宝贵贡献的能力，这一点最终得到了它的老对头——美国政府的承认。1954年，在向欧洲煤钢共同体（欧洲经济共同体前身）发放贷款时，美国当局也寻求与国际清算银行进行合作。如果对议程感兴趣，则会有一名纽约联邦储备银行的观察员出席国际清算银行的会议（Toniolo，2005：第318~320页）。

1956年12月，当雅各布森离开国际清算银行成为国际货币基金组织常务董事时，此时的氛围与1944年国际清算银行遭到排斥的情形已经大相径庭。到了 20 世纪 50 年代中期，正如约翰·威廉姆斯预计的那样，主要经济体分成几个小团体，在国际货币基金组织和国际清算银行共同协助下处理国际货币问题。在某些方面，国际清算银行能够提供更为便捷的服务，因为它没有国际货币基金组织那么臃肿和官僚主义（Helleiner，1994：第 96 页）。中央银行家的地位最终得以恢复。雅各布森曾经与国际清算银行的同事讨论国际货币基金组织对他任职的邀请时，除了一人以外的其他所有人都建议他拒绝。1932 年起任职于国际清算银行董事会的奥托·尼迈耶爵士（Sir Otto Niemeyer）提醒他说，国际货币基金组织没有前途，他在那里是浪费时间（Jacobsson，1979：第 283 ~ 284 页）。尼迈耶的建议并不太好，雅各布森接受了新工作，然而有人认为国际清算银行比国际货币基金组织有更好前途这一事实已经说明了世界在很短的时间内发生了多么大的变化。

布雷顿森林体系的运作

经常账户可自由兑换并非"乐土"。20 世纪 60 年代，旧问题未了，新问题又纷至沓来。中央银行家、政府官员和政客们卷入一场更加疯狂的试图挽救布雷顿森林体系的运动中。库珀（Cooper，2008：第 88 页）认为，在 20 世纪 60 年代，"曾在 20 世纪 30 年代胎死腹中的多边中央银行合作真正诞生了"，但中央银行家和政府又一次失败了。1971 年 12 月到 1973 年年中，世界从钉住汇率变为了浮动汇率。幸运的是，20 世纪 60 年代和 70 年代的危机并不像 20 世纪 20 年代和 30 年代那么糟糕，中央银行合作的精神也没有瓦解。从 1961—1975 年在纽约联邦储备银行任高级副总裁的查理·库姆斯（Charlie Coombs，1976）生动地描述了一次跨大西洋的金融外交，这次他给予中央银行家比财政部官员和政客更多的赞扬。同样是美国联邦储备系统的官员，罗伯特·所罗门（Robert Solomom，1982）对布雷顿森林体制汇率制度的失败做了另一种叙述。受篇幅所限，在此不赘述其中细节。

很明显，随着世界经济活动的扩张，需要的国际储备也越来越多。与此同时，对英镑和美元这些传统储备货币的信心却在下降。美元和英镑的储备量相对终极储备——美国政府持有的黄金——在增加。如果银行的准备金率降低太多，存款人就会陷入恐慌，这一原理同样适用于国际货币事务。20 世纪 60 年代，美国国际收支逆差迫使布雷顿森林体系其他成员国的中央银行不得不积累起美元储备。但各国政府和中央银行对持有大量美元感到越来越不安，这些获得的美元还需要把更多本国货币注入经济，从而引发了各国通货膨胀的压力。中央银行通过卖出债券冲销货币流入的行动又进一步推高了利率，利率的提高又吸引了更多的美元流入。美国政府对资本外流实施的管制措施（此前政府避免采取这类管制方式）也没能阻挡这一潮流。20 世纪 60 年代后半叶，越南战争的巨额开支恶化了美国国际收支，同时美国政府发现黄金供应商对 35 美元每盎司的黄金官价没了兴趣，使得获取更多的黄金储备变得困难。而提高黄金价格——实际上是使美元贬值——对美国来说是耻辱，对国外美元持有者来说则是警醒。而且，提高黄金价格对于包括南非和苏联在内的那些政治上不受欢迎的黄金生产国而言，无异于是飞来横财（Eichengreen，1996：第 113 ~ 135 页；Aldcroft 和 Oliver，2001：第 102 ~ 120 页；James，1996：第 148 ~ 259 页；Gavin，2004）。

从 1960 年 12 月起，查理·库姆斯开始定期出席国际清算银行的董事会议——尽管此时纽约联邦储备银行仍不是国际清算银行的正式成员（Toniolo，2005：第 364 ~ 365 页）。美国在 1994 年才获得国际清算银行席位。20 世纪 60 年代，加拿大银行和日本银行以观察员的身份参加国际清算银行的董事会议。美国中央银行高级官员在巴塞尔的出现，表明美国人自己已经意识到美元的地位已经受到了削弱。正如加文（Gavin，2004：第 88 页）指出的那样，20 世纪 60 年代的十年是美国金融显现脆弱性且霸气不再的十年。拯救美元需要欧洲的支持，而与欧洲中央银行家会面的最佳地点就是巴塞尔。1961 年 3 月，美国财政部开始干预外汇市场，这是自第二次世界大战以来的首次干预。1962 年 2 月，美国联邦储备系统获得授权，使用自己的账户参与外汇市场操作（Bordo、Humpage 和 Schwartz，2007：第 125 页）。它还积极寻求和欢迎其他中央银行的合作。比如在 1961 年 3 月，纽约联邦储备银行接受意大利银行吉多·卡利（Guido Carli）的报价，买入了价值 1 亿美元的意大利黄金储备（Toniolo，2005：第 369 页）。美国接受意大利的帮助进一步证明，自马歇尔计划以来国际经济发生了多么大的变化。

为了保护英镑和美元，虽然用尽各种手段，但都无法消除根本性的失衡。

1960 年 11 月，为了阻止黄金市场价格大幅超过 35 美元每盎司，多家中央银行开始干预黄金市场，这样的干预被认为对维持美元信心十分必要。1961 年，由美国、英国、法国、联邦德国、比利时、意大利、荷兰和瑞士中央银行组成的所谓"黄金总库"形成。直到 1968 年之前，它在伦敦黄金市场上进行操作，有时减持黄金，有时买回黄金（James，1996：第 159 ~ 160 页；Eichengreen，2007：第 35 ~ 71 页）。

另一种保护软通货的办法是中央银行互换机制，这是由一位法兰西银行官员提出的（Cooper，2008：第 90 ~ 91 页）。互换涉及同时进行即期和远期交易。比如，美国联邦储备系统可以获得 3 个月的法郎使用权，同时法兰西银行能够在相同时期内使用同等价值的美元。互换协议通常会续约，但大多数都在一年以内完成。互换交易网络的扩张非常迅速。到 1962 年底，美国联邦储备系统已经同 9 家中央银行及国际清算银行建立起总值 9 亿美元的互换交易网络（Bordo、Humpage 和 Schwartz，2007：第 127 页）。查理·库姆斯负责纽约联邦储备银行的互换操作。

中央银行还相互提供短期信贷。比如在 1961 年，英格兰银行就获得了由 8 家银行联合发放的价值 9.1 亿美元的"巴塞尔信贷"。1964—1968 年，它还从更多的中央银行贷款，但即使这样也无法阻止英镑对美元价值在 1967 年下跌了 14.3%。1968—1969 年，法国法郎也从其他中央银行及国际清算银行那里获得了类似的援助（James，1996：第 161 ~ 165，183 ~ 197 页）。正如此前一样，中央银行间的合作强度与意愿水平起伏不定。

作为防御性操作的一部分，中央银行和国际清算银行监督并试图引导欧洲货币市场的发展，欧洲货币市场是离岸货币——尤其是美元——的借贷市场。欧洲货币市场的发展是 20 世纪 60 年代国际资本流动再次兴起的表现（Cassis，2006：第 219 ~ 223 页；Battilossi，2000）。国际清算银行和一些中央银行担心欧洲货币市场的宏观经济效应，以及它对汇率体系和银行业稳定的影响。然而，由于包括英格兰银行在内的几家中央银行决心促进本国金融中心的发展，控制欧洲货币市场的愿望就缓和下来。一些中央银行还把自己的资金放在欧洲货币市场上，但在 20 世纪 70 年代早期此举受到国际清算银行的打击（Toniolo，2005：第 452 ~ 471 页）。

主要资本主义国家的政府不愿太过依赖国际货币基金组织，它们常进行双边合作，或是通过像国际清算银行这样相对较小的团体进行合作。不过，国际货币基金组织的确对支持布雷顿森林体系作出了实质性的贡献。1961 年，在借款总安排（General Agreement to Borrow，GAB）下，国际货币基金组织通过从被称为 G10 的 10 个富裕国家借款补充了自己的财力。G10 成为国际货币基金组织和国际清算银行之外的第三个国际合作舞台。来自 G10 国家的中央银行家参加 G10 会议。在对国际货币体系变革进行详尽的磋商之后，国际货币基金组织创设了一种新的国际储备资产——特别提款权（Special Drawing Right，SDR），并在 1970 年进行了第一次分配（Eichengreen，1996：第 118～120 页；Solomon，R.，1982：第 128～150 页）。

G10 的中央银行行长（或者他们的代表）和黄金总库的成员（基本上是同一群人）一同参加国际清算银行的月度会议（Baer，1999：第 351 页）。尽管国际清算银行和国际货币基金组织在某些方面仍是对手，但它们保持着密切联系，并都致力于维护固定汇率体系。作为国际货币基金组织的常务董事，雅各布森多次到访巴塞尔（Jacobsson，1979：第 293，335，338，365，390 页）。国际清算银行官员和重要的中央银行行长也经常访问位于华盛顿的国际货币基金组织。华盛顿、纽约、巴塞尔、伦敦、巴黎和德意志联邦银行所在地法兰克福可以说构成了一个中央银行巡访圈。像特别提款权这样由国际货币基金组织提出的创新举措被国际清算银行仔细地讨论过。20 世纪 60 年代，德意志联邦银行和日本银行在这个中央银行圈中表现突出，它们不仅代表着两个最有活力的经济大国，而且还是大量美元流入最不方便的两个国家。国际清算银行成员不断增加，吸收了一些欧洲之外的中央银行，1970 年吸收了加拿大银行、日本银行和澳大利亚联邦储备银行，南非储备银行也在 1971 年成为会员（Toniolo，2005：第 361 页），但却没有诸如印度等发展中国家的一席之地。巴塞尔是一个远比国际货币基金组织亲密的富人俱乐部（Toniolo，2005：第 363～369 页；Simmons，2008：第 175 页）。中央银行的世界逐渐成为拥有共同学术观点和价值的认知共同体，它们对于控制超额需求和更有效地管理预算有着共同的政策药方。有时，对这一共同体的忠诚度甚至超越了各自国家立场（Helleiner，1994）。

20 世纪 70 年代初，所有维持固定汇率体系的努力全部失败。意大利银行在 1968 年年度报告中指出，"国际货币体系的正常运作需要美国和英国的国际收支恢复平衡"（Carli，1993：第 267 页）。然而，指出问题并不等于找到答案。

美元在 20 世纪 60 年代后半期的疲软由于三方面原因而恶化：一是法国总统戴高乐将军（De Gaulle）决定把美元兑换成黄金，二是 1967 年维持英镑平价的最后一搏失败，三是美国在越南的军事冒险。1968 年，当美国政府决定只向其他中央银行出售黄金时，黄金总库宣告结束。其他国家更加担心美元储备增加所带来的通货膨胀后果。1970 年，加拿大再次实行浮动汇率制度（加拿大元在1950—1962 年曾采取浮动汇率制）。德意志联邦银行原本倾向于对资本流入实施限制，但联邦德国政府未采纳它的建议，德国马克于 1971 年 5 月开始浮动（Von Hagen，1999：第 411～412 页），荷兰紧随其后。

1971 年 8 月，理查德·尼克松总统单方面"暂停"了外国中央银行持有的美元与黄金的兑换。当时尽管有一些国外中央银行支持美元，还是有一些国家不断从美国提走大量黄金，尼克松不打算让这种情况继续下去。接替比尔·马丁就任美联储主席的阿瑟·伯恩斯（Arthur Burns）警告称，"黄金窗口"的关闭将使得资本主义的前途生死未卜，但尼克松与财政部长约翰·康纳利（John Connally）对此一笑置之，并对其他国家的反应漠不关心。显然，布雷顿森林体系如今已成无舵的船。此后日本银行在两周之内停止了压低日元的干预措施（James，1996：第 216～221 页）。1971 年 12 月的《史密斯协定》给其他货币与已贬值且不可兑换黄金的美元设定了新的平价。1973 年 3 月，当《史密斯协定》开始瓦解，德意志联邦银行副总裁奥特马尔·埃明格尔（Otmar Emminger）称，他听到了"布雷顿森林平价体系的丧钟"［引自詹姆斯（James，1996：第242 页）］，尽管它并不像资本主义终结那么糟糕。浮动汇率的新时代来临了。

到20 世纪60 年代末，中央银行家们十分沮丧。尽管还是对固定汇率的过时观念抓住不放，他们越来越多地打算考虑改进措施，包括更宽的布雷顿森林平价范围和爬行钉住和暂时浮动，爬行钉住可以定期小幅度调整平价（Toniolo，2005：第 430～433 页）。更有雄心的是包括卡利（Carli）在内的一些欧洲人，他们设想了一个欧洲经济共同体货币区，区内成员国之间货币汇率固定，对美元汇率则采取联合波动（Carli，1993：第 373 页）。在 1970 年从美联储退任之后，比尔·马丁提议在国际货币基金组织基础上建立一家世界中央银行（Bremner，2004：第 280～283，290 页；Martin，1970）。对根植于国际货币体系中的压力，很难找到简单的答案。如果各国政府，尤其是美国政府不能控制住开支，要想维持固定汇率体系而不反复引发危机是很困难的。

很多年前米尔顿·弗里德曼（Friedman，1953）就指出钉住汇率是徒劳的，他相信货币的价格应由供给和需求决定，就像其他资产价格一样。这种论点对中央银行家没有吸引力，大多数人都忽视了它。弗里德曼（Cesarano，2006：第 185～186 页）认为，中央银行家对固定汇率的坚持是金本位的遗物，并担心汇率会仍旧固定在黄金上。这也不只是货币学派的观点。肯尼迪政府时期的副国务卿乔治·波尔（George Ball）曾把欧洲中央银行家的态度描述成"前赫伯特·胡佛"（Herbert Hoover），认为他们仍然固守在 20 世纪 20 年代 [引自加文（Gavin，2004：第 78 页）]。

钉住汇率制对中央银行家有吸引力，是因为它意味着对国内货币和财政扩张的约束。但当其他的政策目标，包括国内经济目标和战争，被认为更加重要时，政府就会拿汇率冒险。选举产生的代表有权冒此风险，也很少有人支持回到国内经济政策永久服从于汇率的时代。中央银行家别无选择，只能接受这种状况，并希望能达成妥协。1971—1973 年，当固定汇率体系瓦解，政府和中央银行不得不全力对付新的问题——在缺乏外部"名义锚"的情况下控制通货膨胀。对此弗里德曼相信他有解决之道，但大多数中央银行家都没那么肯定。

总结

1944 年布雷顿森林会议的一个核心原则是，国际货币体系的设计和监管是政府间事务。中央银行家只是国家经济政策决策集体的组成部分，人们希望他们在此基础上参与布雷顿森林机构的工作。布雷顿森林体系的缔造者阻止了中央银行家们的国际阴谋再现，他们认为——尽管这种说法不完全公平——他们的阴谋在 20 世纪 20 年代曾造成严重破坏。由于被视为金本位的残余及轴心国的勾结者，国际清算银行遭到抨击。战后的国际货币体系没能如布雷顿森林体系的支持者所希望的那样发展，单靠布雷顿森林体系无法实现全球金融复苏和稳定。美国开始支持欧洲双边和地区性复苏计划。由于美国当局希望强大的西欧可以成为制约苏联集团的力量，并能成为美国产品的市场，它容许欧洲在区域基础上降低关税和实施外汇管制。国际清算银行抓住了与欧洲支付联盟的合作机会，打造出自己的新角色，并在华盛顿建立起政治信誉。

　　尽管经常账户可自由兑换在 1958 年得以恢复，布雷顿森林体系还是失败了。这主要是因为美元在 20 世纪 60 年代不断走软，反过来也反映了美国经济的相对下滑和美国对外承诺的负担过于沉重。美国的金融霸权地位出现在 20 世纪 40 年代和 50 年代。1960 年后，为维持固定汇率，美国和其他国家政府已竭尽所能。除了通过借款总安排补充国际货币基金组织的资金，他们还向各国中央银行家寻求帮助。20 世纪 60 年代发展起广泛的中央银行互换和信贷网络，国际清算银行参与了其中一些活动。它还为世界主要国家中央银行家提供了会议场所，在这里他们可以摆脱政客们的目光讨论国际货币问题。虽然无法挽救布雷顿森林汇率体系，中央银行家和国际清算银行还是证明了他们拥有特殊领域的专业知识，并能为政府所用——实际上他们比 1944 年所能想到的有用得多。

第十章　下金蛋的鹅：发展中国家的中央银行

中央银行家的角色必定很大程度上受到政府体系、经济发展阶段和金融市场组织结构的影响。

——路易斯·拉斯敏斯基（Louis Rasminsky），加拿大银行行长，1966 年

（Rasminsky，1987：第 57 页）

南亚和东亚的中央银行是……新政府迫切解决这些地区的大规模贫困问题而实施的货币独立性的表现。

——S. 盖森·戴维斯

（Davies，1960：前言第 7 页）

红色高棉（Khmer Rouge）用炸毁柬埔寨中央银行的方式庆祝 1975 年的革命（Clark，2006：第 15 页），这样对待中央银行的例子在发展中国家很少见。1945 年后，国家航空公司、钢铁工业和中央银行——最好是国有的——被多数发展中国家视为战略性资产。1939 年以前，包括印度、阿根廷和哥伦比亚在内的一些发展中国家开设了中央银行。20 世纪 40 年代见证了包括巴拉圭在内的几个发展中国家的中央银行改革，和一些新的机构的成立（De Kock，M. H.，1974：第 10 ~ 12 页）。1945—1970 年是去殖民地化时期，也是中央银行壮大繁盛的时期。在这个时期，大部分中央银行都是新设立的，然而包括印度尼西亚和台湾在内的一些地区，中央银行是由现存机构改设而来的。正如 1956 年理查德·塞耶斯（Richard Sayers）在埃及国家银行的演讲中提及，1920 年布鲁塞尔会议倡导所有国家都应该建立中央银行。

在低收入国家，中央银行通常主导整个金融系统，它们所控制的资产可能与整个商业银行体系相当。但随着经济的发展，中央银行所占的比重通常会下降（Levine，1997：第 715 ~ 717 页）。本章将追述中央银行在发展中国家的发展，讨论它们的地位和目标，并评估其有效性。本章将聚焦 20 世纪 80 年代前中央银行在发展中国家的发展，而 20 世纪后期的发展，包括金融自由化、中央银行独立性的提升、通货膨胀目标制等方面将会留到以后章节讨论。

路易斯·拉斯敏斯基（如本章开头所引），看出中央银行体现出其所在社会的情况。希望 20 世纪 60 年代的一家非洲或拉丁美洲国家中央银行能表现得像德意志联邦银行那样是不现实的。然而，发展中国家的中央银行家们也并不消极。与政治名人相比，他们受过更好的教育，并且经济思想更加"保守"，至少他们尝试限制政府的过度权力。

对于一些人来说，杯子是半满的，而对另一些人来说，杯子是半空的。1970 年，美联储成员安德鲁·布里默（Andrew Brimmer，1971：第 781 页）在牙买加银行 10 周年庆典发言时，表达了对这些中央银行的赞许，他认为，除了采取"创新措施……帮助经济发展"以外，很多新的中央银行"用很好的技巧……完成了大部分传统中央银行（在宏观经济和金融稳定方面）的功能"。然而很久之后，弗莱、古德哈特和阿尔梅达（Fry、Goodhart 和 Almeida，1996：第 112 页）发表的论文却悲叹道，在 1970 年，"在一个典型的发展中国家，中央银行屈从于其政府，并主要被用来填补政府支出和传统税收之间的巨大缺口"。

中央银行说的和做的并不一定相同。拉斯敏斯基（Rasminsky，1987：第 57 页）认为，发展中国家的中央银行家有责任"改进金融机构的结构以便最大限度动员为经济建设所需的国内储蓄，以此减弱为发展提供通货膨胀性融资的压力"。弗莱、古德哈特和阿尔梅达（Fry、Goodhart 和 Almeida，1996：第 112 页）总结说，实际上很多中央银行是实施金融抑制的机构，"政府通过为自己的票据和债券发行建立一个受保护的市场从而优先获得国内储蓄的供给"。

发展中国家的情况千差万别：一些国家的政府比其他国家的政府好，一些国家的中央银行也比其他国家的中央银行运作得更成功。第三世界国家的差异比第一世界国家的差异更大——这个第三世界包括"发展中国家"如韩国和中国台湾（地区——译者注），共产党执政国家如中华人民共和国，以及无能的独裁统治国家如 20 世纪 60 年代前半期的印度尼西亚。

美国人的热情和英国人的谨慎

20 世纪 40 年代和 50 年代，美国和英国经常就中央银行在发展中国家的推广问题产生分歧（Helleinier，2003b）。美国当局对于发展中国家的未来持乐观态度，并且热心支持有资本主义倾向的民族主义运动，但是他们的英国伙伴在看待发展中国家时始终带着帝国主义的有色眼镜。因此当美国人对于新的中央银行建设热情高涨时，英国人则持怀疑态度并踌躇不前。

1941 年，当被邀请担任巴拉圭政府货币改革顾问时，包括罗伯特·特里芬（Robert Triffin，不久后成为著名的经济学家）在内的一众美国联邦储备系统官员都认为，战争时期货币医生所开的通货紧缩的药方已经不再有效了。他们认为中央银行应该将稳定国内经济和促进经济发展作为首要任务。简言之，货币政策应当使国内经济活动与外部冲击隔离，而不是放大这些冲击。特里芬和他的同僚看出，发展中国家的中央银行将不可避免地被要求向它们的政府发放贷款。确实，他们也相信中央银行可以通过为发展项目融资作出重要贡献。这些建议不仅反映了当时的新政——当时的凯恩斯主义观，而且非常吸引现存和潜在的美国客户。美国对拉丁美洲和包括菲律宾在内的部分亚洲国家新中央银行的设计影响很大，甚至对锡兰也有很大影响，这让英国非常恼火（Helleiner，2003b）。

随着菲律宾—美国联合金融委员会报告的发布，菲律宾中央银行于1949年成立。它被授予了"广泛的权力以管理货币和信贷系统，以及促进国民经济的发展……（和）向政府提供特殊贷款……为高产和能创收的项目融资"（Castillo，1948：第361页）。中央银行的提倡者们，如安德烈斯·卡斯蒂诺（Andres Castillo）驳回了认为菲律宾没有做好开设中央银行的准备，并且没有称职的员工的言论。菲律宾的中央银行家们可能经验不足，但是他们可以"从其他地区中央银行借鉴很多经验"。此外，中央银行章程中对主要工作程序有"极为详细"的清楚说明。运营中央银行显然只是例行公事。"通常情况下，如果遵循法律规定，即使是无经验的管理人员也不会动摇中央银行的稳定。"（Castillo，1948：第361页）这真是惊人的，完全不现实的观点。

从英格兰银行和英国政府的角度来看，在寻求独立的国家兴起的中央银行浪潮真让人苦恼。黄金海岸、马来亚①或是尼日利亚真的需要中央银行吗？（Schenk，1997）货币局负责殖民地的货币管理，已经能够确保英镑储备和本地货币创造之间保持1∶1的关系（Schwartz，1993；Krozewski，2001）。如果货币局被由本土管控的中央银行取代，就为通货膨胀、国际收支不平衡和金融危机的发生打开了方便之门，这将会破坏英国的商业利益并且提高英镑区对美元的需求。一开始，英国试图阻止即将独立的殖民地中央银行的建成。当他们的立场站不住脚后，他们又竭力让这些中央银行的模式和人员配置尽可能遵循保守规则。曾经担任黄金海岸银行机构发展顾问的英格兰银行官员洛尼斯（J. B. Loynes）承认，"我的目标是给这里的人一些冠冕堂皇的建议，但是如果实际应用起来，应该不会造成太大危险"［引自斯托克韦尔（Stockwell, S. E, 1998：第110页）］。

英国无法阻挡锡兰建立中央银行的雄心，这个国家摆脱了英国150年来的控制，在1948年获得独立。位于科伦坡的新政府在建立中央银行以代替货币局这一问题上，不信任英格兰银行能提供公正的意见。曾经担任菲律宾中央银行建设顾问的美联储经济学家约翰·埃克塞特（Jonh Exter）因此被邀请到了锡

---

① 马来西亚的前身，今天的马来西亚由马来亚、沙巴和沙捞越等地区组成。——译者注

兰。埃克塞特给锡兰政府留下了深刻印象，并于 1950 年被任命为锡兰中央银行第一任行长。中央银行在以稳定国内经济为目的的货币体系管理中被赋予了广泛的权力。英国在合理货币安排上观念狭隘，锡兰寻求美国帮助的决定无疑是打了英国一记耳光（Karunatilake，1973；Gunasakera，1962：第 259 ~ 290 页）。

仍然处在英国管控之下疆域的情况则大相径庭。1952 年英格兰银行从中作梗，驳回了尼日利亚建立中央银行的请求。但是在世界银行找到同盟后，尼日利亚人继续向他们的殖民地主子施压。1958 年，英国最终让步，尼日利亚中央银行成立，两年后尼日利亚独立。英格兰银行对于这家中央银行的建设兴趣浓厚。货币创造被强加了法律限制，不过这些限制在 20 世纪 60 年代被废止（Uche，1997）。为了激励英格兰银行积极行动，世界银行提交了一份在马来亚建立中央银行的乐观报告。当马来亚主权在 1975 年移交给马来亚商业精英时，中央银行章程已经在起草之中。为了回报英国的军事支持，马来亚保证留在英镑区并且制定保守的财政和货币政策。马来西亚国家银行在 1959 年正式开始运营，并且在之后的几年与英格兰银行保持良好的合作关系（Schenk，1993）。

如果要讨论每个新中央银行的建立，将会花费很多笔墨和时间。但讨论中国和巴西这两个最大的发展中国家是很有必要的。中央银行（Central Bank of China，CBC）在革命时期对于避免恶性通货膨胀束手无策。当共产党人在 1949 年夺取政权，该行和蒋介石一起逃到了台湾，此后蛰伏至 1961 年。1948 年，中国共产党人在大陆创立了中国人民银行（People's Bank of China，PBC）。革命胜利后，所有的私人银行都被吸收进了中国人民银行。中国人民银行成了共产党政权的左膀右臂，其首要任务是为政府五年计划中的项目提供资金。在两次主要激进运动期间——1958—1960 年的"大跃进"和 1966—1976 年的"文化大革命"——中国人民银行在国家层面上受到不断增长的政治干涉，在省级层面上失去了人事和信贷决策的控制权。中国的经济政策，包括反通货膨胀政策，在此期间陷入了混乱（Wei，1992：第 41 ~ 50 页）。

巴西直到 1965 年 3 月才建立起中央银行。中央银行问题在 1945 年以后在巴西引起的激烈讨论，就如 1914 年前的美国一样。巴西筹建中央银行的计划早在第一次世界大战期间就已经被提出来讨论。来自英格兰银行的流动的货币医生奥托·尼迈耶（Otto Niemeyer）早在 1931 年就提议在巴西组建中央银行。20 世纪中叶，一家商业银行——巴西银行（Banco do Brasil），承担起发展银行和中央银行的部分职能。巴西银行通常与政府机构合作，其中与在 1945 年成立的货币与信贷监理署（Superintendency of Money and Credit，SUMOC）合作最频繁。按照马瑞可和迪亚兹·方特斯（Marichal 和 Diaz Funtes，1999：第 296～301 页）的说法，巴西银行表面上假装执行的是货币与信贷监理署下达的政策指令，实际上打的是自己的主意。货币与信贷监理署被巴西银行和财务部欺负，而前者还与其有合作关系。为了弥补巨额预算赤字，货币控制被牺牲掉了。政治分歧和巴西银行想要保持卓越地位的诉求延缓了创建中央银行的决定。1965 年，货币与信贷监理署最终分拆成了巴西中央银行和国家货币委员会。建立国家货币委员会是为了吸收货币政策制定者身上的政治压力。然而在这个职能上，委员会没有起到作用，巴西继续遭受长期通货膨胀之苦（Maxfield，1997：第 121～133 页；Goodhart、Capie 和 Schnadt，1994，附录 B：第 226～229 页）。

还有一群非常小和落后的国家组建起跨国中央银行。1962 年，在法国政府的帮助下，一些原法属殖民地组建了货币联盟。西非货币联盟（West African Monetary Union，WAMU）由多国组成的西非国家中央银行（Banque Centrale des Etats de l'Afrique de l'Ouest，BCEAO）管理，中非货币区（Central African Monetary Area，CAMA）由中非国家中央银行（Banque des Etats de l'Afrique Centrale，BEAC）管理。西非货币联盟和中非货币区使用修正版本的旧殖民地货币——法属非洲殖民地法郎（CFA 法郎），它与法国法郎挂钩。西非货币联盟和中非货币区一起构成了 CFA 法郎区。CFA 法郎区中央银行的总部设在巴黎，其外汇储备也存放于此。但是，1972—1973 年，西非国家中央银行迁到了达喀尔，中非国家中央银行迁到了雅温得（Sacerdoti，1991；Fielding，2002）。1983 年，在原先的英属西印度群岛，安提瓜和巴布达、多米尼加、格林纳达、蒙特塞拉特岛、圣基茨和尼维斯、圣卢西亚和圣文森特以及格林纳丁斯群岛共同组建了东加勒比中央银行。这个区域中较大的殖民地，包括牙买加和特立尼达，没有加入这个群体而是保有自己的中央银行（Nicholls，2001）。

1920 年布鲁塞尔会议的代表们应该会欢迎中央银行在非洲、亚洲和拉丁美洲广大地区的传播。但是，他们可能会对中央银行多方面卷入这些国家的发展计划和融资感到惊讶，为中央银行从属于不稳定的政府感到恐惧。

与政府的关系

一张巨大的费迪南·马科斯（Ferdinand Marcos）的彩色照片出现在菲律宾中央银行成立 25 周年纪念册的封面上。这位臭名昭著的腐败独裁者看上去就像是愉快但年老的埃维斯·普里斯利（Elvis Presley）。在一条贺词中，马科斯希望这本周年纪念册可以让菲律宾人懂得中央银行，并且"激励中央银行取得与其作为国家最高金融机构的地位、权力和格局相符的更大成就"（引自菲律宾中央银行，1974）。然而现实中，菲律宾中央银行却不能反抗马科斯，正是他的政策导致了通货膨胀。尽管该行宣誓毫不动摇地效忠其独裁者，但其高级官员的真实想法却可以透过字里行间体会到："对中央银行第一个 25 年货币政策的回顾表明，总的来说，货币政策被当做财政政策的陪衬，有时也作为其替代品。货币供给的增长很大程度上是由于内部原因造成的"（菲律宾中央银行，1974：第 44 页）。

与发达国家的中央银行相比，第三世界国家（和共产党国家）的中央银行通常独立性较差——或者说抵抗政治压力的能力较差（Cukierman 和 Webb，1995）。所有认为在后殖民时代的非洲建立起来的中央银行可以拥有独立性的人都非常"幼稚"（Killick 和 Mwega，1993：第 75 页）。由于缺乏变革，很多发展中国家几乎都没有政治制衡。当部长们想给他们在银行的亲信们好处或者需要实行宽松货币政策以弥补预算赤字时，精美的中央银行法规和治理模式就会被践踏。中央银行家责任重大——一旦不听从强势政客的命令就可能被免职（或者更糟糕）。

衡量中央银行独立性（central bank independence，CBI）的正式指标通常低估了发展中国家中央银行从属于政府的程度，尤其是这些指标太过重视法规性的粉饰。中央银行独立性指标有时会产生一些奇怪的排名。一项研究表明，在20 世纪 80 年代，扎伊尔（Zaire，现在是刚果民主共和国）中央银行的独立性比比利时中央银行更好（Cukierman，1992：第 390 页）。不仅如此，CBI 指标中的一些信息含义是模棱两可的。中央银行行长的平均办公时间同样被认为是CBI 的一个良好指标，但是在某种程度上行长办公时间长也可能反映出他们的胆怯和顺从（Maxfield，1994：第 560 页）。

马斯（Mas，1995）认为，在成熟金融体系和现代政治机构建成前，中央银行独立性不可能达成。依据亚洲和拉丁美洲的经验，马克斯菲尔德（Maxfield，1997）认为只有当政府需要国外贷款时才会强调中央银行独立性，但除此之外则通常转向政府操纵。在那些很难直接从增税或者公众借贷获得资金的国家，中央银行独立性是不可行的。在 1979—1993 年间，OECD 国家的政府的净贷款需求有 3% 来自他们的中央银行，而同期发展中国家的政府有 45% 的净贷款需求来自其中央银行。对于发展中国家的政府来说，中央银行就像会下金蛋的鹅（Fry、Goodhart 和 Almeida，1996：第 28，38 页）。实际上会下金蛋的鹅也有不同种类：相对自主，自由散养的鹅可以带来占 GDP 1% 的铸币税收入；通过向公民征收通货膨胀税，农场圈养的鹅在较长时间内可以产生占 GDP 5% ~10% 的铸币税收入；被强行灌食的鹅在最终不可避免地崩溃之前可以给政府带来高达 GDP 25% 的铸币税收入。

印度尼西亚银行是许多被迫服务于政党派系利益的中央银行之一。爪哇银行曾是荷兰东印度群岛的发钞行，在 1953 年被国有化并更名为印度尼西亚银行。爪哇银行的货币政策缺乏连续性。在 20 世纪 50 年代末，印度尼西亚由于其总统苏加诺（Sukarno）的政策而陷入了混乱。当时的中央银行人事更替，特别是高管的更替很快，同时竞争能力下降。高层的任命按照赞助的多少确定，并且员工的实际工资也被降低。汉密尔顿—哈特（Hamilton - Hart，2002：第 43 页）指出，"就像其他的政府组织一样……中央银行最终也被当时的政治所倾轧……1960—1965 年，该行到底起了多少作用让人怀疑。"

随着苏加诺政府的倒台和 1966 年苏哈托（Suharto）"新秩序"的到来，印度尼西亚银行被获准重建。与印度尼西亚的其他政务机构相比，中央银行更加专业和任人唯贤。在国外接受过良好教育的经济学家被请回来就职。不过即使如此，印度尼西亚银行还是被卷入到苏哈托政府的金融诈骗中被指控为负责给政府拉赞助的国有银行和裙带关系银行提供资金。印度尼西亚银行没有对这些银行进行任何监管，并且印度尼西亚银行的官员也被认为在其他地方充当了腐败的同谋。他们的这种行为部分原因是中央银行的官员比私人部门的管理人员薪酬低。简而言之，印度尼西亚银行"是对技术官僚专业知识的正式承诺和对非正式的，有时甚至是不可言说的影响模式反应敏感的内部系统的结合"

（Hamilton – Hart，2002：第 65 页）。

发展中国家（地区）的政府、中央银行和其他金融机构之间的界限比发达国家更易渗透。张（Zhang，2005）在对泰国和中国台湾的比较中指出，政府与中央银行的关系反映了不同的特定环境。恶性通货膨胀的痛苦记忆使得台湾"中央银行"（CBC）在 1961 年重建后取得了一定的自主权。20 世纪 50 ~ 70 年代，泰国银行的自主权大体上获得了专制和技术官僚政府的尊重；但是在 20 世纪 80 年代，向平民主义民主国家的转变给该行带来了越来越多的政治干预。然而，泰国中央银行不是没有骨气，该行的领导在一些问题上勇敢地抵抗政府。20 世纪 80 年代中期，泰国银行和政府在国防预算开支、金融机构救助和银行业监管问题上发生争执。这场冲突导致 1984 年努军·巴蜀莫（Nukul Prachuab-moh）从中央银行行长的位置离任，并由与财政部部长关系密切的甘宗·伊瑞库（Kamchorn Sathirakul）接替（Maxfield，1997：第 84 ~ 85 页）。

令人悲哀的是，一位出格的中央银行行长受到的惩罚是死亡。当从乌干达银行行长一职离任后，约瑟夫·穆比鲁（Joseph Mubiru）写给媒体的一封信触怒了新上任的总统伊迪·阿明（Idi Amin，曾自封为苏格兰国王）。他宣称将要折磨穆比鲁。这位前中央银行行长被认为于 1972 年 10 月在马肯迪警察局的营房被谋杀（Glentworth 和 Hancock，1973：第 251 页；Anon，1975）。

英国对在发展中国家建立中央银行的反对，尽管非常自私，但也是建立在对部分发展中国家政治状况的实际评估的基础之上的。即使如此，在一些专业经济知识贫乏的国家，中央银行成为了此类知识的关键来源。此外，这些中央银行至少在促进经济发展和抑制通货膨胀方面做出了努力。

中央银行和经济发展

纽约联邦储备银行的亚瑟·布洛姆菲尔德（Arthur Bloomfield）在 1957 年发表的一篇论文中提出：对于发展中国家的政府来说，最大的经济挑战是保持经济增长而不是实现物价或汇率稳定。但是，布洛姆菲尔德（Bloomfield，1957，第 195 页）接着说，中央银行可以通过维持金融系统的稳定和秩序来为经济的发展提供最有效的支持。当然，他也明白这还未能穷尽政客们的野心。

　　获得独立国家的那些领袖非常乐观。正如克瓦米·恩克鲁玛（Kwame Nk-rumah）（加纳独立后第一任总统——译者注）在 1949 年所讲："如果能得到政府自治，我们将会在十年内把黄金海岸变成人间天堂。"［引自阿德克罗夫特（Aldcroft，2007：第 312 页）］发展中国家中央银行试图通过多种方式来促进经济发展。第一，中央银行鼓励金融市场和机构的发展。第二，中央银行依据政府更广泛的发展目标管理和引导资金流和处理国际收支平衡问题。

　　1945 年后，中央银行涉足促进社会发展事业已经不新奇。早在 19 世纪，为刺激金融发展，一些欧洲国家的中央银行就广设分支机构。它们也向工业企业发放贷款（Epstein，2005）。如前所述（见第八章），一些发达国家，包括英国和澳大利亚的中央银行，在第二次世界大战后国家的发展中扮演了积极的角色，尽管作用有限。

　　现代银行和金融业的培育是一个"发展进程中重要并且无法回避的部分"（Levine，1997：第 689 页）。在成熟的金融体系中，信息和交易成本会降低，储蓄和投资会增加，创新会兴旺。在发展中国家，相对于收益而言风险被认为太高，银行业和其他金融服务供给不足。塞耶斯（Sayers，1957：第 118 页）认为，中央银行应该促进私营金融机构的兴起，并且如果需要的话，"填补空白"。世界银行经济学家巴特（Bhatt，1974：第 64 页）认为，为促进银行体系的发展，中央银行"不应该仅仅充当最终贷款人：它应该成为最先贷款人"。

　　中央银行家有时直接参与新商业银行的建立和已有商业银行的国有化。1947 年获得独立后，巴基斯坦国家银行（State Bank of Pakistan，早期的中央银行）说服政府有必要建立一家大型商业银行以承担之前印度皇家银行的职能。1949 年，国有的巴基斯坦国民银行（National Bank of Pakistan）因此成立。巴基斯坦国家银行行长扎伊德·侯赛因（Zaid Husain）成为了国民银行行长，巩固了两个机构之间的密切联系（Husain，1992：第 130～133 页）。1955 年，印度皇家银行的印度部分实际上被国有化为印度国家银行（State Bank of India）。1949 年收归国有的印度储备银行成为国家银行的最大股东（Balachandran，1998：第 318～354 页）。国家持有商业银行的股份在发展中国家和较发达国家都非常普遍（La Porta、Shleifer 和 Lopez-de-Silanes，2002）。新中央银行的一些（通常是许多）国内合作伙伴都在公共部门。

　　中央银行通过提供包括票据交换所在内的支付结算服务为商业银行的兴起

和扩张提供便利。中央银行为银行准备金提供安全的保管，它也是银行常规和紧急流动性的来源。例如，泰国银行向能提供政府债券作为抵押的商业银行提供贷款，为商业银行持有的与某种商业交易相关的本票提供再贴现。清算、结算和转账在曼谷和中央银行的区域性分支机构，以及省和地区财政部门都可以实现（泰国银行，1992，第 179 ~ 180 页）。泰国中央银行努力"刺激私人储蓄"，尤其鼓励"商业银行在农村地区开设分支机构"（泰国银行，1992，第164 页）。这些举措使得中央银行家越来越多地参与监管国内银行。在一些国家，中央银行还在支付体系的现代化发展方面起到了领导作用（Fry、Goodhart和 Almeida，1996：第 56 ~ 60 页；Sanchez – Arroyo，1996）。

中央银行和政府还积极筹建证券和股票市场。1945 年，在很多国家这些市场不是还没有建立就是不被人重视。证券市场可以为商业部门和政府提供银行（或中央银行）借款之外的潜在融资渠道。作为货币政策工具的公开市场操作业务也需要以证券市场的存在作为前提（Drake，P. J.，1977）。在 20 世纪 70年代，菲律宾中央银行经常通过自己的债务凭证进行常规的公开市场操作（Aghevli 等，1979：第 800，806 页）。但在很多国家，政府想要保持对利率的控制，这阻碍证券市场的有效运转。政府希望能够以较低的成本融资，还有人不愿意让投资者由于利率上升而承受资本损失的风险。让利率保持在既让借款人（尤其是政府）感到满意的低水平，同时又让存款人满意的高水平被证明是非常困难的。台湾当局在 20 世纪 60 年代曾试图促进政府债券持有和交易范围的扩大，但是他们的做法弄巧成拙。为了免除私人投资者的风险，他们有权按票面价值向中央银行出售债券。与此同时，商业银行持有的债券却因为须满足最低证券持有比率而不能交易（Khatkhate，1977）。20 世纪 60 年代，尼日利亚中央银行陷入了同样的矛盾中：为了鼓励对政府债券的投资，政府煞费苦心地保证债券的市价不会低于面值。但是投资者对于这项政策的持续性表示怀疑，继续回避投资政府债券（Brown，1966：第 160 ~ 161 页）。固定利率债券市场发展速度非常缓慢，尤其是在最不发达的国家中，而这个问题直到 21 世纪初期仍然困扰着国际货币基金组织（Laurens，2005）。但在发展程度更高的亚洲和拉美国家，这个发展障碍在 20 世纪 90 年代就已经克服了（Borio 和 McCauley，2002）。

印度在 1951 年开始的第一个五年计划中强调，在一个"计划经济"中，中央银行必须扩展其功能，扮演"直接和积极的角色，首先在于创造或帮助创造为发展项目融资所需的工具……其次，要保证资金流向所需要的领域"［引自贾达夫（Jadhav，2003：第17页）］。中央银行显然只是政府经济工具的一部分而不是一个自由机构。对农业融资的责任，包括提供季节性贷款和营销支持，已经被写入1935年印度储备银行成立时的法案。欠发达的金融业已经长期——并将继续——成为印度经济和民生发展的制约。印度储备银行对于农村金融的发展非常重视。1955年，联邦储备银行任命第三副行长专门负责监督农村信贷项目。印度储备银行对农村项目和包括合作社和农村土地银行在内的机构提供长期和短期信贷。这些职责后来变得越来越费时费力，于是在1982年，大部分的职责被划归给了一个新成立的机构——印度国家农业和农村发展银行（National Bank for Agricultural and Rural Development），该行由印度储备银行和印度政府合资建立。发展机构也向印度企业提供了广泛的支持（Chakrabarty，2003；Balachandran，1998：第229~315，513~589页）。

有些中央银行会认购工业和农业发展银行的资本。更普遍的情况是，中央银行向这些机构和农业合作社提供信贷，并帮助它们建立证券市场。为了引导信贷流向发展机构，中央银行采取了很多方法加强对商业银行借贷的直接管控。在银行贷款有上限控制的地方，向有价值行业"优先"发放贷款的银行可以享受特别津贴。为鼓励金融机构为发展项目融资，对其存款准备金和资产组合比率的要求可以放宽。中央银行鼓励私人部门购买发展机构的债券，并以优惠利率对这些票据提供贴现。外汇管制和进口存款要求被用来支持关键产品的进口，而汇率经常被政府操纵以提高短期出口的回报。布里默（Brimmer，1971）给出了一个看待这些活动的当代视角。

20世纪下半叶，韩国成为世界上最有经济活力的国家之一（Amsden，1989）。中央银行在促进经济发展和宏观经济稳定上取得了平衡。成立于1950年的韩国银行（替代了日本殖民时期的朝鲜银行）全方位地行使中央银行职能。其员工数量从1950年的1122人上升到1982年的4593人。韩国中央银行和政府是一种合作关系。早在20世纪60年代，韩国就是一个富有野心的发展中国家，中央银行的技术专长很受重视。1962年，韩国银行的员工为军事政府起草了第一个五年经济发展计划，其中的优先发展部门包括农业、能源、水泥和钢材。韩国银行向包括韩国发展银行在内的发展机构提供贷款。在20世纪

60 年代中期的一些关键决定——也是亚洲经济奇迹国家的典型政策——被采纳：让汇率更具有竞争性以刺激出口，确保实际利率为正以鼓励储蓄。中央银行视稳定的宏观经济政策为创造高速增长经济环境的关键（Chung，2000）。

尽管中央银行在经济发展进程中的直接干预可能是有效的，但布里默（Brimmer，1971：第 789 页）发现，总体的干预结果"非常复杂"。后来的评论家更多的是批评意见，从 20 世纪 70 年代开始的发展计划，再到自由化，他们的观点反映了知识界天平的摆动（Khatkhate，1991：第 17 页）。中央银行引导信贷的行为可以因为市场失灵而被证明是正确的吗？或者这种干预只是创造了同样的市场扭曲？中央银行还冒着被特殊利益集团俘获的风险：20 世纪 50 年代和 60 年代，秘鲁中央银行的优惠政策和出口补贴向强势的棉花种植户倾斜，粮食种植户却得不到贷款（Frankman，1974）。由于推动信贷向特定行业倾斜的很多方法也是货币控制的工具，这给政策制定带来了混乱（Aghevli 等，1979）。准财政贷款还增加了通货膨胀压力。一位评论家认为"（中央银行）首要的货币政策和审慎监管职责和次要的发展职责之间有明显的利益冲突"，并且认为中央银行的次要职责应该交给政府或者私人部门去完成（Chandavarkar，1992：第 138 页）。世界银行和国际货币基金组织是向发展中国家的中央银行宣扬"市场友好"的"强大的思想传播者"（Hodd，1987：第 340 页）。国际货币基金组织还通过其培训项目和介入富有争议的金融救助和稳定项目（Killick，1984），影响发展中国家的思想，金融救助和稳定项目也包括设置货币政策目标（Aghevli 等，1979：第 812 页）。

结果也戏剧性地不同。1970 年以后非洲经济的表现是灾难性的，但是亚洲一些国家却创造了经济"奇迹"（World Bank，1993）。包括拉丁美洲和印度在内的其他地方，经济表现则介于这两个极端之间。直到 1997 年金融危机发生之前，亚洲经济奇迹国家都因其将计划经济、政府干预与出口导向的经济增长、维护宏观经济的稳定相结合而获得了赞誉。相反，印度在 20 世纪 90 年代之前一直是一个比较封闭的经济体。篇幅所限，就不再分别比较这些国家的表现，因为这其中会涉及很多的过程和机构。中央银行可以并且——在被允许下——的确对政策形成和实施作出了积极贡献。

中央银行在发展中国家的官僚体系中属于"技术官僚"一端（Chandavarkar，1992：第 138 页）。早在 20 世纪 40 年代，中国中央银行就有一个庞大的研究部门和储量丰富的图书馆（Trescott，2007：第 269 页）。越来越多的中央银行家拥有西方研究生学历，并且可以向政府提供合理的经济建议，这在当时是非常稀缺的资源。外国专家，包括 IMF 的代表，很容易被怀疑，但是国内的中央银行家的意见至少可以听一听（Hodd，1987：第 341 页）。布里默（Brimmer，1971：第 789 ~ 790 页）将顾问角色视为发展中国家中央银行的关键功能。如果政府最终因多方考量而拒绝了他们的建议，他们也不会因此受到责备。

在一些发展中国家，中央银行家所受到的认同要比他们实际对政策成绩的贡献低。韩国经济奇迹的标准解释就忽视了韩国银行，因为只将其列为有价值的经济统计数据来源（Amsden，1989）。在一篇对亚洲经济奇迹期间公共政策和金融市场的综述文章中，斯蒂格利茨和威（Stiglitz 和 Uy，1996）大加赞扬政府在金融快速发展和宏观经济相对稳定方面做出的成就，却很少提及中央银行的贡献。汉密尔顿—哈特（Hamilton - Hart，2002）在他对东南亚中央银行的比较中在一定程度上纠正了中央银行和政府之间的这种平衡。中央银行在发展体系中是不可或缺的组成部分。通过促进金融市场和机构的增长，中央银行对发展进程作出了贡献。然而同时，政府和有影响力的集团利用中央银行促进某些部门经济利益的行为可能妨碍了它们的工作。

通货膨胀

早在 20 世纪 50 年代，通货膨胀就被发展中国家认为是个问题。不仅一些中央银行在面对政府要求放宽货币政策时显得很无助，而且它们也不愿意拒绝私人部门的贷款，担心一些制约（名义）经济增长的措施会引起政治反弹。缺少"传统和威望"的新中央银行对任何可能"危害它们有限社会地位"的行为都非常担心（Ahrensdorf，1959：第 298 页）。

总的来说，在发展中国家造成通货膨胀的主要原因是政府对中央银行贷款的渴求——简言之，在很多国家都存在"货币供给飙升"（Capie，2007：第 176 页）。对于政府而言，从中央银行贷款比从其他途径贷款更加方便和廉价。中央银行也可能被要求发放准财政贷款。通货膨胀可以减少政府国内政府债务的实际负担，这一事实对于挥霍无度的政府诱惑极大。但是，通货膨胀会恶化国际收支失衡，很容易造成货币快速贬值，从而加重外部债务负担。

法律地位对中央银行在抑制通货膨胀能力的影响还没有其与政治领袖之间非正式关系的质量，以及他们对通货膨胀的态度影响大。尽管在正式自主权方面得分很低，但由于可以参与政府预算规划，泰国银行在政策方面仍然有相当的影响，特别是在 20 世纪 80 年代之前。泰国政府在微观经济层面捞钱很厉害，但它们对通货膨胀态度强硬（Maxfield，1994）。在一份亚洲经济奇迹的报告中，世界银行（World Bank，1993：第 384 页）总结认为，宏观经济"稳定和低水平的通货膨胀是快速增长的必要前提"，并且"最关键的因素是对财政赤字的管理"。大部分东亚国家政府都厌恶通货膨胀，这创造了一个货币政策可能有效的环境。当东亚国家的中央银行向政府发放额外贷款时，它们会同时减少对私人部门的贷款，数额相当于对政府增加贷款的2/3（Fry、Goodhart 和 Almeida，1996：第 41 页）。由于缺乏成熟的货币市场，直接控制方法——例如可变存款准备金要求和借款上限——通常被发展中国家用来治理通货膨胀（Dorrance，1965；Page，S.，1993），这也是西方国家实行多年的情况。

当物价水平在相当一段时间内每个月涨幅超过50%时，就被认为出现了恶性通货膨胀。费歇、萨海和维（Fischer、Sahay 和 Végh，2002：第 840 页）的研究发现，在 1956—1996 年出现了 15 次恶性通货膨胀。第一次恶性通货膨胀在 1984—1985 年爆发于玻利维亚（Sachs，1986）。全部 15 次中，除了两次之外（乌克兰和塞尔维亚）都发生在发展中国家。战争、国内动乱和恶性通货膨胀之间有强烈的联系。比恶性通货膨胀更常见的是长期的通货膨胀。长期通货膨胀常常持续很多年，有时年通货膨胀率高达 100%，但不一定会升级成恶性通货膨胀。长期或持续性通货膨胀在拉丁美洲司空见惯，并且比恶性通货膨胀更难制止（Pazos，1972；Végh，1992；Reinhart 和 Savastano，2003）。通货膨胀压力恶化了这些国家国际收支失衡并引起货币的不稳定。

20 世纪 60 年代的印度尼西亚既是一个发展中国家货币控制失败的典型例子，又是一个在制度变革后重新施加货币控制的成功例子。根据雅加达消费者价格指数，到 1966 年 6 月财年为止，该国年通货膨胀率高达 1500%（Tomasson，1970：第 47 页）。印度尼西亚是否发生了恶性通货膨胀尚存争议，但至少在那一段时间通货膨胀率很高。自1957年后印度尼西亚通货膨胀压力就不断积累，至20世纪60年代初期物价上涨开始加速。印度尼西亚内有叛乱，外有与马来西亚、英国和荷兰的军事冲突。政府的名义支出，特别是军费开支激增，但是税收和其他收入却增长滞后。苏加诺政府、军队和共产党陷入了权力斗争。相比较而言，印度尼西亚中央银行被边缘化了。《1953年印度尼西亚银行法》要求中央银行的贷款需保留20%的黄金和外汇准备，这一要求在1957年得到放松。印度尼西亚银行被迫以制造通货膨胀的方式弥补预算赤字。1961年，印度尼西亚银行被禁止发布常规的周报，理由是这些周报可能鼓励投机者（Mackie，1967：第22，33页）。20世纪60年代的印度尼西亚与20年代的德国有些相似，尤其是政治高层在如何控制预算上没有达成一致。对于大多数印度尼西亚人来说，通货膨胀有害但不是灾难性的。部分农民因农作物价格上升而免受其害。损失最严重的是拿固定收入的雇员。政府官员只能通过受贿、晚上当司机或者守夜人、让妻子外出打工来勉强糊口（Mackie，1967：第83~85页）。

在雅加达疾风暴雨般的政权更迭后，通货膨胀率在1966—1969年期间快速下降。由苏哈托领导的新政府向国际货币基金组织和其他机构寻求援助和建议，最终控制住了政府预算。中央银行不再关注是否达到政府剩余融资的要求，而是更加专注为企业部门提供足额的信贷以保持其正常运转。印度尼西亚的稳定相当成功，并且没有造成严重衰退（Tomasson，1970；Sutton，1984）。

高通货膨胀率最终会成为一个政治问题，20世纪60年代的印度尼西亚危机就是一个很好的例子。当预算赤字无法控制时，政府就会寻求中央银行家的帮助，要求他们开动印钞机，这与法律法规和治理安排无关。

中央银行合作

发展中国家的中央银行在国际货币体系中表现活跃。首先，一些发展中国家的政府是国际货币协定的参与方，与前殖民地宗主国之间达有谅解。其次，新建立的中央银行向更具经验的机构寻求技术建议和培训。最后，他们希望形成共同阵线，尤其是在一个区域内。

与法国和其前非洲殖民地之间紧密的货币和金融联系相比，英国与其前殖民地之间的联系则松散得多。英镑区的管理是英联邦中央银行和政府间合作的主要任务。成员国和他们的中央银行被期望能合作维持美元储备库，并且保护英镑的对外价值。英联邦中央银行之间的交流通常都是通过英格兰银行完成。然而到 20 世纪 60 年代，各国对英镑区关系的兴趣日渐减弱。英国与其他英镑持有大国，包括马来西亚和新加坡之间的关系变得紧张起来，这些国家开始将外汇储备换成包括美元在内的其他储备货币。1972 年英镑区解体的时候，CFA 法郎区还在继续运行（Robertson 和 Singleton，2001；Schenk，2008）。1972 年以后，英格兰银行和英联邦中央银行间的专业性联系还在继续。20 世纪 90 年代，英格兰银行继续主持原英镑区中央银行行长会议（George，1996：前言第 10 页）。

主要国家的中央银行为发展中国家的中央银行家提供培训。英格兰银行为英联邦中央银行家提供培训课程（Hennessy，1992：第 308~311 页）。1957 年，澳大利亚联邦银行帮助建起了东南亚新西兰澳大利亚（the South East Asia New Zealand Australia，SEANZA）中央银行组织。SEANZA 设立了常规培训课程，并且经常举办中央银行行长会议（Schedvin，1992：第 210~211 页）。多年以来，SEANZA 的会议和课程在尼泊尔、韩国到新西兰等许多国家举办和开设。它们对于增进区域内不同国家之间的了解发挥了重要的作用。1970 年在马尼拉举办的 SEANZA 课程上，有来自澳大利亚、新西兰、英国、IMF、世界银行的发言人，也有来自菲律宾、巴基斯坦、马来西亚、墨西哥等发展中国家的发言人。讨论的话题包括菲律宾的开发银行和农村银行，以及国民收入账户和货币政策工具等基础性问题。SEANZA 鼓励分享观点和经验（菲律宾中央银行，1970）。1963 年，国际货币基金组织成立了中央银行服务部，向成员国提供技术援助。1964 年，国际货币基金组织又成立了 IMF 机构（IMF Institute），培训包括中央银行家——尤其是来自发展中国家的银行家——在内的经济型官员（de Vries，1987：第 102~105 页）。

1952 年，拉丁美洲货币研究中心（Centro de Estudios Monetarios Latinoamericanos，CEMLA）在墨西哥城成立，这是拉丁美洲国家（后来包括加勒比国家）

中央银行的合作项目。CEMLA 涉及培训、研究和中央银行思想的传播①。20 世纪 60 年代初，东南亚国家的中央银行，包括泰国银行和菲律宾中央银行，开始呼吁加强区域合作，尤其是他们认为这样可以更有效地游说和协调他们在国际货币基金组织、世界银行和新兴的亚洲开发银行的投票权。这项提议被印度尼西亚和马来西亚之间的军事冲突搁置多年，但是一个东南亚中央银行组织（South East Asia Central Bank，SEACEN）在 1966—1967 年兴起。除了在国际机构中促进区域利益，SEACEN 还特别重视中央银行业务教育。1972 年在马来西亚国家银行的资助下，SEACEN 培训中心在吉隆坡建成。SEACEN 培训中心是亚洲的首创，独立于西方国家的中央银行②。后者有其自己的俱乐部——国际清算银行，发展中国家中央银行不被包括在内。

结论

到 20 世纪 60 年代，1920 年布鲁塞尔会议中提出的在全世界各个国家建立中央银行的梦想得到了实现。但是发展中国家的中央银行鱼龙混杂。中国人民银行、印度储备银行和西非国家中央银行之间没有什么共同之处。发展中国家的中央银行面临巨大挑战。一方面，它们在促进稳定、高效和现代化的金融机构和体系的建设，鼓励经济发展上被寄予厚望；另一方面，它们不得不在高度人治的政治环境中运行，并且经常处于被政府要求支持政府亲信，以及动用货币手段弥补高额预算赤字的压力之下。中央银行所采取的策略包括一系列的直接调控手段，大部分这样的手段如果在 20 世纪 20 年代会被中央银行家们强烈谴责。它们的结果也千差万别。一些东亚国家在 20 世纪 60 年代中期到 90 年代中期取得了巨大成功，实现了经济高速增长和宏观经济稳定。但在其他地方，尤其是非洲，失败也同样是巨大的。一些国家——印度尼西亚是个最好的例子——在不同时期分别经历了灾难和成功。

发展中国家的职业中央银行家是知识分子和官僚阶层中的精英。他们努力寻求制约坏政府（但经常是徒劳的），并试图与好政府合作。中央银行自治的

---

① www. cemla. org/about. htm（2008 年 10 月 30 日登录）。

② www. seacen. org/about/history. aspx（2008 年 10 月 30 日登录）。

空间很狭小，但是在治理良好的国家，包括东亚的发展中国家和准发展中国家，中央银行被证明有能力在制定经济政策中发挥有益的影响。中央银行在艰难的环境里已经做到了最好，这也是人们对它们可能有的全部期许。

第十一章　通货膨胀野马

通货膨胀之马已经逃出了马厩并且上了路。我们无法将其赶回马厩……但是我们可以阻止它跑得太快。

——威廉·马丁（美联储主席），1967 年

引自布雷姆纳（Bremner，2004：第 252 页）

通货膨胀很像酗酒。当你饮酒时，最开始感觉很好，宿醉的痛苦要到第二天早晨才会来临。

——米尔顿·弗里德曼，1977 年

引自纳尔逊·爱德华（Nelson，E，2007b：第 161 页）

从 20 世纪 60 年代末到 80 年代，通货膨胀是发达国家面对的最严重的经济挑战之一。但这还不是唯一的考验。在布雷顿森林体系崩溃后，汇率不可预测地波动，银行危机也卷土重来。20 世纪 70 年代初期，经济增速开始下降，失业率在 80 年代初期上升到战后最高水平，两次石油危机也让政策制定者摸不着头脑。宏观经济理论在凯恩斯学派与货币学派的斗争中不断调整。以上这些变化都影响到中央银行的政治和知识环境。既然通货膨胀被认为是一种货币现象，中央银行家们就难辞其咎——尽管他们可以说制定货币政策的责任是与政府分担的。然而从长远看，严重的通货膨胀给中央银行带来的机会多于威胁。当其他所有方法都失效后，货币政策开始承担起克服通货膨胀的任务。迪恩和普林格尔（Deane 和 Pringle，1994：第 3，4 页）指出，在 1980 年左右，"中央银行不再受冷落"。不久之后"货币政策实际上成为唯一的游戏"。不知不觉中，中央银行家的权力和地位提升到了自 20 世纪 20 年代以来前所未有的高度。

通货膨胀问题比越南战争更重要

通货膨胀压力在 20 世纪 50 年代末开始酝酿，60 年代后半期显著增加，70 年代出现大爆发。梅尔泽（Meltzer，2005：第 18 页）认为，1965 年是美国经济的转折点，那一年是"生产力强劲增长的最后一年，也是通货膨胀上升的第一年"。或许，这也是凯恩斯主义具有象征意义的转折点。12 月 31 日，凯恩斯的头像登上了《时代》杂志的封面。他是第一个享有此荣誉的已故之人。当时凯恩斯主义学说，或者被归为凯恩斯主义的学说，已经遭到了质疑（Collins，R. M.，1996：第 402 页）。

1968 年是另一个令美国的政策制定者头疼的年份（Collins，R. M.，1996）。经济形势问题被一连串政治事件所掩盖，包括越南战争的新年攻势（Tet Offensive）、学生运动、苏联入侵捷克斯洛伐克、马丁·路德·金（Martin Luther King）和鲍比·肯尼迪（Bobby Kennedy）总统相继被暗杀；尽管如此，经济形势还是令人不安。约翰逊政府已经削减了税收，增加了越南战争和"伟大社会"（Great Society）项目的开支。货币政策相对来说宽松，反映了人们对经济增长的乐观预期。经济不景气的一个最明显症状是黄金总库的崩溃——这是另一个对美元国际信心下降的表现。政策制定者担心经济不稳定性上升。1969 年，在哥本哈根的演讲中，美联储主席马丁说，"解决通货膨胀问题比解决越南问题更重要"［引自布雷姆纳（Bremner，2004：第 272 页）］。马丁很清楚这些问题是相互联系的。他对约翰逊政府试图隐瞒战争成本表示抗议，并在 1967 年向媒体泄露了战争经费的预估数［布雷姆纳（Bremner，2004：第 204～205，224～225，233 页）］。

很多国家都出现了通货膨胀压力的上升，部分是国内原因，部分是受从美国流入的货币的影响。1970 年，联邦德国财政部长卡尔·席勒（Karl Schiller）说："通货膨胀就像毒品。短时间内让我们的社会感觉很'嗨'……然后'毒品的体验'显然不能解决任何问题，甚至还产生了新问题"［引自纳尔逊·爱德华（Nelson，E，2007a：第 46～47 页）］。表 3 列出了一些工业化国家通货膨胀的变化情况。20 世纪 70 年代的通货膨胀率普遍比 60 年代高，但是 80 年代比 70 年代要低。国家之间的差异很大。瑞士和联邦德国在控制通货膨胀方面比意大利、英国、澳大利亚和新西兰更成功。在那些通货膨胀率相对高的国家其通货膨胀率的波动也更大。通货膨胀的成本很难量化（Fischer，1994：第270～277 页）。虽然高通货膨胀经常伴随着经济低速增长，但并非总是如此：比如，意大利通货膨胀问题严重，却是欧洲经济增长最强劲的国家之一；而瑞士尽管通货膨胀得到控制，但经济却停滞不前。通货膨胀也带来不确定性，并且使相对收入和财富大幅波动。20 世纪 70 年代，当工人们为了就以往通货膨胀和预期通货膨胀原因寻求得到补偿而斗争时，出现了大范围的行业动荡。高通货膨胀（或快速的退货紧缩）时期也是最容易引起社会分裂的时期。

表 3   20 世纪 60～90 年代部分国家平均年通货膨胀率   单位：%

年份	1960	1970	1980	1990
美国	2.8	7.9	4.7	2.8
加拿大	2.7	8.1	6.0	2.0
日本	5.8	9.1	2.1	0.8
法国	4.1	9.7	6.4	1.7
意大利	2.9	14.1	9.9	3.8
瑞士	3.3	5.0	3.4	2.0
英国	4.1	13.8	6.6	3.1
联邦德国	2.6	5.1	2.6	2.4
澳大利亚	2.5	10.5	8.1	2.2
新西兰	3.8	12.5	10.8	1.8

资料来源：博里奥和菲拉多（Borio 和 Filardo，2007：第 43 页）。

通货膨胀和经济学家

中央银行家既不能指望经济学家分析通货膨胀确切的原因，也不能指望他们提出一套能获得通过的政策建议。20 世纪 60 年代中期到 80 年代中期见证了凯恩斯主义和货币主义的激烈冲突。德意志联邦银行官方史将德国这两派的主要提倡者称为"斗牛士"（Richter，1999：第 545 页）。除了像圣路易斯联邦储备银行（Hafer 和 Wheelock，2001）这样虔诚的货币主义学派外，中央银行仅仅是跟随而非引领这些争论。在 20 世纪 70 年代和 80 年代初期，凯恩斯主义的观点在中央银行圈内，尤其是在英格兰银行有很强的适应性（卡佩（Capie），即将出版）。卡佩、古德哈特和施纳德（Capie、Goodhart 和 Schnadt，1994：第 82 页）观察到，中央银行家有"将失败归咎于超出他们控制范围因素"的倾向，这倒很符合人性。

根据 20 世纪 50 ~ 60 年代标准的凯恩斯理论，通货膨胀要么源自"需求拉动"，要么源自"成本推动"。当总需求施压产能，工资和价格会上涨，从而产生需求拉动型通货膨胀。按现在的说法，就是产出缺口从负变为正。成本推动型通货膨胀是由多方面原因造成的。这些原因包括：工会要求涨工资的压力；企业提高中间和最终产品价格的能力；国外因素的影响，如像 OPEC 这样的卡特尔组织提高进口商品的成本等。本币贬值也会提高进口商品的成本。凯恩斯学派相信政策制定者可以用菲利普斯曲线为基础，找到一个通货膨胀和失业率在政治上合意的理想组合。

与凯恩斯学派不同，货币主义学派将中央银行家推向了风口浪尖。"货币主义学派"一词由卡尔·布伦纳（Karl Brunner）杜撰（Congdon，2007：第 156 页）。但是资深货币主义者米尔顿·弗里德曼（Friedman，M.，1985）并不喜欢这个词。货币主义学派认为，如果不是让货币存量的增长速度超过生产力的增速，通货膨胀根本不会发生。这个结论是从货币数量论中得出的（Friedman，M.，1956），其有效性依赖于货币流通速度或货币需求的稳定性（Laidler，1969）。货币主义学派不认同凯恩斯主义对通货膨胀的分析。他们不认为财政刺激（需求拉动的一种）会产生通货膨胀，除非是由中央银行购买政府债务，或者中央银行向商业银行和其客户提供额外贷款使其购买这些债券。工会和卡特尔组织可以改变相对价格，但是没有货币当局的帮助无法造成通货膨胀。

货币主义学派将1973—1974年和1979—1980年的两次石油危机定义为供给冲击，它会减少石油净进口国的潜在产出。这种情况下宽松的货币政策会恶化通货膨胀，而不是恢复先前的产出水平。相反，凯恩斯学派倾向于从国民收入循环的角度来分析石油危机，国民收入流量的减少会造成经济衰退；这种衰退可以通过通货再膨胀来克服，条件是与之伴随的燃油价格的上涨传导为一般通货膨胀的机制可以通过价格和收入政策来阻断。

货币主义学派承认短期内通货膨胀和失业率之间可能存在此消彼长的关系，但否认其持久性。他们认为存在一个由包括社会福利水平和其他结构性特征在内的微观经济因素所共同决定的自然失业率（自然失业率的水平存在争议）。如果货币当局将失业率控制在自然失业率以下，通货膨胀率就会上升，实际工资降低。很快，工资会因为工人要求补偿而上涨。这会导致企业盈利能力下降和更多裁员。失业率还会回到自然失业率水平，但是——最关键的一点是——通货膨胀水平将比原来还高。如果货币当局决心将失业率维持在自然失业率水平之下，那就必须忍受持续增加的通货膨胀。随着时间的推移菲利普斯曲线会变得陡峭并最终呈垂直状。在货币主义学派的分析中，根据现有经验所形成的通货膨胀预期也起到重要作用。当企业和工人开始认为通货膨胀会持续时，他们会进一步推高产品价格和工资要求。通货膨胀预期越强烈，货币政策刺激产生通货膨胀的速度就越快（Phelps，1967；Friedman，M.，1968；Bordo和Schwartz，2006）。

货币主义学派爱挑中央银行的毛病：如果通货膨胀率在上升，那么一定是中央银行做错了什么事。弗里德曼抱怨说，货币政策飘忽不定并且只注重短期效果是因为中央银行家认可并实行政府的微调方法。政策行动不合时宜，并且出现误调。他还认为，美国联邦储备系统骄傲自大，忽视或者至少搪塞对其的批评意见。1981年，弗里德曼总结说："我毫不怀疑，如果从未设立美国联邦储备系统，美国会变得更好"［《纽约日报》，1981年5月22日，引自纳尔逊·爱德华（Nelson，E，2007b：第161~162页）］。

理性预期学派提供了一个研究通货膨胀的新视角。罗伯特·卢卡斯（Robert Lucas，1973）认为，经济行为的主体会利用所掌握的所有信息和可得的最

181

好的经济推理方法来预测任何政策变化所导致的结果。因此，他们会对一项刚刚宣布的货币刺激计划马上做出反应，使其对通货膨胀的影响提前显现出来，并且抵消临时增加的产出。所以，只有经济行为主体预测失算或货币政策意外出台才可能影响产出。卢卡斯（Lucas，1976）也认为，理性预期使得中央银行经常使用的适应性预期模型失效。理性预期的意义和有效性还存在很大的争议（Fischer，1980）。

20 世纪 70 年代另一个有影响力的理论发展是动态或时间不一致性（time inconsistent），由基德兰德和普莱斯考特（Kydland 和 Prescott，1977）提出。他们解释道，货币当局有进行政策投机的侥幸心理。如果政府能够说服（或哄骗）公众他们将会对通货膨胀采取鹰派强硬政策，那么通货膨胀预期、工资和价格要求都会有所消退。一旦工人和雇主锁定了低工资协议，货币当局就可能将价格稳定的承诺置之脑后，提高货币供给以达到暂时降低失业率的目的……可能持续到大选阶段。但是由此带来的失业率的改善只是暂时的，下一次公众将不再信任货币当局。

通货膨胀冲击的国际传导机制是另一个大问题。凯恩斯学派认为，一个大国（或一组国家）总需求的提高会抬高国际市场价格。通货膨胀也可能通过成本推动的压力传播：20 世纪 70 年代初期两次石油价格飙升后，大部分的商品价格也随之上涨。货币学派关注的是固定汇率制度在通货膨胀传导中所起的作用（Frenkel 和 Johnson，1976；Cross 和 Laidler，1976）。当美国的通货膨胀率上升时，美国的商品和资产与其对手（比如说）联邦德国的商品和资产相比吸引力下降。联邦德国因此将获得国际收支顺差。联邦德国为了防止德国马克升值，德意志联邦银行不得不购买超额供给的美元，联邦德国因此增加的货币供给量将导致通货膨胀。如果德意志联邦银行用出售债券的方法冲销货币流入，利率将会上升，会进一步吸引更多的美国资本流入，造成货币供给的进一步增加。然而，在自由浮动汇率制度下，国内货币供给将不受外界影响。但是 1985 年后除了新西兰，没有国家采取自由浮动汇率制度。

凯恩斯学派和货币主义学派提出的解决通货膨胀的方法是不同的。凯恩斯学派支持货币政策和财政政策的微调。当通货膨胀率上升时，政府应该增加税收和/或削减政府赤字；当失业率上升时，应该使用相反的政策。这种方法最明显的问题是在应对 20 世纪 70 年代通货膨胀和失业率并存的时候力不从心。滞胀（通货膨胀和经济停滞同时出现）这种情况未被凯恩斯版本的菲利普斯曲线所预见。对于凯恩斯学派来说，成本推动型的通货膨胀应该通过对工资和价格的管控——无论是自发的还是强制规定的——来应对。

货币学派顽固地认为解决通货膨胀唯一的方法就是控制货币供给。米尔顿·弗里德曼（Friedman，1960）推荐的政策规则是，每年按照一个固定的增长率水平保持某个口径的货币总量的增长。统计货币总量有不同口径，但货币主义学派通常建议使用最窄统计口径的。价格的稳定可以通过使目标货币增速和实际 GDP 平均增速相等达到。货币总量是一个中间目标（intermediate target），它可以对支出和通货膨胀进行间接控制。货币主义学派倾向于支持浮动汇率以使货币供给不受国际波动影响，从而简化中央银行的任务。然而，在没有诸如货币目标（monetary target）等客替代名义锚的情况下，汇率自由浮动被认为是危险的。在固定汇率制度下，扩张性政策受到可能引发货币危机的风险的制约，但是在浮动汇率下货币的逐步贬值却没有引起太多注意。

货币学派反对对货币总量的微调。在他们看来，任何微调都会因在效果衡量、政策制定和实施方面存在滞后性和不确定性而破坏稳定。而给市场提供一个货币增长的中期的、明确的信号要好得多。但是，在实践中货币目标通常涉及相当大的自由裁量权。货币总量目标调整频繁，这让学者们感到很反感。米尔顿·弗里德曼（Friedman，1985：第 15 页）抱怨道："货币当局的言辞的确是货币主义学派，但是他们的政策却不是，或者慷慨一点说，只有部分是。"

凯恩斯学派认为，通货膨胀率应该逐步慢慢地减小，以缓和对就业和产出的过渡期影响。但理性预期学派和一些货币主义学派认为，反通货膨胀的过渡成本会比较温和，原因在于价格和工资制定者会在宣布紧缩货币政策后立即降低他们的要求。但是如果此前政府有机会主义表现，公众会不会真的相信这些政策呢？这是个问题。如果工资和物价上涨没有节制，一切降低货币增速的方法都会带来失业率的激增，这正是凯恩斯学派所担心的。

大多数中央银行家都强烈认同货币的重要性，毕竟货币就是他们的工作。但是他们不愿意将自己局限于某种严格的、排他的理论，例如货币主义观点之中（Meek，1983）。1976 年，英格兰银行行长戈登·理查森（Gordon Richardson）在一次演讲中说，控制货币供给尽管不错，但这只能解决部分问题。"我认为公开明确以货币供给的增速为目标是正确的，货币供给的增速应该与现实的经济增速相一致，而不应与通货膨胀率一致。（但是）货币政策和财政政策——我还想加入收入政策——每一个都有其重要作用并且应该形成一个相互协调的整体。"[引自麦卡莱姆（McClam，1978：第7页）]

理查森是一位"实用货币主义者"，而不是一个纯粹的货币主义"信徒"。理查森与他在中央银行界的同行一样，仅仅想让政府更重视通货膨胀问题，并与中央银行合作实施更紧缩的货币政策（Fay，1988：第73页）。1979年，当一个真正的货币学派信奉者玛格丽特·撒切尔上台后，理查森获得的比他讨价还价来的还要多。货币学派对中央银行家的折中主义甚是恼火。的确，与金本位时代中央银行家狭隘的思想观念相比，这时的中央银行家们已经发生了明显的变化。

对大通胀的解释

正像很多关于大萧条（great depression）的文献都注重美国的经验一样，关于大通货膨胀（great inflation，以下简称"大通胀"）的研究也是如此。这并不是忽视国际视角在这两次事件中的重要性：金本位在大萧条的传播中起到关键作用，布雷顿森林体系则在大通胀的初期起了作用。

每个国家的制度框架和常用货币政策工具都不尽相同（Holbik，1973；OECD，1974）。然而，这些细节都不及货币政策形成方式和实施这些政策的决心重要。梅尔泽（Meltzer，2005）的研究将大通胀原因分为四类，分别是：政治原因，理论错误，使用错误的数据，以及对货币增长的忽视。梅尔泽自己对大通胀的解释吸收了这四个因素。此外，他还批评了美国联邦储备系统的决策步骤和几任美联储主席的不足之处。他认为，允许通货膨胀持续长达15年是比让通货膨胀开始更为严重的错误。维斯（Weise，2008：第1~4页）提出了解释的相似：政治约束、经济变量测量错误造成的误解和由理论困惑引起的误解。这两种分析都建立在通货膨胀最终是一种货币现象的假设上。成本推动可能通过引起理论困惑和政治压力对宽松货币政策起到推波助澜的作用，但实际上它本身并不是引起通货膨胀的原因。

欧菲尼德斯（Orphanides，2002，2003，2004）讨论了测量不准的问题。20

世纪80年代前，美国的货币政策制定者倾向于高估经济疲软的程度，结果未能充分地紧缩货币政策。实际上，美国联邦储备系统忽视了20世纪70年代自然失业率的上升，也没有意识到60年代末和70年代初生产力增速的下降是一个持久现象。这些问题并不是由缺少分析师造成的。70年代初期，美联储有"超过200名经济学家直接或间接地为政策制定者提供信息"（Lombra和Moran，1980：第11页）。不幸的是，他们的统计数据系列的准确性和计量模型得出的结论都不可信。美联储不得不采用经验、轶事证据和直觉，所以经常会做出错误的决定。即使在20世纪90年代和2000年，经济简报和预测也只能给政策制定者提供少量信息，他们还是要依靠主观判断（Singleton等，2006：第6章）。按照梅尔泽（Meltzer，2005：第149页）的说法，美国政策制定者也错误理解了1973—1974年的石油危机，把危机当成了应由货币刺激化解的通货紧缩冲击，而非对OPEC的永久收入转移；而联邦德国、瑞士和日本的货币当局则没有犯这个错误。

罗默和罗默（Romer和Romer，2002a）及纳尔逊（Nelson，E.，2005a）认为，概念误读导致政策错误加剧了通货膨胀。纳尔逊将其描述为货币忽视假说（monetary neglect hypothesis）。政策制定者对不同的通货膨胀理论感到困惑。还有人相信菲利普斯曲线的权衡关系。以色列银行行长雅各布·弗兰克尔（Jacob Frenkel，1994：第327页）此后悲叹道，"大部分政治家……尤其是财政部部长，生下来脑袋里就有一条菲利普斯曲线。"赞同成本推动理论和收入政策的人质疑货币政策对控制通货膨胀的有效性。其实，中央银行家和其他政策制定者很晚才认识到通货膨胀首先，而且最重要的，是一种货币现象。这带来了一系列麻烦的问题，如果政策制定者不能应用最佳理论，就不能形成理性预期，那会比工会和家庭部门还愚钝。

1972年，新西兰储备银行（RBNZ）首席经济学家撰写的关于《新西兰的通货膨胀》的内部报告显示，对于很多中央银行家来说，要选择某种对通货膨胀现象的解释有多难。通货膨胀从1967年开始出现，看起来有多种原因。1967年，价格补贴的削减，税收增加和政府服务收费上涨都使得价格水平上升。1967年11月新西兰币贬值之后，进口成本上升和出口收入增多也加速了通货膨胀的产生。消费者和企业信心上升和流动性的增长导致支出高涨。1968年，劳动力短缺和新西兰仲裁法庭发布不同寻常的工资决定方式形成了工资上升的巨大压力。企业将工资上涨的成本转嫁给消费者，在 20 世纪 70 年代初期终于形成了工资—价格螺旋。如果不是这个螺旋，总需求水平还不足以使通货膨胀持续下去。而政府部门工资与私营部门工资挂钩，加重了工资推动成本的压力。由美国国际收支赤字所造成的更多的全球流动性也外溢到新西兰。20 世纪 70 年代初，国际商品价格的上涨也使新西兰国际收支顺差进一步扩大。新西兰储备银行的计量模型表明工资和价格上涨之间存在紧密的联系。该行首席经济学家认为制度因素对通货膨胀的产生至关重要，其中包括旧的协调工资决定方式的终结和新西兰抵御输入性通货膨胀的脆弱性。通货膨胀是一个全球性问题的事实鼓励了政府内部的自满情绪。有趣的是，首席经济学家担心流动性——这个词可以追溯到拉德克利夫委员会（Radcliffe Committee）——而不是货币增速偏高（RBNZ Archives，1972）。纳尔逊（Nelson，2005b）提供了更多关于新西兰货币政策忽视方面的评论。

德意志联邦银行也在 20 世纪 70 年代初期接受了成本推动的概念。在 1971 年的一次演讲中，德意志联邦银行总裁卡尔·克拉森（Karl Klasen）提出，工资的增速超出了需求增长可以解释的范围，实际上需求的增长速度正在放缓。他对有关劳方、资方和国家就工资问题进行磋商的计划表示欢迎（Nelson. E，2007a：第 47 页）。1972 年，德意志联邦银行年报中写道："单纯货币政策已不能扭转通货膨胀预期强化的危险"［引自纳尔逊（Nelson. E，2007a：第 54 页）］。

对大通胀的政治解释总是很引人关注。由于担心会造成就业减少和选举不利，政府不愿意紧缩货币政策。有时，林登·约翰逊和理查德·尼克松试图强迫美国联邦储备系统采用宽松的政策。美国联邦储备系统或许因为急于与政府合作，在坚持自主权方面出奇地慢。另一方面，20 世纪 70 年代的美国也没有明确的严厉反通货膨胀政策的公共义务（DeLong，1997；Weise，2008）。根据盖洛普公司的调查（Meltzer，2005：第 147 页），民众直到 1980—1981 年才意识到通货膨胀问题的严重性。

我们没有理由认为上述解释是相互排斥的。情况很复杂，主角（和配角）很容易改变主意。例如，在 20 世纪 70 年代初期，美联储主席亚瑟·伯恩斯倡导收入政策。罗默和罗默（Romer 和 Romer，2004：第 139 ~ 141 页）认为伯恩斯支持收入计划是因为他怀疑紧缩货币政策对控制工资推动型通货膨胀的能力。

如果工会更看重工资而不是就业，或者预期政府会将利率降回到原来的水平，那么工会对利率升高的反应就不会是降低他们的工资要求。然而，收入政策的确可以降低通货膨胀预期和工资上涨要求。1971 年，美国实施了工资和价格冻结措施，但是对通货膨胀没能起到长期作用。维斯（Weise，2008）参考伯恩斯1979 年退休后的一次演讲稿时，发现他对这个问题的看法有所不同。

"美国联邦储备系统在 15 年前或之后有能力在通货膨胀产生之初就消灭掉它，今天它也有结束通货膨胀的能力。在这段时间的任何时候，美国联邦储备系统都可以通过限制货币供给并对金融和产业市场施加足够的压力而毫不迟疑地结束通货膨胀。美国联邦储备系统之所以没有这么做是因为它自身卷入了改变美国人生活和文化的哲学和政治潮流之中。"（Burns，1979：第 156 页）

伯恩斯要么改变了他的想法，忘记了 1971 年他的观点；要么他最初提出收入政策时就是不真诚的；要么是因为 1971 年的美国联邦储备系统概念混淆，害怕坚持紧缩货币政策而激怒政府。毫无疑问，这些还不是所有可能的原因。

长期国际收支盈余的国家，比如联邦德国和日本，也和美国政策制定者有相同的困境。他们也要和国际层面的通货膨胀作斗争。换句话说，在布雷顿森林体系下他们被迫遭受来自美国的输入性通货膨胀。他们不愿意持续输入通货膨胀也是固定汇率制度最终崩溃的原因之一（Bernanke 等，1999：第 43 页）。

有时治理通货膨胀并不像货币主义学派宣扬的那么简单直接，也无法直接管理通货膨胀预期。在劳动力市场紧张时，工会可以获得更高的加薪，企业可以向消费者转移更多的成本。当其他选项可能导致失业率大幅上升，社会分化加剧时，控制工资—价格螺旋是非常有吸引力的。工资和价格制定者的节制可以缓解紧缩货币政策对于产出和就业的即时影响。这就是说，即使效果令人失望，一些中央银行家提倡价格和收入计划及紧缩财政还是可以理解的。应对通货膨胀是一项需要决心的任务。

管控通货膨胀

在 20 世纪 70 年代中期，一些政客和经济学家，有时还有中央银行家——比如新西兰储备银行的雷·怀特（Ray White）（Singleton 等，2006：第 78 页），对持续通货膨胀听之任之。他们起草各种指数化方案，目的是抑制由通货膨胀引起的收入和财富的再分配（Fischer，1994：第 277～278 页），但是这些方法作用有限。

20 世纪 70 年代，宏观经济的政策周期更加波动。政府和中央银行开始时可能应对的是一个问题，比如失业率上升问题；此后他们可能又得将精力转移到另一个问题，比如通货膨胀或者货币快速贬值等。这已经不再是政策微调而是危机管理。突发事件，包括石油危机，对政策制定者来说是巨大威胁。布雷顿森林体系的解体没有给世界带来自由浮动汇率。浮动是"肮脏的"：中央银行和政府还是会介入汇率市场以推动汇率向其政治合意的方向浮动（Eichengreen，1996：第 143 页）。不仅如此，欧洲还得努力固定住内部各国的汇率并对世界其他国家采取一致的浮动汇率。汇率制度更加灵活，可以缓冲弱国受到的外部冲击，同时强国也可减少不想要的货币流入。但是，随着固定汇率制度的终结，传统货币政策的名义锚也不复存在。那么现在还有什么可以阻止货币政策制定者制造更大的通货膨胀呢？

20 世纪 70 年代中期，一些主要的经济体。包括英国和意大利，年通货膨胀率上升到 20% 以上，在有些人看来这已经接近拉丁美洲国家的通货膨胀水平了。但是，反对通货膨胀的力量也在集结。通货膨胀问题越明显，越麻烦，政府和中央银行采取措施的动机也就越大。一些国家开始考虑借助外部帮助，即使在当时这种做法极少得到赞成。1976 年，身处货币危机的英国不得不从国际货币基金组织借款——英镑汇率是在下跌而非浮动，财政大臣丹尼斯·希利（Denis Healey）向国际货币基金组织递交了借款"意向书"，其中规定了国内信贷扩张（domestic credit expansion，DCE）的目标。如果没有这种承诺，国际货币基金组织可能就不会救助（Burk 和 Cairncross，1992：第 107 页）。

20 世纪 60 年代，中央银行已经开始将更多的注意力投向货币和信贷总量，尽管步伐很缓慢。1966 年后，美国联邦储备系统在制定短期利率和银行净自由准备金目标范围时，开始将货币总量的变化考虑在内。1970 年开始制定内部（未对外公布）货币总量增长目标，但还是会根据货币市场情况经常进行调整（OECD，1974：第 47～49 页）。伯恩斯将货币目标（monetary targets）和收入政策结合并没有违背货币主义理论，而是与美国联邦储备系统的折中主义背道而驰。当工资—价格的冻结真的降低了通货膨胀预期后，货币目标得以放松

（Lombra 和 Moran，1980：第 22 页）。但重要的是，政策的最终目标仍然是短期的。

20 世纪 70 年代中期，很多国家都公开了其货币目标，这其中包括美国、加拿大、英国、澳大利亚、日本和一些欧洲大陆国家。联邦德国和瑞士一马当先，在 1974 年 12 月均公布了各自货币目标（McClam，1978；Griffiths 和 Wood，1981；Fratianni 和 Salvatore，1993）。通过公开这一目标，货币当局希望表明他们是认真的，或者说要建立可信度。如果大众相信当局对这一目标的承诺，通货膨胀预期、劳动和产品市场的繁荣度将会降低。有些中央银行，包括瑞士国民银行（Rich，2003），采取货币目标制的态度很积极，然而也有国家是勉强为之。1976 年，澳大利亚联邦储备银行迫于政府的压力采用了货币"规划"（monetary "projections"）——一种较弱的货币目标制，但在澳元汇率固定的情况下，这种做法没有收到成效（Guttmann，2005：第 70~98 页）。

弗里德曼（Friedman，1982：第 102 页）认为，日本是发达国家采用货币主义政策的"典范"。（在欠发达国家中他赞扬了智利，联邦德国也受到了一些表扬。）20 世纪 70 年代初期，日本银行开始将货币总量 M_2 当做测试需求压力的指标。1973 年利率上调，但此次调整并不及时，1974 年通货膨胀率仍然超过 20%。但到 1975 年年末，年通货膨胀率降到了 10% 以下。不像很多其他国家，日本并没有放松银根以应对第一次石油危机。日本不允许成本推动的观念转移政策制定者的注意力。1978 年晚些时候，日本银行开始公布 M_2 增长率的"预测值"。日本银行行长森永贞一郎（Teiichiro Morinaga）暗示，中央银行会提高利率以应对高货币增速。在 20 世纪 70 年代末，日本银行在通货膨胀趋势出现前就开始紧缩货币政策（Nelson，E.，2007a；Hamad 和 Hayashi，1985），从而使其货币政策具有了前瞻性。采用广义的货币主义框架并不需要日本放弃窗口指导，尽管其作用在下降。

具体的货币目标（例如 M_1，M_2，M_3）每个国家都不同。有些中央银行倾向于选择某种口径货币总量的一个固定的增长率，另一些国家则可能规定一个可接受的范围。具体的货币目标并不是一成不变的：实际上他们经常被调整，尤其是在没有达到目标之后。大多数国家的货币政策制定者将他们的关注点在失业率、通货膨胀和国际收支平衡之间移动，而不是对每个宏观经济目标都分配一定的权重。当其他重要变量如汇率发生重大变动时，即使货币目标最坚决的倡导者也要准备做出妥协。1978 年，在瑞士法郎的恐慌性升值后，瑞士国民银行暂时放弃了 M_1 增长率目标，并用汇率目标代替。1979 年，瑞士重回货币目标。1980 年，瑞士用基础货币的一种变体取代了 M_1，重新公布了货币目标（Bernanke 等，1999：第 62 页）。

货币目标通过货币政策的标准工具得以实现，这些工具包括再贴现、公开市场操作、法定准备金要求和行政控制。但是，公开市场操作越来越受重视。公开市场操作有两种策略。在第一种策略中，在给定货币需求函数的情况下，中央银行注重维持与货币供给目标相适应的短期利率。在第二种策略中，中央银行自主决定货币供给量，让利率水平随行就市。货币学派倾向于第二种方法，并推荐控制最狭义的货币总量——基础货币。相反，大多数中央银行家倾向于平滑利率以方便包括政府在内的金融市场参与者，并认为货币学派让利率水平随行就市的建议会令人不安（Capie 等，1994：第 85 页）。最后的结果往往又是折中。但这还不是唯一的复杂之处。控制狭义货币总量，例如基础货币，相对比较容易，但是基础货币与支出和通货膨胀之间的联系并不密切；而控制更广义货币总量，例如 M_3，则困难得多，但它可能与支出和通货膨胀的控制更相关。

货币目标在 20 世纪 80 年代渐渐不再受欢迎。实践证明想要达到目标非常困难。货币流通速度（或者货币需求）在 20 世纪 80 年代初期变得不容易预测，原因在于付息的现金账户等新金融产品的发展，复杂的计算机和通信技术得到越来越多的应用，以及金融自由化的发展趋势等。20 世纪 80 年代初期出现国际经济衰退和大量失业人口。紧缩货币政策虽然控制住了通货膨胀，但代价是造成更严重的衰退。高额的反通货膨胀成本源于工资和价格刚性，这种刚性比货币学派预期的更强。换言之，公众开始怀疑货币政策制定者的决心。在某种程度上，货币目标掩盖着的正是中央银行家和新一波政客实施的过时的通货紧缩政策，这些政客们比他们的前任更重视通货膨胀的危害。下面我们将更详细地分析联邦德国、英国和美国通货膨胀的控制情况。

联邦德国

布雷顿森林体系解体后，德意志联邦银行开始制定新策略以维持德国马克的汇率。由于联邦德国加入"蛇形"浮动计划（欧洲货币体系（EMS）的前身），德国马克汇率并不是完全自由浮动的。国内，德意志联邦银行必须面对协调工资增长和高油价的压力。1973 年，德意志联邦银行声称其首要任务是控制通货膨胀（Issing，2005：第 331 页）。但在 20 世纪 70 年代中期那种环境下如何才能达到低通货膨胀水平呢？其中一个选择是重视对货币存量的控制，但是不能想当然地认为这项建议能够在中央银行的高层领导中占上风。冯·哈根（Von Hagen，1999：第 425 页）认为，宣布货币目标的决定是出于战略考虑。1974 年，德意志联邦银行内部对实行宽松货币政策以恢复经济增长和就业的支持率上升。与此同时，德国中央银行家不希望让公众和工资谈判代表感觉到他们对通货膨胀控制的放松。1974 年 12 月，德意志联邦银行宣布其目标是在1975 年将中央银行货币（central bank money，CBM），即广义货币总量的年增长率控制在 8%。由于 1974 年中央银行货币增长率为 6%，这代表了一种最温和的宽松。德意志联邦银行采用货币目标框架是想向公众传达该行将采用更系统性的方法进行货币控制。

货币目标只解释了德意志联邦银行成功控制通货膨胀的一部分原因。相比较而言，联邦德国在引入货币目标很久之前就对通货膨胀很反感。虽然在石油危机期间出现了货币扩张，但是没有其他国家力度那么大。1974 年 12 月引入的货币目标策略在最初几年只是"试验性的"（Issing，2005：第 330 页）。德意志联邦银行承认轻度通货膨胀是不可避免的，并且将其考虑进目标之中。目标偶尔的偏离可以被解释为，低通货膨胀并非政策制定者唯一的关注。1977 年该行采取这一立场时，正值联邦德国实际经济增长疲软，德国马克处于升值中。

直到 1979 年，联邦德国中央银行货币目标每年都会被超过。冯·哈根（Von Hagen，1999：第 42~43 页）认为，在新的欧洲货币体系（European Monetary System，EMS）形成之前，德意志联邦银行可能不应该坚持货币目标。1978 年，在法国和联邦德国政府的支持下欧洲货币体系成立了，这是在欧洲范围内实行钉住汇率的进一步尝试。如果政府在此关键时刻放弃货币目标，公众可能会认为联邦银行将欧洲货币体系视为控制通货膨胀不可逾越的障碍。至少，欧洲货币体系的出现提高了德意志联邦银行内部对货币目标的支持率。

1979—1981 年，德意志联邦银行收紧了货币目标以应对新一轮的通货膨胀压力。这被证明是货币目标控制中又一关键时期。德意志联邦银行并没有因为第二次石油危机、经济停滞或失业率上升而改变紧缩银根的策略。直到 1982 年通货膨胀率开始消退时，德意志联邦银行才稍微放松了银根（Baltensperger，1999：第 441~454 页）。对于联邦德国（和其他国家）来说，最重要的不是采取货币目标策略，而是当局对控制通货膨胀的决心（Issing，1997）。联邦德国的货币目标一直持续到 20 世纪 90 年代后期，欧洲中央银行成立之时。

英国

尽管 1974—1979 年英国工党政府就引入了货币目标制，但直到 1979 年玛格丽特·撒切尔领导的保守党上台执政，控制通货膨胀才成为首要任务，货币目标才走到舞台的中央（Britton，1994）。撒切尔毫不隐瞒她被货币学派所吸引。在她看来，英格兰银行思想不纯正并缺乏主心骨——用 20 世纪 80 年代的行话说就是"怂"（"wet"）。撒切尔喜欢听取货币学派领袖，包括艾伦·沃尔特斯（Alan Walters，1986）的意见，也愿意听从财政部的意见。英格兰银行和行长戈登·理查森（Gordon Richardson，任职至 1983 年）在讨论货币政策时被边缘化——尽管中央银行负责实施政府的货币政策（Kynaston，1995：第 31~32 页）。

当保守党执政时，通货膨胀正在加速，在 1980 年 5 月达到 22%（年率）的高点。新政府宣布将 1979—1980 年英镑 M_3（£ M_3）的目标增长率设定在 7%~11%。利率也上升到与实现这一目标相一致的水平。1980 年政府出版了中期金融策略，其中包括更为严厉的货币目标和财政紧缩措施。政府中有人急于引入基础货币控制目标，但是被英格兰银行拒绝了，理由是这可能造成利率的过度不稳定。撒切尔政府将货币目标制与金融自由化项目结合。许多剩余的对银行业的直接控制——早在 20 世纪 70 年代初期就已经减少——被废止，外汇管制也被废除了。随着金融创新的出现，以及金融自由化的趋势和竞争的加剧，货币当局更难控制£ M_3，原先设定的货币目标被超过。一场关于£ M_3 是否是衡量货币政策松紧程度的良好指标的讨论接踵而来（Goodhart，2004：第354 页）。即便如此，通货膨胀还是开始下降了。高利率，与英镑作为石油货币的地位一起，带来了英镑快速升值和 20 世纪 30 年代以来最严重的经济衰退和失业。1982 年，英国政府宣布用 M_1、私人部门流动性（PSL2）和£ M_3 作为目标，引来愤世嫉俗者讽刺政府说，这回至少可以完成一个目标了（Howson，1994：第 251 页）。

在 20 世纪 80 年代中期，保守党政府短暂地试验了基础货币控制。但是结果证明实现任何目标都是非常困难的。实践中，货币增长和通货膨胀之间的关系非常不精确，货币主义学派的框架渐渐失去影响。1987 年，政府停止公布货币目标。通货膨胀由于紧缩的货币政策和经济下滑而（至少暂时）消退了。无论如何，货币目标制本质上是政府治理通货膨胀决心的一个标志。20 世纪 80 年代后半期，在认为通货膨胀威胁消除后，英国政府放松了货币政策，并被一种跟踪德国马克的策略所吸引——这是一种非正式的汇率目标制。

美国

美国沃尔克反通货膨胀的方式也同样令人瞩目。1979 年 8 月，保罗·沃尔克（Paul Volker）被吉米·卡特总统任命为美联储主席。他的上任威廉·米勒（William Miller）经常被认为是一位没有效率和一味妥协的主席。沃尔克是通货膨胀的鹰派，他对自然失业率的看法比较悲观。另外，他相信通货膨胀最终会造成经济疲软。

从 1975 年开始，美国国会要求与联邦储备系统就其货币和信贷总量计划进行定期磋商（Volcker，1978）。根据 1978 年《充分就业和平衡增长法》（或 Humphrey - Hawkins 法），美联储公开市场操作委员会必须对货币和信贷总量设置目标，并且在国会辩护。在实际操作中，美国联邦储备系统设定货币增长率和一个短期利率——联邦基金利率的目标。尽管这两个目标应该是兼容的，但想要同时达到却很难，当受到逼迫时，"交易柜台被引导给予联邦基金利率目标优先权"（Mishkin，1995：第 562 页）。1979 年 10 月，沃尔克根据控制非借入银行准备金的方法，实行了激进的新操作程序（Hetzel，2008：第151 ~ 171 页）。公开市场操作的目的是要使非借入准备金的水平和公布的 M_1A、M_1B、M_2、M_3 以及商业银行信贷相适应。非借入准备金的目标没有公开（Gilbert 和 Trebbing，1981）。联邦基金利率也被允许在一个较宽的范围内浮动。实际上，沃尔克已经从利率目标转到了类似基础货币目标上。

沃尔克在 1980 年 3 月美联储公报中阐述了他的观点：

"过去，在经济稳定政策的关键时刻，我们更多的是关注短期经济走低的可能性或其他目标，却忽视了我们的行动对未来通货膨胀的作用……结果导致长期通货膨胀问题……美联储政策的广义目标应该打破这种不利模式……政策的成功要求以此目的为中心，保持政策的连续性和持久性。任何对衰退的恐惧或其他原因所造成的不果断和拖延都将带来严重的风险。"[引自罗默（Romer，2004：第 145 页）]

实际上，沃尔克领导的美国联邦储备系统并没有他在公报中承诺的那么一心一意。从 1979 年 8 月到 1980 年 4 月，利率大幅上升，但是实体经济的下滑和卡特政府的恐慌使得美联储犹豫不决。直到 1980 年末，能够给予美国联邦储备系统更多支持的罗纳德·里根（Ronald Reagan）总统当选，沃尔克和美国联邦储备系统才开始重新应对通货膨胀（Goodfriend 和 King，2005）。1980 年末，年通货膨胀水平为 12%。单在 11 月和 12 月，联邦基金利率就被上调了 600 个基点。1981 年，持续紧缩货币政策以控制通货膨胀，美国联邦储备系统宁愿选择牺牲掉经济从 1980 年低谷恢复的机会。马丁或伯恩斯，更不用说米勒，都没有沃尔克这种决心。

1982 年通货膨胀压力显著下降，10 月美国联邦储备系统宣布"恢复正常"。此后货币目标的关注度开始下降。实际上，美国联邦储备系统还在不公开地继续管理着联邦基金利率。沃尔克对经济疲软的程度越来越敏感。这是给货币主义者的一记耳光，它表明美国联邦储备系统和很多其他中央银行一样，本质上是讲求实效的。货币目标在需要时用，用完之后又放回到工具箱里了。弗里德曼（Nelson, E., 2007b：第 168 页）非常不以为然，但是沃尔克已经达到了他的主要目的。

结论

从 20 世纪 60 年代末到 70 年代，由于政治局限、理论混乱、测量方法问题和货币忽视问题，通货膨胀就像脱缰的野马。而且，直到布雷顿森林体系解体之前，美国将通货膨胀输出到欧洲、日本和世界其他地方。只有认识到通货膨胀问题是宏观经济中的关键问题，甚至比充分就业和促进增长更紧迫，才可能找到解决之道。20世纪70年代中期，联邦德国、瑞士和日本认识到了这一点；英国、美国和许多其他国家在几年后才意识到。某种程度上，这种优先次序的转变反映了政治主角的变化，尤其在英国和美国，这些变化是在撒切尔和沃尔克上台之后发生的。由于其独特的货币历史，联邦德国走在抗击通货膨胀的最前线，这并不让人感到意外。学术界发生的变化是重新强调了通货膨胀是一个货币问题，而政治气氛的改变则反映出对通货膨胀愈加弥深的厌恶。

货币目标为德意志联邦银行和它的同行们提供了新的反通货膨胀的政策框架，但是对于大多数中央银行家来说，这只是一个技术问题而不是信念问题。货币主义学派发现在中央银行的世界还有很多态度冷淡和故态复萌的人。反思英国和美国在货币目标上的经验，查尔斯·古德哈特（Goodhart，1989：第377页）认为，无论在理论和实践上存在什么缺陷，货币目标方法"相比于其他更机动的方法而言，它促进了更紧缩的（货币）政策，更高利率（在美国）和汇率（在英国）。这种方式——如果没有失败的话——引起的通货紧缩如此严重，以致通货膨胀、通货膨胀预期和人们的心理都被驯服了"。但是代价也更高，特别是在就业方面的损失比预期的更严重。套用一个在20世纪90年代不同情景下广泛使用的短语来形容，那就是政策制定者们"做到了"（"just did it"）（McCallum，1995）。

大通胀和反通胀恢复了中央银行在经济决策圈中的重要地位。此时，几乎所有人都承认货币政策很重要，而中央银行是此领域的专家。尽管中央银行不情愿地接受了强硬的货币主义学派，还有没能达到货币目标所带来的尴尬，但中央银行的地位在20世纪60年代和80年代期间还是上升了。中央银行真的不再受冷落。

第十二章　第二次中央银行革命：独立性和问责制

人们对中央银行独立性的愿望已完全达成共识，以至于可能很快就忘记它是如何在那么短的时间内达成的。

——詹姆斯·弗德（James Forder, 2005：第 843 ~ 844 页）

当你们考虑欧洲的中央银行未来的章程时，我向你们推荐新西兰的例子——尽管我知道我国中央银行的历史很短，以及近来我们采取这一制度的情况，我的话可能会显得有些傲慢。

——唐·布拉什（Don Brash），新西兰储备银行主席，在纪念英格兰银行成立三百周年研讨会上的发言，1993 年（Brash, 1994：第 315 页）

中央银行独立性（central bank independence，CBI）的信条，随着其在20世纪80年代和90年代的发展，变得有些神秘。日益重视中央银行独立性是中央银行第二次革命的两个基本特征之一，另一个特征是通货膨胀目标制。中央银行在20世纪90年代获得了自20年代以来最高的权威和影响力。根据麦克纳马拉（McNamara，2002）的说法，从1989—1999年间，至少38个国家的中央银行被赋予"合法的"独立性。他的名单包括发达国家、发展中国家和转型经济国家，但是不包括那些中央银行独立性不太正式的国家。

中央银行独立性是一个非常难以界定和考量的概念，与此相联系的责任性与透明度的概念也同样不明确。弗德认为，"能够从中央银行独立性中获得最大利益的就是中央银行自己"（Forde，2002：第52页）。然而，中央银行独立性最热情的支持者是经济学家和政客。中央银行家自己难以参与到一个毕竟是关于中央银行和国家关系性质的政治争论中。中央银行独立性的形式多样。一些国家通过立法来确立中央银行独立性的权威，另一些国家则通过对现行法律的重新解释来赋予中央银行更大的自主权；对有些国家来说，中央银行独立性不过是装饰品罢了。为什么如此多的中央银行在20世纪晚期获取了更大的自主权？中央银行独立性采取哪些形式呢？独立的中央银行如何承担责任呢？这些就是接下来将要讨论的问题。荣誉将会授予新西兰储备银行（RBNZ）——一个探索新型中央银行独立性的先锋。

争论

中央银行的独立性和问责制并不是新观点。两次世界大战期间，基希和埃尔金（Kisch和Elkin，1932）、凯恩斯（Bibow，2002）都曾深入讨论过政府和中央银行之间的关系。而且政策制定机构的自主性和问责制的讨论也不仅仅局限于中央银行。类似的讨论也出现在公共部门审计（Green和Singleton，2009）和军事行动中。

1945年后，大部分中央银行都对政府部长们负责，而不是对全社会负责，除了重大调查案从某种意义上例外，如英国的拉德克利夫（Radcliffe）调查案和加拿大的波特（Porter）佣金调查案。国与国之间中央银行自主权的区别也很明显，却很难说清楚。德意志联邦银行高度独立，几乎不对任何人负责。尽管英格兰银行没有正式的独立性，但拥有相当大的权威和幕后影响力。美国联邦储备系统最终对国会负责。评论家们认为，实际上美国联邦储备系统要么是政客的一个工具，要么是一个不负责任的官僚帝国。

古德哈特、卡佩和施耐特（Goodhart、Capie 和 Schnadt，1994：第 48～49 页）认为，中央银行的历史就是一部高自主性和低自主性的更替史。这些变化是对现状不满的反映。20 世纪中叶，与金本位相联系的中央银行独立性被抛弃。然而 20 世纪晚期，为应对多年的政治干涉和通货膨胀，确立了一种新形式的中央银行独立性。今天的中央银行独立性与 1914 年以前的不可同日而语，在很多（不是全部）国家中，中央银行、政府和社会之间的关系如今要明确得多。"政策工具独立性"或操作自主性，已经与"目标独立性"或中央银行自己制定目标的能力区分开来。现在，人们承认中央银行独立性应该与确保中央银行"问责制"的制度安排结合起来，尽管对于问责制的形式还没有达成一致。透明度通常被认为对于问责制和货币政策的顺利实施至关重要（Siklos，2002）。今天人们对于透明度的关注才是真正的创新（Geraats，2002）。

20 世纪末，中央银行的改革恰逢大范围的公共部门重组改革。公共部门改革者的思想核心是抛弃比阿特丽斯·韦伯（Beatrice Webb）的观点，后者把公务员比做禁欲狂热者的"邪恶军团"（Jesuitical corps）（Hood，1995：第 94 页）。20 世纪 80 年代和 90 年代，"新公共管理"研究将公共部门作为一个整体来讨论问责制与按规则行事或自由裁量权之间的关系（Hood，1995：第 96 页）。公共部门改革的倡导者认为，公务员和政客都是自私自利的。公务员把纳税人的钱用在建立自己的帝国上，而政客则通过操纵公共部门来购买选票。根据新公共管理的原则，公共部门（如果不私有化的话）将按照企业的方式运作。管理者被赋予明确的目标，而部长们要避免干预操作性事务。公共部门管理者要对他们的目标完成情况负责。新西兰中央银行和公共部门改革之间的关联非常明确（Singleton 等，2006，第五章），但在其他地方就不那么明确。

新公共管理和中央银行独立性并不相同。多数中央银行，包括国有的中央银行，都拒绝成为正式的公共部门成员。中央银行家比公务员更擅长招架对他们是自私官僚的指控，或许这是因为它们小心地培育出来的神秘感和威望。与 20 世纪 80 年代关于中央银行独立性的讨论相比，70 年代曾盛极一时的对中央银行官僚作风的批评声则显得微不足道（Forder，2002：第52页）。罗格夫（Rogoff，1985）关于货币政策应该委派给"保守的中央银行家"的提议树立了中央银行家无私对抗通货膨胀的形象。

经济学家和政治经济学家们从不同的角度解释中央银行独立性的再次兴起。经济学家强调中央银行独立性能带来经济利益的共识，而政治经济学家则探寻重新设计中央银行的政治动机（King，Michael，2005：第95页）。

从19世纪70年代中期开始，一系列关于中央银行独立性和问责制的经典文章陆续发表。基德兰德和普雷斯科特（Kydland和Prescott，1977），之后是卡沃尔（Calvo，1978），巴罗和戈登（Barro和Gordon，1983a），他们都预计当中央银行获得自主裁量权，尤其当它们处在政府的影响下时，货币政策的执行将会变得前后不一致。货币当局如何才能使自己信守反通货膨胀的承诺，并在公众眼中建立起可信度呢？巴罗和戈登（Barro和Gordon，1983b）认为，反通货膨胀的名声可以通过长期抵制诱惑来获得。可以说，这就是德意志联邦银行所做的。罗格夫（Rogoff，1985）建议把货币政策委派给那些比社会大众更加厌恶通货膨胀的独立中央银行家（或中央银行）。保守的中央银行家更易建立信用，但他们怎样才能对结果负责？如何才能阻止政府干预他们的决定？佩尔森和塔贝里尼（Persson和Tabellini，1993）赞成在政府和中央银行间签订排除政治干预的协定。沃尔什（Walsh，1995b）认为这项协定应该明确目标，如果中央银行行长没能达成目标，将会面临惩罚（也可能被解雇）。沃尔什则以毫不妥协的口吻强调了问责制的问题，并且他得出的结论也不是为了取悦中央银行家。罗曼（Lohmann，1992）赞成中央银行独立性应该视条件而定。部长们应该允许在特殊情况下干预独立的中央银行，但这只能在完全的公众监督下进行。德贝尔和费歇尔（Debelle和Fischer，1994）阐明了目标和工具独立性的区别：政府应该制定货币政策的目标，但要允许中央银行有操作的自由。实证分析——尤其是库克曼（Cukierman，1992：第347～455页）的分析——证明，保持中央银行独立性可以在降低通货膨胀的同时不对实体经济造成严重损害，但并不是所有人都对这种好处满意。

20世纪90年代，关于中央银行独立性和问责制的讨论与通货膨胀目标制的讨论重叠在一起（Blinder，1998）。这两项讨论都有越来越多的经验，尤其是新西兰激进改革的经验。然而，对于中央银行独立性和问责制问题的讨论并没有最终结论，这一事实也被一些经济学家和从业人员所认同。其中包括英格兰银行行长、前伦敦经济学院经济学教授默文·金（Mervyn King，2004），他在两方阵营中都有影响。不管将货币政策委派给独立的中央银行能够带来何种当前利益，制度框架都不是一成不变的。金（King）说，不仅不可能把后代束缚在现有制度框架内，也不可能预测未来何种制度安排和政策是最有效和合适的。

批评的暗流涌动，但没有什么效果。米尔顿·弗里德曼（Friedman，1982）一直反对中央银行独立性，一部分原因是他认为中央银行是一个无用的官僚机构。他的货币规则不需要独立的中央银行，仅靠法律支持就足够。布林德（Blinder，1998）不相信中央银行会有时间不一致性行为。也有其他经济学家质疑度量中央银行独立性的方法，以及中央银行独立性与低通货膨胀率之间的因果联系。法律规定的中央银行独立性与其现实的独立性程度之间总是有差异。维克瑞利（Vicarelli，1988：第9页）认为，中央银行的自主权取决于行长的个性。一份对20世纪90年代后期中央银行家和经济学家的调查表明，良好的记录比中央银行独立性更能建立可信度（Blinder，2000）。许多国家，包括新西兰，直到通货膨胀降到适度水平之后才开始采用中央银行独立性。日本到20世纪90年代末才将中央银行独立性法制化，这一时期以价格稳定和温和的通缩更替为特征。中央银行独立性的倡导者偏向依规则行事还是自由裁量权不得而知——他们似乎两者都想要一点。独立的中央银行因不够负责任而受到批评。保守的中央银行家又因为刻板和对实体经济的漠不关心而受到指责（Forder，2005；Bibow，2004；Stiglitz，1998）。关于这些问题的争论仍在继续（de Haan，Masciandaro和Quintyn，2008）。对于那些通货膨胀率已经降低的国家来说，中央银行独立性可以充当阻止时间不一致性行为再次发生的屏障。

学院派经济学家为中央银行独立性的合理性提供了解释，但中央银行改革的关键决定都是由政府和立法者做出的。什么样的中央银行独立性理由能对政客们产生吸引力呢？（King，Michael，2005：第99～100页）首先，中央银行独立性给国际资本市场释放出审慎的、反通货膨胀政策的信号。因此，从国外借债可能会变得更加容易和廉价（Maxfield，1997）。这种理由与发展中国家和转型经济国家最密切相关，它与20世纪初关于加入金本位能够降低外围国家借贷成本的说法如出一辙。其次，国内金融机构可以通过向政府施压来引入中央银行独立性，因为高通胀和变动不居的通货膨胀会带来不确定性，对商业活动造成损害（Posen，1995）。再次，不考虑外部压力，政客们可能觉得把货币政策抛给中央银行更加方便（Bernhard、Broz 和 Clark，2002），尤其是当货币管理可能造成内阁分歧的时候。把不受欢迎的决定，例如提高利率丢给中央银行家去做可能是有用的。而且，这样政客们才有余地参与对中央银行的"抨击"。同时，一些政客们还发现，很难在一个可供其操纵的非独立中央银行和一个可供其捉弄的独立中央银行之间做出选择（Havrilesky，1995）。最后，当给予中央银行自主权时，政府的意图可能是对未来政权的货币政策实施限制。这一动机是新西兰、智利和墨西哥等国的主要考虑因素（Boylan，2001）。

中央银行独立性的不同政治诉求并不相互排斥，也不一定与经济理由相悖。20 世纪 90 年代，有许多因素影响着是否采用中央银行独立性的决定，就像 20 世纪早期多方面因素影响建立中央银行的决定一样。

新西兰储备银行的改革

新西兰是第一个在修订中央银行法时考虑中央银行独立性这一新经济学思想的国家。由于 1989 年《新西兰储备银行法案》如此独树一帜，它引起了学界和中央银行家关于中央银行独立性和问责制的新一轮讨论（Singleton 等，2006）。

20 世纪 70 年代和 80 年代，新西兰中央银行在法律和运行独立性方面表现很差。它的运行依据是 1964 年《储备银行法修正案》的规定，该法规定：

财政部部长可以随时就政府的货币政策与中央银行进行沟通，在促进最高水平的产出、贸易、就业和保持内部物价水平稳定等要求的指引下，货币政策应该有利于维持和促进新西兰的经济和社会福利。[引自辛格顿（Singleton 等，2006：第 15 页）]

换句话说，中央银行要听命于政府。20 世纪 70 年代中期，新西兰的宏观经济表现越来越不稳定。通货膨胀率很高，并且波动加剧。银行业受到严格监管，直到 1977 年和 1978 年，银行利率一直受政府控制。货币政策是通过改变银行的储备资产率和其他监管措施来执行的。货币政策在大多数时候是宽松的，因为政府需要应对石油危机和其他对实际收入和就业的干扰。当时，新西兰最大的特点是罗伯特·马尔登（Robert Muldoon）的在经济决策方面的主导性地位（Gustafson，2000），他在 1975—1984 年担任新西兰的首相兼财政部部长。马尔登学过会计，同时是一名民粹主义者和一个霸道的人。在 80 年代初，马尔登确信他比他的官方顾问们更懂经济，于是不再听从他们的建议。一位新西兰储备银行行长因为受够了马尔登决定不再寻求连任，他的继任者也被建议提前退休。

80 年代早期，新西兰的经济状况令人沮丧，马尔登寻求更大的干涉主义。他重启利率控制，强制执行工资——价格冻结，并把爬行钉住汇率制改回固定汇率制。新西兰储备银行和财政部反对这些政策，但是马尔登对所有的批评置之不理。在 1982—1984 年实施工资—价格—利率—汇率冻结期间，新西兰成为管控最严格的"第一世界"国家（OECD，1983a）。

头脑发昏的马尔登在 1984 年 6 月的大选中遇到了意外。马尔登的国家党遭遇滑铁卢，工党政府取而代之。工党政府的经济政策由罗杰·道格拉斯（Roger Douglas）领导，他前不久刚转变为自由市场主义的信奉者。工党政府在 1984 年 7 月将货币贬值，在次年 3 月实行汇率浮动制，并废除了对利率、银行准备金和国际资本流动的管制。货币市场则交由市场来决定，中央银行只关注管控基础货币，帮助政府计划和管理公共债务的销售。名义利率可以随行就市。随着对工资、价格和信贷管控的废除，通货膨胀率开始显著上升，但高利率和升值的汇率随后开始发挥作用，到 1987 年，通货膨胀率开始下降（RBNZ，1986、1993b）。

新西兰储备银行十分欢迎工党的宽松政策。道格拉斯乐于接受建议，并就他的计划与中央银行进行讨论。政权变更后，傲慢的财政部部长换成了有同情心的部长，但是财政部部长仍大权在握。道格拉斯对此不满，1986 年 3 月，他告知新西兰储备银行委员会，他已经让行长斯宾塞·罗素（Spencer Russell）考虑一项给予中央银行更大独立性和政策制定责任的立法（RBNZ Archives，1986）。道格拉斯随后向议会解释道，他希望"确保在没有受到公众的完全监督下，未来的政治家们不得干涉储备银行完成物价稳定的首要任务，不得为自身目的操纵储备银行的业务"［引自辛格尔顿等（Singleton 等，2006：第 138 页）］。实质上，道格拉斯想让新西兰储备银行"去马尔登"化。他希望货币政策的任务是确保物价的稳定，对储备银行的决策机制和问责制进行修订。

道格拉斯的提议恰逢新西兰国内新一轮公共部门改革。财政部考虑把中央银行同铁路系统、新西兰航空和供电部门一起国有化。这让中央银行的前途堪忧。1986 年 7 月，罗素向道格拉斯汇报，提出物价稳定对经济良好运行至关重要，并提议一个具有操作独立权的机构比一个受制于财政政策需要的机构更适于完成这个目标。国有化改革方案虽被罗素否决，但当时也没有提出新的计划。

1986 年 11 月，财政部向中央银行建议，将其转变成一个追求利益最大化的国有企业，战斗由此正式打响。这个无法接受的建议迫使新西兰储备银行不得不深入思考中央银行应该做什么，应该与政府建立什么样的关系。新西兰储备银行的高级官员和经济学家们对时间不一致性和中央银行可信度的文献非常熟悉，这些观点影响到了中央银行的反应。1987 年。在一次和财政部的联席会议上，新西兰储备银行提出了一个双管齐下的方案。一方面，货币政策独立性要以物价稳定为首要目标，也可能以金融稳定为第二目标。另一方面，要建立更高的问责制和激励制度。很明显，新西兰储备银行急于保留独立的收入来源，因为每一分钱都要依赖政府的中央银行如何能独立呢？

道格拉斯鼓励进行大范围的讨论。他没有让新西兰储备银行全权决定自己的未来。在一次官员会议上，一名中央银行官员情绪失控，他威胁要把一名财政部官员拉出去痛打一顿。新西兰储备银行呼吁外部支援，这包括伦敦经济学院的查尔斯·古德哈特。古德哈特认为新西兰财政部陷入了 19 世纪 40 年代的矛盾中。财政部提出的一些有关绩效指标和产出要求对中央银行家来说是恼人并且微不足道的（对其他职业者，如政府工程师和医生来说同样如此）。但是财政部坚持认为，从根本上来说，新的中央银行立法应该包括对成功和失败的评价标准，以及对负责人追究责任——包括高效利用资源的责任——的机制是合理的。很多问题难以解决。货币政策需要制定多少目标？中央银行是对议会还是政府负责？是应该由储备银行委员会集体还是行长个人来担责？政府是否有权凌驾于货币政策决定之上？谁来决定中央银行的预算？1987 年，道格拉斯把对中央银行的监管委派给了一位职位较低的部长彼得·尼尔森（Peter Nelson），尼尔森认为应该由中央银行行长对中央银行的表现负责。1988 年，尼尔森和新西兰储备银行就一项法律提案达成一致。长达两年的讨论——其中很多是关于货币政策独立性的——确保了《1989 年新西兰储备银行法案》的原创性，这部新法案于 1990 年 2 月开始生效。

根据 1989 年的法案，"（储备）银行的基本职责是制定和实施货币政策，从而实现和保持物价总水平稳定的经济目标"。对于其他目标如充分就业和经济增长并没有强制要求。在追求物价稳定的同时，新西兰储备银行也要提高金融系统的稳定与高效。操作货币政策的责任落在了行长一个人身上。行长由政府指派，任期五年，但只有与财政部长达成政策目标协议（Policy Targets Agreement，PTA）后才能上任。政策目标协议对中央银行的职责有明确定义，实际上是按照通货膨胀目标制（inflation targeting）的方式表达出来的。政策目标协议签署后，行长有权采取达成这一目标所需要的任何措施。所有的操作决定都是中央银行行长在货币政策委员会的建议下决定的。新西兰储备银行董事会和财政部部长协商监督行长对政策目标协议的达成情况。对于所有有违目标的地方都要做出解释，在最坏的情况下，行长有可能被解职。政府在紧急情况下可以推翻政策目标协议——这是古德哈特的建议——但是这只能公开而不能秘密进行。行长有责任向公众报告中央银行的活动和计划，例如通过定期货币政策声明或当面向议会做出说明（Dawe，1990）。在 1989 年法案中，新西兰储备银行变得比以往更加透明。对于时间性不一致性行为没有留下任何余地。由于 1989 年法案十分激进，透明度的增加有助于提高中央银行的合法性。法案还要求行长和部长协商制定中央银行支出安排来解决资源利用问题。中央银行超出的支出部分要受到董事会和议会的审查。中央银行的管理人员更加关注操作的效率（Singleton 等，2006：第 8 章）。

目标制定、问责制和内部财务管理的改革与新西兰国家机构的改革类似。有些创造性的特色值得注意。正如德贝尔和费歇尔（Debelle 和 Fischer，1994）所期望的那样，1989 年法案区分了目标独立性和操作独立性。这种部长和行长之间的合约关系激发了学界对中央银行合约的讨论（Walsh，1995b）。新西兰对于中央银行问责制和激励制度的解决方案获得了学界领袖们的赞赏（Walsh，1995a）。1988 年成为新西兰储备银行行长的唐·布拉什（Don Brash）一开始对于在即将生效的立法中自己的责任范围感到很震惊。财政部部长告诉他，"我们不能解雇整个中央银行，我们甚至不能解雇整个中央银行董事会。但是，我们绝对可以解雇你。"（Brash，2002：第 66 页）但是，90 年代中期当新西兰储备银行真的几次让物价超过通货膨胀目标时，布拉什仅收到一个警告，他还是被谅解了（Singleton 等，2006：第 184～192 页）。

新西兰储备银行是 20 世纪 90 年代世界上独立性最强的中央银行之一

（Siklos，2002：第68页）。尽管改革联邦储备银行法案的决定是出于政治经济学的考虑——中央银行去马尔登化的需要——新法案的内容却是相关经济学和公共管理学研究成果共同作用的结果。在新框架下，新西兰储备银行大体上成功完成了控制通货膨胀率的目标，也没有发现政府在货币政策操作层面上的干预。

20 世纪 90 年代的中央银行改革

20 世纪 90 年代，中央银行的机构改革席卷而来。这些改革不能归为单一因素，例如新西兰模式的影响。实际上，德意志联邦银行也为中央银行独立性提供了另一种模式——尽管在问责制方面有重大缺陷，但也成绩斐然。《1989 年新西兰储备银行法》在某些方面缺乏广泛的吸引力，这包括对契约的严重依赖，权力和责任过于集中于个人。对于一些国家，尤其是遭受严重通货膨胀的国家来说，一心一意关注物价稳定并且阻止政府干预货币政策操作更加有吸引力。

有意向加入欧洲经济和货币联盟（EMU）的国家受到欧盟条约的法律约束，条约规定在欧洲中央银行（ECB）成立之前，需要给予它们的中央银行更多自主权。例如，意大利银行和法兰西银行分别于 1992 年和 1993 年获得了独立执行货币政策的权利（McNamara，2002：第 65～66 页）。作为 20 世纪 80 年代和 90 年代政治决议的结果，1998 年创立的欧洲中央银行（European Central Bank，ECB）成为世界上最独立的中央银行（EMU 和 ECB 将在第十五章讨论）。欧洲中央银行责任性不强（Forder，2002）容易让人联想到德意志联邦银行，但这并不奇怪，因为欧洲中央银行的"模板"就是这家联邦德国中央银行（Baltensperger，1999：第 513 页）。

中央银行独立性迅速在世界其他地区推行，包括亚洲（1997—1998 年金融危机之后）、非洲和拉丁美洲。前苏联的解体导致新中央银行的成立和原有中央银行的现代化。东欧和中亚国家迫切希望通过引入中央银行独立性吸引国际投资者。但一些国家对于这一原则的承诺不可仅看表面：这些国家新中央银行法常常结合了表面功夫和他们的如意算盘。最近的一项研究发现，总体上哈萨克斯坦中央银行比新西兰储备银行独立性更强。但是，尽管在一些项目上得分很高，哈萨克斯坦中央银行在问责制和透明度方面却不尽如人意（Ahsan、Skully 和 Wickramanayake，2007：第 15 ~ 16 页），这样的结论不禁令人怀疑。

并非所有国家都需要改变它们的中央银行法。澳大利亚联邦储备银行（RBA）继续在现行的法律下运行，但对这一法律重新做了解释，以使其给予中央银行更多实质上的独立性（Bell, S., 2004）。类似地，美国中央银行立法也没有明显改变。然而两国的中央银行独立性都有了很大变化。即使没有明确的立法规定，中央银行独立性的社会思潮仍然有强大的力量。除非现行安排实在不可行，或者存在像西欧的 EMU 或者东欧国家向资本主义转变这样的特殊情况，否则没有必要诉诸新的立法。

针线街的老妇人改头换面

1979—1997 年，玛格丽特·撒切尔和约翰·梅杰（John Major）的保守党政府对中央银行独立性有不同意见。直到工党在 1997 年上台执政，英格兰银行的自主权才正式得到法律确认。但《1998 年英格兰银行法》并不是一个应对危机的措施。当时，通货膨胀已在控制之中，也没有国内或国外金融利益集团要求改革的压力。这更有可能是托尼·布莱尔（Tony Blair）的工党政府急于通过在经济政策领域展现保守主义信条来巩固自身的选举胜利（King, Michael, 2005）。

撒切尔坚持认为，如果在扼杀 80 年代末卷土重来的通货膨胀之前她的政府就放弃对货币政策的控制，那是一种懦弱的表现。她无意捆住未来政府的手脚，因为她无法想象失败。撒切尔 80 年代后半期的财务大臣尼格尔·劳森（Nigel Lawson）却有不同的观点。他向撒切尔呈上了一份以维护汇率稳定为使命的中央银行自治计划。在与撒切尔的争论失败后，1989 年，劳森通过辞职演说把中央银行独立性的问题公开化（Lawson，1992：第 867 ~ 873，1059 ~ 1064 页；Thatcher，1993：第 706 ~ 708 页）。

1992 年的英镑危机迫使英国退出欧洲汇率机制（European Exchange Rate Mechanism，ERM），英国货币政策的信誉一落千丈。财务大臣诺曼·拉蒙特

（Norman Lamont）呼吁采取中央银行独立性以重建人们对英国政策的信心。梅杰否定了这个建议，他的政府分裂成了亲欧洲和反欧洲两派。由于中央银行独立性是加入 EMU 的必要条件，疑欧派可能把英格兰银行的改革看做是通过损害英镑来建立统一欧洲货币的阴谋。出于策略考虑，梅杰也想保留利率的决策权。拉蒙特在 1993 年的辞职演说中，再次呼吁英格兰银行独立。

20 世纪 90 年代中期有两项对中央银行独立性的研究很重要。华宝（SG Warburg）银行的罗德·罗尔（Lord Roll）领导了金融城一个调查英格兰银行独立性和问责制的小组。下议院委员会也详细研究了中央银行改革的方案。他们对中央银行独立性的各种模式进行评估，包括新西兰、德国和美国的模式。每种模式都有优缺点，没有一个能为英格兰银行提供完整的蓝图 [Roll，1993；财政部和公共服务委员会（Treasury and Civil Service Committee），1993 — 1994]。两份报告都支持有自主权的中央银行，但都没能拿出一个能令人信服的、能得到跨党派强烈支持的方案。政府在提高透明度和赋予英格兰银行更大权力方面做出了一些妥协，但没有同意中央银行独立性的要求。

与此同时，反对党工党一直与外国中央银行家和学界保持对话。工党努力摆脱自己以往高通货膨胀政党的形象。如果工党想在随后的选举中获胜，则必须表现出有能力、审慎和自律。身为财经记者和工党顾问的艾德·波尔斯（Ed Balls）把有望成为未来财务大臣的戈登·布朗（Gordon Brown）推荐给了包括唐·布拉什（Don Brash）和艾伦·格林斯潘（Alan Greenspan）在内的主要国家的中央银行行长。工党立誓要重组英格兰银行，提高其自主性和责任性，但是直到 1997 年大选前不久才真正做出关于中央银行独立性的决定。布朗直到大选后才向英格兰银行行长埃迪·乔治（Eddie George）透露建立中央银行独立性的计划。根据迈克尔·金（King，2005：第 108 页）的说法，乔治对这一进展感到震惊。英格兰银行并没有为了中央银行独立性而进行游说，它也不能这么做。

新的《英格兰银行法》于 1998 年 6 月生效（Rodgers，1998）。中央银行的首要任务是保持物价稳定，但是中央银行在保证首要目标不受削弱的前提下，也要努力达成其他宏观经济目标，例如经济增长和就业。英格兰银行被剥夺了银行监督的职责，这一职责转移给了新成立的金融服务局（Financial Services Authority）；但英格兰银行仍然对系统稳定性负责。1998 年，政府债务管理的职责转移给了财政部。

比恩（Bean，1998）发现，英格兰版本的中央银行独立性更像新西兰储备银行而不是德意志联邦银行，因其拥有操作独立性而不是目标独立性。由英国财务大臣确立目标（通常是一个通货膨胀率），然后交给中央银行。英格兰银行可以自主实行有利于完成目标的货币政策操作。英格兰银行通过定期向公众和议会报告确保货币政策的高透明度，如滞后 6 个星期公布专家货币政策委员会（Monetary Policy Committee，MPC）会议纪要。这些报告也有利于增强责任性。然而，英格兰和新西兰的中央银行独立性框架也有显著区别。英国的中央银行行长没有那么大的主导权和曝光度。利率由货币政策委员会集体制定，货币政策委员会由行长担任主席。中央银行行长个人不对目标的成败担责。货币政策制定者必须向最高法院（实际上是董事会）、财政大臣、下议院财政特别委员会负责。当决定由一个委员会做出时，责任就被分担了。但今天，大多数经济学家相信政策最好由一群人而不是一个人来制定（Blinder，2007）。

亚洲国家的中央银行独立性

亚洲国家对于这一起源于北美、新西兰和西欧的新思想是如何回应的？中央银行独立性不但很时尚，而且对于政府律师来说，起草最新水平的立法相对容易。然而，对于中央银行独立性的实际支持程度每个国家都不尽相同。

亚洲国家中央银行独立性的表达与西方国家有所不同。1983 年，当商业银行功能被剥离给了新成立的国有商业银行后，中国人民银行（PBC）成为真正意义上的中央银行。1984 年，中国人民银行从财政部分离出来。1995 年的《中国人民银行法》正式确立了该行制定货币政策和监督银行的职能，明确该行"在国务院领导下独立实施货币政策"（Chung 和 Tongzon，2004：第 89 页）。一个类似美国联邦公开市场委员会（FOMC）的货币政策委员会成立了。尽管《中国人民银行法》是迈向现代化的一步，但是对于独立性的解释却容易使人产生误解（Goodfriend 和 Prasad，2006）。其高层职位的任命仍然基于政治考虑。此外，中国人民银行的地方分支机构也受地方政治因素的影响，经常忽略来自总行信贷政策的指导（Chung 和 Tongzon，2004：第 91 ~ 93 页）。

　　日本是亚洲最发达的经济体，虽然 20 世纪 90 年代其经济受到经济停滞、金融波动甚至是通货紧缩的困扰。在这种失败的背景下，日本银行在 1998 年从政府获得独立性。在 1942 年的《日本银行法》中，日本中央银行和大藏省的关系界定很模糊。尽管该行表面看起来受大藏省的控制，但它偶尔也能够自己做决定。日本银行在 70 年代相对成功地抑制了通货膨胀，这增加了它在政策制定圈中的权威性。90 年代初，三重野康行长戳破资产价格泡沫就表明中央银行有很强的自主性诉求（Cargill、Hutchison 和 Ito，2001）。大藏省负责审慎监督，90 年代很多金融机构陷入危机，使得大藏省受到严厉批评。对大藏省的不满情绪日益高涨，尤其是在国会（Dwyer，2004）。由于政客们不敢直面强势的大藏省大臣，他们旁敲侧击地呼吁授予日本银行独立性。中央银行的自主性越强，意味着大藏省越弱。日本银行独立性的支持者从欧洲寻求灵感。当时一些欧洲中央银行刚获得独立性。如果日本金融体系想要复兴，就必须建立一个与时俱进的中央银行制度。由于不想惹怒大藏省，日本银行的领导小心翼翼地支持中央银行独立性。因此中北（Nakakita，2001：第 58 页）说，日本银行独立性是"神赐的恩典"，这和英国及其他国家的情况一样。

　　《1997 年日本银行法》在 1998 年生效。政策委员会（1949 年成立）获得不受政府干预制定货币政策的权力。政策委员会的成员由内阁任命。自 2000 年以来，政策委员会的主席一直由日本银行行长担任。在《1997 年日本银行法》中，中央银行被授予维护物价稳定，以及支付和清算系统稳定的责任。尽管中央银行也和政府进行磋商，但政府不能下达任何具体命令。日本银行定期向内阁报告，并向公众召开新闻发布会。货币政策会议的会议纪要在会议后稍晚些时候公布。这项改革意味着在日本传统神秘的文化体系中，中央银行责任性和透明度大幅提升。格斯米尔、蒙格丽和罗菲亚（Gerdesmeier、Mongelli 和 Roffia，2007）强调了 20 世纪末日本、欧洲和美国中央银行框架的趋同性。

　　对中央银行自主权的比较分析既要比较它们之间表达方式的不同，也要比较它们实质内容方面的差异。最近的一项研究表明，1998 年以前，中国人民银行比日本银行独立性更高，但在那之后就不如日本银行了（Ahsan、Skully 和 Wickramanayake，2007：第 44 页）。这项研究考虑到了法律和政治上的独立性，强调物价稳定、汇率控制、货币政策、责任性和透明度，结果发现印度储备银行和中国人民银行的独立性相当。不得不承认，印度人当时还在斟酌操作独立

性的含义（Jadhav，2003：第 64 页），但这样的结果难以令人信服。日本银行
（1998 年之前和之后）和印度储备银行肯定比中国人民银行更具有自主权和权
威性。

阿赫桑、斯卡利和威克拉玛纳亚克（Ahsan、Skully 和 Wickramanayake，
2007：第 42，48 页）认为，1999 年的新立法使印度尼西亚银行从一个卑微的
附属机构上升为超过日本银行，甚至与新西兰储备银行自主性相当的机构。在
1997—1998 年亚洲金融危机中，印度尼西亚是遭受最严重冲击的亚洲国家。发
轫于泰国的金融危机迅速蔓延，给货币、金融市场和银行系统带来动荡，造成
经济大衰退。苏哈托总统亲自介入印度尼西亚的危机处理，尤其是在履行最后
贷款人的职责方面。苏哈托试图将中央银行打入冷宫，他解雇了中央银行行长
苏特拉查·吉万托诺（Soedradjad Djiwandono，与他有姻亲关系）和几个董事。
苏哈托政府指控中央银行家有腐败行为。印度尼西亚银行从国际货币基金组织
得到道义和技术支持的事情更加激怒了苏哈托（Kenward，1999；Djiwandono，
2000）。苏哈托在 1998 年下台后，新总统哈比比（B. J. Habibie）同意紧缩货
币政策，并承诺给予中央银行更大的自主权。1999 年的中央银行法（2004 年再
次修订）规定，印度尼西亚银行必须拒绝一切政治干预。在货币政策领域，新
法案似乎授予中央银行操作和目标双重独立性，目标是维持卢比的"稳定"。
由于法案没有明确说明是价格稳定还是汇率稳定，中央银行原则上可以自行选
择最终目标。确实，印度尼西亚银行被允许制订自己的货币政策操作目标。货
币政策结果的问责制也很宽松（McLeod，2003）。

尽管这听起来与德意志联邦银行类似，但其实印度尼西亚与联邦德国的中
央银行完全不同。印度尼西亚中央银行的廉正和可信度持续受到削弱。2002
年，印度尼西亚银行行长沙利尔·萨比林（Sjahril Sabirin）涉嫌腐败，被指控
参与巴厘银行丑闻，为哈比比在 1999 年的大选提供资金。萨比林的有罪判定在
上诉中被驳回（Galpin，2002）。他的继任者布哈努丁·阿卜杜拉（Burhanuddin
Abdullah）在 2008 年被判刑 5 年。法庭发现他用中央银行资金贿赂议员并为其
他遭受贪污受贿指控的中央银行家支付诉讼费（BBC，2008）。2009 年 2 月，
总统尤多约诺（Yudhoyono）① 要求本已独立的中央银行采取措施防止卢比的进

---

① 即印度尼西亚总统苏西洛·班邦·尤多约诺（Susilo Bambang Yudhoyono）。——译者注

一步贬值（Maulia，2009）。长期来看，印度尼西亚银行是否能巩固其独立性，尤其是在银行监管和作为最后贷款人的职责方面，仍有待观察。对于政客和他们的商业盟友来说，在陷入困境时，很难拒绝削弱中央银行独立性的行为。

亚洲的中央银行改革很难说清楚，必须分几种情况来理解。首先，建立中央银行独立性的举措是为了给外国人深刻印象，包括私人金融机构、国际机构和其他中央银行。其次，中央银行改革有志向远大的成分。新立法不可能在一夜之间建立起中央银行独立性，但是可以提供一个框架以供中央银行自己争取更大的独立性。最后，中央银行独立性可能只是一个烟雾弹，实际上仍然是一切照旧。

没有新立法的中央银行独立性

并非所有国家都急于制定赋予中央银行独立性的立法。有些国家，包括德国和美国，中央银行已经被大众普遍认为具有自主权。

尽管拥有相当的法定自主权，美国联邦储备系统似乎容易服从政治压力，尤其是在 20 世纪 60 年代末和 70 年代。但在 80 年代和 90 年代沃尔克和格林斯潘执掌美联储后这种指控就站不住脚了。1977 年修订的《联邦储备银行法》中规定，中央银行有"有效推进实现最大充分就业［和］物价稳定"的双重目标（引自布林德和雷伊斯（Blinder 和 Reis，2005：第 23 页））。这些职责在 1978 年《汉弗莱·霍金斯法案》（*Humphrey Hawkins Act*）中得到加强。但实际上，双重目标并没有限制中央银行的操纵空间或是引起领导人的不满。美国联邦储备系统可以自行决定扩大就业和物价稳定两个目标的相对重要性。布林德和雷伊斯（Blinder 和 Reis，2005：第 75 页）认为，"美国联邦储备系统是名副其实的独立中央银行。只要在法律授权范围内，它就能够对货币政策享有完全控制权。而且对这种独立性的潜在威胁很多年都没出现过，更别提公然威胁了。"对一些左翼和右翼的批评家来说，美国联邦储备系统过于独立，而责任性不足（Bartel，1995—1996；Friedman，M.，1982）。

美国联邦储备系统没有寻求新的中央银行立法，部分原因是惧怕它在国会中的批评家，例如亨利·冈萨雷斯（Henry Gonzales），将会借此机会来削弱其现有的自主权。尽管美国联邦储备系统比其他一些中央银行更开放，但 20 世纪 90 年代初期仍有一些人认为它不够透明。这也是可能被冈萨雷斯等批评家利用的弱点。格林斯潘先发制人，承认这一质疑。1993 年，他重新制订美联储公开市场委员会延后五年公布会议纪要的过时做法；从 1994 年开始在会后发布政策行动的声明，等等。透明度的增加有助于缓解抨击，从而保护美国联邦储备系统的独立性（Havrilesky，1995）。后来，伯南克（Bernanke，2008）强调透明度可以帮助所有人更容易理解美联储将要做什么，从而使货币政策能够更加顺利和有效地实施。

加拿大和澳大利亚通过给各自的中央银行实质的自治权来回应这一新的中央银行理念，但并没有制定新的法律。在加拿大，新法案的提议被否决（King，Michael，2001）。而在澳大利亚，关于中央银行独立性有很多政治分歧（Bell，S.，2004）。尽管如此，90 年代加拿大和澳大利亚的政府都已经做好准备，不再直接干预中央银行事务。

一些国家在面对严重的货币和银行系统危机时，找到了中央银行独立性的替代品。在反复的货币和银行危机及严重的通货膨胀之后，1991 年阿根廷成立了货币局（Currency Board）。由于货币局的存在，货币政策制定中的自由裁定权消失了，对最后贷款人的干预也变得更加困难。阿根廷货币局由中央银行操作。直到 2002 年新一轮危机爆发才退出历史舞台（de la Torre 等，2004；Wolf 等，2008：第 117 ~ 143 页）。2000 年，厄瓜多尔在经济和金融动荡之后放弃了自己的货币苏克雷（Sucre），开始使用美元。厄瓜多尔中央银行没有被废除，而是继续作为政府的银行和商业银行的银行，并发行小额硬币（Beckerman，2001）。这些都是激进的解决方案。

结论

20 世纪 90 年代，中央银行独立性（independence）、可信度（credibility）、问责制（accountability）和透明度（transparency）都是流行的词汇。法制化只是中央银行独立性这个故事的一部分。中央银行独立性一直是依情况而定的，其兴衰与法律地位无关。中央银行行长的个性能起一定的作用。例如，格林斯潘比伯恩斯或米勒在维护美国联邦储备系统的自主权上做得更好。中央银行独立性并不能解决通货膨胀，但却为通货膨胀的再次出现设置了障碍。经过 20 世纪 70 年代和 80 年代的创伤之后，各国政府已经准备好把制定货币政策的职责交给中央银行家。与其说政府难以抵挡通货膨胀的诱惑——在中央银行独立性时兴之前，许多国家的通货膨胀已经下降了——不如说它的诱惑会永远存在。

中央银行并没有为中央银行独立性进行游说，因为这可能把它们拖入党派政治斗争，但是没有理由怀疑它们欢迎更大自主权。中央银行独立性总是与新形式的问责制相伴而生，而透明度则是中央银行问责制日益重要的组成部分。不可否认，公众有权知道他们的中央银行在做什么。但是在大多数情况下，问责制没有实效，中央银行家也没有因为没能完成通货膨胀目标而受到惩罚。中央银行的问责制也很少涉及内部效率。除了新西兰储备银行，大多数中央银行还是属于镀金的机构（Courtis 和 Nicholl，2005）。

在发达国家，中央银行独立性是应对通货膨胀重现的一个保障。在发展中国家，某种程度上它只是良好行为的保证。中央银行独立性的争论集中在货币政策上，实际上忽略了其他职责，例如作为最后贷款人和维护金融系统稳定的职责。尽管如此，中央银行独立性的兴起在中央银行界兴起了一股革命的浪潮，就如同早些时候在 20 世纪中期的革命一样。

第十三章 声誉攸关：放松金融管制与不稳定性

社会支持对银行业实行管制是因为管制可以确保一个更稳定的银行体系；社会支持放松管制是因为管制将导致市场的低效率。这些观点孰是孰非难以定论，因为稳定性的理由是宏观范畴，而效率观则是微观范畴。

——怀斯特（R. C. West），堪萨斯市联邦储备银行（1983：第 362 页）

如果出现金融动荡，社会成本可能会很高，对我们声誉的潜在损害也可能很严重。

——安德鲁·拉奇爵士（Sir Andrew Large），英格兰银行，2005 年
引自卡普斯坦（Kapstein, 2008：第 122 页）

迅速的金融创新、金融监管机制的全面改变、金融机构间日趋激烈的竞争、国际化的趋势以及频率和严重程度显著增加的金融危机构成了 20 世纪最后 30 余年的重要特征。金融监管的力度呈现出周期性的规律，也许与古德哈特、卡佩和施纳德（Goodhart、Capie 和 Schnadt，1994：第 48～49 页）所提到的中央银行独立性的长期变化周期有些类似。大萧条过后金融管制变得更加严格。然而，到了 20 世纪 60 年代后期，管制被认为会阻碍金融效率，这一观点带来了超过 30 年的金融自由化浪潮。我们现在处于 2007—2009 年金融危机的复苏期间，可能正在见证另一个转折的开始。社会能够容忍的金融体系的风险程度可能与距离上一次灾难的时间长度相关。虽然从非常近期的事件的角度来评判金融自由化很吸引人，但本章的主要目的是考察各国中央银行在这一过程中的参与情况。大多数中央银行家支持放松金融管制，但很少主张解除所有管制。相反，他们支持完善银行监管，特别是对银行从事跨境交易的监管。本章先概述金融自由化及全球化的原因和后果，然后讨论中央银行在放松管制的体系中对于维护金融稳定的贡献。

由于在 1945—1970 年间很少见到银行业的动荡，中央银行（及其他金融机构）对此缺乏应对经验。此外，金融稳定的概念也比物价稳定更难以捉摸。即使 21 世纪初的中央银行，对金融稳定也没有一致的定义（Osterloo 和 de Haan，2004）。就最广泛的含义而言，当金融系统能够履行其基本的吸收储蓄和配置资本的职能，并有承受冲击的能力时，金融系统是稳定的。中央银行有捍卫整个系统稳定性的使命，但对于它们是否应该监管单个银行，或者充当单个银行的最后贷款人并没有达成共识。有些国家将审慎监管的任务交给中央银行，有的则交给其他机构，还有些国家则由中央银行和其他机构分担责任。中央银行并不是进行大规模紧急干预的最终资金来源，这种可疑的特权是为纳税人保留的。尽管试图通过巴塞尔协议谈判促进和谐和稳定，但 20 世纪后期货币政策框架的一体化只有部分复制到了监管领域。事实证明，金融稳定比货币稳定更难实现。

金融自由化

金融自由化始于联邦德国、美国、加拿大和英国，并席卷发达国家，然后是发展中国家乃至全世界。联邦德国是自由化的先驱，它于 1967 年允许解除利率管制（Franke，1999：第 257 页）。自由化意味着对国际资本流动、国内金融部门和股市放松或取消管制，以及降低准入门槛。技术的作用是显著的，配有电脑和先进电信设施的银行及其他金融机构比它们的监管者更灵活。放松管制的步伐因细分市场、国家和地区而不同。新西兰（1984—1985 年）虽然起步较晚，但它一放开管制后行动极为迅速。美国起步较早，但进展较缓慢。美国不允许投资银行（商人银行）与商业银行混业经营，这一限制一直持续到 1999 年《格雷姆—里奇—比利雷法案（Gramm—Leach—Bliley）》颁布之后（Barth、Brumbaugh 和 Wilcox，2000）。每个国家都保留了一些管制，通常对银行实行注册制，要求最低的资本维护水平，并对于给单一或相关客户发放的贷款施加限制。

金融自由化进行得并不顺利，尤其是在发展中国家。20 世纪 80 年代初，拉丁美洲在应对债务危机的过程中，许多原本已经失效的金融管制再次复活了。随后在 80 年代末和 90 年代，第二轮自由化出现（Abiad、Detragiache 和 Tressel，2008）。1997—1998 年的亚洲金融危机促使一些经济学家和国家重新思考自由化的成本和好处，特别是自由化与资本流动的关系（Kaminsky 和 Schmukler，2003；Caprio、Honohan 和 Stiglitz，2001；Henry，2007）。

国际金融业务复苏的一个早期表现是欧洲货币市场在 20 世纪 60 年代的兴起。欧洲货币市场在很大程度上超出了监管机构的覆盖范围。如前所述（第九章），中央银行对欧洲货币市场的增长感情复杂，既有对这个市场竞争精神的赞同，也有对创新将会带来银行系统稳定新威胁的忧虑。由于英格兰银行急于为伦敦招揽生意，欧洲货币市场受到英格兰银行的大力支持。迪恩和普林格尔（Deaneh 和 Pringle，1994：第 154 页）认为，中央银行和商业银行都没能完全理解这些市场，但都"足够聪明"不去承认这一点。

金融自由化受到了不断变化的利益集团的支持和反对。罗森布鲁斯（Rosenbluth，1989）非常详细地从多个方面介绍了 20 世纪 80 年代在日本关于金融自由化的争论（Takeda 和 Turner，1992）。日本也是受到美国的压力才放宽对金融市场准入限制的，但罗森布鲁斯并没有把这一点当做决定性因素。美国、英国、联邦德国、瑞士和日本的金融机构充满活力，它们要求拥有在国外市场竞争的权利。许多经济学家、中央银行家以及国际机构，如国际货币基金组织的官员，希望鼓励金融业的竞争，并减少与管制相关的合规成本以及资源配置的扭曲。他们期待着逐渐解除对国内和国际银行及资本流动的管制。

1971 年，英格兰银行公布了一项名为"竞争和信用控制"（Competition and Credit Control，CCC）的战略。英格兰银行行长莱斯利·奥勃良（Leslie O'Brien）解释说，竞争和信用控制的目的是"允许价格机制（如利率）在信贷分配中有效运作，并将银行从长时间制约它们的僵化和限制中解放出来"［引自罗伯茨（Roberts，R.，1995：第 180 页）］。竞争和信用控制代表了英国方向的重大变化。在美国，美国联邦储备系统欢迎具有里程碑意义的《1980 年存款机构放松管制和货币控制法》（Depository Institutions Deregulation and Monetary Control Act 1980），认为许多作废的监管法规已经是"过时的"，美联储表示对关键领域重新立法"强烈支持"（Brewer，1980：第 3 页）。那些旧的法规使得银行继续成为联邦储备系统成员的代价高昂，致使许多银行不得不退出。但这一切并不意味着中央银行家对于放松管制和开始真正的竞争的风险持乐观态度（West，1983）。斯蒂芬·所罗门（Steven Solomon，1995：第 45 页）的结论是："令中央银行家们难受的是不断增加的……强加于他们的技术挑战。"中央银行家也不是统一战线，实际上瑞典央行在 20 世纪 80 年代初就反对放松管制（Englund，1999：第 83 页）。

自由化的反对者包括较弱小的银行和非银行金融机构（NBFIs），以及那些从金融管制的操作中获利的政客和官员们。银行家意识到金融自由化有利有弊：一方面，他们憎恨行政约束，因为这限制了他们提供有吸引力的存款利率以及与非银行金融机构竞争的能力；另一方面，管制可以维持有利于银行卡塔尔的经营环境（Cassis，2006；Rajan 和 Zingales，2003；Battilossi，2000；Helleiner，1994；Pauly，1988）。

金融自由化并不局限于世界主要经济体。一些规模较小的经济体，包括新加坡和中国香港（Schenk，2002），对进入全球金融市场的机会表示欢迎。其他经济体也发现难以抵御金融自由化和全球化的压力，无限期的抵制将降低它们在主要金融中心的地位。阿比德和莫迪（Abiad 和 Mody，2005）发现，金融自由化通常发生在一次冲击，如政府更迭或经济危机之后，这时会使得力量的天平向放松管制的支持者们倾斜。要实现全面自由化则需要多次冲击。（此外，某些冲击还可能使自由化暂时停止或逆转。）推动自由化的另一个因素是学习。

成功的改革可以消除批评的声音，为进一步自由化铺平道路。对金融业的某些活动放松管制可能会造成新的扭曲，导致需要将改革延伸至其他领域——这就是放松管制的滚雪球效应（Hammond 和 Knott，1988）。

银行业危机

20 世纪 30 年代以后很长时期，金融自由化都极少伴随着银行危机的出现。1945—1971 年大多数金融危机都是汇率平价难以为继的结果，并没有涉及银行业。然而，1971 年以后，发生了许多银行危机、货币与银行双危机以及更多的全面危机（Eichengreen 和 Bordo，2003）。事实上，在 20 世纪 70 年代末和 90 年代末之间，在 93 个国家共发生了 112 次系统性银行危机。当政府或中央银行对破产银行进行纾困或资本重组，或不得不满足存款者的大额担保时，纳税人付出的代价十分高昂。系统性银行危机的财政成本平均占 GDP 的 13%，但在某些情况下要高得多：20 世纪 80 年代初的阿根廷和 1997—1999 年的印度尼西亚银行危机甚至达到了 GDP 的 50%。这些数字还不包括其他损失，例如在货币当局保护范围之外的债权人和存款人的损失，以及宏观经济影响。一些干预措施产生了始料未及的延长危机的后果，而许多干预措施则引发了未来的道德风险（Honohan 和 Klingebiel，2000；Barth、Caprio 和 Levine，2001：第 60，66，71 页）。

在放松管制后的最初几年，银行危机很普遍。由于被压抑的需求得到释放，银行和其他金融机构为争取或捍卫市场份额而激烈竞争，国内金融自由化之后往往伴随着信贷规模爆炸。资本管制的解除也鼓励跨境资金流动。有时这些过程是相互联系的：信贷激增可能导致股票和房地产价格飙升，从而吸引来自国外的资金；金融压抑解除后的利率上升，也会吸引外资。这些外资大多数为"热钱"，能够在短时间内撤离。由于缺乏在放松管制的环境中的风险管理经验，银行和金融机构往往做出不明智的贷款决定，如向希望购买价格还在上涨的房地产及金融资产的客户提供贷款。由于各国中央银行和其他监管机构还在努力制定和实施新的监管程序，审慎监管政策在这个阶段作用很小。当资产价格泡沫破灭，银行资产负债表上留下一堆不良贷款，一些银行倒闭和/或被政府救助。外国短期投资者也可能惊慌出逃，从而拉低汇率。尽管有一些重要的地区差异，但同样的基本模式适用于一系列国家：从 20 世纪 70 年代中期的英国到 80 年代的美国和新西兰，再到 90 年代初的斯堪的纳维亚和日本，以及 1997—1999 年的泰国、印度尼西亚和韩国。繁荣与萧条的周期变动在欠发达国家更为剧烈（Reid，1982；Singleton 等，2006，第 7 章；Honkapohja，2009；Noble 和 Ravenhill，2000）。卡明斯基和施姆克勒（Kaminsky 和 Schmukler，2003）认为，在初始的动荡期结束后，危机的发生率开始回落，放松管制的净收益越来越明显。管理和监控风险的方法以及对金融机构的监管变得更有效。然而，正如我们都知道的，危机仍然会卷土重来。

总体而言，解释金融危机是非常困难的（Bordo 等，2001：第 75 页），它涉及许多因素，且不易梳理清楚。将所有责任都推给自由化是十分愚蠢的。例如，20 世纪 80 年代美国的储蓄与贷款协会危机（S&L）就有多重原因，包括放松管制之后更激烈的竞争和急剧上升的利率。高利率使储蓄机构持有的固定利率证券的市场价值下降，破坏了它们的资产负债表。利率的升高部分反映了对存款的竞争更趋激烈，但也源于沃尔克时代紧缩的货币政策（Gilbert，1986；West，1983：第 365 页）。全球经济低迷导致了 20 世纪 90 年代初的北欧银行危机。后自由化周期受到了金融加速器理论的影响：处于上升阶段时，房产及其他资产形式的抵押品的市场价值上升，给银行贷款以额外的提振；处于下降阶段时，抵押品的价值下降，借款人相应受到限制（Bernanke，2007）。

不少的危机都有国际影响。其中最明显的是，1997 年的亚洲金融危机从泰国迅速蔓延到亚洲的其他国家。1974 年赫斯塔特银行（Bankhaus Herstatt）的倒闭也对国际银行业产生了持久性的影响。1974 年 6 月 26 日营业结束后，当联邦德国政府监管部门（不是德意志联邦银行）关闭了赫斯塔特银行，其在纽约的代理银行立即停止通过其账户进行美元支付，那些已经出售德国马克给赫斯塔特银行的银行一无所获。不论是对国内交易或国际交易，结算都不是同时的。此后即便是并未直接卷入危机的银行在收到收款确认函之前都不愿意进行支付，因此打乱了纽约清算系统，导致其处理资金的总值在三天之内下降了60%（Galati，2002）。这一事件是对银行系统相互依存的一个提醒。尽管银行问题的国际传播并非没有先例，但拥有这方面经验的银行家（或中央银行家）很少，可以说他们都是来自 20 世纪 30 年代的活化石。赫斯塔特银行的例子促使中央银行开始考虑如何控制金融危机的国际传播。

审慎监管

金融自由化并不意味着对所有的银行和其他金融机构提供绝对自由。一些经济学家主张，银行仅仅是另一种公司，因此它的倒闭不应该比同等规模的生产厂商的倒闭更具破坏性（Benston 和 Kaufman，1995）。但大多数经济学家认为，银行是极具风险的，银行倒闭将使许多个人和企业受到损害，这为某些形式的审慎监管提供了依据。银行通常借短贷长，由此产生期限错配。当一家银行倒闭，它的储户可能没钱买衣服穿，它的贷款客户可能不容易找到可替代的资金来源，从而产生破坏性的影响。当一家大银行（或多家银行）倒闭，有可能导致一个地区或国家的信贷紧缩。此外，如果支付清算系统的成员不能清偿相互之间的债务，支付清算系统可能崩溃。顾名思义，紧急最后贷款人必须迅速做出决定。是否应该救助陷入困境的银行？是否应该做出特别安排将它们出售给其他银行，还是放弃它们？是否应该通过公开市场操作或再贴现向整个系统注入流动性以避免危机不断扩大？如果是的话，注入多少流动性才算足够？在2007—2009年英国银行业危机中，当局劝说劳埃德信托储蓄银行（Lloyds TSB）接管境况不佳的苏格兰哈里法克斯银行（HBOS），并实际上将北岩银行和苏格兰皇家银行国有化。为此，英格兰银行向整个体系注入了数十亿英镑的流动性。

经济学家可以随意讨论这些问题，而政治家们则更为谨慎。如果银行不再受到严格管制，它们将不得不受到监督和检查，以确保其管理层谨慎行事。行为轻率的银行将被训诫或受到惩罚，直到它们自行改正或者找到收购它们的买主。处理濒临破产的银行及满足储户的要求需要一定的程序来保护金融系统的整体完整性。审慎监管的适当形式及程度仍处于争论之中。监管越宽松，合规成本越低，但当局掌握的信息就越少。而监管越严格，监管当局就越容易牵扯进各种银行问题中去。如果一家受监管的银行倒闭，监管机构将被认为是不称职的。这些都是棘手的问题（Goodhart 等，1998；Mishkin，2001；Brealey 等，2001；Mayes、Halme 和 Liuksila，2001；Sijben，2002a，2002b；Barth、Caprio

和 Levine，2006）。

20 世纪 70 年代之前，审慎监管政策是中央银行次要关注的问题。不过，中央银行确实有一些审慎监管的职能：它们需要监测国内监管对象的状况；虽不明确，但它们有责任确保整体金融系统稳定；作为紧急最后贷款人，它们需要尽可能多地了解银行体系各成员的信息。制度安排处于不断变化之中（Hall，1993）。虽然德意志联邦银行和日本银行并不是各自国家银行业的主要监管机构，但是它们代表监管当局对银行进行检查（Bebenroth、Dietrich 和 Vollmer，2007）。美国联邦储备系统与其他公共监管机构共享监管职能，当它们的职责出现重叠时，必须有复杂的程序以确保相互协调（Greenlee，2008）。新西兰直到金融自由化发生几年以后的 1987 年才有审慎监管体系，这一职责最终属于中央银行（Singleton 等，2006：第 206 页）。直到 20 世纪 70 年代第二次金融危机发生之前，英格兰银行在银行监管方面分配的资源都很少（Goodhart、Capie 和 Schnadt，1994：第 73 页；Blunden，1975）。1979 年，英格兰银行获得立法授权对银行进行监管，但 1997 年这一权利被撤回，因为金融服务管理局（FSA）创立，并成为金融服务行业的单一监管机构。

20 世纪 80 年代末和 90 年代，审慎监管从中央银行分离是普遍趋势。即便如此，巴特、卡普里奥和利文（Barth、Caprio 和 Levine，2006：第 90～91 页）发现，在 21 世纪初，有 46% 的国家（样本总量为 151 个）其中央银行是唯一的银行监管机构；有 14% 的国家中央银行与其他机构共同承担监管职责；有 40% 的国家中央银行不承担银行监管职责。这也存在地区差异，在多数亚太国家，中央银行负责银行监管；而在美洲国家，中央银行的作用则有限。格罗斯曼（Grossman，2006）认为，新成立的中央银行比历史悠久的中央银行更容易获得审慎监管的职能，这也许是因为它们更为灵活。他还发现发展中国家中央银行有充当监管机构的趋势，并推测这可能反映了与其他监管机构相比，中央银行具有卓越的能力及威信。格罗斯曼接下来关注合并监管职能的机构（时间），包括挪威（1986）、瑞典（1991）、英国（1997）、奥地利（2002）和其他国家。这些国家从来没有中央银行参与审慎监管的一贯传统，而且他们也不能抵制取消这个职能。古德哈特、舍恩马克和达斯古普塔（Goodhart、Schoenmaker 和 Dasgupta，2002）调查比较了在 20 世纪末中央银行和其他监管机构投入审慎监管的人力资本，调查结果同样有趣。中央银行比其他监管机构聘请了更多的监督员，且在该领域聘请的经济学家与律师之比更高。当考虑宏观层面的银行体系稳定性时，经济学家可能会比律师更有用。

支持和反对将审慎监管职能赋予中央银行的观点都很多（Goodhart 和 Schoenmaker，1995）。中央银行已经与银行业有一定的关系，但这可能有利有弊，有增加出现监管俘获的可能性。无论如何，中央银行要求获得审慎性信息，以履行其其他的职能。银行是它们的监管对象，中央银行需要知道在各大银行发生了什么，以确保金融系统的稳定。在小的国家，由多家公共机构在银行领域工作可能是一种资源浪费。另一方面，专门的监管机构可以发展其专业技能，这一点是中央银行所缺乏的。就在多个相关市场（包括银行、基金管理和保险）运营的金融集团而言，建立一个统一的金融监管机构可能更有效，因为中央银行可能不愿卷入对保险公司或基金管理公司的监督。用多个监管机构监管一家金融集团容易导致混乱，尤其是如果监管者彼此不信任，那么企业必将利用这种混乱局面。政府更希望将审慎监管职能握在自己手中，因为纳税人很有可能需要承担救助陷入困境的银行的花费。将审慎监管职能赋予中央银行可能会使其权力过大，而赋予一个统一的金融监管机构也同样如此。值得讨论的是，中央银行的审慎监管职责可能会使它偏离保证物价稳定的主要职责。当银行业的问题严重时，中央银行也许会向银行体系注入大量流动性，而全然不顾通货膨胀目标。然而，当中央银行有理由相信宏观审慎稳定已经处于危险之中时，除了提供紧急流动性，几乎没有其他办法——即便它并不是银行监管机构。还有一种解决方案——双峰模型——是将对金融服务（包括银行）的监管分为两个方面，即系统性稳定和消费者保护。古德哈特等（Goodhart 等，1998：第104，173 页）认为，对于谁来承担审慎监管职责的问题并没有最佳答案，但他们觉得中央银行是发展中国家的最佳选择。对于适当的审慎监管机构的分析尚落后于对货币政策机构的分析。直到 20 世纪 90 年代的后半期，人们才开始考虑中央银行独立性、问责制和审慎监管人治理问题（Masciandaro 和 Quintyn，2007）。

审慎监管的实施方法并不一致。20 世纪 80 年代和 90 年代的标准方法是劳动力密集型的，要求监管人员到银行进行现场检查。每个国家在执行上都显著不同。从 1996 年起，新西兰的审慎监管基于一套由中央银行设计的信息披露与认证系统。新西兰中央银行不再检查银行，而是要求银行定期披露信息，就那些便于储户和其他利益相关者评估其财务状况的信息做出陈述。银行董事有义务证明披露信息的准确性，如果信息有误导性将面临诉讼。其他国家也对新西兰的做法表示感兴趣，但却不愿意复制其做法。批评者指责新西兰储备银行搭澳大利亚和英国监管者的便车，因为新西兰几乎所有的银行都是由来自这些国家的集团公司所有（Singleton 等，2006：第 228 页；Turner，2000）。

许多国家都有制度确保一旦银行破产，其储户的损失不应超过一定的限度。存款保险通常由专门机构，而非中央银行提供。但是，在没有明确的存款保险制度的国家，中央银行和政府可能会提供隐性保护。在大多数地区，存款保险在政治上是必要的，特别是为了保护小规模和不成熟的存款人，但存款保险也给银行监管机构和中央银行带来了问题。受到存款保险保护的储户往往缺乏监管银行的积极性。如果管理者变得更加肆无忌惮，则可能需要更多的额外资源用于审慎监管；同时，银行倒闭的概率也可能会上升（Demirg‐Kunt 和 Kane，2002；Demirg‐Kunt、Kane 和 Laeven，2008）。

布提尔和赛伯特（Buiter 和 Sibert，2008）认为，"货币政策易，防止或克服金融危机难。"衡量货币政策对通货膨胀的影响并不太难，但评估审慎监管制度的有效性就不是那么简单——虽然我们都看到像 2007—2009 年北大西洋金融危机那样巨大的失败。监管的发展经常刺激金融创新，这反过来又令中央银行和其他监管机构头痛。在 20 世纪后期，银行越来越多地使用证券化或打包技术批量销售贷款以减少它们的资本要求缺口。通过这一过程，它们可以将资产从自己的资产负债表转移到"特殊目的"实体或其他银行、金融机构和愚昧的散户投资者账户上。只要贷款从资产负债表中消失，银行用于满足监管要求的资本金就可以减少。原则上证券化并无不妥，但是，由于资产打包的复杂性，证券化债券的购买者以及监管机构通常都不清楚这些交易的风险。

巴塞尔协议的签署过程

1975 年后，中央银行间的合作延伸到审慎监管领域。美国的富兰克林国民银行和联邦德国的赫斯塔特银行倒闭激励着中央银行家采取行动。赫斯塔特银行的倒闭使人们注意到银行监管机构之间缺乏沟通和协调。那么，该如何缓解国际金融危机蔓延的危险呢？尽管危机引起了一些紧张情绪，世界的中央银行圈还是发现了另一种共同利益（Kapste，1992，2008；Lastra，1996；Wood，D.，2005）。

1974 年，英格兰银行行长戈登·理查森抓住了先机（Goodhart，2004：第346 页）。在国际清算银行的拥护和支持下，英格兰银行和其他 G10 国家中央银行建立了银行业监管常设委员会，被称为巴塞尔委员会（Basel Committee）或库克委员会（Cooke Committee）。而之前，国际清算银行对审慎监管事宜的讨论都只是断断续续的（Toniolo，2005：第 469～471 页）。巴塞尔委员会的第一个成就是 1975 年签订的巴塞尔协定（Basel Concordat），该协定于 1983 年和 90年代初进行了修订。巴塞尔协定是一个不具有约束力的协议，它要求银行监管机构在监管所有参与国际业务的银行和管理跨境银行危机时进行合作，母国和东道国的监管机构应携手合作，共享信息。1983 年协定修订时，明确了母国和东道国监管机构之间的职责划分。90 年代初的修订则加强了对信息共享的重视。随后，也经历了几次失败的合作，其中包括英格兰银行曾拒绝交出一家在卢森堡注册，总部设在英国的流氓银行——国际信贷商业银行（BCCI）的犯罪交易信息（Wood，D.，2005：第 52～67 页；Kapstein，1989：第 329～330页）。但是，不管巴塞尔协定的合作愿望多么强烈，在某些情况下中央银行及其他监管机构还是有采取战略性行为的动机（Holthausen 和 Ronde，2004）。

20 世纪 80 年代初的债务危机给国际金融体系的稳定带来了新挑战。70 年代后半期，经合组织国家的银行大量贷款给发展中国家，特别是拉丁美洲国家。到了 80 年代，由于受到全球金融市场实际利率上升、大宗商品价格下跌以及第二次石油危机的不利影响，许多贷款成了不良贷款。1982 年，美国联邦储备系统主席保罗·沃尔克（Paul Volcker）在怀俄明州钓鱼时，被告知墨西哥陷入了严重困境，"我几乎一条鱼都没钓就忙着赶回华盛顿"（Volcker 和 Gyohten，1992：第 200 页）。由于金融管制开始放松，面对激烈的竞争许多银行降低了它们的资本资产比率，这使得 80 年代初的局面更加危险。如果没有雄厚的资本基础，银行吸收损失避免无力偿债的能力是有限的。真正理顺这些问题花费了各国政府和中央银行多年时间。经合组织的一份重要报告（OECD，1983b：第85～96 页）强调了与国际银行相关的特殊风险，包括主权风险和汇率风险。尽管这在墨西哥违约事件发生后已经不算是什么新鲜事了。

20世纪80年代期间，关于银行监管的思路开始转向对危机的预防。美国人尤其开始鼓动制定关于最低资本资产比率或资本充足率标准的国际协议。这一提议不仅会对银行业资不抵债形成更大的缓冲，还将消除美国银行在与其他国家银行竞争中所处的劣势。当时的情况是，日本银行被允许持有比它们的竞争对手——美国银行更少的资本，这使得日本银行得以扩充其国际市场份额，美国银行为此付出了代价。事实上，一些学者认为，美国政策制定者的首要目标是制造公平的竞争环境（Oatley和Nabors，1998）。

沃尔克在设定资本充足率标准方面表现突出（Kapstein，1989：第333页）。巴塞尔委员会同意他对于国际金融稳定性的关注，并在国际清算银行的帮助下调查了有关资本充足率研究不足的问题。国际清算银行建议，任何资本充足率制度都应涵盖资产负债表表内及表外的风险敞口，并考虑不同资产类别具有不同程度的风险：现金是绝对安全的，住宅按揭贷款相对安全，但给陷入困境的足球俱乐部的贷款就不安全。1980年，英国对资本充足率采取了风险调整法。从本质上讲，银行持有的资产的风险越高，它需要持有的资本就越多（银行业监管实施委员会，1986；国际清算银行，1986）。

1986年，美国联邦储备系统向巴塞尔委员会提交了一份统一资本充足率标准的提案。由于许多G10国家中央银行都不愿意放弃本国的标准，这一提案最终没能达成一致。联邦德国的标准比较严格，日本的标准则比设想的更为宽松。随后，美国联邦储备系统邀请英格兰银行进行双边讨论。1987年1月，英国和美国就资本的统一定义应该包括股票、留存收益、在子公司的少数股东权益和永久债务问题达成了一致意见。每一种资产类型——现金、抵押贷款、商业贷款等——都对应有不同的风险等级，以计算必要的风险资本与资产比率。该方案未能使日本和巴塞尔委员会的一些欧洲大陆成员国满意，但若非如此，它们将面临美国人和英国人单干的前景。这些拒绝加入英美"协议"国家的银行在全球主要金融市场是否会受到歧视呢？

迫于美国和英国的压力，巴塞尔委员会最终在英美方案的修订版本上达成一致。依据1988年的巴塞尔协议（巴塞尔I），来自G10国家的国际活跃银行的最低资本充足率需在1992年前达到8%，其中"一级资本"不低于4%，剩下的属于"二级资本"。一级资本包括股东权益，二级资本的构成有一部分是由每个国家当局自由决定的，这也使得各国仍然有一定的回旋余地来修改风险类别。换言之，美国联邦储备系统并没有操控一切，G10 国家有充裕的时间来履行巴塞尔协议规定的义务（Wood，D.，2005：第 68~99 页）。

最终，超过 100 个国家签署了巴塞尔 I 协定，其中包括发展中国家。巴塞尔 I 被应用于许多国内和国际活跃银行。由于受到非正式的压力，那些不太积极的国家也接受了由 G10 国家中央银行批准的这一协议（Simmons，2001：第 604~605 页）。然而，一些表面顺从的国家其承诺程度是值得怀疑的。例如，印度尼西亚中央银行起初带着良好意愿引入文字上看起来很严格的资本充足率要求，但这一过程尚未结束便遭遇了 1997—1998 年的金融危机。此外，印度尼西亚的"（审慎）监管缺乏有效执行"，印度尼西亚银行的"监管官员远未独立，他们的行动仍受制于银行家和政府"（Baldwin 等，2001：第 64 页）。

巴塞尔 I 并不是万能的，它只是改进对国际活跃银行的监管的一个临时步骤。不幸的是，在 1992 年的最后期限完成资本积累的过程约束了银行贷款，并加剧了 20 世纪 90 年代初的经济衰退（Goodhart、Hofmann 和 Segoviano，2004）。一些聪明的银行家通过资本监管套利降低了巴塞尔 I 的资本要求。他们总有办法可以将证券化的资产转移到不受监管的资产负债表表外实体（Jones，D.，2000）。国际金融风暴使危机在拉丁美洲、日本和共产主义转型国家持续，因此，G7 国家政府要求巴塞尔委员会制定发展中国家的银行监管标准。通过与智利、中国、捷克共和国、中国香港、墨西哥、俄罗斯和泰国的监管机构紧密合作，1997 年巴塞尔委员会提出了"有效银行监管的核心原则"（Wood，D.，2005：第 103~108 页）。巴塞尔委员会还参与了其他一些金融稳定倡议，并与区域性监管机构进行合作。

1998 年，巴塞尔委员会决定审查和更新巴塞尔协议。该委员会成员奥利弗·佩吉（Oliver Page，2005，前言第 17 页）回忆，原来打算在巴塞尔 I 的基础上做温和的改变——"最多是巴塞尔 1.5 版本"——但最终委员会决定采取更为大胆的做法。新出台的巴塞尔协议 II 以资本要求、监督检查和市场纪律为三大支柱，比巴塞尔 I 更为复杂。巴塞尔协议 II 为更小、更缺乏经验的国际银行提供了"标准化"的方法。它们的资本要求由外部评级机构基于更精细的风险评估方法来计算。那些经验丰富的国际银行可以选择"内部评级"法，经批准后，它们可以使用自己的财务模型来确定资本要求。由于一些大国和大银行出于不同的目的试图操控谈判结果，对巴塞尔 II 提案的辩论旷日持久，最终于 2004 年达成一致，2007 年开始实施（Wood，D.，2005：第 123 ~ 151 页）。本·伯南克（Ben Bernanke，2005）指出，"新的巴塞尔 II 国际资本协定……很可能是有史以来制定的最经济和复杂的监管方案"，但这并不一定意味着它一定会有效。

2007—2009 年金融危机始于巴塞尔协议 I 的时代，这并不是说，如果早点采用巴塞尔协议 II 的话，结果会大有不同。这两个版本的协议都遭到了批评。尽管在正常的市场条件下，常用的衡量风险的方法已经足够，但这些方法仍然无法预测或深入理解系统性失灵（Daníelsson，2002）。固定的资本充足率同样有顺周期性的影响，银行在经济疲软时减少放贷，在经济已经过热时增加放贷，导致金融市场和宏观经济的繁荣、萧条和低谷被放大（Caprio、Demirg - Kunt 和 Kane，2008；Goodhart、Hofmann 和 Segoviano，2004）。

20 世纪 90 年代末的中央银行家和银行监管者都没有预计到 2007—2009 年的危机。当国际权威机构对风险的认识被局限于某种思路时，能否避免危机的发生还存在争议。世界上权力最大的中央银行行长艾伦·格林斯潘是进一步放松管制的倡导者，他的理由是人们所熟知的"市场最清楚"（market knows best）理论（Calomiris，2006）。然而，在某些地方的确存在着难以明说的不安感。莱利（Riles，2001：第 5 ~ 6 页）捕捉到东京在新千年到来之际的氛围："日本银行的中央银行家……面对这个看似无限巨大和复杂的全球市场，他们既为自己的创造感到惊喜，又为自己面对这个市场时的无力感感到恐惧。"

支付结算系统的改革

金融自由化提出了关于现有支付结算系统的弹性问题。支付结算系统的用户暴露在操作风险、法律风险、信用风险和流动性风险之中。支付系统处理交易并确定每家银行必须支付或从其他银行获得的资金，每家银行通过自己在中央银行的结算账户转入或转出资金来履行结算义务（Summers，1994；Fry 等，1999；Mayes，2006）。结算账户资金不足（且无法得到更多资金）的银行不得不停止支付，引起支付清算系统的波动。在极端的情况下，该系统将会崩溃——除非当局介入，提供额外的流动性。

　　支付系统可以直接或间接地链接到结算账户，零售支付系统通常向大额支付系统发送指令。大多数情况下，结算账户之间请求中央银行转账的指令是以延时净额结算（deferred net settlement，DNS）或实时全额结算（real – time gross settlement，RTGS）为基础的。在延时净额结算体系下，支付将被汇总，并在银行工作日结束之前进行一轮净额结算。这样的安排非常方便，且节省流动性，因为提供流动性的花费可能是高昂的。但是，如果某银行在一天结束时未能实现清算，这造成的损害可能非常大。相比之下，在实时全额结算体系下，支付流可以全天不间断地处理。虽然实时全额结算体系对流动性的要求更高，但早发现问题带来的影响更小，而且出现困难的银行将不能与系统内其他银行进行大额借贷。中央银行可以决定是否向市场或者向流动性不足的银行提供额外流动性，或者干脆什么也不做。如果预计困难只是暂时的，不能完成的结算可以暂时被分流到一个支付循环体系中，并在当天晚些时候再提交，到那时该银行可能已经获得了流动性。实时全额结算系统可以保护银行及其客户，以及金融体系免受某些风险，但它要求中央银行在提供流动性上更积极，通常以天为基础。延时净额结算系统是一种拥有百年历史的结算方式，而实时全额结算系统是 1971 年由美国联邦储备系统的一个支付系统——联邦资金转账系统（Fed-wire）引进的。1981 年，丹麦国家银行成为第二家采用实时全额结算系统的银行。从 20 世纪 80 年代中期起，首先在发达国家，然后是发展中国家，各国争相从延时净额结算系统切换到实时全额结算系统（Bech 和 Hobijn，2006）。这两种方式的相对优劣是如何导致这种转变发生的，仍有待进一步讨论（Kahn、McAndrews 和 Roberds，2003）。

　　中央银行对支付系统所有权的参与程度各不相同。奥纳荣（Khiaonarong，2003：第 20 页）发现，在 21 世纪初欧洲和亚太地区的大额支付系统中，64% 由中央银行所有，13% 为私人所有，24% 为中央银行和私人合资；而在零售支付系统领域，私人所有占主导地位。一些中央银行采取最低要求法，只保有最核心的实时全额结算系统（并保留对进入结算账户的最终控制权），但将支付系统的其余部分所有权交给私人所有。芬兰银行和澳大利亚储备银行就属于此类，而英格兰银行甚至没有自己的实时全额结算平台。相反，泰国银行采取最高要求法，拥有泰国大部分的大额支付系统。美国处于中间位置，成立于 1918

年的联邦资金转账系统（Fedwire），是两家主要的大额支付系统之一，另一家则是被私人拥有的清算所银行间支付系统（Clearing House Interbank Payments System，CHIPS）。联邦资金转账系统专注于国内交易，清算所银行间支付系统则专注于国际交易。拥有支付系统的中央银行一般会资助它们的用户，有时表现得十分大方。支付结算系统的效率差异很大，最低要求法国家的成本更小（Khiaonarong，2003：第 21～37 页）。

如果私人部门能够以相对低廉的价格运行支付系统，那么中央银行为什么还要参与其中？美国联邦储备系统之所以拥有联邦资金转账系统的所有权，部分原因是历史造成的。出于声誉的考虑，中央银行可能不愿让出其主要职责。此外，那些没有受到严格预算约束的中央银行——这样的中央银行今天仍然有很多——可以轻松地承担提供支付服务的费用。但也有其他不那么官僚主义的考虑。许多支付系统都有很大的规模经济好处。支付系统对于金融稳定和效率至关重要，他们是否应该委托给私人垄断机构或者银行卡特尔呢？支付结算系统的完整性必须得到保证，即使中央银行不拥有支付系统也必须监管它。许多中央银行不愿意给商业银行或者它们的代理机构控制结算账户的权力。无论如何，要让银行业同意投资一项金额较大的新项目可能过程会很慢，比如引进实时全额结算系统。20 世纪 90 年代，当新西兰中央银行决定建造和运营实时全额结算系统时就受到了上述诸多因素的影响（Singleton 等，2006：第 231～235页）。

莱利（Riles，2004）对日本银行 2001 年采用实时全额结算系统有不同的解释。在 2001 年之前，日本银行一直采用延时净额结算系统。日本银行的官员认为，引入实时全额结算系统不单单是一个现实问题，他们对实时全额结算系统的支持还标志着他们对现代化的承诺以及对加入最高水平的国际中央银行界的渴望。莱利（Riles，2004）也从人类学和心理学的角度解释了这一事件，通过引入实时全额结算系统，日本银行强迫银行业成员与它们的"母亲"——日本银行——建立起更成熟的关系。

流动性不足的银行绝非是支付结算系统的唯一威胁，外部冲击可能同样危险，例如 2001 年"9·11"事件。9 月 11 日，许多大型金融公司的办公室无法运作，很多员工遇难，通信被中断。这直接导致了支付系统的混乱——谁也不确定谁欠了谁多少钱——并显著威胁到金融系统的稳定。美国联邦储备系统迅速做出反应，宣布将提供必要的流动性以保持系统顺畅。这一干预被证明有效地避免了一场更深层次的危机。事实上，美国联邦储备系统的常规操作就意味着它可以自动提供大量的额外流动性，但宣布采取一切可能措施本身对于公众是一种安慰和信心来源（Lacker，2004）。计算机病毒、技术故障、人为错误和欺诈也可能对支付系统造成威胁。在新西兰，主要的担心是地震，因为它的首都惠灵顿横跨了数条断层带（White，B.，1997）。

直到 20 世纪 80 年代后期，国际上关于支付结算系统的讨论都相对很少，国际清算银行也才开始对支付结算系统产生兴趣。1990 年，G10 国家的中央银行设立了支付结算系统委员会（Committee on Payment and Settlement System，CPSS）。国际清算银行和支付结算系统委员会都宣布了支付结算系统的标准。它们非常清醒地意识到，跨境交易的快速增长加剧了支付系统及其用户所承担的风险。"赫斯塔特风险"（Herstatt risk）有可能会扰乱支付结算系统，该风险是指 X 货币的卖家已经交付了货币 X，但无法接收到付款币种 Y。即使每个国家都拥有自己的规则、法律和基础设施，也可能于事无补。人们对更高的市场一致性的渴望推动了实时全额结算系统在 20 世纪末的推广。依照 1993 年公布的莱姆法路西标准（Lamfalussy Standards）的要求，那些还没有采用实时全额结算系统的欧盟成员国，均应采用该系统。一个叫"TARGET"（Trans – European Automated Real – time Gross settlement Express Transfer System）泛欧自动实时全额清算系统）的平台发展起来，将欧盟各国的结算系统连接在了一起（Eisenbeis，1997）。

2000 年，通过英国支付清算系统的外汇交易的日交易额相当于 GDP 的 47%（Galati，2002：第 56 ~ 57 页）。赫斯塔特风险成为许多国家真正担心的问题。在世界主要金融大国都采用了实时全额结算系统后，国际支付结算流程同步进行变得更加容易。一群大型国际银行共同成立了"CLS 银行国际"，并于 2002 年开业。CLS 代表持续关联结算（continuous linked settlement）。该组织对世界主要货币交易进行实时结算，可以降低但无法消除风险。CLS 银行国际虽然属于私人所有，但与各国中央银行保持着密切的合作（Galati，2002：第60 ~ 64 页）。

结论

各国中央银行对金融自由化均持欢迎态度，但自由化的道路比预期的更为坎坷。金融管制的放松或解除创造了更激烈的竞争环境，使不少银行措手不及，中央银行及其他银行监管机构也同样未做好准备。在 20 世纪的最后 1/4 时间里，银行危机成为家常便饭。审慎监管，无论是在国家层面还是在巴塞尔层面，都是监管当局不断努力跟上私人部门发展的步伐。我们知道，这些努力最终并不成功。从赫斯塔特银行到国际信贷商业银行丑闻，再到亚洲金融危机，直到今天，监管者每次都滞后几步。而撤销一些中央银行的审慎监管职责似乎并没有什么帮助。作为一个较大政策圈的成员，中央银行必须为应对金融系统不稳定性的措施储备不足承担部分责任。也许中央银行在货币政策上花了太多时间，而对金融稳定性问题关注太少。即便我们同意金德尔伯格（Kindleberger, 1996）的观点，认为由于人类的天性，恐慌和危机会时不时发生，但审慎监管仍然有改进的余地。当然，金德尔伯格的观点在 20 世纪 90 年代和 21 世纪初并不是很受欢迎，因为那时占主导地位的是狂妄自大的思想。

第十四章　通货膨胀目标制是圣杯吗

要说政策制定者已经找到了目前制定货币政策的圣杯为时尚早……然而，应该指出的是，通货膨胀目标制的寿命很快将超过过去半世纪左右经济史上的其他任何货币政策制度。

——皮埃尔·希克洛斯（Pierre Siklos，2002：第 308 页）

通过将概念结构及其内在约束施加于中央银行，又不消除其应有的灵活性，通货膨胀目标制部分融合了传统货币政策"依规则行事"和"相机抉择"两者的优势。

——伯南克等（Bernanke 等，1999：第 6 页）

通货膨胀目标制（inflation targeting）是第二次中央银行革命的一个重要组成部分，其他部分还包括中央银行独立性、问责制和透明度。20 世纪 90 年代，一些中央银行不再间接通过货币供应量增长率等中间目标，而是直接开始使用通货膨胀目标制。到 2004 年，全球 1/4 的经济体正式使用通货膨胀目标制（Rose，2007：第 664，679 页），既有发达国家，也有发展中国家。但是，这还是低估了通货膨胀目标制的影响。欧洲中央银行实行了一项在许多方面类似于通货膨胀目标制的政策。有观点提出，在格林斯潘的领导下美国联邦储备系统已经有了"隐性"的通货膨胀目标制（Goodfriend，2007：第 54 页）。他的继任者本·伯南克是通货膨胀目标制的倡导者，但他并没有将通货膨胀目标制列为官方政策。

各国中央银行似乎逐渐就被称为"灵活规则兼有限自决权"（flexible rules cum constrained discretion）的货币政策模式达成共识（Arestis 和 Mihailov，2009）。基于泰勒规则的研究表明，在实践中，无论是否正式采用通货膨胀目标制，各国中央银行都试图消除通货膨胀和产出的波动。由此可见，这就是一种妥协，应用于沃尔克和撒切尔时代的那一脉货币主义也是如此。

物价稳定的定义

中央银行家一直关注物价稳定。20 世纪 90 年代，这一目标被数量化，并设定了实现的具体时间。通货膨胀目标被广而告之，使公众可以借此评判中央银行的成败。尽管通货膨胀目标制不是学术产物，但它的确激发了大量的理论和实证研究文献。它的出现就是为了满足包括政客和中央银行家在内的决策者的现实忧虑（Bernanke 和 Woodford，2005；Mahadeva 和 Sterne，2000；Siklos，2002；Goodfriend，2007）。

通货膨胀目标制出现在许多国家通货膨胀和产出波动"大缓和"（Great Moderation）① 之后，而不是之前。而且，它也并不比中央银行独立性更有奇效。20 世纪 90 年代，实现通货膨胀目标制的中央银行实现了通货膨胀的进一

---

① 20 世纪 90 年代以后出现的一种以欧美为中心、遍及全球的稳定的高增长和低通胀的现象。——译者注

步降低，但许多（虽然不是全部）未实行通货膨胀目标制的中央银行也做到了这一点。关键在于，通货膨胀目标制是一种表明中央银行防止通货膨胀再次发生的决心的信号。通货膨胀目标制可能没有缓解对抗通货膨胀所要承受的痛苦，这种痛苦可以用过渡期产出和就业机会的损失来衡量。但是，一旦物价获得稳定，新的经济结构并不会阻碍经济的强劲增长。

直至 20 世纪 90 年代中期，人们普遍认为主要的货币政策工具应该是某种形式的短期利率（Borio，1997）。经历了超过三十年的通货膨胀之后，发达国家恢复到很低的通货膨胀率。格林斯潘（Greenspan，2001）将"物价稳定"定义为"……通货膨胀长时间低而稳定，以至于它不会实质性地影响家庭和企业决定的一种环境"，并认为通货膨胀目标引入的仅仅是一种虚假的精度。

通货膨胀的下降可能会使一些中央银行家产生安全的错觉，却没有注意到挑战正在由远及近地聚拢。通货膨胀目标制关注对居民消费价格指数（CPI）的控制，但没有将房地产和股票市场的"资产价格"考虑在内。21 世纪初美国和西欧国家资产市场不稳定的余波导致了金融危机，就像 20 世纪 90 年代在日本和东亚发生的情况一样。将军们（中央银行家们）已经弄清楚如何赢得此前的对付大通胀的战斗，但他们对下一场战争的准备却不足。

中间过渡阶段的货币政策

20 世纪 80 年代，除了德意志联邦银行和瑞士国家银行是明显例外，主要的中央银行或迟或早开始弱化或放弃货币目标制。货币需求函数的不稳定性增加阻碍了通过货币目标制控制总支出的效果。然而，从放弃货币目标制到引入通货膨胀目标制，还得再等几年的时间。在 20 世纪 80 年代的大部分时间和 90 年代初，货币政策的传导机制兼收并蓄。

其中最兼收并蓄（或之一）的要数澳大利亚储备银行的货币政策。1985 年 1 月，澳大利亚中央银行停止了一种相当温和的货币目标制形式，并开始考虑在制定货币政策时设定一份指标"清单"。这一清单包括货币总量、利率、汇率、外贸交易账户，以及经济的当前表现及未来展望，包括资产价格、通货膨胀和通货膨胀预期等。从本质上说，这是对相机抉择的回归，相机抉择是中央银行家传统的决策方法（Johnston，1985；Macfarlane，I. J.，1998）。

1982 年 10 月后，当非借入储备目标被放弃，美国联邦储备系统的反通货膨胀体系是极其扭曲的。官方的新政策以银行借入储备为目标；非官方政策则以短期利率，即联邦基金利率（FFR）为目标。联邦公开市场委员会在选择理想的联邦基金利率时会考虑各种因素。坦率地说，美国联邦储备系统的货币政策框架误导了公众、国会以及金融市场。国会仍要求美国联邦储备系统确定货币目标。而且，任何承认正在恢复到利率目标的行为都会被视为是承认失败。这一花招直到 1989 年才被揭穿。但美国联邦储备系统直到 1991 年才承认它有一个短期利率目标，1994 年才公布政策变化的方向；1999 年才承认对联邦基金利率有一个具体的目标（Thornton，2006）。

通过加入欧洲货币体系（EMS）的汇率机制（ERM），许多西欧国家承诺对德国马克实行固定汇率。那些实行比德国中央银行更宽松货币政策的汇率机制成员国努力维持这一汇率。在"尾随德国马克"（shadowing the DM）几年之后，英国于 1990 年 10 月加入了欧洲汇率机制。英格兰银行行长罗宾·利－彭伯顿（Robin Leigh－Pemberton，1990）解释说，其目的是（为英国）提供额外的反通货膨胀约束。但这是一个严重的错误。20 世纪 90 年代初，为应对国家重新统一而提升的财政成本，德国大幅收紧货币政策。与此同时，英国经济陷入衰退，政府面临保障就业的压力。在这种情况下，金融市场参与者认定英国对汇率机制的承诺是不可信的。最终，英国和其他包括意大利在内的一些国家以一种戏剧性的（虽然不是史无前例的）方式，被迫在 1992 年退出欧洲汇率机制。试图通过固定汇率制来控制通货膨胀如同货币目标制一样充满碰运气的成分。

汇率政策对其他许多国家的货币政策规则都产生了影响。新西兰是唯一实行"纯粹"浮动汇率制的国家，其汇率市场上不存在任何政策相关的干预操作。许多亚洲国家将它们的汇率正式或非正式地与美元固定（Kawai，2002）。当汇率达到政治上不可接受的水平时，最大的经济体——美国、日本和联邦德国——则需要进行干预，这是 20 世纪 80 年代的美国、联邦德国和日本经济关系上反复出现的一个主题。在 20 世纪 80 年代的前半段，美元比德国马克和日元强势很多，造成美国制造业形势惨淡。虽然美元升值在许多方面反映的是其国内的经济政策，包括保罗·沃尔克（Paul Volcker）的紧缩货币制度以及里根政府的大量借贷，但是美国人仍指责日本和联邦德国操纵本币汇率以获取竞争优势并要求它们采取措施纠正。如果不向美国作出让步可能会引发摩擦，可能就在贸易或国防领域。

1985 年，G5 国家的财长和中央银行行长在纽约广场饭店会面并同意采取一致行动，使美元相对于其他主要货币贬值。此次广场协议（Plaza Accord）要求其他国家，特别是联邦德国和日本官方大量出售美元储备，并伴以利率的提升。到 1987 年年初，美元已经恢复到一个更具竞争力的水平，G5 国家领导人在巴黎卢浮宫的另一次会晤中表示现在的相对汇率是大体正常的。一些评论家怀疑他们之间有确立一个汇率区间的秘密交易。无论真相如何，随后几年，世界关键汇率更加大幅波动。日本决策者实际上被美国要求实行日元对美元的汇率目标制。由于日益担心日元升值对日本工业造成的影响，日本政府和日本银行在 1987 年放松了财政和货币政策。再加之金融自由化——另一项美国要求的政策变动——的影响，由此催生了日本股票及房地产市场的灾难性泡沫（Takagi，2007）。

停止了货币学派的试验之后，中央银行似乎处于漫无目的的状态，它们不再拥有可以引导政策的、连贯的知识架构。另一方面，与 20 世纪 70 年代相比，它们有更强烈的责任心去抗击通货膨胀，但是制定和实施货币政策的新方法直到 80 年代末才出现。

通货膨胀目标制的先行者

新西兰是第一个直接引入通货膨胀目标的国家。1975—1984 年，当货币主义大行其道之时，新西兰的货币政策是由政治领袖罗伯特·马尔登（Robert Muldoon）掌控，马尔登倾向于在危机时期借助于行政手段管制。当 1984 年马尔登下台时，货币主义已经在国际上失去了人气。

1984 年后，新西兰的货币政策收紧，允许利率上升至市场水平。1985 年，汇率开始浮动。利率和汇率的上升自 1986 年起开始对通货膨胀施加下行压力。有一段时间，新西兰储备银行在衡量货币政策的立场时使用了澳大利亚式的清单（Singleton 等，2006：第 99 ~ 120 页）。包括一些部长在内，很多人的印象是，新西兰储备银行使用汇率作为中介目标：提高利率是为了启动货币升值，货币升值降低进口价格，抑制外贸部门的支出能力。新西兰储备银行否认有一个严格的汇率目标，但承认将汇率作为制定货币政策时的参考或校准装置（Grimes 和 Wong，1994：第 176～177，181～182 页）。对于一些批评人士来说，这种区分太过微妙。

在新西兰储备银行里，越来越多的人支持物价稳定应成为货币政策的首要目标，并支持设定一个或公开或内部的实现预期通货膨胀的时间路径。至于中央银行独立性这个问题，则交由财政部长罗杰·道格拉斯（Roger Douglas）处理。1988 年年初，新西兰通货膨胀率显著下降。许多新西兰人认为每年 5% 左右的通货膨胀率是完全可以接受的，但道格拉斯不这么认为。1988 年 3 月 31 日，道格拉斯建议财政部和新西兰中央银行官员必须进一步压低通货膨胀预期，通货膨胀率必须降低到瑞士的（即非常低）水平。让新西兰储备银行意外的是，道格拉斯第二天就出现在电视上并宣布一两年之内年通货膨胀率将降低至最多 1%（Reddell，1999）。道格拉斯没有正式公布通货膨胀目标制的框架，这一框架是在新西兰储备银行和政府设法解释和实现这种想法的过程中逐步发展而来的。新西兰储备银行起初反应较为谨慎。当时有经济预测认为，在政策保持不变的情况下，物价稳定可能会在 1992—1993 年实现；任何为了在 1990 年前实现物价稳定而进一步收紧货币政策的尝试，都会带来大量就业和产出的额外损失。不过，对于道格拉斯来说，这些损失都是可以承受的。在 1988 年的预算案演说辞中，他期待着在两年内实现"几乎无通货膨胀的经济"。

1988 年年底道格拉斯离开内阁后，工党政府似乎动荡不定。尽管毫无根据，但是关于政策逆转和新西兰储备银行与新财长大卫·凯吉尔（David Caygill）不和的谣言四起。1989 年 4 月，新西兰储备银行向凯吉尔表示，由于缺乏一个实现物价稳定的明确日期，不确定性正在上升。新西兰储备银行行长布拉什（Brash）向凯吉尔呈上他的年度报告草案，在草案中他认为物价稳定（0～2% 的年通货膨胀率）可能在 1993 年 3 月达成。凯吉尔问能否提前至 1992 年 12 月，布拉什同意了。新西兰储备银行 1989 年的年报将物价稳定目标表达为有条件的统计预测，而不是一个硬性指标。如果销售税的提高不会导致工资上涨，而且不存在突发事件，年度 CPI 通货膨胀率将在 1991 年 3 月结束的财年下降至 3.1%，这被认为与"到 1992 年 12 月进一步降低至 0～2% 区间相一致"（RB-

NZ，1989：第 6 页）。1989 年的预算案演说确认了 1992 年 12 月为实现物价稳定的最后期限。起初市场持怀疑态度，这并不是没有道理的。凯吉尔告诉中央银行官员，如果实在太困难的话，他们不必坚持该目标（Reddell，1999：第 69～70 页）。结果证明，经济活动比预期的更疲软，全球经济衰退强化了紧缩货币政策的影响。虽然过渡成本的大小仍有所争议，但在这种环境下，物价稳定并不是太难实现（Hutchison 和 Walsh，1998）。

新西兰通货膨胀目标制（inflation targeting regime）创始于第一个政策目标协议（Policy Targets Agreement，PTA），该协议由布拉什和凯吉尔协商达成，于 1990 年 3 月生效。此协议明确规定 1992 年 12 月为实现物价稳定的最后期限，并将物价稳定定义为年度 CPI 通货膨胀率为 0～2% 之间。该目标最终在 1991 年年底实现，此后表述为维持年通货膨胀率在 0～2% 区间。自从政策目标协议签署之后，中央银行行长在实施货币政策上享有完全的操作独立性。货币状况随着流动性的撤回（注入）而收紧（放松）。1999 年，这种政策执行的定量指标由官方公布的现金利率（official cash rate，OCR）所取代。新西兰储备银行承诺，以官方现金利率加 0.25% 给银行提供抵押贷款，以官方现金利率减 0.25% 向商业银行借款。

通货膨胀目标制并不像它听起来那么直截了当。困难之一是"基底通货膨胀"（underlying inflation）可能会偏离"标题通货膨胀"（headline inflation），或官方公布的 CPI 指数。偏差发生的原因有几个，其中包括新西兰消费物价指数中住房成本的独特处理方式，以及特殊情况或"警示事件"的影响。简单地说，标题通货膨胀率可能会受一次性事件的影响而发生偏离，如间接税率的改变、贸易条件的变动或自然灾害。人们希望央行行长在决定政策时注意力应该放在基底通货膨胀上。如果标题通货膨胀因为"警示事件"而未能达到目标范围，这种情况必须向政府报告。如果已经有针对避免这种偏离对其他价格和工资的"第二波"影响的应对计划，这种失败也可以被原谅。第一种衡量基底通货膨胀的方式被称为"房屋调整价格指数"（Housing Adjusted Price Index）。随着 1997 年消费物价指数计算方法的改变，标题通货膨胀和基底通货膨胀之间的这种差别不复存在，但是这并不能排除通货膨胀率可能被特殊事件扭曲的可能性。

货币政策至少需要花好几个季度，甚至也许长达两年的时间来影响通货膨胀率，这一事实意味着通货膨胀目标的设置必须具有前瞻性。在决定是否放宽或收紧货币政策时，新西兰储备银行行长主要关注通货膨胀压力的预期变化。换句话说，政策要对通货膨胀预期的变化做出反应。新西兰储备银行是第一家努力应对这种问题的中央银行。20 世纪 90 年代初，当新西兰储备银行追求物价稳定之时，它就密切关注汇率的"传递"效应。在其他条件不变的情况下，紧缩的货币政策将导致货币升值，这会影响可交易商品的价格、支出和通货膨胀。到了 20 世纪 90 年代中期，新西兰中央银行了解到货币政策也可以通过利率渠道产生强有力的效果。人们十分重视通货膨胀目标制这一新制度的透明度。公布预测信息和宣告政策意图的目的是稳定预期，减少不确定性和波动性（Singleton 等，2006：第 163~202 页）。

1996 年，新西兰通货膨胀率的目标区间扩大至 0~3%，并且物价稳定可为经济的持续增长、就业和发展打基础第一次被认为是物价稳定目标的合适理由（Dalziel，1997）。1999 年，布拉什（Brash）和即将就任的工党财政大臣迈克·库仑（Michael Cullen）签署了第六份政策目标协议，该协议包含以下重要声明："在追求物价稳定的目标时，新西兰储备银行必须持续、一致和透明地实施货币政策，并应设法避免不必要的产出、利率和汇率的波动"（RBNZ，1999）。此后，只要不影响追求物价稳定的目标，政策行动的时间安排均要把以上因素考虑进去。经济增长和通货膨胀压力经常如影随形，所以消除通货膨胀波动的政策行动经常有助于消除产出波动。2002 年，库仑和继布拉什之后担任央行行长的艾伦·波兰德（Alan Bollard）谈判签订了第七份政策目标协议。该协议要求中央银行在中期内维持未来年均 CPI 通货膨胀在 1%~3% 的目标区间。实际上，通货膨胀目标一直具有前瞻性。

在 20 世纪 90 年代初的经济衰退时期，通货膨胀目标制和《1989 年新西兰储备银行法》并不受欢迎。1990—1996 年担任首相的吉姆·博尔结（Jim Bolger）对于新框架的态度较为冷淡，他催促布拉什软化他的政策立场。这种压力似乎被抵制了，但该框架能否存在下去仍然难料，直到经济进入 1992—1996 年的强劲复苏阶段。除了 1995 年和 1996 年外，通货膨胀率大部分时间都保持在目标区间，甚至这两年的年通货膨胀率（按照 1997 年后的消费物价指数定义）都没有超过 2.7%。由于这是一个欢欣鼓舞的时代，政府无须花精力来惩罚中央银行行长。

通货膨胀目标范围从 0 ~ 2%（1990）到 0 ~ 3%（1996），再到中期 1% ~ 3%（2002）；还有要求中央银行竭力保持产出、就业和汇率平稳的条款（1999）等，这些都不构成倒退。1990 年，通货膨胀目标制并未经过试验，因此并不奇怪这个框架随着人们了解越多而不断演变。即使在 20 世纪 90 年代初，中央银行确定政策时相当多的注意力都集中在实体经济的状况上。然而，新西兰储备银行的言论在早期十分严厉。1995 年，在一次国际会议上新西兰储备银行的高级官员大卫·阿切尔（David Archer，1997：第 8 页）表示，新西兰储备银行的程序是"忽略货币政策对短期产出和就业的影响"。这一说辞（并非事实）在 1995 年后被修改，尤其是为了阻止民粹分子的攻击。

1999 年工党重新执政后，杰出的瑞典货币经济学家拉尔斯·斯文森（Lars Svensson）受新西兰政府委托审查新西兰储备银行自 1990 年以来的表现。早在 1997 年拜访新西兰储备银行时，斯文森就写过一篇关于严格通货膨胀制和灵活通货膨胀制区别的工作论文（Svensson，1997）。斯文森是灵活通货膨胀制的倡导者，但他发现新西兰储备银行在 20 世纪 90 年代的货币政策行为很少有值得批评之处。但是，他对货币政策责任集中于行长之手并不满意。总体上，斯文森报告是恭维性的："无法从其他中央银行学习经验，新西兰储备银行一直是通货膨胀目标制的先锋……20 世纪 90 年代，中央银行取得了非凡的成就，将通货膨胀稳定在一个较低水平"（Svensson，2001：第 36 页）。新西兰储备银行除了在 1997—1999 年短暂出现过"通货膨胀目标制的最佳实践中唯一的实质性偏差"之外，没有有力证据表明该行货币政策造成了产出、利率或汇率的"不必要的波动"（Svensson，2001：第 36 页）。

之所以详细讨论新西兰中央银行的案例，是因为它在 20 世纪 90 年代非常具有影响力。新西兰中央银行是一家相对小而灵活的中央银行，这有助于它成为一个创新者。而那些更大更官僚的中央银行，如美国联邦储备系统，就不太容易冒险开拓货币政策的新途径。

通货膨胀目标制的推广

通货膨胀目标制是可以传染的。一项研究发现，到 1998 年，至少有 54 个国家采用了通货膨胀目标制（Mahadeva 和 Sterne，2000：第 38 页）。伯南克和米什金（Bernankehe 和 Mishkin，1997：第 114 页）想知道"通货膨胀目标制是一时的流行还是一种长期趋势"。20 世纪 90 年代后期通货膨胀目标制的快速传播有可能只是一种时尚，但对于像新西兰和加拿大这样的先锋而言，到 2005 年，这一新的制度已经显示出比 1958—1971 年的布雷顿森林体系下的可调整的钉住汇率制有更好的持久性（Siklos，2008：第 17 页），——更不用说大多数形式的货币目标制了。当然，这也不能保证通货膨胀目标制的不断普及，而且，在新的环境下，其他政策目标可能会比物价稳定更为优先。

通货膨胀目标制并不完全是前所未有的。1931 年，瑞典脱离金本位后采用了价格水平目标。瑞典银行的目的是扭转通缩，而不是对抗通货膨胀（Berg 和 Jonung，1999）。据德意志联邦银行的历史记载（Richter，1999：第 529 页），美国和英国占领区经济顾问委员会的几名德国成员要求 1951 年给联邦德国"中央银行指派——用现代术语来说就是——一个具体的法定通货膨胀目标，更精确地说如百分之零点几"。从 20 世纪 70 年代中期开始，德意志联邦银行和瑞士银行的货币政策目标就隐含着某种形式的通货膨胀目标。德意志联邦银行采用某个货币数量论等式来设置下一年的货币目标。作为该过程的一部分，需要对通货膨胀做出某种假设。由于工资和价格黏性，一定程度的通货膨胀是不可避免的。基于此，直到 1984 年，德意志联邦银行一直设定通货膨胀率很低但为正数。1984 年之后，通货膨胀率被设定为零。瑞士也经历了类似的过程（Bernanke 等，1999：第 57~58，63~64 页）。

当中央银行向通货膨胀目标制转变时有许多具体的细节需要解决。应该如何衡量通货膨胀？目标应该以物价水平还是通货膨胀率为准？目标的适当数值是多少？它应该被指定为一个具体数值还是一个区间？什么时候是达到目标的适当时间？在决策过程中应该使用哪些信息？中央银行应该如何应对目标的偏离？新的框架应在何时生效？出于策略原因，在通货膨胀压力缓解时启动通货膨胀目标制较为便利，目标也更易实现。应该将什么信息传达给公众？中央银行应该如何为它的战略正确性负责？这些问题中的大多数都是次要问题，但不能对它们掉以轻心（Bernanke 等，1999：第 26~38 页）。

加拿大是第二个宣布通货膨胀目标制的国家。在 1988 年 1 月的一次演讲中，加拿大银行行长约翰·克罗（John Crow）表示物价稳定是货币政策的恰当目标，但他并没有明确定义物价稳定（Crow，2002：第16，160～161页）。1990年，克罗决定通过中央银行渠道向新西兰寻求建议：

[加拿大] 银行没有派任何人去新西兰仔细调查，但在此过程中的某一天，戈登·塞森（Gordon Thiessen）[一位高级官员] 通过电话向新西兰储备银行的高级副行长了解了一些关键问题——作为中央银行家，必须非常小心，对我们为什么想知道以及我们想知道什么要尽可能地含蓄。（Crow，2002：第171页）

最终，财政部长迈克尔·威尔逊（Michael Wilson）提出加拿大应该采用通货膨胀目标制，克罗对这个建议表示赞同。1991年2月，加拿大中央银行和政府宣布了一系列达成一致的通货膨胀目标，年通货膨胀率将分期递减，以期在1995年12月之前稳定在2%（加或减1%）的水平（Dodge，2002）。这项协议是非正式的，虽然缺少了新西兰政策目标协议的分量，但它依然十分成功。

默文·金（King，1994：第115页）将英国描述为继新西兰和加拿大之后实行通货膨胀目标制的几个国家之一。1992年10月，英国推出1%～4%的年度基底通货膨胀目标。自1995年起，英格兰银行被要求"力求持续地在未来两年达到2.5%或更低的通货膨胀率"（King，Mervyn，1997：第91页）。英国通货膨胀目标制的目的是在英镑被迫脱离欧洲汇率机制后，为英国提供一个新的货币政策锚。当时金是英格兰银行的首席经济学家，他告诉唐·布拉什（Don Brash）英国的通货膨胀目标制是以新西兰为蓝本的。然而，英国的通货膨胀目标由财政大臣单方面宣布，而不是由英格兰银行行长和财政大臣联合宣布。1997—1998年的英格兰银行改革决定将设定通货膨胀目标的权力留给政府，而在新西兰这是由政府和中央银行协商决定的（Bean，1998）。英国的政策制定框架要素有所不同，但这并没有妨碍它取得满意的结果。在欧洲汇率机制危机之后，瑞典也采用了通货膨胀目标制（Andersson 和 Berg，1995）。

澳大利亚通向通货膨胀目标制的道路则谨慎得多。20世纪90年代初，新西兰的新货币政策制度曾经是澳大利亚工党政府和自由党领导的反对派之间争论的焦点。澳大利亚储备银行不希望被卷入这场喧嚣。而且，澳大利亚储备银行的行长伯尼·弗雷泽（Bernie Fraser）并不认同物价稳定应是货币政策唯一目标的观点。他认为，澳大利亚储备银行应该继续瞄准高就业和低通货膨胀，并认为新西兰储备银行的做法过于严格。澳大利亚储备银行和新西兰储备银行虽然不是总能达成一致，但彼此接触频繁。1993年，弗雷泽（Fraser，1993：第2

页）承认宽松形式的通货膨胀目标可能是有好处的："如果能够在几年中将年均实际通货膨胀率控制在 2% ~3% 的水平，这将是一个很好的结果。"这一立场演变成了某种"目标"，最终体现在 1996 年澳大利亚储备银行与新的自由党领导的联合政府之间的货币政策协议中。澳大利亚储备银行的双重目标被保留下来，但高就业的目标从属于物价稳定目标。20 世纪 90 年代末，澳大利亚的目标变得更坚定，但仍不如新西兰坚定（Bell，S.，2004：第 80 ~90 页）。

在新兴市场和发展中国家，许多国家都采用通货膨胀目标制，包括巴西（Barbosa – Filho，2008）、智利、哥伦比亚、捷克共和国、匈牙利、以色列、韩国、墨西哥、秘鲁、菲律宾、波兰、南非和泰国。例如，在学习了新西兰、加拿大、英国和其他国家的案例后，南非在 2000 年开始实行通货膨胀目标制（Mbowemi，1999；Aron 和 Muellbauer，2007）。1997—1998 年金融危机后，通货膨胀目标制在东亚开始流行，尤其是作为显示政府对正统政策承诺的一种手段（Filardo 和 Genberg，2009）。到目前为止，我们提及的经济体都是小型或中型经济体。世界上最大的经济体，欧盟、美国、日本和中国的情况如何呢？显然，通货膨胀目标制并不是在世界所有地方都被视为圣杯。

未信服和未承诺通货膨胀目标制的国家

20 世纪末，所有的中央银行和绝大多数政府都承认物价稳定目标是可取的。但是，仍有一些国家不愿意采用正式的通货膨胀目标制和/或放弃货币目标制，同时有一些国家则不愿意或无法放弃双重目标制。未能采用正式的通货膨胀目标制并不一定意味着对这一基本概念的否定。随着早期那种严格的通货膨胀目标制的软化以及灵活的通货膨胀目标制的出现，实行通货膨胀目标制和非通货膨胀目标制国家之间的区别开始变得模糊。

欧洲中央银行的情况尤为复杂。事实上，根据比博（Bibow，2005：第 9 页）的观点，受到"盎格鲁—撒克逊"传统观念训练的人很难理解欧洲中央银行的货币政策体制及其与通货膨胀目标制的关系。尽管欧盟和欧洲中央银行受到通货膨胀目标制的影响，官方声明中关于这个词的使用还相当含糊其辞。根据《马斯特里赫特条约》（即《欧洲联盟条约》），物价稳定被宣布为未来欧洲中央银行的首要目标。该条约并没有定义物价稳定，但是公正地说，1989 年《新西兰储备银行法》也没有定义物价稳定。1998 年，欧洲中央银行理事会决定，物价稳定意味着中期"欧元区调和消费价格指数（Harmonised Index of Consumer Prices，HICP）［险些近似 HICCUP（英文'打嗝'的意思）］同比上涨低于 2%"（Scheller，2004：第 81 页）。

但是，欧洲中央银行还决定公布一个 M_3 增长率的"参考值"，有趣的事情来了。这一参考值——而不是一个目标——被设定在每年 4.5%，这一增长率被视为与维持物价稳定的中期目标相一致（Scheller，2004：第 85 页）。显然，这一参考值反映了德意志联邦银行的影响力，但是它受到了多大的重视呢？伯南克和米霍夫（Bernanke 和 Mihov，1997）认为，德意志联邦银行在 20 世纪 90 年代实行了隐蔽的通货膨胀目标制。如果他们的解释是正确的，那么欧洲中央银行的参考值就只是德国人为了安抚国内对新中央银行反通货膨胀措施的公众舆论的一种粉饰，可以置之不理。与此相反，比博（Bibow）认为货币"支柱"对德国中央银行至关重要，对欧洲中央银行仍然是重要的。他引用欧洲中央银行首席经济学家奥特马尔·伊辛（Otmar Issing）在 2003 年的一个新闻发布会上的讲话说，"我们已经证实了我们的双支柱法，这与通常的通货膨胀目标制完全不同"［引自比博（Bibow，2005：第 5 页）］。伊辛（Issing，2004：第 175 页）坚持认为，欧洲中央银行密切关注货币总量是因为它们是通货膨胀的基本原因，而不是通货膨胀的近似原因。欧洲中央银行货币政策的制定者似乎追求的是模棱两可的机制，既包含货币目标，也包括通货膨胀目标的元素。

美国联邦储备系统对于通货膨胀目标制也显得模棱两可。联邦公开市场委员会从未宣布通货膨胀目标，但曼昆（Mankiw，2001）认为它是一个隐蔽的通货膨胀目标制采用者。但布林德和雷伊斯（Blinder 和 Reis，2005：第 5 页）则从一个非常不同的角度看待美国联邦储备系统：

多年来，美国的货币政策一直被认为依照的是"格林斯潘标准"，这意味着艾伦·格林斯潘说什么，它就应该是什么。同样，所谓的美国货币政策的名义锚并不是货币供应量，也不是任何形式的通货膨胀目标制，而是格林斯潘标准本身。

随后，布林德和雷伊列出了许多格林斯潘标准包含的原则，这些原则包括"让你的选择权公开"和"不要让自己陷入教条之中"（Blinder 和 Reis，2005：

第 83~84 页）。当然，并不能排除这样一种可能性，即在同样的情况下，美国联邦公开市场委员会或格林斯潘的决策与那些已采取通货膨胀目标制的中央银行家（比如布拉什）的决策是相同或相似的。黑泽尔（Hetzel，2008：第 7 页）认为，从根本上，沃尔克（自 1982 年起）和格林斯潘都瞄准了"名义预期稳定"，换句话说就是"低而稳定的通货膨胀预期"。由于人们往往更偏好不切实际的行话而不是精确的现代经济学语言，这意味着这两任主席都没有清楚地阐述他们创造的新货币政策标准（Hetzel，2008：第 263 页）。

尽管就个人而言，伯南克是通货膨胀目标制的支持者，但他并未在成为美联储主席后采用这个制度。美国联邦储备系统有意的模棱两可被描述为是一种阻止政治攻击的机制（Hetzel，2008：第 317 页）。尽管在通货膨胀目标制的拥护者眼里有这些不足之处，但 20 世纪 90 年代美国联邦储备系统的货币政策至少和那些实行通货膨胀目标制的中央银行一样成功。就通货膨胀目标制而言，欧洲中央银行和美国联邦储备系统在这条路上都只走了一半。

亚洲最大的三个国家也都没有采用通货膨胀目标制。中国人民银行将货币供应量增长率，而不是通货膨胀目标设为货币政策的基石（Burdekin 和 Siklos，2008）。2000 年，印度储备银行行长贾兰（Jalan）表达了对通货膨胀目标制在印度这样的国家的适用性的疑虑。因为在这些国家，利率不能单独根据货币政策的需要来确定，而必须响应政府债务管理的要求。由于金融机构和市场发展不完全，货币政策的传导机制也是不确定的。建立一个西式通货膨胀目标制所需要的数据基础也不足。此外，在印度和其他发展中国家，源于农业部门的供给大冲击对通货膨胀会产生重大影响（Jadhav，2003：第 35~39 页）。这些反对意见是否像他们声称的那么严重是有争议的。印度储备银行继续采用多重目标，包括稳定的通货膨胀率、促进经济增长、避免严重的汇率不稳定，以及促进利率稳定（Jha，2008：第 264 页）。

日本的情况又有所不同。日本的问题不在于通货膨胀的控制权，而是温和通缩的现实和威胁。一些西方经济学家和中央银行家敦促日本当局推出正的通货膨胀目标，以便提高通货膨胀预期，降低实际利率，克服流动性陷阱并刺激支出。克鲁格曼（Krugman，1998）为日本提出了长达十五年，每年 4% 的通货膨胀目标。日本银行的反应很谨慎。这不仅是因为日本银行不确定通货膨胀目标的适当水平，也因为它不知道如何去实现这样一个目标。不能刺激通货膨胀也会削弱中央银行的公信力（Okina，1999），这与其他大多数国家中央银行的担忧正好相反。

即使在大缓和之后，通货膨胀在一些国家也变得一发不可收拾，最著名的例子是津巴布韦。21 世纪初，津巴布韦政府强迫津巴布韦储备银行扩大货币供应量，为各种通过税收和借贷仍然无法实现的财政计划融资，这使津巴布韦储备银行变得颓废。中央银行产生了巨大的损失，尤其是在外汇业务上（Munoz，2007）。更重要的是，恶性通货膨胀失去了约束。津巴布韦的问题说到底是政治问题，正如 20 世纪 20 年代的德国和 20 世纪 60 年代的印度尼西亚一样。

评估通货膨胀目标制

通货膨胀目标制不是万能的。新西兰、加拿大和英国在采取正式的通货膨胀目标制之前就已经成功地大幅度降低了通货膨胀率（Mishkin 和 Posen，1997：第 94 页）。而对于一家近期对抗通货膨胀记录并不理想的中央银行来说，宣布通货膨胀目标制并不会立即为其增加可信度。引入通货膨胀目标制也不会降低伴随反通货膨胀所产生的过渡期的产出损失（牺牲率）（Debelle，1996）。一种更温和的观点认为，通货膨胀目标制可以帮助那些致力于维持物价稳定的国家和中央银行专注于手头上的工作，避免它们分心。

通货膨胀目标制可以因为提高了透明度而被认为是合理的。公众有权知道他们的货币政策制定者正在做的事情；在不采用通货膨胀目标制的国家，中央银行目标的变化可能更容易被隐藏起来。

通货膨胀目标制变成了考虑货币政策的主流思想，在美国学术界尤其如此。但是，对于这种制度的学术支持并不具有普遍性，左派的凯恩斯学派和右派的货币主义学派均有批评的声音。保罗·戴维森（Davidson，2006：第 700～701 页）认为，通货膨胀目标制是货币粗野主义（monetary brutalism）的委婉说法："那些主张中央银行实行'通货膨胀目标制'货币政策的人都隐晦地认可一种收入政策。该收入政策基于对在国内提供商品和服务的企业失去工作和销售收入的'恐惧'。"然而，实践中，通货膨胀目标制并不一定与持续的高失业率相联系，至少在通货膨胀目标制盛行的 20 世纪 90 年代后半期及 21 世纪早期是如此。斯蒂格利茨（Stiglitz，1998）相当认真地认为，通货膨胀的危险程度被中央银行独立性和通货膨胀目标制的推动者夸大了。米尔顿·弗里德曼（Friedman，2002）担心通货膨胀目标制比货币目标制更不靠谱。与此同时，弗里德曼对格林斯潘在20世纪90年代的灵活的货币政策印象深刻，尽管格林斯潘的政策似乎是基于相机抉择，而不是货币规则做出的（Nelson，E.，2007a：第27~30页）。令人奇怪的是，相比于通货膨胀目标制，弗里德曼对格林斯潘标准更有信心。

对于通货膨胀目标制的另一种常见的批评是，它忽略了资产价格。值得注意的是，资产价格在其他目标制，如货币目标制中也可能被忽视。尽管各国中央银行都善于控制某种版本的CPI，低通货膨胀率并不一定就可以防止股价和房产价格的波动，股价和房产价格也可能像通货膨胀率一样高而变动不居。如果不允许造成CPI通货膨胀，增加的货币供应量很可能会流入资产市场。中央银行为资产价格设定一定的目标水平是合法或者可行的吗？（Dodge，2008；Demirgüç–Kunt和Servén，2009）这个问题目前仍存在争议。但是，即使不期待利率能够调节资产价格，利率仍有很多用处。干扰资产价格的变动可能与忽视它们同样是危险的。20世纪80年代末，日本中央银行在助长了资产价格泡沫之后，由于担心泡沫会溢出影响消费者支出和物价，它收紧了货币政策。该行原本希望抑制过度投机，但市场对政策变动的反应并非如此，泡沫破裂如此突然以至于日本进入了一个漫长的金融和经济危机时期（Nakakita，2001：第53页）。

通货膨胀目标制能够带来更低的，波动较小的通货膨胀率和更稳定的产出增长，这在发达国家并没有确凿的证据。实行通货膨胀目标制的国家确实进一步降低了通货膨胀，并在20世纪90年代有更好的整体宏观经济表现，但其他国家也同样如此，包括没有明确通货膨胀目标的美国（Ball和Sheridan，2003；Lin和Ye，2007）。对此，存在几种可能的解释。首先，一些其他的影响因素有可能降低了这两类国家的通货膨胀压力。全球化是显而易见的影响因素之一，随着市场上许多商品和服务的国际竞争日益增长，货币当局更容易控制通货膨胀（Borio和Filardo，2007）。其次，不论其是否采用通货膨胀目标制，中央银行都可能会以同样的方式调整利率。

林和叶（Lin和Ye，2009）对发展中经济体的研究显示出完全不同的结果。

平均而言，引入通货膨胀目标制的发展中国家通货膨胀率下降了 3 个百分点。然而，他们也发现发展中国家之间的其他因素存在实质性的差别，如财政政策等。对于米什金（Mishkin，2008：第 5 页）而言，通货膨胀目标制在新兴市场和发展中经济体的成功不仅仅是公布一个目标。此外，还应有：

> 将物价稳定设为货币政策首要目标的制度性承诺；一个具有信息包容性的战略，即多个变量而不仅仅是货币总量或汇率，共同决定政策工具的设定；通过加强与公众和市场关于计划、目标以及货币当局的决定的沟通，增加货币政策战略的透明度；在实现通货膨胀目标方面，提升中央银行的责任。

实行通货膨胀目标制和不实行通货膨胀目标制的中央银行或多或少以相同的方式行使货币政策职能，在发达国家尤其如此，这源于"泰勒规则"的作用。在一篇有影响的论文中，曾任费城联邦储备银行研究顾问的约翰·泰勒（Taylor，1993）认为，中央银行应该遵循一个简单的规则来制定政策利率。在精练的泰勒规则公式中，政策利率对产出缺口和通货膨胀缺口的反应程度是一样的，前者是实际产出与潜在产出的偏离百分比，后者是实际通货膨胀率与通货膨胀目标的偏离百分比（Asso、Kahn 和 Leeson，2007）。泰勒规则对凯恩斯学派和通货膨胀目标制的倡导者都有潜在的吸引力，因为它明确地考虑到了实体经济的状况。此外，泰勒还发现一个积极行动主义的货币政策是可行的，这一观点在 20 世纪 70 年代和 80 年代曾遭到质疑。这一发现也使那些从来不曾想放弃过自由裁量权的中央银行家们备感欣慰。虽然泰勒规则需要在理论上做出一些妥协，但实证研究发现，它能够很好地预测联邦公开市场委员会过去的行为。联邦公开市场委员会的一些成员以及美国联邦储备系统的一些经济学家开始密切关注泰勒规则。他们认为这是一个有用的基准或经验法则。但无论是在美国或其他地方，泰勒规则都没有被正式采纳过（Nelson, E., 2008；Taylor, 1999；Svensson, 2003）。

泰勒规则也使那些实行通货膨胀目标制的中央银行的货币政策决定蒙上了阴影，包括新西兰储备银行。普朗和斯克林杰（Plantier 和 Scrimgeour，2002：第 9 页）发现，"用泰勒规则计算出的新西兰利率和由新西兰储备银行决定的利率之间存在广泛的相似性"。然而，也有一些时期，泰勒规则拟合得并不是那么好。据普朗和斯克林杰（Plantier 和 Scrimgeour，2002：第 8 页）的观点，与计量模型结合使用的应该是"一系列……评估通货膨胀状况的工具——包括良好的判断力"，但主观判断还未取得正式的地位。泰勒规则会模仿政策制定者大多数时候的行为，这一事实进一步确认了通货膨胀目标制应以灵活的方式实现，要着眼于平滑实际波动。实际上，泰勒规则淡化了采用通货膨胀目标制和未采用通货膨胀目标制的中央银行之间的差异。

结论

20世纪90年代通货膨胀目标制的兴起使80年代战胜通货膨胀的成绩在人们脑海中留下了深刻的记忆，因为80年代的成功是用一种"只管去做"的方法实现的。因此，通货膨胀目标制是为应对20世纪70年代和80年代的问题而产生的第二次中央银行革命的一部分。从这个意义上说，通货膨胀目标制是一种回顾性的方法，它关注的是以往的紧迫问题。通货膨胀目标制并不能用于应对如2007—2009年的危机。也许通货膨胀目标制不仅仅是其早期提倡者愿意承认的修辞手段。因为在实践中，采用通货膨胀目标制的中央银行在制定货币政策决策时并没有忽视实体经济的状况。只要有可能，他们试图使产出和利率保持平稳。未加入通货膨胀目标制俱乐部的中央银行，如美国联邦储备系统和欧洲中央银行，往往或多或少地采取了相同的措施，因为它们同样重视物价稳定。20世纪末，所有发达国家和许多发展中国家的中央银行形成了一种新的政策认同，但这是在特定环境下的认同。在21世纪头十年中期的时候，这种环境被破坏了，通货膨胀目标制开始看起来有点不够用了。

第十五章 欧洲货币一体化的漫漫征程

欧盟各成员国的中央银行家通过欧洲经济和货币联盟（EMU）的谈判加固了他们之间的"职业"网络……新的欧洲中央银行系统（ESCB）的制度框架不仅为他们提供了新的正式角色……其重要的社会学意义还在于各成员国中央银行家在表演他们的新角色的同时，又在一个新的领域促进了欧洲认同感。

——肯尼斯·戴森（Kenneth Dyson，2000：第 72 页）

各国中央银行作为一个整体在欧洲中央银行（ECB）有强大的发言权——决策委员会 17 席中占据 11 席；但是，德意志联邦银行仅占 1 席，也没有超过爱尔兰中央银行。当德意志联邦银行董事会上周会晤时，媒体几乎没注意到。这与此前形成了鲜明对比，那时各路新闻记者和经济学家恨不得对每个标点符号都仔细研究一番。

——《经济学人》（*The Economist*，1999：第 86 页）

20 世纪末，中央银行界经常开会讨论的事情是欧洲中央银行（ECB）的成立和一种叫欧元的新货币的诞生。虽然欧洲中央银行不是首个跨国中央银行 [奥匈帝国中央银行（1878—1919）和 CFA（法属非洲殖民地）法郎区中央银行是为先例]，但欧洲中央银行从一开始就具有空前的意义。直至 20 世纪 80 年代，欧洲货币同盟才成为欧洲各国中央银行行长们的志向，此时欧洲的政治和官僚精英们终于成功地驾驭起欧盟一体化的战车。最终，欧洲中央银行的形成提升了部分，虽非全部欧洲国家中央银行家们更高的权力和声望。

是否会有越来越多的货币（和中央银行）脱离国民原则是一个仍有待观察的问题，但这个问题对于 19 世纪和 20 世纪的各国政府而言极具吸引力（Helleiner，2003a）。20 世纪 90 年代初苏联解体后，东欧和中亚出现了一批新的中央银行，这再次证明这些获得独立的国家渴望掌控其自身的货币事务。然而，包括拉脱维亚在内的几个新国家，它们成立新的中央银行的热情与加入欧盟和采用欧元的愿望相持平。

作为中央银行的发源地，西欧在 20 世纪后期又走到了发展的最前沿。20 世纪 90 年代，在欧盟建立货币同盟的正统性和可持续性引起了广泛讨论。货币同盟的政治意义胜过其经济意义，其目的是将成员国更紧密地联系在一起。一些西欧国家及其中央银行则态度冷淡。瑞士和挪威不是欧盟成员；英国、瑞典和丹麦虽然是欧盟成员，但它们的中央银行独立于欧洲中央银行和欧元系统，这些国家因为缺乏公众支持而没有加入欧洲货币联盟。

本章主要讨论欧洲货币同盟的进程，并强调中央银行家在其中的重要作用。欧元系统的结构，以及欧洲中央银行的治理和政策也是本章关注的内容。本章涉及欧洲中央银行与美国联邦储备系统、过去的德国中央银行及其他联邦制国家中央银行的比较。中央银行的独立性、透明度和问责制等问题也会提及。此外，本章还将关注华沙公约签约国和从苏联分离出来的国家的中央银行发展状况。我们会关注这些新设中央银行独立性的表现——如果不是总关注其实质内容的话。

艰难的第一步

欧洲货币同盟的历程到底始于何时并无定论。19 世纪晚期和 20 世纪初期的拉丁货币同盟（Latin Monetary Union，LMU）和斯堪的纳维亚货币联盟（Scandinavian Monetary Union，SMU）似乎是欧元系统最明显的先驱代表。但是，艾肯格林（Eichengreen，2008）并不这么认为，他认为这两个货币同盟不过是一组国家就各国发行的、在各自范围内的、特定种类的硬币的流通和接纳所达成的协议。拉丁货币同盟是法国、比利时、意大利、瑞士和之后加入的希腊之间达成的货币同盟，而斯堪的纳维亚货币联盟是丹麦、瑞典和之后加入的挪威之间达成的货币同盟。拉丁货币同盟和斯堪的纳维亚货币联盟都未设立统一的中央银行，也都没有就货币政策进行协调，都没有为政治联盟扫清道路的意图。

奥匈帝国货币同盟由奥匈帝国银行负责管理，是货币联盟的另一代表。弗兰德罗（Flandreau，2006）认为奥匈帝国货币管理中的政治十分复杂，但除此之外与当代欧洲的相似之处很有限。奥匈货币同盟只有两个全职会员，它所运行的环境与现代欧盟几乎没有类似之处。20 世纪中期的英镑区是货币区而非货币同盟，因为英镑区包含多家中央银行，而且各国汇率也并非固定不变的（Bell，P. W.，1956）。

欧盟官方记录表明欧洲货币一体化始于欧洲委员会发布的《马乔林备忘录》（*Marjolin Memorandum*），或称为"1962 行动计划"（Action Plan in 1962）（Scheller，2004：第 16 页）。欧洲经济共同体（European Economics Community，EEC）是根据 1957 年《罗马条约》成立的，它包括比利时、法国、意大利、卢森堡、荷兰和联邦德国六国，《罗马条约》对宏观经济问题较为概略，欧洲经济共同体主要关注贸易和农业问题。但是，《马乔林备忘录》设想在 20 世纪 60 年代末建立经济和政治同盟。虽有设立"货币联盟"的建议，但并未提出发行共同货币和建立欧洲中央银行。成立货币联盟的目的是永久固定各成员国的汇率，因为成员国之间的汇率调整会影响其相对竞争力，从而破坏成员间的自由贸易。在布雷顿森林体系下，固定汇率也难以维持；事实上，在 1961 年，德国和荷兰的货币都进行了重估。虽然马乔林计划并未实施，但它标志着委员会将在货币合作领域有所作为。但欧洲经济共同体各成员国中央银行并未被马乔林计划所打动，它们更乐意在布雷顿森林体系和国际清算银行构建的国际框架下维持货币稳定。尽管如此，在欧盟委员会的鼓励下，欧共体成员国中央银行行长委员会（简称行长委员会）于 1964 年成立；部分原因是要将各国中央银行纳入欧洲计划之中（Maes，2006）。

1971 年，维尔纳报告（Werner Report）建议在 1980 年前建立一个欧洲经济货币联盟。这个方案被证明过于雄心勃勃（Tsoukalis，1977）。70 年代初，随着布雷顿森林体系瓦解，通货膨胀恶化，欧共体国家和它们的中央银行面临新的挑战。1972 年，欧洲经济共同体实行"蛇形浮动"，这是一种使成员国之间的货币紧密挂钩，同时保有对外部货币灵活性的制度。较弱的欧共体国家货币汇率在这个区间进出浮动，成员国货币之间的汇率进行周期性调整。1973 年，欧洲货币合作基金（European Monetary Cooperation Fund，EMCF）成立，主要是支持蛇形浮动汇率制。蛇形浮动汇率制不是很成功。1979 年，法国和联邦德国政府经过谈判之后；一个修订的方案——欧洲货币体系（European Monetary System，EMS）开始运行。欧洲货币体系的汇率机制（Exchange Rate Mechanism，ERM），像蛇形浮动汇率制一样，也是一种可调整的钉住汇率制，但这次是钉住"埃居"（ecu）——一种基于欧洲经济共同体会员国一篮子货币的复合记账单位。实际上，欧洲汇率机制有许多和蛇形浮动汇率制一样的问题。在该机制中，德国马克是最强劲的货币。为了捍卫钉住汇率制，其他国家需要实行和德意志联邦银行一样紧缩的货币政策。这种约束对许多国家来说太过沉重，导致欧洲汇率机制成员国之间的摩擦，以及对汇率的间歇性调整。1990 年的国家统一给德国政府带来了巨大的财政负担，德国利率大幅上升，这为包括英国在内的其他成员国货币设置了更大的障碍，结果导致 1992—1993 年的欧洲汇率机制危机（Bernholz，1999：第 750~772 页）。

即使是在联邦德国，汇率策略最终由政府决定。欧洲经济共同体中央银行密切参与政策方案的讨论，行长委员会负责蛇形浮动汇率和汇率机制的整体管理。由于共同加入了国际清算银行和欧洲支付联盟（EPU），西欧中央银行之间的关系较为紧密。为了强调它们的特殊地位和全球利益，欧洲经济共同体中央银行行长委员会成员在欧洲经济共同体之外的，位于瑞士的国际清算银行召开会议（Andrews，2003：第 958 页）。在 20 世纪 70 年代和 80 年代初，它们半独立于欧洲经济共同体的最高指挥部。

德洛尔委员会及欧洲货币联盟的前期准备

在 1988 年的汉诺威峰会（Hanover Summit）上，欧洲理事会发起了新一轮更有活力的对经济和货币联盟（Economic and Monetary Union，EMU）的推动。这次超越货币领域的行动是由欧盟委员会主席雅克·德洛尔（Jacques Delors）牵头的。我们有必要记住这场关于经济和货币联盟的争论的复杂性，它对欧洲经济共同体每个国家都有重要的政治和经济意义。主要参与国的动机都不简单，它们之间有着无休止的讨价还价（Dyson 和 Featherstone，1999；Ungerer，1997）。即使在国家内部的决策圈，强烈的分歧也显而易见。比如，德意志联邦银行对经济和货币联盟持怀疑态度，但联邦德国政府则将其视为重要的政治目标。相反，英格兰银行比英国政府对货币联盟持更加开放的态度。

在汉诺威峰会上，许多欧洲中央银行行长，包括德意志联邦银行主席卡尔·奥托·波尔（Karl Otto Pöhl）怀疑货币联盟的价值（Andrews，2003：第964 页）。在德国中央银行看来，使用单一货币的货币联盟存在严重的风险，欧洲中央银行有可能使德国的通货膨胀火上浇油，因为那些对通货膨胀不怎么厌恶的国家也拥有关于货币政策的发言权。当然，这也是货币联盟在这些国家有吸引力的原因之一。在欧洲货币体系中，德国中央银行要为其他成员国制定货币政策立场，这惹恼了一些国家。人们预计英国政府会令人增添烦恼，但德国人的态度才被认为是至关重要的。德意志联邦银行在联邦德国拥有巨大的权威，没有它的支持，经济和货币联盟将无法进行下去。

如果中央银行家们都能被说服签署经济和货币联盟计划，其被接纳的前景会显著改善。为此，欧洲理事会组建了一个经济和货币联盟研究委员会，该委员会由欧共体所有的 12 名中央银行行长及三名独立专家组成，由德洛尔担任主席。委任这群人无疑是耍了个聪明的花招。该委员会被称为德洛尔委员会，委员会成员被允许在巴塞尔舒适的环境中会面。简言之，行长们被邀请来讨论货币统一的蓝图，任何拒绝参加这些讨论的行长都冒着被认为是不可理喻的风险。波尔（Pöhl）原本被认为会抵制德洛尔委员会，但最终他还是参加了（Maes，2004：第 32 页）。

在职权范围内，德洛尔委员会认定经济和货币联盟是一个好主意，行长们并没有寻求扩大其职权范围以讨论经济和货币联盟的利与弊。作为该委员会三名独立专家之一的尼尔斯·席格森（Niels Thygesen，1989：第638页）教授承认这可能会被视为是一种"怯懦"的选择。德洛尔委员会的关键人物是德洛尔本人和波尔。主要的参与者当中，法国、意大利和西班牙的中央银行是最为积极的（Ungerer，1997：第200页），而德国和英国的中央银行最持怀疑态度。为了获得德意志联邦银行的支持，德洛尔原本准备在几乎所有方面做出让步。波尔坚持认为，任何欧洲中央银行必须至少致力于物价稳定，并至少像德国中央银行一样独立于政治控制。德意志联邦银行认为，只有这样联邦德国的利益才能得到保障。货币保守主义和机构独立性原则对其他行长们也有吸引力；而且，这些原则在货币政策的学术文献中一直占支配地位。由于受到来自各自政府的压力，波尔的大多数同事都要把波尔留在经济和货币联盟这条船上，这突出了波尔的地位。而英国政府的立场迥然不同。玛格丽特·撒切尔还指望着波尔和英格兰银行行长罗宾·利－彭伯顿淡化或转移经济和货币联盟提案的压力（Thatcher，1993：第707～708页）。

最终德国模式取得了胜利。德洛尔本来更偏向于成立一个对政治压力更加开放，并且不太专注于某个单一目标的欧洲中央银行，但为了达成一致意见，他做出了让步（Apel，2003：第171页）。德洛尔报告概述了经济和货币联盟，以及实现它必须经历的阶段。该报告被一致通过，利－彭伯顿也签了字，这让撒切尔大为不满。但这并不是说签署方都怀着同样的热情，只不过怀疑论者不想制造麻烦而已。例如，丹麦国家银行的埃里克·霍夫迈耶（Erik Hoffmeyer）仍怀疑欧洲经济和货币联盟的前景，并对它的满意度持模棱两可的态度（Marcussen，2009）。

德洛尔报告设想的货币联盟应该包括区域内的资本自由流动和不可撤销的固定汇率制。各国货币将会在尽可能短的时间内被一种单一货币所替代，但具体时间并未详细说明。（委员会成员详细审议了是使用一种单一欧洲货币还是允许新的欧洲货币与现有的国家货币共存这两种方案。）货币联盟将由包含一个中央机构和成员国中央银行构成的欧洲中央银行系统（European System of Central Bank，ESCB）掌控。物价稳定是该系统的首要目标。权力在欧洲中央银行系统理事会手中，该理事会由欧洲经济共同体中央银行行长和各国政府提名的若干人士组成。欧洲中央银行系统的决定将由董事会执行。无论是欧洲中央银行系统理事会还是董事会都不会接受来自成员国政府或联盟组织，如欧盟委员会的指令。该报告还建议组建经济联盟，以协调宏观经济政策和控制预算赤字。联盟将分三个阶段实现。第一阶段的工作主要在于完善内部市场，协调成员国的经济政策，消除金融一体化的障碍，并加强货币合作。在第二阶段，欧洲经济和货币联盟的制度结构将建设完成。在第三阶段，汇率将被锁定，欧洲经济和货币联盟的各机构将全面运营（经济和货币联盟研究委员会，1989）。

尽管仍有一些政治障碍需要克服，欧洲经济和货币联盟的推动者们已经通过中央银行专家制定了货币联盟的蓝图，他们的地位比以前更强大。共产主义在东欧的瓦解不仅提供了额外的激励，也提供了前进的机会。西欧需要保证联邦德国继续致力于一体化进程，而联邦德国政府要求其合作伙伴对于民主德国合并提供政治支持。欧洲经济和货币联盟将扩大版图后的德国与其西部的合作伙伴永久地绑在了一起。

根据 1992 年的欧盟条约（通常称为《马斯特里赫特条约》），欧洲经济和货币联盟（EMU）将分阶段实施。［从此，该联盟变成了欧洲联盟或欧盟（EU）］。马斯特里赫特条约上设定的阶段与德洛尔报告上的建议类似。然而，以英国为首的一些国家决定退出该计划。即使如此，货币联盟计划也于 1999 年如期完成。货币联盟的积极参与者被要求满足某些最低标准，这些标准包括通货膨胀、长期利率、汇率稳定、公共债务占 GDP 的比例以及财政赤字占 GDP 的比例等。德意志联邦银行坚持严格的准入条件，理由是如果成员国有相似的通货膨胀率和财政状况，那么可以缓解对单一货币的压力，但这一理由并没有被普遍接受（Wyplosz，1997：第 7 页）。在制度层面，1994 年，欧洲中央银行行长委员会转变为欧洲货币研究所理事会（the Council of the European Monetary Institute，EMI）（Andrews，2003）。欧洲货币研究所的总部设在法兰克福，而不是巴塞尔，它是一个处于萌芽阶段的中央银行。

在详细考察欧洲中央银行结构和货币联盟之前，有必要停下来问两个问题。首先，我们应该如何评估中央银行在德洛尔委员会以及在建立货币联盟中的作用？其次，为欧盟设立单一货币和中央银行在经济上有什么利弊？到目前为止，欧洲经济和货币联盟被视为是一个政治举措，是一个更广泛的欧洲一体化进程的一部分。然而，欧洲经济和货币联盟的倡导者认为，它也有显著的经济效益。

　　欧洲经济和货币联盟可以被认为是中央银行家的一次胜利，它证明中央银行家们已经变成了一个有影响力的认知共同体。是中央银行家，而不是政治家或欧洲的中央官僚起草了欧洲中央银行和欧洲货币联盟计划，这些计划与最新的货币正统思想相一致。欧洲中央银行要"独立"，不受各国政府的干涉。然而，从另一个角度看，各国行长受到了德洛尔控制，是他要求他们得出有利于欧洲经济和货币联盟计划的结论。当其中一人（波尔）如此占据主导地位，中央银行行长圈子能够真正称得上是一个认知"共同体"吗？通常，对此类问题的答案既不是完全肯定，也不是完全否定。欧洲理事会之所以让中央银行家们参与其中是因为他们的支持和建议是有价值的。德洛尔对委员会会议巧妙的进程管理归功于其政治技巧。在任何一个群体或社区中，所有成员都具有相同的影响力是极为罕见的。波尔占据欧洲经济共同体中央银行家第一的位置这一事实并不意味着其他的行长是不相干的，或者说在西欧不存在中央银行共同体（Verdun，1999；Marcussen，1998；Kaelberer，2003；Helleiner，1994：第19，198~201页）。戴森（Dyson，2000：第72，103页）称欧洲经济共同体最顶尖的中央银行家圈是一个"职业网络"，而不是一个认知共同体。他还说他们对关于经济和货币联盟是如何实现或如何"社会化构建"的有着相同的解释。他们成了"演说联盟"的成员，用同样的措辞讨论欧洲经济和货币联盟，也许他们把自己看成竞选活动的老手了。

　　成立货币联盟有些经济上的道理，但远非令人信服。格罗斯和席格森（Gros 和 Thygesen，1990）最早尝试列出单一欧洲货币在经济上的好处。在联盟内，外汇的交易成本将不复存在，节省了占欧共体 GDP 0.25%~0.5% 的成本。联盟内成员国商品之间的价格更容易比较、账目更简单，以及各国市场之间价格歧视会减少等，这几方面可能节省相当于 GDP 2% 的成本。至于其他的好处，更多的只是推测。更好的资本配置可以带来动态收益，因为在评价投资方案时不再需要将汇率风险考虑在内。单一货币一旦到位，金融一体化进程将加快。在宏观经济层面，共同体所要求的国际储备的数量也会有所节省。欧洲货币可能部分替代美元的交易媒介和价值储藏职能，带来一定的铸币税收益；投资组合将从美元向其他货币转配。成员国对通货膨胀能够进行更有效的控制的前景得到了很大的重视。

　　该计划潜在的致命弱点是一个明显的事实，即西欧并不像一个最优货币区

（optimum currency area，OCA）。在一个最优货币区中，每一个地区都有类似的经济结构，宏观经济冲击会同时并以同样的方式影响它们，但德国或比利时与爱尔兰或葡萄牙的经济非常不同。一个常被英国人提及的反对货币联盟的理由是，英国的商业周期与它在欧洲大陆的伙伴国很不相同。比如，当欧盟南半部面临经济过热的危险，而北半部的经济停滞不前时，欧洲中央银行将如何管理货币政策呢？在使用同一货币下，汇率的调整已不可能成为一个选项。货币政策是应该收紧以防止南部的通货膨胀呢，还是应该放松以避免北部的经济衰退呢？

经济实体越大，就越难成为一个最优货币区。在美国和其他大国内部也存在相当大的地区差异。但在美国存在着改善的因素，如较高的内部劳动力流动性和精妙的财政转移支付系统。美国工人很愿意从面临衰退的地区转移到那些正在成长的地区。由于语言和文化上的差异，欧盟的劳动力并不具有这么好的流动性。此外，财政政策仍然掌握在各国政府手中，欧盟补偿经济困难地区的能力极为有限。欧洲经济和货币联盟的批评者强调，成员国之间会有赢家，也会有输家，这取决于冲击的地域发生率以及货币政策制定者的反应。也许，应该游说欧洲中央银行改善对输家的影响，否则可能在某个时点上，输家为了收回对汇率和货币政策上的控制权，有可能决定退出货币联盟。欧洲经济和货币联盟的支持者则希望，任何的紧张关系都将被证明是温和的，并且随着共同体变得更加同质化和一体化，这些紧张关系会随着时间的推移而最终消失（Eichengreen，1997，1998；Kenen，1995；De Grauwe，1992；Bean，1992）。

尽管人们都想尽可能了解更多，但没有人明确知道事情会变成怎样。欧洲货币联盟将是一个伟大的实验。"这是走向未知的大胆的一步，就像爱丽丝（在仙境中）跳进了兔子洞"，英格兰银行货币政策委员会成员威廉·比特（Willem Buiter，1999：第182页）如是说。那些最强有力支持（和反对）欧洲货币联盟的观点均超越了经济学的范畴。曾任德洛尔委员会专家的意大利中央银行行长托马索·派多亚—夏欧帕（Tommaso Padoa‑Schioppa，1994）认为，政治和经济一体化的进程必须向前推进，否则一旦失败，就会招致封闭的民族主义政策幽灵重现的风险。正如英国的欧元怀疑论者——包括英国独立党和部分保守党人士——所认识到的，最终的选择在于支持还是反对联邦制梦想（Connolly，1995）。

欧洲中央银行与货币联盟的起步阶段

在历经沧桑之后，欧洲货币联盟终于于 1999 年建立。1999 年 1 月 1 日，初始成员国将其货币按协定比率兑换成欧元（Scheller，2004：第 26 页），而各国纸币与硬币继续流通至 2002 年年初。自 1999 年起，总部设在法兰克福的欧洲中央银行成为欧元区货币政策的唯一权威机构。有 11 个希望加入货币联盟的国家满足准入条件，但这还不是定局。"直到 1997 年……社会各界还在广泛质疑欧洲货币联盟作为一个广义的联盟……能否如期成立；在某些人看来，它是否会真的发生的确是该问号。"（Cecchetti 和 Schoenholtz，2008：第 1 页）1998年，欧洲中央银行在欧洲货币研究所的基础上成立了。英国、丹麦和瑞士选择不加入联盟，它们更愿意保留自己的货币和货币政策的自主权，但是丹麦人选择将其货币与欧元固定（De Grauwe，2007）。

2004 年，行长让 – 克罗德·特里谢（Jean – Claude Trichet，2004：第 9 页）将欧洲中央银行描述为欧洲货币团队——即欧元系统的队长。然而，特里谢低估了欧洲中央银行的权威，与其说它是一支体育队的队长，倒不如说它是一艘舰船的船长。这里需要对欧盟的词汇稍作解释：欧洲中央银行（ECB）是欧元区（euro area）的中央银行，它加上该货币联盟内各国中央银行则构成了欧元系统（Eurosystem）；欧元系统再加上在货币联盟之外，欧盟之内的欧洲国家中央银行，比如英格兰银行和瑞典中央银行，则构成欧洲中央银行系统（European System of Central Banks）。欧元系统由欧洲中央银行管理。因此在货币政策领域，德意志联邦银行和法兰西银行仅仅是欧洲中央银行在德国和法国货币市场的代理人。必须强调的是，欧洲中央银行无权控制欧元系统中各中央银行的其他职能。德洛尔报告没有考虑到欧洲中央银行系统的某些成员会留在货币联盟之外，欧洲中央银行也无权控制英国、瑞典和丹麦的中央银行。

正如第十四章所述，价格稳定是欧洲中央银行货币政策的主要目标。为了追求这一目标，欧洲中央银行运用多种政策工具。它公布欧元系统与商业银行交易时使用的三种短期利率：主要再融资操作利率（the rate on main refinancing lending facility）、存款利率（the rate on the deposit facility）和边际贷款利率

（the rate on the marginal lending facility），它确定公开市场操作的范围和方向。最后，欧洲中央银行还要求商业银行必须持有一定的最低准备金。货币政策最终由各国中央银行在本国金融市场具体执行。欧元系统中这种货币政策执行的分权化甚至超过了美联储，美国联邦储备系统的公开市场操作只由一家储备银行——纽约储备银行负责执行。

最初，为欧元系统制定货币政策是令人生畏的挑战（Dornbusch、Favero 和 Giavazzi，2008）。各国在包括传导机制等方面的制度安排差异巨大。欧洲中央银行的设计师和决策者对私人部门对政策行为的反应不像美国和英国的中央银行那么有信心。欧洲中央银行执行委员会的创始人之一——奥特马尔·伊辛（Otmar Issing）认为这令人担忧："（当我到达时）真正让我震惊的是，缺乏任何合理的信息（数据等），货币政策完全是在情况不明中准备的。"（引自 Cecchetti 和 Schoenholtz，2008：第 6 页）货币政策能够合理平稳推行要归功于良好的判断力、合作以及好运气，还有 1999 年 1 月引入的欧元系统实时总额结算系统 TARGET。TARGET 由欧元系统的中央银行拥有和运作，它整合了欧元系统的隔夜流动资金市场（Rosati 和 Secola，2006）。

对于各国中央银行而言，让出货币政策的控制权是困难的，有时还是令人蒙羞的。尤其对于德意志联邦银行而言，欧洲中央银行的成立可谓苦乐参半。德国人所要求的独立的中央银行和严格的成员标准没有被全部满足，放弃马克对他们而言是十分悲痛的事情。伊辛原是德意志联邦银行董事，后调入欧洲中央银行执行委员会，但其他员工的前途并不是这般光明。《经济学人》（摘自《经济学人》，1999：第 86 页）曾报道德国中央银行的两位董事被辞退，出于不满，他们曾经就欧洲中央银行"炫目的塔"与同处法兰克福，但偏安于另一隅的德意志联邦银行"单调的水泥墙"做了刻薄的对比。德意志联邦银行的员工担心银行重组，一些人开始在欧洲中央银行谋求职位。但在公开场合，他们故意装出一副若无其事的样子。

作为一种联邦制中央银行体系，欧元系统常被拿来与美国联邦储备系统做比较。同样的比较也存在于欧元系统与德国银行和日本银行之间。德意志联邦银行是由一个中央董事会和区域性中央银行组成，而日本银行虽然不具有联邦中央银行的性质，但也有一些分权的性质（Apel，2003；Pollard，2003；Eijffinger，2003）。一份由三名欧洲中央银行经济学家写的分析报告指出，尽管欧洲中央银行、美国联邦储备系统和日本银行的制度各不相同，但它们在运用货币政策方面却十分相似（Gerdesmeier、Mongelli 和 Roffia，2007）。比起欧洲中央银行的单一目标，丰塔纳（Fontana，2006）更愿意接受美国联邦储备系统的双重目标，而切凯蒂和奥沙利文（Cecchetti 和 O'Sullivan，2003）则相当明确地指出欧洲中央银行和美国联邦储备系统应该相互学习。

尽管欧洲中央银行责任重大，但最初它只是一家小型机构。1999 年，欧洲中央银行只有 732 名员工，而美联储在 1996 年就雇用了 1700 人。欧洲中央银行和美联储领导的欧洲中央银行体系和美国联邦储备系统都堪称帝国：1999年，欧元系统工资单上的人数是 48000，而美国联邦储备系统 1996 年工资单上的人数是 25000。值得注意的是，德意志联邦银行的中央董事会在 1998 年就拥有 2579 人，远超美联储的人数。德国的中央银行独立性模式使得德国中央银行的雇员在 1957—1999 年获得了丰厚的待遇。到 2008 年底，欧洲中央银行的全职员工人数翻倍至 1536 人（《欧洲中央银行 2009 年报告》，第 208 页）。乍看起来，似乎欧元系统和美国联邦储备系统都有大量的重复劳动和冗员。

在美国联邦储备系统成立之初，美联储对储备银行的权威还未确立（Eichengreen，1991）。而欧元系统则没有这个问题，尤其是在货币政策方面，决策权牢牢地掌握在欧洲中央银行的理事会（Governing Council）和董事会（Governing Board）手中。欧洲中央银行理事会负责制定货币政策。该理事会是由欧元系统的各国中央银行行长和欧洲中央银行的执行董事会（Executive Board）成员组成的，执行董事会由欧洲中央银行的行长、副行长以及四位货币和银行专家组成。根据欧元系统各国政府首脑达成的共同协议，执行董事会成员任期一届至少八年，由欧盟理事会在咨询欧洲议会之后提出推荐人选。执行董事会负责货币政策的执行，并管理欧洲中央银行的日常事务。执行董事会向各国中央银行发布货币政策指令（Scheller，2004：第 51 ~ 61 页）。

理事会成员应将本国利益搁置一边，从欧洲整体出发制定政策。政策是通过投票确定的，但为了防止成员受到来自本国国内的压力，投票记录不予公布。欧洲中央银行成立之初，人们担心各国中央银行行长能否超越对本国的忠诚，但有欧洲中央银行内部人员（Cecchetti 和 Schoenholtz，2008：第 14 ~ 15 页）在2007—2008 年接受采访时表示，欧洲中央银行理事会成员在货币政策上确实是从欧洲大局出发的；而在另一些问题上，比如欧元钞票印制的分配方面，他们则更可能维护本国的利益。

因为欧洲中央银行需要以价格稳定为目标，它并不拥有最终目标的独立性，但是它享有很大的操作独立性。《欧洲联盟条约》经《马斯特里赫特条约》修订后，其第 108 条规定，禁止欧洲中央银行接受外部的指令，外部包括成员国政府和其他欧盟机构，同时禁止其向公共部门发放贷款。欧洲中央银行是属于各国中央银行的银行，而不是欧盟或各国政府的银行，它拥有独立的预算。然而欧洲中央银行在业务上的独立性并不是绝对的，欧盟理事会保有决定"汇率政策一般方向"的权力，尽管在写本书时，它还未曾使用过这一权力（Gerdesmeier、Mongelli 和 Roffia，2007：第 1795 页）。根据波拉德（Pollard，2003：第 24 页）的观点，"执行董事会成员的任期设计为不可连任，就是为了保证他们免受政治干扰。"即便如此，在任命第一任欧洲中央银行行长时，法国政府曾将此事变成了政治问题（Buiter，1999：第 185 页）。

欧洲中央银行在多大程度上为其行为负责？新西兰储备银行的行长会因为货币政策目标未完成而被解雇；与之相比，欧洲中央银行决策者的位子能坐得很稳，因为没有人能够因为目标失败而解雇他们。批评家曾经抨击欧洲中央银行缺乏问责制。比特（Buiter，1999：第 187 页）对欧洲中央银行的合法性表示忧虑，按照他的观点，欧洲中央银行不对任何人负责："在民主社会中……只有当委派他们做决策的机构能够对公众和民意代表负责时，技术官僚们的决策才是可以接受的和可行的。"

随着官僚主义经济学著作的复兴，福德（Forder，2002）表示，欧洲中央银行本质上有追求自身利益的自由，这些利益很可能包括建立自己的帝国和逃避对所犯错误的责任。人们不能按字面意思理解欧洲中央银行的声明。根据福德的观点，20 世纪 80 年代和 90 年代，由于对中央银行独立性原则的追捧，官僚主义经济学文献被搁置一旁。此外，我们已经看到德洛尔是如何清醒地决定让各国中央银行家设计货币联盟以及定义欧洲中央银行独立性的。他这么做不是因为无知，而是因为他想构建一个对欧洲经济和货币联盟有利的政治同盟。

伊辛（Issing，1999：第 505 页）反对比特的看法，他为欧洲中央银行辩护，声称其是"世界上最透明和负责的中央银行"。欧洲中央银行就物价稳定目标对其表现负责，它对欧盟议会、财政部长委员会和欧盟委员会有法定报告义务。欧洲中央银行行长要他们提交报告，接受他们的质询。欧盟议会可以组织其他董事会成员对其提出质询。伊辛坚持认为欧盟的决策是透明的，这些决策由高级官员进行解释；但是他反对公开理事会的会议纪要和成员的投票情况。福德（Forder，2002）并未被说服，因为承担责任不仅仅是自我辩解和回答几个问题那么简单。德·哈恩和艾芬格（De Haan 和 Eijffinger，2000：第405页）认识到争论双方各自的理由，但并不认为欧洲中央银行是世界上最负责、最透明的中央银行之一。因为中央银行独立性与责任性都难以定义，将二者结合就更难以捉摸。但不可否认的是，就欧洲中央银行而言，天平是向独立性这方倾斜的。

欧洲中央银行的职责并不包括银行监管，因为它不像新西兰储备银行和1999年前的意大利银行那样是"全能型"的中央银行。德意志联邦银行并不希望欧洲中央银行涉足监管领域太深，以免货币控制功能因为向问题银行贷款而受到损害（Dyson，2000：第34~35页）。但这并不为一些欧洲中央银行高层所接受。1999年，时任欧洲中央银行执行委员会委员的派多亚—夏欧帕在伦敦经济学院发表演讲时，对欧元系统将货币政策与谨慎监管职能分离的做法并不热心支持。他说将二者分离是很时髦——毕竟英国与澳大利亚都这么做了——，但必须意识到这两方面都存在的问题（Padoa - Schioppa，1999）。除了意大利和荷兰，欧元系统的大部分国家都是由独立机构主要负责审慎监管，这一做法得以延续。

在欧盟以往的政策和巴塞尔协议的推动下，欧元系统在审慎监管领域已经取得了某种程度的和谐。欧盟内部监管制度的相互认同、母国的监管职责以及监管机构之间的合作等都很重要。欧洲金融监管者和一个银行业监督小组（Banking Supervisory Group）共同组建了一个联系小组，银行业监督小组由行长委员会组建而成。欧洲中央银行还主持了一个银行业监督委员会（Banking Supervisory Committee），其成员包括所有欧盟成员国中央银行和监管机构（Scheller，2004：第111~114页）。这些安排多少有些凌乱，这点也被承认了。2004年，为欧盟金融监管合作而签署的莱姆法路西框架（Lamfalussy framework）延伸至银行业，但统一的体系仍未最终形成。随着2007年全球金融危机爆发，欧洲中央银行高层越来越担心监管制度的杂乱无章。虽然欧洲中央银行负责欧洲银行体系的流动性，但每个银行的偿债能力问题只能在本国解决。一些银行过于庞大以至于出现"大而不能倒"的问题，对于无力救援它们的母国而言，它们太大了（Cecchetti 和 Schoenholtz，2008：第 31~36 页）。

幸运的是，欧洲货币联盟是在世界和欧洲经济处在一个长的上升阶段成立的。21 世纪初，欧洲中央银行成功控制了通货膨胀，没有产生不可调和的政治分歧，但其能否在日后的动荡中幸免于难仍有待观察。

东欧

随着共产主义制度在该地区的瓦解，转轨中的东欧国家采用了西方经济制度，其中包含自主独立的中央银行。20 世纪 90 年代与 20 年代有些相似，因为 20 年代独立的中央银行也是在中欧和东欧建立的。

许多国家向西欧寻求建议和安心。1987—2000 年担任国际货币基金组织常务董事的迈克尔·康德苏（Michel Camdessus）在有关俄罗斯的问题上表示，"我们所面对的是一个政党和国家的解体，因此所有一切都必须重建，包括中央银行，财政部以及国库。"（Camdessus 和 Naim，2000：第 41 页）因为东欧各国在市场经济运行方面面临困难，西欧的中央银行向它们提供了培训和帮助。1999 年，英格兰银行专门为此成立了中央银行研究中心（Davies，H.，1997：第 228 页）。

1990 年 7 月，德国实现了货币、经济以及社会的统一。按照议定汇率德国马克取代了民主德国的货币，民主德国的中央银行——国家银行（Staatsbank）的中央银行职能被德意志联邦银行取而代之，它则转变为普通的商业银行——柏林国家银行（Staatsbank Berlin）。与对待欧洲货币联盟计划相似，德意志联邦银行并不热衷于与民主德国进行经济和货币的统一，主要担心统一后要为民主德国提供货币供应，合并民主德国将为德国政府带来严重的财政负担。这虽然有些夸张，但这些担心也不是毫无根据的。20 世纪 90 年代初，德意志联邦银行开始实行紧缩的货币政策，以求在新的环境下保持较低通货膨胀，但此举给德国在欧洲汇率机制的合作伙伴带来了令人尴尬的后果（Frowen 和 Hölscher，1997；Streit，1999）。

来自西方国家的顾问为东欧国家金融机构的改革发挥了一定的作用，特别是波斯尼亚—黑塞哥维亚，这个国家在南斯拉夫共产主义瓦解后，由于国内种族斗争而满目疮痍。1997 年，国际货币基金组织联合美国的官员，依据代顿协议（Dayton Treaty）成立了波斯尼亚－黑塞哥维亚中央银行（Central Bank of Bosnia－Herzegovina，CBBH），并指派了最早的两位行长，第一位是法国人，第二位是新西兰人。在最初的六年内，波斯尼亚－黑塞哥维亚中央银行被要求以一个不受波斯尼亚议会干涉的货币局的方式运作（Coats，W.，1999）。

　　西欧模式的影响力在世界其他地区并不那么直接。普瑞斯（Price，1998）发现，尽管有些西方中央银行正在丧失其监管职能，但东欧的中央银行却逐渐拥有此项职能。也许在金融技巧还很稀缺的地区，货币政策与监管职能的结合是有意义的。此外，东欧还在其他方面效仿西欧中央银行模式，包括中央银行独立性和通货膨胀目标制。希尔曼（Hillman，1999：第 81 页）对于众多社会主义国家在 20 世纪 90 年代选择中央银行独立性感到很奇怪，他提出了几种可能的答案：因为是从头开始，他们设计中央银行制度有很大的自由；他们要面对国际机构的压力；他们希望效仿西欧的成功经验，尤其是德意志联邦银行的成功经验。其他可能性还包括：中央银行独立性被视为控制通货膨胀的先决条件，而且它还是加入欧洲货币联盟的先决条件。许多东欧国家热切希望加入欧盟和欧元系统（Cukierman、Miller 和 Neyapati，2002：第 254 页）。但言行并不总是一致的。白俄罗斯成立了"独立"的中央银行，但其行长却被监禁，很明显是因为反对政府的经济政策。这名不幸的行长因此被称为"独立但不自由"的中央银行行长［引自希尔曼（Hillman，1999：第 81 页）］。

　　转型经济体的中央银行往往发现，在自由化初期几乎无法控制通货膨胀。之前许多商品和服务的价格——尤其是商品和燃料等基本生活用品——都由共产党政府控制，它们的供应并不以价格为基础，而是按照数量配给。价格管制一旦放开，物价飞涨。低效企业在竞争中相继破产，严重的萧条紧随而至。政府以大规模财政赤字应对，中央银行被要求对这些赤字进行货币化。班尼诺、霍尔舍和豪尔德（Balino、Hoelscher 和 Horder，1997）描述了 20 世纪 90 年代初俄罗斯中央银行是如何卷入这个大旋涡的。腐败、银行业不稳定、金融市场发展滞后以及政府干预阻碍了中央银行在自由化初期就施加货币控制，而这些均与此前该行是否曾经被赋予"独立性"无关。这些问题在许多发展中国家也存在。为确立中央银行独立性，这些国家急需进行第二轮立法。无论如何，西方模式的货币政策只有在一定的经济常态恢复之后才能有效实行（Cukierman、

Miller 和 Neyapati，2002）。

　　捷克共和国是在经济和制度转型上最为成功的经济体之一。随着共产主义的瓦解，捷克共和国在 20 世纪 90 年代初将其货币——克朗与以德国马克和美元为主的一篮子货币挂钩。当此方法失效后，捷克开始寻找可替代的名义锚，并于 1998 年 1 月开始采用通货膨胀目标制。（这也是英国在欧洲汇率机制危机之后的几年中所采用的方法。然而不同的是，捷克国家银行在 1991 年就获得了独立性，而英格兰银行却是在 1997—1998 年才获得独立性。）捷克共和国是最早引入通货膨胀目标制的前共产主义国家。虽然该制度有几次由于汇率明显升值而未实现目标（Holub 和 Hurnik，2008），但是新的制度被证明还是成功的。此后，波兰于 1999 年、匈牙利于 2001 年相继采用了通货膨胀目标制（Yilmaz-kuday，2008）。

　　一些东欧国家分别在 2004 年与 2007 年被允许加入欧盟，它们当中大部分抱着进入欧元系统并采用欧元的愿望。它们加入欧元系统的利与弊不在本书的讨论范围之内，但在此期间，一些国家倾向于根据这一目标制定其汇率和货币政策。

结论

　　20 世纪 80 年代末以来，欧洲各国中央银行工作的制度框架频繁发生变化，这是任何其他地区都不能比拟的。1985 年，欧洲经济共同体的大多数中央银行还没有成立货币联盟的想法，但它却在 1999 年变成了现实。没人会料到苏联会解体，东欧国家会建立独立的中央银行——其中部分中央银行确实是独立的。没人会相信德意志联邦银行会在短短几年内归属于一个更为独立的跨国中央银行。（但也没人会对英国选择当旁观者感到奇怪。）

　　还有一些令中央银行家们感到振奋的时刻。在欧盟理事会的邀请和雅克·德洛尔的鼓励下，欧洲经济共同体中央银行的行长们起草了欧洲经济和货币联盟的蓝图，并成立了一个跨国中央银行。中央银行家们对这一计划的参与加深了他们之间的联系，并形成一个拥有共同价值、观点和目标的认知共同体。欧洲中央银行为欧洲的中央银行家领袖们提供了一个大舞台。1989 年剧变之后，东欧国家的中央银行家们赢得了新的地位。他们渴望学习西欧中央银行的技术，并寻求成为欧洲的中央银行俱乐部的一部分。

　　德意志联邦银行原本难以接受欧洲货币联盟，但在其他国家为迎合德国做出如此多的让步之后，它无法抗拒。曾经在 20 世纪下半期"取代德国最著名也最令人胆寒的纳粹德国国防军"的德意志联邦银行，到 2000 年时已经被削减得毫无生气了。新的中央银行制度的弹性没能经受住 21 世纪初的严峻考验。只有时间能告诉我们在不利的环境下它的弹性是否还能持续。

第十六章　五十万中央银行家的
世界

这个世纪已经成为中央银行的世纪……中央银行的数量从 1900 年的 18 家增加到 1998 年的 172 家，全球现在有差不多 50 万中央银行家。

——《经济学人》（1998：第 162 页）

似乎有一个广泛的认识是全球经济现在正处于边缘，但处于什么的边缘却未知。

——国际清算银行（2000：第 142 页）

对于全球中央银行而言，20 世纪结束于 2006 年 1 月 31 日艾伦·格林斯潘从美联储主席的位置上退位。当时，艾伦·格林斯潘被普遍认为是有史以来最成功的中央银行行长之一。即使是长期对美联储和相机抉择货币政策持批评态度的米尔顿·弗里德曼也赞扬格林斯潘在 20 世纪 90 年代灵巧的货币管理手段（Nelson，E.，2007b）。格林斯潘时期与几次金融灾难擦肩而过，这包括 1987 年股灾、1998 年亚洲新兴市场危机、拉丁美洲和俄罗斯债务危机、长期资产管理公司（LTCM）破产、21 世纪之初高科技公司泡沫的崩溃，以及"9·11"袭击事件等。每次，格林斯潘都像个伟大的舵手，驾驶他的航船成功绕过礁石。来自包括学术界（Kahn，2005）在内的诸多评论家对格林斯潘的好评如潮，这当然也是对中央银行这一行业的褒奖，仿佛他们已经战胜了通货膨胀，又仿佛他们即将通过巴塞尔协议 Ⅱ 获得规避和控制金融危机的更有效的技术。

当 2007—2009 年发生 21 世纪的第一次金融和经济危机时（Bordo，2008），人们开始对近代金融史的经典解读产生疑问。不仅仅是格林斯潘的声誉，整个中央银行的声誉都受到了损害。因为事先，中央银行家们都没有看出大祸将临头。2007—2009 年的银行业危机导致一些国家对银行业的政府干预和国有化的复苏，这开起了历史的倒车。尽管他们可以辩解说预测危机并没有可靠的方法，但仍然面临着人们对中央银行信心的回落。20 世纪晚期基于中央银行独立性和通货膨胀目标制的正统思想再也持续不下去了（Singleton，2009）。

21 世纪最初几年银行业承担了较多的风险，尤其是在住房信贷方面，中央银行并非无视这一事实。但是，总体上它们仍然认为基本经济状况还是好的。在 2007 年 4 月发布的《金融稳定报告》中，英格兰银行警告银行业要更多地关注风险，但补充说发生系统性不稳定的概率非常之小：

英国金融系统保持了高度的弹性。但是强劲和稳定的宏观经济和金融环境鼓励金融机构进一步扩张其业务，增加了其承担的风险……这增加了金融系统整体面对经济状况急剧改变的脆弱性……（尽管如此）自 2006 年 7 月发布《金融稳定报告》以来，大部分时间英国银行和全球金融机构的运行环境都保持了稳定。情况有可能继续维持乐观。（英格兰银行，2007：第 5 页）

他们的观点被一张正态分布图所强化，该图用一个非常小的"尾巴"表示严重的恶性后果。两年内，面对不断增长的恐慌，英国政府成为两家陷于困境的中型银行——北岩银行（Northern Rock）及布拉德福德和宾利银行（Bradford

和 Bingley）——的直接所有人，以及英国最大两家银行——苏格兰皇家银行
（Royal Bank of Scotland，RBS）和劳埃德银行集团（Lloyds Banking Group）的
主要股东。劳埃德银行集团此前已经被当局鼓动收购了陷于困境中的苏格兰哈
利法克斯银行（Halifax Bank of Scotland）。

尽管在英国有北岩银行和苏格兰皇家银行的问题，在美国有贝尔斯顿、雷
曼兄弟及其他银行的问题，但相对而言冰岛却是重灾区。2008 年冰岛的银行系
统和货币崩溃。2007 年冰岛中央银行的金融稳定报告曾经表达了一些对信用风
险的担忧，但显然没有意识到问题的严重性：

总体而言，中央银行发现金融系统大体上是稳健的。金融系统能够承担起
对经济和金融市场的冲击，正确处理信贷和支付，合理重新分配风险。换言之，
金融系统有能力有序和高效执行其功能。在冰岛中央银行和金融监管局实施的
压力测试中，银行系统满足了要求，表现良好。（冰岛中央银行，2007：第 7
页）

2007 年 6 月，国际清算银行发布《2006—2007 年年报》时，并没有那么乐
观。认为尽管对全球经济持续增长的预期一致，但有许多的不确定性，其中有
一些不确定性与信用风险相关。国际清算银行提到，1998 年长期资产管理公司
破产之前，这家对冲基金被普遍认为资产已经适当地多样化，流动性高，资本
金充足，但实际情况并非如此。

经济学并非精确的科学……经济预测通常会偏离轨道，特别是在经济周期
的拐点……实际上，……我们面对的是一个根本不确定的世界——一个无法计
算概率的世界——并非单纯是一个有风险的世界……没人真的能预见 20 世纪
30 年代的大萧条，以及 20 世纪 90 年代初影响日本和东南亚国家的危机。实际
上，每一次大的下滑之前都有一个无通货膨胀增长时期，繁荣得足以令许多评
论家以为一个"新时代"已经来临。（国际清算银行，2007：第 139 页）

尽管国际清算银行也没能预见即将到来的灾难，但至少强调了用近期趋势
预期未来的危险。接下来就有许多解释工作要做："白金汉宫的发言人说女王
对萧条的原因很感兴趣，今年早些时候曾经召集英格兰行长默文·金私下会面
解释他为应对这个问题正在做的工作。"（Stewart，2009）

中央银行准备好应对危机了吗

本书于 2006 年开始准备，正是危机之前，本章作为最后一章也不打算讨论很多细节。尽管如此，中央银行史学家对最近发生的事情可能观察到许多有用的方面。特别是，我们可以问问在新的千年伊始许多中央银行家脑子里在想什么。

大多数中央银行对它们在 20 世纪末期在自主权和货币政策阵地取得的成功感到相当满意。欧洲货币联盟的顺利转换也是部分中央银行值得庆祝的原因。那些对支付系统会因为计算机在 2000 年开始时失败（即千年虫问题）而被破坏的担忧最后被证明是毫无根据的。认为中央银行对金融稳定威胁问题自鸣得意也是不公平的。一些中央银行自 20 世纪 90 年代开始发布金融稳定报告，这一情况说明它们对宏观审慎问题日益关注，以及它们对透明性原则的新承诺。银行和银行业务系统要接受计算机模型的压力测试，并时常被催促改进其风险管理程序。各国央行在巴塞尔协议 II 的条款上讨价还价花了太多时间，这可能说明它并不是那么紧急，但这个新协议毕竟是受到金融不稳定的担心所驱动。

2000 年 10 月，当欧洲中央银行的奥特马尔·伊辛在剑桥的圣·埃德蒙德大学（St Edmund's college）发表"千禧年演说"时，被委托讨论"新千年的信心与金融"问题，但他发现这是一个相当艰巨的任务，有人对此表示同情。但是他问道："我们应该对中央银行有信心吗？"伊辛说人们可能应该对中央银行有信心（特别是欧洲中央银行），因为随着中央银行独立性、透明度、问责制和可信度等方面的发展，它们比以往更容易实现价格稳定的目标。但他没有提及中央银行在维持金融稳定方面的作用（Issuing，2000）。在这方面难道就无须担心吗？

1999 年，在怀俄明州的杰克森霍尔（Jackson Hole）举行的堪萨斯市联邦储备银行年会上，默文·金（King，1999：第 11 页）曾努力"评估中央银行在当今世界的地位"。在整个 20 世纪，中央银行逐渐遍布全球，最近一些年还取得了"权利和责任史无前例的地位"。但是，他不知道"100 年之后有几家中央银行呢？中央银行还会存在吗？恐怕'没时间扬扬得意'"：

对于中央银行应该追求的目标，以及追求这些目标所使用的方法似乎取得了学术界的共识，几乎成为传统智慧。但这是非常危险的。1999 年是中央银行权利的最高点吗？我认为如果中央银行要保持它们在经济决策中的核心位置，它们必须面对学术和技术方面的重重挑战。如果它们做不到这些，那么它们的声望将幻灭。（King，1999：第 14 页）

金（King）在其文章中花了大部分的篇幅讨论如何设计和嵌入一种能在动态环境下持续保持物价稳定的货币政策制度，并以此保证中央银行独立性和通货膨胀目标制的合法性。在结尾，他谈及另外两个话题：一是如果货币联盟越来越流行，中央银行数量将减少；二是如果私人部门在没有中央银行的帮助下也能发展出高效的最终清算方法，中央银行执行货币政策可能会比较艰难，也可能会变得多余。电子货币的快速发展就可能会产生如此情形。"过去的社会就是在没有中央银行的情形下运行的，未来也很可能会如此。"（King，1999：第 50 页）但过去显然没有像现在那么普遍的金融风暴。

这并不意味着金融不稳定被忽略了。毕竟，中央银行忙于就巴塞尔协议 II 展开磋商。尽管国际清算银行（BIS）2000 年的年报发现世界经济整体状况不错，但它也注意到逐渐增长的"过剩"危险和大的"不均衡"状况的出现。或许最值得警惕的不均衡就是美国经常账户的赤字，这些赤字通过资本流入得到弥补——尤其是来自亚洲的资本流入。还不清楚外国人需要多久才能愿意适应美国的赤字（BIS，2000：第 31，33 页）。一旦这些资本停止流入，美国经济将陷入严重困境，并会波及全球。有人对金融危机的规避、管理和解决机制表达了不安："就金融危机的规避、管理和解决方案而言，每一项所取得的进步都是显著的，但仍需要做的工作还有很多。"（BIS，2000：第 148 页）设计合适的政策本身就够困难的，实现这些政策则是更大的挑战。2007 年 6 月，国际清算银行重申说，最近几十年来危机发生的频率增加了，而未来更不可知。最终美国鲁莽的次级抵押贷款，加上不透明的贷款证券化，在资本流入的推动下加剧了全球金融系统的恐慌，而这些在 1999—2000 年无人——包括国际清算银行（BIS）能够清楚预见到。

一旦警钟响起，中央银行和政府的反应还是比较迅速的，这说明 1929—1933 年的许多教训还是被消化了。好在新任的美联储主席是大萧条经济史方面的专家，从而避免了重复 20 世纪 30 年代决策者的无所作为和任性错误。这并不是说这次危机的管理已经是最优的——有许多笨拙的错误，可能未来的史学家能够信手拈来——但至少美联储所采取的措施大体上是扩张的，而不是像20世纪30年代早期那样是紧缩或中性的。而且，2007—2009年欧元系统之外的货币汇率是浮动的，这是有益处的。

无论中央银行要为当前的金融风暴承受多少责难，废弃或者修改现存制度框架的呼声都会存在。21世纪之初的科技泡沫破灭之后，人们担心通货紧缩（Taylor，2009：第2~4页），美国联邦储备系统实行了宽松的货币政策，加之人们认为美国联邦储备系统总是应该实施救助［即格林斯潘看跌期权（Greens-pan put）］，这种宽松货币政策实际上鼓励了冒险行为。如此之多的银行陷入困境或者破产，这是该系统银行业监管和"宏观审慎"监管失灵的前兆。尽管中央银行监督单个银行的责任发生了变化，但其对保持系统性稳定的责任却是毫不含糊的。或许中央银行与其他监管者之间的协调存有缺陷。不管程度如何，如同20世纪30年代和40年代，现在中央银行又成了政客们攻击的潜在对象。

大萧条之后一些中央银行被国有化，另一些则或多或少地被并入到政府管理的经济政策圈。20世纪中期的主流经济信条也发生了改变，导致越来越强调计划、监管和财政政策。由于无法在政党政治中选边站，中央银行无力反对20世纪30年代和40年代的政策改革。政府对中央银行高层领导施加的影响，以及新一代已经不再承诺金本位制的中央银行官员的出现，使得新的对政策的思考方法趋于同化。

中央银行独立性和通货膨胀目标制，这些20世纪90年代和21世纪之初的主流思想可能不一定比20世纪30年代的金本位制来得脆弱（Singleton，2009）。在美国发生的"罗恩·保罗革命"（Ron Paul revolution）要求对美国联邦储备系统施加更多的公众监督，虽然最终流产，但可能是对正统思想抨击的第一步。保罗明确表示，这些抨击既可能来自民粹主义的左派，也可能来自右派（Paul，2009a）。

当前的危机已然将政治再次拉回中央银行的地盘（Demirguc-Kunt和Ser-ven，2009；Reinhart和Felton，2008；Felton和Reinhart，2009）。政客、中央银行家和银行业监管者一起，共同决定何时对不健康的银行实施救助（以及何时不救助——如雷曼兄弟公司的情形），而救助的成本则迟早由纳税人和/或存款人买单。中央银行家通常与高级政府官员和部长们一同出现在宣布救助方案的现场，并为救助方案辩解。为救助计划融资，向银行系统注资，在经济萧条税收收入下降的情况下满足财政日常开支等都需要大量的政府贷款，这些都诱使许多政客开动印钞机。当债务日益增加之时，政客们不得不撤回中央银行的自主权，或者至少会迫使中央银行服从。货币当局为了保持系统稳定而大量注入的流动性也加大了未来发生通货膨胀的可能性。威廉·比特（Willem Buiter，2009）推测当前的危机对中央银行独立性而言已经"预示着结束的开始"。另一位顶级货币经济学家圭多·太贝里尼（Guido Tabellini，2008）认为，尽管在目标清晰，成功容易衡量的时候政府会授权中央银行代理货币政策事务，当"越来越多，越来越大的不确定性问题出现时，政客们会受到诱惑而打破中央银行的独立性，收回决策权"。

除非全球经济和银行体系完全快速复苏，否则中央银行可能又处于另一个新时代的"边缘"。撤销某些 20 世纪 80 年代和 90 年代引进的变革，或者至少做出某些妥协，第三次中央银行革命不能完全被排除。唯一不可能出现退步的方面是透明度。一旦透明度得到保证，也就很难重回神秘中央银行时代。

悬而未决的问题

在对 20 世纪下半叶中央银行发展的一篇颇有影响力的分析论文中，皮埃尔·希克洛斯（Pierre Siklos，2002：第 204~218，306~308 页）认为经过几十年的试验，20 世纪 90 年代学界对最适宜的货币政策框架逐渐形成共识。但是 2007—2009 年发生的金融危机的后果之一就是，这一被认为在 20 世纪 90 年代已被解决的问题又重新被审视。

中央银行与其所存在的社会之间的关系总是需要不断调整才行，这正如英格兰银行行长默文·金（Mervyn King，2004：第 1 页）在美国经济学会所说的那样：

货币政策问题的核心是来自于未来社会决策的不确定性，不确定性来源于我们不可能也不应该让我们的继任者对任何既定货币政策策略做出承诺。不可能是因为我们观察到集体决策不可能执行，所以不可能对未来的集体决策提供承诺；不适宜是因为我们无法说清未来世界可能发生的所有情况。

同样的道理也适用于其他公共政策机构，如银行业监管者（包括中央银行——如果它们承担此任务的话）、国家审计署、警察和军队。最终，总会有一个"中央银行—政府货币政策联合责任体"，而政府差不多也总有权凌驾于中央银行之上（Siklos，2002：第303页）。唯一的例外可能是欧洲中央银行，因为如果不改变欧盟条约，也就无法改变欧洲中央银行赖以存在的法律。怎样才能最好地构建政府和中央银行之间的关系是个常见的问题。但不同时期不同环境下的答案是不一样的。国家应该把多大的权力授予中央银行的技术型官员，他们又该如何承担这一责任呢？自金汇兑制以后各国都对中央银行设置了货币政策最终目标，经过第二次世界大战之后的多目标制，发展至现代社会的通货膨胀目标制。有时是中央银行独立实施，有时政府干预，或者试图引导实施。而且，目标独立性和操作独立性之间的区别被认为是20世纪90年代的产物，它隐含于早期经济学家，如凯恩斯的思想方法中（Bibow，2002），整个20世纪都纠缠其中。

没有什么东西可以阻止政府（除了如上所述的欧元系统之外）再一次要求中央银行追求多目标，如物价稳定、产出零缺口以及资产价格稳定等，同时保留操作独立性。这虽然是不合理的事情，但却是可以想象的政策选项。在某些国家，如英国、日本和新西兰，改变中央银行目标需要进一步的立法，而有些国家如澳大利亚、加拿大和美国可能只需要少量的改变，对旧的立法给予重新解释并达成一致即可。政府也可能认为重归宏观经济政策协调是适宜的，同时寻求减弱中央银行的操作独立性。由于对银行业监管的合适安排并无一致性看法，现在这方面可能会有新的变化。2009年英国保守党就提议将这一职能重新交给英格兰银行，这一态度在2010年得到新政府的确认。

不同的责任形式与不同的中央银行制度相联系。中央银行的自主权越低，国家行政部门所负的责任就越强。中央银行独立性越强，就越可能以向立法机构和公众进行解释的形式承担责任。在某些情况下，责任不仅仅是透明加上听从批评意见的意愿（批评不一定是谨慎的）。当然，了解中央银行应该对什么负责是重要的。如果目标是单一的、明确的，如金汇兑或者物价稳定，则相对容易评价中央银行的表现，以及对目标失败所施加的惩罚是否合适。即使是新西兰储备银行也有多重目标，即物价稳定和金融稳定，因为它有多重职能。当中央银行有多重目标时，它们通常对失败有合理的借口和逃避责任的潜在可能。

而这种情况很难改变。

当前的偏好是规则行事和相机抉择（或者说受限的相机抉择）的混合，由于对这个问题的看法非常多变，所以很难对未来的情形做出草率的预测。没有什么是不变的。甚至还有自由银行业的倡导者仍在提出看似合理的提议，其中一个提议就是在一个自由银行体系中单个银行使用通货膨胀目标制（Ferris 和 Galbraith，2006），但我们相信这个想法至少可见的将来是无法实施的。

中央银行革命

按照斯蒂芬·所罗门（Steven Solomon，1995：第 13 页）的看法，"'中央银行家们'几乎染指每日的头条金融新闻。"但在 1900 年，当中央银行和中央银行家都很少，其操作范围更受限的时候，情况就不是这样的。20 世纪见证了中央银行在全球范围的扩张。扩张的原因很多且各不相同。在发达国家中央银行一直担心的是货币和金融稳定，但这些担心在不同时期的表达方式是不同的。在发展中国家，它们也是经济现代化的机构和标志。有时，迫于政府的压力，它们在发展方面的作用僭越了它们促进货币和金融稳定的责任。在共产主义国家，中央银行是计划部门，但这一情况发生了改变——特别是在 20 世纪 80 年代的中国。在 20 世纪末期，全球中央银行大体上向操作自主性（无论是正式还是非正式）中央银行模式集结，并且对通货膨胀采取坚决的控制——无论这是否最终发展成为正式的通货膨胀目标制。但是在有些国家，对这一模式的官方支持申明却隐藏着政府持续的幕后干预。

中央银行发轫于小型组织，最终在 20 世纪中晚期发展成为庞然大物。这部分反映出它们的新职能不断增加，特别是第二次世界大战后监管职能的获得，但另一方面也是预算约束放松的产物。不仅仅是自治程度较高的中央银行，如德意志银行和美国联邦储备系统的雇员人数在扩大，实际上直到 20 世纪 90 年代这都是一个全球普遍现象。从 20 世纪 90 年代开始，尤其是那些使用英语的国家和斯堪的纳维亚国家的中央银行，它们开始更多地关注内部效率问题，这部分是迫于政府的压力。同时，一些国家的中央银行职能变得多余。由于签发支票的人越来越少，最近一些年美国联邦储备银行的支票清算处理职能有所收缩。支票清算处理设备的合理使用正在帮助美国联邦储备银行摆脱掉大量的劳动力（联邦储备银行金融服务政策委员会，2008）。未来除了纽约联邦储备银行（FRBNY）之外的其他联邦储备银行可能除了做经济研究之外就没有多少工作需要做了……不过可别说出去。

当发达国家的中央银行退出一些日常操作性事务的时候，它们关掉了许多分支机构，裁减了雇员人数。譬如，西班牙银行在2002—2004年关闭了30家分支机构。中央银行正在将精力逐渐集中于其核心的政策功能，而实现这些功能需要雇佣的是更专业，工资更高的雇员（Lalan Camacho 和 Sarmiento Paipilla，2007）。我们可以想见，中央银行往往缺乏竞争对手，各国中央银行在预算约束，功能范围，人力资源的获得等方面都存在显著差异，21世纪初的一些研究表明，中央银行之间的效率水平差异很大。具有讽刺意味的是，冰岛中央银行被认为是最不缺效率的中央银行之一（McKinley 和 Banaian，2005）。

20世纪有两次中央银行革命。第一次发生在20世纪30年代和40年代。一些国家的政策领导人被此前不久发生的政策灾难吓坏了，他们受凯恩斯主义、社团主义和社会主义思潮的影响，修订了本国的中央银行法。即使像美国这样法律变化较小的国家，政府也越来越多地涉足货币和汇率政策管理。许多中央银行被赋予新的职能，如汇率控制和银行监管。同样由于货币政策的原因，银行监管被审慎监管所取代。

发生在20世纪末期的第二次中央银行革命从某种程度上说是一场大规模公共机构改革计划的一部分。这一波改革提出的问题来源于高通货膨胀，对凯恩斯主义（及此后的货币主义）的怀疑，决策者的时间不一致性行为等。中央银行独立性和通货膨胀目标制成为20世纪90年代新的正统思想。许多国家改变了20世纪中期的决定，通过法律授予中央银行自主权；其他国家（包括美国和澳大利亚）则通过重释现有法律加强或建立了中央银行自主权。至于中央银行独立性，20世纪的钟摆则是向两边摆动（Goodhart、Capie 和 Schnadt，1994：第48～49页），这可能意味着它还可能再次摆动。

整个20世纪，中央银行一直在发生变化。最初它们是拥有有限公共政策职能的专业银行家，市场经验弥补了经济理论方面的不足。随着1914年第一次世界大战的爆发，中央银行家们开始更紧密地进入公共政策领域。在20世纪40年代之前，他们既是公仆或者公务员，又是银行家——尽管大多数人并不欢迎这样的描述。第二次世界大战之后，经济学和经济学家在中央银行的影响开始增长，但在不同国家其影响增长的速度是不一样的，而美国联邦储备系统处于领先地位。到 20 世纪末期，这些经济学家多有传承：他们的文化与早期的银行和公务员文化嫁接。中央银行业的发展和转变是与中央银行家的代际交替相伴随的。

早在 20 世纪 20 年代蒙塔古·诺曼和他的同辈试图挽救金本位之时，中央银行之间的国际联系就出现了。它们通过一份金本位合约联合起来，但这并不妨碍它们追求各自国家的利益。中央银行的第二次合作出现在 20 世纪后半期，中央银行家成为有共同原则、观点、立场的认知共同体——尽管他们的态度通常会随着学术时尚的变化而变化。这一群体在一系列重大事件中扮演了重要角色，如布雷顿森林体系不成功的保卫战，基于审慎监管合作的巴塞尔协议，以及欧洲货币联盟的设计和实施等。

中央银行家被证明是擅长保护自己领地的一群人——这一说法最早是由赫里雷斯基（Havrilesky，1995）提出来的。交给中央银行的几乎每一项职能都可以由其他机构承担：货币政策可以在财政部的保护伞下实施，商业银行也可以通过一个可信赖的第三方机构完成彼此之间的清算。然而中央银行还是保留住了自己的领地。它们拥有的专业才能和技术复制起来成本高昂，政府通常发现将制定货币政策这项不受欢迎的职责交给中央银行比较方便，而中央银行则正好从中受益。它们也通过向政府提供不逊于财政部的经济政策建议以证实自己的有用性。在寻找一些紧迫的当今国际经济问题的答案时，中央银行可以是具有创新性的，譬如如何在一个经济全球化和管制放松的金融环境中处理日益增加的银行业发生危机的风险。不像其他国际化产业，中央银行很少需要向它们的政府要求施舍。只要有可能，它们就会力图通过达成政策目标提升其可信度和地位。然而中央银行家们又是实用主义者，只要能够生存下去，他们也随时准备好牺牲掉他们的自主权。而且，当情况不太妙时，他们也会迁怒于他人。他们还可能挑拨外部集团，如政府、学界和银行系统等的互斗。经过几十年的发展，中央银行家逐渐培养出一种神秘感和秘密知识的氛围。随着透明度要求的出现，他们变得更加开放，但是他们所使用的经济学（或者经济计量学）语言让其能够保留一种让外人费解的知识体系，与此同时还能证明其科学性的高度。

20 世纪晚期是中央银行发展的黄金时期，似乎每件事都水到渠成：政府急于宣布中央银行的独立性；通货膨胀——这一 20 世纪 70—80 年代的怪兽——被制伏了。中央银行家们似乎都知道自己在干什么。他们受到广泛的尊重，其中一两个人还成为人们阿谀奉承的焦点。金融稳定的确是困扰，但巴塞尔委员会正在想办法。其他威胁，如电子货币的传播还在遥远的将来。还会出什么差错呢？

缩略语

BBC（British Broadcasting Corporation）英国广播公司

BCCI（Bank of Credit and Commerce International）国际信贷商业银行

BCEAO（Banque Centrale des États de l'Afrique de l'Ouest）西非国家中央银行

BdL（Bank deutscher Länder）德意志诸州银行

BEAC（Banque des États de l'Afrique Centrale）中非国家银行

BIS（Bank for International Settlements）国际清算银行

BNB（Banque Nationale de Belgique）比利时国家银行

CAMA（Central African Monetary Area）中非货币区

CBA（Commonwealth Bank of Australia）澳大利亚联邦银行

CBBH（Central Bank of Bosnia – Herzegovina）波黑中央银行

CBM（central bank money）中央银行货币

CCC（Competition and Credit Control）《竞争与信贷管理条例》

CEMLA（Center for Latin American Monetary Studies）拉丁美洲货币研究中心

CFA（Colonies Françaises d'Afrique）非洲法属殖民地

CHIPS（Clearing House Interbank Payments System）清算所同业支付系统

CLCB（Committee of London Clearing Bankers）伦敦清算银行委员会

CPI（consumer price index）消费者物价指数

CPSS（Committee on Payment and Settlement Systems）支付与结算系统委员会

DCE（domestic credit expansion）国内信贷扩张

DFC（Development Finance Corporation）发展金融公司

DM（Deutsche Mark）德国马克

DNS（deferred net settlement）延时净额结算

ECB（European Central Bank）欧洲中央银行

EEA（Exchange Equalization Account）外汇平准账户

EEC（European Economic Community）欧洲经济共同体

EMI（European Monetary Institute）欧洲货币机构

EMS（European Monetary System）欧洲货币体系

EMU（Economic and Monetary Union）经济和货币联盟

EPU（European Payments Union）欧洲支付联盟

ERM（Exchange Rate Mechanism）汇率机制

ESCB（European System of Central Banks）欧洲中央银行系统

ESF（Exchange Stabilization Fund）外汇稳定基金

FFR（federal funds rate）联邦基金利率

FOMC（Federal Open Market Committee）联邦公开市场委员会

FRBNY（Federal Reserve Bank of New York）纽约联邦储备银行

FSA（Financial Services Authority）金融服务局

GAB（General Agreement to Borrow）借款总安排

IBI（Imperial Bank of India）印度皇家银行

IMF（International Monetary Fund）国际货币基金组织

LMU（Latin Monetary Union）拉丁货币同盟

LTCM（Long – Term Capital Management）长期资本管理公司

LZB（Landes zentral banken）（德国）中央银行

MPC（Monetary Policy Committee）货币政策委员会

NBFI（non – bank financial institution）非银行金融机构

NMC（National Monetary Commission）国家货币委员会

NRA（National Reserve Association）国家储备协会

OCA（Optimum Currency Area）最优货币区

OCR（Official Cash Rate）官方现金利率

OECD（Organisation for Economic Cooperation and Development）经济合作与发展组织

OEEC（Organisation for European Economic Cooperation）欧洲经济合作组织

PBC（People's Bank of China）中国人民银行

PTA（Policy Targets Agreement）政策目标协议

RBA（Reserve Bank of Australia）澳大利亚储备银行

RBC（risk – based capital）风险资本

RBI（Reserve Bank of India）印度储备银行

RBNZ（Reserve Bank of New Zealand）新西兰储备银行

RBS（Royal Bank of Scotland）苏格兰皇家银行

RFC（Reconstruction Finance Corporation）复兴金融公司

RTGS（real – time gross settlement）实时全额结算

S&L（Savings and Loan）储蓄贷款协会

SARB（South African Reserve Bank）南非储备银行

SDR（Special Drawing Right）特别提款权

SEACEN（South East Asian Central Bank）东南亚中央银行组织

SEANZA（South East Asia New Zealand Australia）东南亚新西兰澳大利亚中央银行组织

SMU（Scandinavian Monetary Union）斯堪的纳维亚货币联盟

SUMOC（Superintendency of Money and Credit）（巴西）货币和信贷监理署

TARGET（Trans – European Automated Real – time Gross Settlement Express Transfer System）泛欧自动实时总额清算系统

WAMU（West African Monetary Union）西非货币联盟

YSB（Yokohama Specie Bank）横滨铸币银行

参考文献

Abiad, A., Detragiache, E., and Tressel, T. 2008. "A new database of financialreforms", IMF Working Paper WP/08/266.

Abiad, A. and Mody, A. 2005. "Financial liberalization: what shakes it? What shapes it?", *American Economic Review* 95, 1: 66 – 88.

Abrams, B. A. 2006. "How Richard Nixon pressured Arthur Burns: evidence from the Nixon tapes", *Journal of Economic Perspectives* 20, 4: 177 – 88.

Acheson, K. and Chant, J. F. 1986. "Bureaucratic theory and the choice of central bank goals: the case of the Bank of Canada", in Toma and Toma (eds.), pp. 129 – 50.

Adams, E. S. 1957. "The impact of monetary manage ment on commercial banks in the United States", in Bundesverband des Privaten Bankgewerbes, *Relations between the central banks and commercial banks*. Frankfurt am Main : Fritz Knapp, pp. 129 – 41.

Aghevli, B. B., Khan, M. S., Narvekar, P. R., and Short, B. K. 1979. "Monetary-policy in selected Asian countries", IMF Staff Papers 26, 4: 775 – 824.

Ahamed, L. 2009. *Lords of finance: the bankers who broke the world*. New York: Penguin.

Ahrensdorf, J. 1959. "Central bank policies and inflation: a case study of fourless developed economies, 1949 – 57", IMF Staff Papers 7, 2: 274 – 301.

Ahsan, A., Skully, M., and Wickramanayake, J. 2007. "Does central bank independenceand governance matter in Asia Pacific?" Bocconi University, "Paolo Baffi" Centre Research Paper Series No. 2008 – 27.

Aldcroft, D. H. 2007. "The fatal inversion: the African growth disaster", inM. J. Oliver, and D. H. Aldcroft (eds.), *Economic disasters of the twentiethcentury*. Cheltenham : Edward Elgar, pp. 312 – 54.

Aldcroft, D. H. and Oliver M. J. 2001. *Exchange rate regimes in the twentieth century*. Cheltenham : Edward Elgar.

Alhadeff, D. A. 1968. *Competition and controls in banking; a study of the regulation of bank competition in Italy*, *France*, *and England*. Berkeley : University of California Press.

Amsden, A. H. 1989. *Asia's next giant*. New York: Oxford University Press.

Andersson, K. and Berg, C. 1995. "The inflation target in Sweden", inA. G. Haldane (ed.), *Targeting inflation*. London : Bank of England, pp. 207 – 25.

Andrews, D. M. 2003. "The Committee of Central Bank Governors as a sourceof rules", *Journal of European Public Policy* 10, 6: 956 – 73.

Anon. 1975. "From racism to genocide: extracts from Report of the International Commission of Jurists", *Transition* 49 : 8 – 19.

Anon. 2001. "Women in central banks", *Central Banking* XI, 3: 59 – 66.

Apel, E. 2003. *Central banking systems compared: the ECB, the pre – euro Bundesbank, and the Federal Reserve System*. New York: Routledge.

Archer, D. 1997. "The New Zealand approach to rules and discretion in monetary policy", *Journal of Monetary Economics* 39 : 3 – 15.

Arestis, P. and Mihailov A. 2009. "Flexible rules cum constrained discretion: anew consensus in monetary policy", *Economic Issues* 14, 2: 27 – 54.

Aron, J. and Muellbauer, J. 2007. "Review of monetary policy in South Africa since 1994", *Journal of African Economies* 16, 5: 705 – 44.

Asso, P. F., Kahn, G. A., and Leeson, R. 2007. "The Taylor rule and the transformationof monetary policy", Federal Reserve Bank of Kansas City Research Working Paper No. 07 – 11.

Baer, G. D. 1999. "Sixty – five years of central bank cooperation at the Bank for International Settlements", in Holtfrerich, Reis, and Toniolo (eds.), pp. 341 – 61.

Bagehot, W. 1873. *Lombard Street*. London : King.

Baker, B. and Singer, Z. 2006. "Interview: Jean – Pierre Roth", *Central Banking* 17, 1: 35 – 41.

Balachandran, G. 1994. "Towards a 'Hindoo Marriage': Anglo – Indian monetary relations in interwar India, 1917 – 35", *Modern Asian Studies* 28, 3: 615 – 47.

1998. *The Reserve Bank of India*, 1951 – 1967. Delhi: Oxford University Press.

Balasubramanyam, V. N. 2001. *Conversations with Indian economists*. Basingstoke: Palgrave.

Balderston, T. 1989. "War finance and inflation in Britain and Germany, 1914 – 1918", *Economic History Review* 42 : 222 – 44.

1991. "German banking between the wars: the crisis of the credit banks", *Business History Review* 65 : 554 – 605.

2002. *Economics and politics in the Weimar Republic*. Cambridge University Press.

Baldwin, B. E. , Enoch, C. , Frecault, O. , and Kovanen, A. 2001. "Indonesia: anatomyof a banking crisis", IMF Working Papers No. 01/52.

Balino, T. J. T. , Hoelscher, D. S. , and Horder, J. 1997. "Evolution of monetarypolicy instruments in Russia", IMF Working Paper No. WP/97/180.

Ball, L. and Sheridan, N. 2005. "Does inflation targeting matter?", in B. S. Bernanke and M. Woodford (eds.), *The inflation – targeting debate.* University of Chicago Press, pp. 249 – 76.

Baltensperger, E. 1999. "Monetary policy under conditions of increasing integration (1979 – 1996)", in Deutsche Bundesbank (ed.), pp. 439 – 523.

Bank for International Settlements. 1963. *Eight European central banks.* London: George Allen & Unwin.

1986. *Recent innovations in international banking.* Basel: BIS.

2000. *70th Annual Report.* Basel: BIS.

2007. *77th Annual Report.* Basel: BIS.

Bank of Canada 2001. "Fact sheet: seigniorage revenue", www. bankofcanada. ca/en/backgrounders/bg – m3. html (accessed 6 August 2009) .

Bank of England 1976. "The work of the Economic Intelligence Department", *Bank of England Quarterly Bulletin* 16, 4: 436 – 46.

2007. *Financial stability report April* 2007. London: Bank of England.

2008. "*The Wind in the Willows display*", www. bankofengland. co. uk/education/museum/exhibitions/thewindinthewillows. htm (accessed 13 October 2008) .

Bank of Thailand. 1992. 50 *years of the Bank of Thailand* 1942 – 1992. Bangkok: Bank of Thailand.

Barbosa – Filho, N. H. 2008. "Inflation targeting in Brazil: 1999 – 2006", *International Review of Applied Economics* 22, 2: 187 – 200.

Barro, R. and Gordon, D. 1983a. "A positive theory of monetary policy in anatural rate model", *Journal of Political Economy* 91, 4: 589 – 610.

1983b. "Rules, discretion and reputation in a model of monetary policy", *Journal of Monetary Economics* 12, 1: 101 – 21.

Bartel, R. D. 1995 – 6. "Federal Reserve independence and the people's quest forfull employment and price stability", *Journal of Post – Keynesian Economics* 18, 2: 231 – 49.

Barth, J. , Brumbaugh, D. , and Wilcox, J. 2000. "Glass – Steagall repealed: marketforces compel a new bank legal structure", *Journal of Economic Perspectives* 14, 2: 191 – 204.

Barth, J. , Caprio, G. , and Levine, R. 2001. "Banking systems around theworld: do regulations and ownership affect performance and stability?", in Mishkin (ed.), pp. 31 – 88.

2006. *Rethinking banking regulation: till angels govern.* Cambridge University Press.

Batra, R. 2005. *Greenspan's fraud: how two decades of his policies have underminedthe global economy.* New York: Palgrave Macmillan.

Battilossi, S. 2000. "Financial innovation and the golden ages of international banking: 1890 – 1931 and 1958 – 81", *Financial History Review* 7: 141 – 75.

Bayoumi, T., Eichengreen, B., and Taylor, M. P. (eds.) 1996. *Modern perspectives on the gold standard.* Cambridge University Press.

BBC. 2008. "Indonesia banker jailed for graft", http: //news. bbc. co. uk/go/pr/fr/ – /1/ hi/world/asia – pacific/7697244. stm (accessed 13 February 2009).

Bean, C. 1992. "Economic and Monetary Union in Europe", *Journal of Economic Perspectives* 6, 4: 31 – 52.

1998. "The new UK monetary arrangements: a view from the literature", *Economic Journal* 108, 451: 1795 – 809.

1999. "Australasian monetary policy: a comparative approach", *Australian Economic Review* 32: 64 – 7.

Bebenroth, R., Dietrich, D., and Vollmer, U. 2007. "Bank regulation and supervision in Japan and Germany: a comparison", Kobe University Department of Economics Working Paper No. 211.

Bech, M. L. and Hobijn, B. 2006. "Technology diffusion within central banking: the case of real – time gross settlement", *Federal Reserve Bank of New York Staff Reports*, No. 260.

Beckerman, P. 2001. "Dollarization and semi – dollarization in Ecuador", World Bank Policy Research Working Paper No. 2643.

Beckhart, B. H. 1972. *Federal Reserve System.* New York: Columbia University Press.

Beenstock, M. 2007. "The rise, fall and rise again of OPEC", in M. J. Oliverand D. H. Aldcroft (eds.), *Economic disasters of the twentieth century.* Cheltenham: Edward Elgar, pp. 133 – 61.

Bell, P. W. 1956. *The sterling area in the post – war world.* Oxford University Press.

Bell, S. 2004. *Australia's money mandarins: the Reserve Bank and the politics of money.* Cambridge University Press.

Benston, G. J. and Kaufman, G. G. 1995, "Is the banking and payments system fragile?", *Journal of Financial Services Research* 9: 209 – 40.

Berg, C. and Jonung, L. 1999. "Pioneering price level targeting: the Swedish experience 1931 – 1937", *Journal of Monetary Economics* 43: 525 – 51.

Berger, H. 1997. "The Bundesbank's path to independence: evidence from the 1950s", *Public Choice* 93: 427 – 53.

Bergh, T. 1981. "Norway: the powerful servants", in Coats (ed.), pp. 133 – 74.

Bernanke, B. S. 1983. "Nonmonetary effects of the financial crisis in the propagation of the great depression", *American Economic Review* 73, 3: 257 – 76.

1995. "The macroeconomics of the great depression: a comparative approach", *Journal of Money, Credit, and Banking* 27, 1: 1 – 28.

2000. *Essays on the great depression.* Princeton University Press.

2005. "Panel discussion – the transition from academic to policymaker: remarks by Mr Ben S. Bernanke, Member of the Board of Governors of the US Federal Reserve System, at the Annual Meeting of the American Economic Association, Philadelphia, 7 January 2005", *BIS Review* 1: 1 – 3.

2007. "The financial accelerator and the credit channel" . Speech at the Credit Channel of Monetary Policy in the Twenty – first Century Conference, Federal Reserve Bank of Atlanta, Atlanta, Georgia, June 15. www. federalreserve. gov/newsevents/speech/bernanke20070615a. htm (accessed 1 October 2009) .

2008. "The Fed's road toward greater transparency", *Cato Journal* 28, 2: 175 – 86.

Bernanke, B. S. , Laubach, T. , Mishkin, F. S. , and Posen, A. S. 1999. *Inflation targeting: lessons from the international experience.* Princeton University Press.

Bernanke, B. S. and Mihov, I. 1997. "What does the Bundesbank target?", *European Economic Review* 41 : 1025 – 53.

Bernanke, B. S. and Mishkin, F. S. 1997. "Inflation targeting: a new framework for monetary policy?", *Journal of Economic Perspectives* 11, 2: 97 – 116.

Bernanke, B. S. and Woodford, M. (eds.) 2005. *The inflation targeting debate.* University of Chicago Press.

Bernhard, W. , Broz, J. L. , and Clark, W. R. 2002. "The political economy of monetary institutions", *International Organization* 56, 4: 693 – 723.

Bernholz, P. 1999. "The Bundesbank and the process of European monetary integration", in Deutsche Bundesbank (eds.), pp. 731 – 89.

Beyen, J. W. 1949. *Money in a maelstrom.* London: Macmillan.

Bhagwati, J. 1993. *India in transition.* Oxford: Clarendon Press.

Bhatt, V. V. 1974. "Some aspects of financial policies and central banking in developing countries", *World Development* 2, 10 – 12: 59 – 67.

Bibow, J. 2002. "Keynes on central banking and the structure of monetary policy", *History of Political Economy* 34, 4: 749 – 87.

2004. "Reflections on the current fashion for central bank independence", *Cambridge Journal of Economics* 28, 4: 549 – 76.

2005. "Refocussing the ECB on output stabilization and growth through inflation targeting?", Levy Economics Institute, Economics Working Paper Archive No. 425.

2009. "On the origin and rise of central bank independence in West Germany", *European Journal of the History of Economic Thought* 16, 1: 155 – 90.

Bindseil, U. 2004. *Monetary policy implementation: theory, past, and present.* Oxford University Press.

Blaazer, D. 2005. "Finance and the end of appeasement: the Bank of England, the National Government and the Czech gold", *Journal of Contemporary History* 40, 1: 25 – 39.

Blinder, A. S. 1998. *Central banking in theory and practice.* Cambridge, MA: MIT Press.

2000. "Central – bank credibility: why do we care? How do we build it?", *American Economic Review* 90, 5: 1421 – 31.

2007. "Monetary policy by committee: why and how?" *European Journal of Political Economy* 23 : 106 – 23.

Blinder, A. S. and Reis, R. 2005. "Understanding the Greenspan standard", Princeton University Center for Economic Policy Studies Working Paper No. 114.

Bloomfield, A. I. 1957. "Some problems of central banking in underdeveloped countries", *Journal of Finance* 12, 2: 190 – 204.

Blunden, G. 1975. "The supervision of the UK banking system", *Bank of England Quarterly Bulletin* 15, 2: 188 – 94.

Board of Governors of the Federal Reserve System 1994. *The Federal Reserve System: purposes and functions*, 8th edn. Washington, DC: Board of Governors of the Federal Reserve System.

Bonin, H. 1992. "The political influence of bankers and financiers in France inthe Years 1850 – 1914", in Y. Cassis (ed.), *Finance and financiers in European history* 1880 – 1960. Cambridge University Press, pp. 219 – 42.

2000. "The emergence of the central banking functions at Banque de France", *Bank historisches Archiv* 26, 2: 97 – 116.

Bopp, K. R. 1944. "Central banking at the crossroads", *American Economic Review* 34, 1, part 2: 260 – 77.

1952. "Bank of France: brief survey of instruments, 1800 – 1914", *American Journal of Economics and Sociology* 11, 3: 229 – 44.

1954. "Central banking objectives, guides, and measures", *Journal of Finance* 9, 1: 12 – 22.

Bordo, M. D. 2002. "The lender of last resort: alternative views and historical experience", in C. Goodhart and G., Illing (eds.), *Financial crises, contagion, and the lender of last resort.* Oxford University Press, pp. 109 – 25.

2007. "Growing up to financial stability", NBER Working Paper No. 12993.

2008. "An historical perspective on the crisis of 2007 – 2008", NBER Working Paper No. 14569.

Bordo, M. D., Edelstein, M., and Rockoff, H. 1999. "Was adherence to the gold standard a 'good housekeeping seal of approval' during the interwarperiod?", NBER Working Paper No. 7186.

Bordo, M. and Eichengreen, B. (eds.) 1993. *A retrospective on the Bretton Woods system.* University of Chicago Press.

Bordo, M., Eichengreen, B., Klingebiel, D., and Martinez – Peria, M. S. 2001. "Financial crises: lessons from the last 120 years", *Economic Policy* 32 : 51 – 82.

Bordo, M. D., Humpage, O., and Schwartz, A. J. 2007. "The historical origins of U. S. exchange market intervention policy", *International Journal ofFinance and Economics* 12, 2: 109 – 32.

Bordo, M. D. and Redish, A. 1987. "Why did the Bank of Canada emerge in 1935?", *Journal of Economic History* 47 : 405 – 17.

Bordo, M. D. and Schwartz, A. J. (eds.) 1984. *A retrospective on the classical gold standard*, 1821 – 1931. University of Chicago Press.

Bordo, M. D. and Schwartz, A. J. 1996. "Why clashes between internal and external stability goals end in currency crises, 1797 – 1994", *Open Economies Review* 7 : 437 – 68.

2006. "David Laidler on monetarism", NBER Working Papers, No. 12593.

Borio, C. 1997. "The implementation of monetary policy in industrial countries: a survey. " BIS Economic Papers, No. 47.

Borio, C. and Filardo, A. 2007. "Globalisation and inflation", BIS Working Papers, No. 227.

Borio, C. and McCauley, R. N. 2002. "Comparing monetary policy operating procedures in Indonesia, Korea, Malaysia and Thailand", in G. de Brouwer (ed.), *Financial markets and policies in East Asia.* London: Routledge, pp. 253 – 85.

Borio, C., Toniolo, G., and Clement, P. (eds.) 2008. *Past and future of central bank cooperation.* Cambridge University Press.

Borio, C. and Toniolo, G. 2008. "One hundred and thirty years of central bank cooperation: a BIS perspective", in Borio, Toniolo, and Clement (eds.), pp. 16 – 75.

Boughton, J. M. 2003. "On the origins of the Fleming – Mundell model", *IMF Staff Papers* 50, 1: 1 – 9.

Bouvier, J. 1988. "The Banque de France and the state from 1850 to the present day", in Toniolo (ed.), pp. 73 – 104.

Boylan, D. M. 2001. *Defusing democracy: central bank autonomy and the transition from authoritarian rule.* Ann Arbor : University of Michigan Press.

Boyle, A. 1967. Montagu Norman. London: Cassell.

Bradsher, G. 1999. "Nazi gold: the Merkers mine treasure", Prologue: *Quarterly Review of the National Archives and Records Administration* 31, 1: 6 – 21.

Brash, D. T. 1994. "Discussion", in Capie, Goodhart, Fischer, and Schnadt, pp. 208 – 15.

2002. "Inflation targeting 14 years on", *RBNZ Bulletin* 65, 1: 58 – 70.

Brealey, R. A. et al. 2001. *Financial stability and central banks: a global perspective.* London: Routledge References 295.

Bremner, R. P. 2004. *Chairman of the Fed: William McChesney Martin Jr and the creation of the American financial system.* New Haven, CT: Yale University Press.

Breton, A. and Wintrobe, R. 1978. "A theory of 'moral suasion'", *Canadian Journal of Economics* 11, 2: 210 – 19.

Brewer, E. 1980. "The Depository Institutions Deregulation and Monetary Control Act of 1980", *Federal Reserve Bank of Chicago Economic Perspectives* 4, 5: 3 – 23.

Brimmer, A. F. 1971. "Central banking and economic development: the record of innovation", *Journal of Money, Credit and Banking* 3, 4: 780 – 92.

Brittan, S. and Lilley, P. 1977. *The delusion of incomes policy.* London: Temple Smith.

Britton, A. 1994. *Macroeconomic policy in Britain*, 1974 – 1997. Cambridge University Press.

Broadberry, S. and Harrison, M. (eds.) 2005. *The economics of World War I.* Cambridge University Press.

Brown, C. V. 1966. *The Nigerian banking system.* London: George Allen & Unwin.

Broz, J. L. 1998. "The origins of central banking: solutions to the free – rider problem", *International Organisation* 52, 2: 231 – 68.

1999. "Origins of the Federal Reserve System: international incentivesand the domestic free – rider problem", *International Organization* 53, 1: 39 – 70.

Broz, J. L. and Grossman, R. S. 2004. "Paying for the privilege: the political economy of Bank of England charters, 1694 – 1844", *Explorations in Economic History* 41 : 48 – 72.

Bruni, F. 2001. "Financial stability, regulation, supervision, and modern central banking", in A. M. Santomero, S. Viotti, and A. Vredin (eds.), *Challenges for central banking.* Boston, MA: Kluwer, pp. 19 – 37.

Buiter, W. 1999. "Alice in Euroland", Journal of Common Market Studies 37, 2: 181 – 209.

2009. "What's left of central bank independence?", blogs. ft. com/maverecon/2009/05/whats – left – of – central – bank – independence/ (accessed 7 July 2009).

Buiter, W. and Sibert, A. 2008. "The central bank as the market maker of last resort: from lender of last resort to market maker of last resort", in C. Reinhart and A. Felton (eds.), "The first global financial crisis of the 21st century", MPRA No. 11862, pp. 168 – 75.

Burdekin, R. C. K. and Siklos, P. L. 2008. "What has driven Chinese monetary policy since 1990? Investigating the People's Bank's policy rule", *Journal of International Money and Finance* 27 : 847 – 59.

Burk, K. 2004. "Cunliffe, Walter, first Baron Cunliffe (1855 – 1920)", in *OxfordDictionary of National Biography*. Oxford University Press. www. oxforddnb. com/view/article/37332 (accessed 12 June 2007).

Burk, K. and Cairncross, A. 1992. *Goodbye, Great Britain: the 1976 IMF crisis*. New Haven, CT: Yale University Press.

Burn, G. 1999. "The state, the City and the Euromarkets", *Review of International Political Economy* 6, 2: 225 – 61.

Burns, A. F. 1979 "The anguish of central banking", in P. Ciocca (ed.), *Moneyand the economy: central bankers' views*. Basingstoke : Macmillan, pp. 147 – 66.

Buyst, E. and Maes, I. 2008a. "Central banking in nineteenth – century Belgium: was the NBB a lender of last resort?", *Financial History Review*15, 2: 153 – 73.

2008b. "The regulation and supervision of the Belgian financial system (1830 – 2005)", Bank of Greece Working Paper No. 77.

Cain, P. J. 1996. "Gentlemanly imperialism at work: the Bank of England, Canada, and the Sterling Area, 1932 – 1936", *Economic History Review* 49, 2: 336 – 57.

Cain, P. J. and Hopkins, A. G. 1993a. *British imperialism: innovation and expansion*, 1688 – 1914 . London : Longman.

1993b. British imperialism: crisis and deconstruction, 1914 – 1990. London: Longman.

Cairncross, A. 1985. The years of recovery: British economic policy, 1945 – 51. London: Methuen.

1988. "The Bank of England: relationships with the government, the civilservice, and Parliament", in Toniolo (ed.), pp. 39 – 72.

1998. *Living with the century*. Fife : Iynx.

Calomiris, C. W. 2006. "The regulatory record of the Greenspan Fed", *American Economic Review* 96, 2: 170 – 3.

Calvo, G. 1978. "On the time consistency of optimal policy in a monetary economy", *Econometrica* 46 : 1411 – 28.

Camdessus, M. and Naim, M. 2000. "A talk with Michel Camdessus about God, globalization, and his years running the IMF", *Foreign Policy* 120, September – October: 32 – 45.

Capie, F. H. 1990. "The evolving regulatory framework in British banking", in M. Chick (ed.), *Governments, industries and markets.* Aldershot: Edward Elgar, pp. 127 – 41.

2007. "Inflation in the twentieth century", in M. J. Oliver and D. H. Aldcroft (eds.), *Economic disasters of the twentieth century.* Cheltenham : Edward Elgar, pp. 162 – 81.

2010. *The Bank of England*, 1950s to 1979. Cambridge University Press.

Capie, F. H., Goodhart, C., Fischer, S., and Schnadt, N. 1994. *The future of central banking: the tercentenary symposium of the Bank of England.* Cambridge University Press.

Capie, F. H. and Wood, G. E. 1991. *Unregulated banking: chaos or order?* New York: St. Martin's Press.

Caporale, B. 2003. "The influence of economists on the Federal Reserve Act", *Scottish Journal of Political Economy* 50, 3: 311 – 25.

Caprio, G., Demirgüç – Kunt, A., and Kane, E. 2008. "The 2007 meltdownin structured securitization: searching for lessons not scapegoats", WorldBank Working Paper No. 4756.

Caprio, G., Honohan, P., and Stiglitz, J. E. (eds.) 2001. *Financial liberalization: how far, how fast?* Cambridge University Press.

Cargill, T. F., Hutchison, M. M., and Ito, T. 1997. *The political economy of Japanese monetary policy.* Cambridge, MA : MIT Press.

2001. Financial policy and central banking in Japan. Cambridge, MA: MIT Press.

Carli, G., 1993. "Concluding remarks to the Annual Reports of the Bank of Italy 1960 – 1974", *Banca Nazionale del Lavoro Quarterly Review*, SpecialIssue, December, pp. 1 – 520.

Cassis, Y. 2006. *Capitals of capital: a history of international financial centres*, 1780 – 2005. Cambridge University Press.

Castillo, A. V. 1948. "Central banking in the Philippines", *Pacifi c Affairs* 21, 4: 360 – 71.

Cecchetti, S. G. and O'sullivan, R. 2003. "The European Central Bank and the Federal Reserve", *Oxford Review of Economic Policy* 19, 1: 30 – 43.

Cecchetti, S. G. and Schoenholtz, K. L. 2008. "How central bankers seeit: the first decade of ECB policy and beyond", NBER Working Papers No. 14489.

Central Bank of Iceland. 2007. *Financial Stability* 2007. Rejkjavik: Sedlabank.

Central Bank of the Philippines. 1970. *Central Bank of the Philippines January* 3, 1949 – *January* 3, 1974. Manila: Central Bank of the Philippines.

1974. *Lectures: eighth SEANZA central banking course.* Manila: Central Bankof the Philippines.

Cesarano, F. 2006. *Monetary theory and Bretton Woods*. Cambridge University Press.

Chakrabarty, T. K. 2003. "Rural income: some evidence of effect of ruralcredit during last three decades", *Reserve Bank of India Occasional Papers* 24, 3: 225 – 39.

Champ, B. 2007. "The National Banking System: a brief history", Federal Reserve Bank of Cleveland Working Paper 07/23.

Chandavarkar, A. 1992. "Of finance and development: neglected and unsettled questions", *World Development* 20, 1: 133 – 42.

Chandler, A. D. 1990. *Scale and scope: the dynamics of industrial capitalism*. Cambridge, MA : Belknap Press.

Chandler, L. V. 1958. *Benjamin Strong*. Washington, DC : Brookings Institution.

Chant, J. F. and Acheson, K. 1986. "The choice of monetary instruments and the theory of bureaucracy (1)", in Toma and Toma (eds.), pp. 107 – 28.

Chung, C. W. – W. and Tongzon, J. L. 2004. "A paradigm shift for China's central banking system", *Journal of Post Keynesian Economics* 27, 1: 87 – 103.

Chung, M. – C. (ed.) 2000. *The Bank of Korea*. Seoul: Bank of Korea.

Clapham, J. 1944. The Bank of England, 2 vols. Cambridge University Press Clark, H. A. 2006. *When there was no money: building ACLEDA Bank in Cambodia's evolving financial sector*. Berlin: Springer.

Clarke, S. V. O. 1967. *Central bank cooperation*, 1924 – 31. New York: Federal Reserve Bank of New York.

Clavin, P. 1992. " 'The fetishes of so – called international bankers': central bankco – operation for the World Economic Conference, 1932 – 3", *Contemporary European History* 1, 3: 281 – 311.

2003. " 'Money talks': competition and cooperation with the League of Nations, 1929 – 30", in Flandreau (ed.), pp. 219 – 48.

Clay, H. 1957. *Lord Norman*. London: Macmillan.

Clifford, A. J. 1965. *The independence of the Federal Reserve System*. Philadelphia: University of Pennsylvania Press.

Coats, A. W. (ed.) 1981. *Economists in government*. Durham, NC: Duke University Press.

Coats, W. 1999. "The Central Bank of Bosnia – Herzegovina: its history andits issues", in M. I. Blejer and M. Škreb (eds), *Central banking, monetarypolicies, and the implications for transition economies*. Boston, MA: Kluwer, pp. 367 – 99.

Collins, M. (ed.) 1993. *Central banking in history*, 3 vols. Aldershot: Edward Elgar.

Collins, M. and Baker, M. 1999. "Bank of England autonomy: a retrospective", in Holtfrerich, Reis, and Toniolo (eds.), pp. 13 – 33.

Collins, R. M. 1996. "The economic crisis of 1968 and the waning of the 'American Century'", *American Historical Review* 101, 2: 396 – 422.

Committee for the Study of Economic and Monetary Union. 1989. *Report on Economic and Monetary Union in the European Community.* Luxembourg: Office for Official Publications of the EC.

Committee on Banking Regulations and Supervisory Practices. 1986. *The management of banks' off – balance sheet exposures .* Basel: BIS.

Committee on the Working of the Monetary System. 1959. *Report.* Cmnd 827. London: HMSO.

Conant, C. A. 1896. *A history of modern banks of issue.* New York: G. P. Putnam's Sons.

Congdon, T. 2007. *Keynes, the Keynesians and monetarism.* Cheltenham: Edward Elgar.

Connolly, B. 1995. *The rotten heart of Europe.* London: Faber & Faber.

Coombs, C. 1976. *The arena of international finance.* London: Wiley.

Coombs, H. C. 1981. *Trial balance.* South Melbourne: Macmillan.

Cooper, R. N. 2008. "Almost a century of central bank cooperation", in Borio, Toniolo, and Clement (eds.), pp. 76 – 112.

Copland, D. B. 1949. "Balance of production in the Australian post – war economy", *Economic Record* 25, 2: 1 – 6.

Cornish, S. 1993. "Sir Leslie Melville: an interview", *Economic Record* 69 : 437 – 57.

Cottrell, P. L. 1997. "Norman, Strakosch and the development of central banking: from conception to practice, 1919 – 1924", in P. L. Cottrell (ed.), *Rebuilding the financial system in central and eastern Europe*, 1918 – 1994. Aldershot: Scolar, pp. 29 – 73.

2003. "The financial system of the United Kingdom in the twentieth century", in De Rosa (ed.), pp. 43 – 71.

Courtis, N. and Nicholl, P. (eds.) 2005. *Central bank modernisation.* London: Central Banking Publications.

Cross, R. and Laidler, D. 1976. "Inflation, excess demand and expectations in fixed exchange rate open economies: some preliminary empirical results", in M. Parkin and G. Zis (eds.), *Inflation in the world economy.* Manchester University Press, pp. 221 – 54.

Crow, J. 2002. *Making money: an insider's perspective on finance, politics, and Canada's central bank.* Etobicoke, ON : John Wiley.

Cukierman, A. 1992. *Central bank strategy, credibility and independence.* Cambridge, MA : MIT Press.

Cukierman, A., Miller, G. P., and Neyapati, B. 2002. "Central bank reform, liberalization and inflation in transition economies – an international perspective", *Journal of Monetary*

Economics 49 : 237 – 64.

Cukierman, A. and Webb, S. B. 1995. "Political influence on the central bank: international evidence", *World Bank Economic Review* 9, 3: 397 – 423.

Dalziel, P. 1997. "Setting the Reserve Bank's inflation target: the New Zealand debate", *Agenda* 4, 3: 285 – 96.

Daníelsson, J. 2002. "The emperor has no clothes: limits to risk modelling", *Journal of Banking & Finance* 26 : 1273 – 96.

Daunton, M. J. 1992. "Financial elites and British society, 1880 – 1950", in Y. Cassis (ed.), *Finance and financiers in European history*, 1880 – 1960. Cambridge University Press, pp. 121 – 46.

Davidson, P. 2006. "Can, or should, a central bank inflation target?", *Journal of Post Keynesian Economics* 28, 4: 689 – 703.

Davies, H. 1997. "European central banking – east and west: where next", *Bank of England Quarterly Bulletin* 37, 2: 228 – 35.

Davies, S. G. 1960. "Introduction", in S. G. Davies (ed.), *Central banking in South and East Asia*. Hong Kong University Press, pp. vii – xi.

Davis, J. S. 1920. "World currency and banking: the first Brussels financial conference", *Review of Economic Statistics* 2, 12: 349 – 60.

Dawe, S. 1990. "Reserve Bank of New Zealand Act 1989", *RBNZ Bulletin* 53, 1: 29 – 36.

Deane, M. and Pringle, R. 1994. *The central banks*. London: Viking.

Debelle, G. 1996. "The ends of three small inflations: Australia, New Zealand, and Canada", *Canadian Public Policy* 22 : 56 – 78.

Debelle, G. and Fischer, S. 1994, "How independent should a central bankbe?", in J. Fuhrer (ed.), *Goals, guidelines and constraints facing monetary policymakers*. Boston, MA: Federal Reserve Bank of Boston, pp. 195 – 221.

de Fraine, H. G. 1960. *Servant of this house: life in the old Bank of England*. London: Constable.

De Grauwe, P. 1992. *The economics of monetary integration*, 1st edn. Oxford University Press.

2007. *The economics of monetary integration*, 7th edn. Oxford University Press.

De Haan, J. and Eijffinger, S. C. W. 2000. "The democratic accountability of the European Central Bank: a comment on two fairy tales", *Journal of Common Market Studies* 38, 3: 393 – 407.

De Haan, J., Masciandaro, D., and Quintyn, M. 2008. "Does central bank independence still matter?", *European Journal of Political Economy* 24 : 717 – 21.

De Kock, G. 1954. *A history of the South African Reserve Bank* (1920 – 52). Pretoria: J. L. Van Schaik.

De Kock, M. H. 1949. *Central banking*, 2nd edn. London: Staples Press.

1974. *Central banking*, 4th edn. London: Crosby Lockwood Staples.

De la Torre, A. , Levy Yeyati, E. , and Schmukler, S. L. 2004. "Living and dying with hard pegs: the rise and fall of Argentina's currency board", World Bank Policy Research Working Paper No. 2980.

DeLong, J. B. 1997. "America's peacetime inflation: the 1970s", in C. D. Romer and D. H. Romer (eds.), *Reducing inflation: motivation and strategy*. University of Chicago Press, pp. 247 – 76.

De Rosa, L. (ed.) 2003. *International banking and financial systems*. Aldershot: Ashgate.

de Vries, M. G. 1987. *Balance of payments adjustment*, 1945 – 1986: *the IMF experience*. Washington, DC: IMF.

Demirgüç – Kunt, A. and Kane, E. 2002. "Deposit insurance around the globe: where does it work?", *Journal of Economic Perspectives* 16, 2: 175 – 95.

Demirgüç – Kunt, A. , Kane, E. , and Laeven, L. (eds.) 2008. *Deposit insurance around the world*. Cambridge, MA : MIT Press.

Demirgüç – Kunt, A. and Servén, L. 2009. "Are all the sacred cows dead? Implications of the financial crisis for macro and financial policies", WorldBank Policy Research Working Paper No. 4807.

Deutsche Bundesbank (ed.) 1999. Fifty years of the Deutsche Mark. Oxford University Press.

Dickhaus, M. 1998. "The West German central bank and the construction of an international monetary system in the 1950s", *Financial History Review*5, 2: 159 – 78.

Djiwandono, J. S. 2000. "Bank Indonesia and the recent crisis", *Bulletin of Indonesian Economic Studies* 36, 1: 47 – 72.

Dodge, D. A. 2002. "Inflation targeting in Canada: experience and lessons", *North American Journal of Economics and Finance* 13 : 113 – 24.

2008. "Central banking at a time of crisis and beyond: a practitioner's perspective", C. D. Howe Institute, Benefactor's Lecture.

Dornbusch, R. 1987. "Lessons from the German inflation experience of the 1920s", in R. Dornbusch, S. Fischer and J. Bossons (eds.), *Macroeconomics and finance*. Cambridge, MA: MIT Press, pp. 337 – 66.

Dornbusch, R. , Favero, C. , and Giavazzi, F. 1998. "Immediate challenges for the European Central Bank", *Economic Policy* 13, 26: 17 – 52.

Dorrance, G. S. 1965. "The instruments of monetary policy in countries without highly developed capital markets", IMF Staff Papers 12, 2: 272 – 81.

Dow, J. C. R. 1970. *The management of the British economy*, 1945 – 60. Cambridge University Press.

Dowd, K. (ed.) 1992. *The experience of free bankin.* London: Routledge.

Drake, P. J. 1977. "Securities markets in less – developed countries", *Journal of Development Studies* 13, 2: 73 – 91.

Drake, P. W. 1989. The money doctor in the Andes. Durham, NC: Duke University Press.

Dwyer, J. H. 2004. "Explaining central bank reform in Japan", *Social Science Japan Journal* 7, 2: 245 – 62.

Dykes, S. E. 1989. "The establishment and evolution of the Federal Reserve Board: 1913 – 23", *Federal Reserve Bulletin* 75, 4: 227 – 43.

Dyson, K. 2000. *The politics of the euro – zone: stability or breakdown?* Oxford University Press.

Dyson, K. and Featherstone, K. 1999. *The road to Maastricht: negotiating Economic and Monetary Union.* Oxford University Press References 301.

Eckes, A. E. 1975. *A search for solvency: Bretton Woods and the international monetary system*, 1941 – 1971. Austin: University of Texas Press.

Economist, The 1998. "Central bankers", 28 November, p. 162.

1999. "The Bundesbank: in search of a role", 23 January, p. 86.

Eichengreen, B. 1984. "Central bank cooperation under the interwar gold standard", *Explorations in Economic History* 21, 1: 64 – 87.

Eichengreen, B. (ed.) 1985. *The gold standard in theory and history.* London: Methuen.

Eichengreen, B. 1991. "Designing a central bank for Europe: a cautionary tale from the early years of the Federal Reserve System", NBER Working Paper No. 3840.

1992a. *Golden fetters: the gold standard and the Great Depression*, 1919 – 1939. New York: Oxford University Press.

1992b. "The origins and nature of the Great Slump revisited", *Economic History Review* 45, 2: 213 – 39.

1993. *Reconstructing Europe's trade and payments.* Manchester University Press.

1995. "Central bank co – operation and exchange rate commitments: the classical and interwar gold standards compared", *Financial History Review* 2 : 99 – 117.

1996. *Globalizing capital: a history of the international monetary system*. Princeton University Press.

1997. *European monetary unification: theory, practice and analysis*. Cambridge, MA: MIT Press.

1998. "European monetary integration: a tour d'horizon", *Oxford Review of Economic Policy* 14, 3: 24 – 40.

2007. *Global imbalances and the lessons of Bretton Woods*. Cambridge, MA : MIT Press.

2008. "Sui generis EMU", CEPR Discussion Paper Series, No. 6642.

Eichengreen, B. and Bordo, M. D. 2003. "Crises then and now: what lessons from the last era of financial globalization?", in P. Mizen (ed.), *Monetary history, exchange rates and financial markets*, vol. II. Cheltenham: Edward Elgar, pp. 52 – 91.

Eichengreen, B. and Simmons, B. 1995. "International economics and domestic politics: notes on the 1920s", in C. H. Feinstein (ed.), *Banking, currency, and finance in Europe between the wars*. Oxford: Clarendon Press, pp. 131 – 47.

Eichengreen, B. and Temin, P. 2000. "The gold standard and the Great Depression", *Contemporary European History* 9, 2: 183 – 207.

Eijffinger, S. C. W. 2003. "The federal design of a central bank in a monetary union: the case of the European System of Central Banks", *International Journal of Finance and Economics* 8: 365 – 80.

Einzig, P. 1931. *Behind the scenes of international finance*. London: Macmillan.

1932. *Montagu Norman*. London: Kegan Paul, Trench, Trubner.

1960. *In the centre of things*. London: Hutchinson.

Eisenbeis, R. A. 1997. "International settlements: a new source of systemic risk", *Federal Reserve Bank of Atlanta Economic Review* 82, 2: 44 – 50.

Ellerton, C. 1957. "Relations between the Bank of England and the commercial banks of the United Kingdom", in Bundesverband des Privaten Bankgewerbes, *Relations between the central banks and commercial banks*. Frankfurt am Main: Fritz Knapp, pp. 107 – 28.

Englund, P. 1999. "The Swedish banking crisis: roots and consequences", *Oxford Review of Economic Policy* 15, 3: 80 – 97.

Epstein, G. 2005. "Central banks as agents of economic development", Political Economy Research Institute, University of Massachusetts, Amherst, Working Paper No. 104.

European Central Bank. 2009. *Annual Report* 2008. Frankfurt am Main: ECB.

Fay, S. 1988. *Portrait of an Old Lady: turmoil at the Bank of England*. Harmondsworth: Penguin.

Federal Reserve Financial Service Policy Committee. 2008. Press Release: Federal Reserve

Banks announce reduced number of check processing sites and accelerated restructuring schedule, November 6. www. federalreserve. gov/newsevents/press/other/20081106a. htm (accessed 25 July 2009).

Feinman, J. N. 1993. "Reserve requirements: history, current practice, and potential reform", *Federal Reserve Bulletin* 79, 6: 569 – 89.

Feldman, G. D. 1997. *The great disorder: politics, economics, and society in the German inflation*, 1914 – 1924. New York: Oxford University Press.

Felton, A. and Reinhart, C. (eds.) 2009. *The first global financial crisis of the 21ˢᵗ century*, Part II, June – December 2008. London: VoxEU Publications.

Ferguson, N. 1996. "Constraints and room for manoeuvre in the German inflation of the early 1920s", *Economic History Review* 46, 4: 635 – 66.

2001. *The cash nexus: money and power in the modern world*, 1700 – 2000. London: Allen Lane.

Ferris, J. S. and Galbraith, J. A. 2006. "On Hayek's denationalization of money, free banking and inflation targeting", *European Journal of the History ofEconomic Thought* 13, 2: 231 – 31.

Fforde, J. S. 1992. *The Bank of England and public policy*, 1941 – 1958. Cambridge University Press.

Fielding, D. 2002. *The macroeconomics of monetary union: an analysis of the CFA franc zone*. London: Routledge.

Filardo, A. and Genberg, H. 2009. "Targeting inflation in Asia and the Pacific: lessons from the recent past", BIS Representative Office for Asiaand the Pacific Working Paper.

Fink, C. 1984. *The Genoa Conference*. Chapel Hill, NC: University of North Carolina Press.

Fischer, S. (ed.) 1980. *Rational expectations and economic policy*. University of Chicago Press.

Fischer, S. 1994. "Modern central banking", in Capie, Goodhart, Fischer, and Schnadt, pp. 262 – 308.

Fischer, S., Sahay, R., and Vegh, C. A. 2002. "Modern hyper – and high inflations", *Journal of Economic Literature* 40, 3: 837 – 80.

Flandreau, M. 1997. "Central bank cooperation in historical perspective: a sceptical view", *Economic History Review* 50, 4: 735 – 63.

Flandreau, M. (ed.) 2003. *Money doctors: the experience of international financial advising*, 1850 – 2000. London: Routledge.

Flandreau, M. 2006. "The logic of compromise: monetary bargaining in Austria – Hungary,

1867 – 1913", *European Review of Economic History*10: 3 – 33.

2007. "Pillars of globalization: a history of monetary policy targets, 1797 – 1997", CEPR Discussion Paper No. 6252.

Flandreau, M., Le Cacheux, J., Zumer, F. Dornbusch, R., and Honohan, P. 1998. "Stability without a pact? Lessons from the European gold standard, 1880 – 1914", *Economic Policy* 13, 26: 115 – 62.

Fontana, G. 2006. "The Federal Reserve and the European Central Bank: a theoretical comparison of their legislative mandates", *Journal of Post Keynesian Economics* 28, 3: 433 – 50.

Forder, J. 2002. "Interests and 'independence': the European Central Bank and the theory of bureaucracy", *International Review of Applied Economics*16, 1: 51 – 69.

2003. "'Independence' and the founding of the Federal Reserve", *Scottish Journal of Political Economy* 50, 3: 297 – 10.

2005. "Why is central bank independence so widely approved?", *Journal of Economic Issues* 39, 4: 843 – 65.

Franke, G. 1999. "The Bundesbank and financial markets", in Deutsche Bundesbank (ed.), pp. 221 – 66.

Frankman, M. J. 1974. "Sectoral policy preferences of the Peruvian government, 1946 – 1968", *Journal of Latin American Studies* 6, 2: 289 – 300.

Fraser, B. W. 1993. "Some aspects of monetary policy", *Reserve Bank of Australia Bulletin* April: 1 – 7.

Fratianni, M. U. and Salvatore, D. (eds.) 1993. *Monetary policy in developed economies.* Westport, CT: Greenwood.

Frenkel, J. 1994. "Contribution to discussion", in Capie, Goodhart, Fischer, and Schnadt, pp. 327 – 8.

Frenkel, J. A. and Johnson, H. G. (eds.) 1976. *The monetary approach to the balance of payments.* London: Allen & Unwin; University of Toronto Press.

Friedman, B. M. 2006. "The Greenspan era: discretion rather than rules", *American Economic Review* 96, 2: 174 – 7.

Friedman, M. 1953. "The case for floating exchange rates", in M. Friedman (ed.), *Essays in positive economics*. University of Chicago Press, pp. 157 – 203.

Friedman, M. (ed.) 1956. *Studies in the quantity theory of money.* University of Chicago Press.

Friedman, M. 1960. *A program for monetary stability.* New York: Fordham University Press.

1962. "Should there be an independent monetary authority?", in L. B. Yeager (ed.), *In search of a monetary constitution*. Cambridge, MA: Harvard University Press, pp. 219 – 43.

1968. "The role of monetary policy", *American Economic Review* 58, 1: 1 – 17.

1982. "Monetary policy: theory and practice", *Journal of Money, Credit and Banking* 14, 1: 98 – 118.

1985. "Monetarism in rhetoric and in practice", in A. Ando, H. Eguchi, R. Farmer, and Y. Suzuki (eds.), *Monetary policy in our times*. Cambridge, MA : MIT Press, pp. 15 – 28.

1986. "Monetary policy: theory and practice", in Toma and Toma (eds.), pp. 11 – 35.

2002. "Interview: Milton Friedman", *Central Banking* 13, 1: 15 – 23.

Friedman, M. and Schwartz, A. J. 1963. *A monetary history of the USA*, 1870 – 1960. Princeton University Press.

Frowen, S. F. and Hölscher, J. (eds.) 1997. *The German currency union of* 1990: *acritical assessment*. Basingstoke: Macmillan.

Fry, M. J., Goodhart, C. A. E., and Almeida, A. (eds.) 1996. *Central banking in developing countrie*. London: Routledge.

Fry, M. J., Kilato, I. R., Senderowicz, S., Sheppard, D., Solis, F., and Trundle, J. 1999. *Payment systems in global perspective*. London: Routledge.

Galan Camacho, J. E. and Sarmiento Paipilla, M. 2007. "Staff, functions, and staff costs at central banks: an international comparison with a labordemand model", *Money Affairs* 20, 2: 131 – 79.

Galati, G. 2002. "Settlement risk in foreign exchange markets and CLS Bank", *BIS Quarterly Review* December: 55 – 65.

Gallarotti, G. M. 1995. *The anatomy of an international monetary regime: the classical gold standard*, 1880 – 1914. New York : Oxford University Press.

2005. "Hegemons of a lesser god: the Bank of France and monetary leadership under the classical gold standard", *Review of International Political Economy* 12, 4: 624 – 46.

Galpin, R. 2002. "Court acquits Indonesian banker", http://news.bbc.co.uk/1/hi/world/asia – pacific/2224620.stm (accessed 13 February 2009).

Gardner, R. 1980. *Sterling – dollar diplomacy in current perspective*. New York: Columbia University Press.

Garside, W. R. and Greaves, J. I. 1996. "The Bank of England and industrial intervention in interwar Britain", *Financial History Review* 3, 1: 69 – 86.

Gavin, F. J. 2004. *Gold, dollars, and power: the politics of international monetary relations*, 1958 – 1971. Chapel Hill: University of North Carolina Press.

Gelsomino, C. O. 1999. "The Bank of Italy from its foundation to the 1950s: institutional aspects", in Holtfrerich, Reis, and Toniolo (eds.), pp. 161 – 85.

George, E. 1996. "Foreword", in Fry, Goodhart, and Almeida (eds.), pp. x – xi.

Geraats, P. M. 2002. "Central bank transparency", *Economic Journal* 112, 483: F532 – F565.

Gerdesmeier, D., Mongelli, F. P., and Roffia, B. 2007. "The Eurosystem, the U. S. Federal Reserve, and the Bank of Japan: similarities and differences", *Journal of Money, Credit, and Banking* 39, 7: 1785 – 819.

Giblin, L. F. 1951. *The growth of a central bank: the development of theCommonwealth Bank of Australia*, 1924 – 1945. Melbourne University Press.

Gilbert, R. A. 1986. "Requiem for Regulation Q: what it did and why it passed away", *Federal Reserve Bank of St. Louis Review* 68, 2: 22 – 37.

2000. "The advent of the Federal Reserve and the efficiency of the payments system: the collection of checks, 1915 – 1930", *Explorations in Economic History* 37 : 121 – 48.

Gilbert, R. A. and Trebbing, M. E. 1981. "The FOMC in 1980: a year of reserve targeting", Federal Reserve Bank of St. Louis Review August/September: 8 – 22.

Giovannini, A. 1986. " 'Rules of the game' during the international gold standard: England and Germany", *Journal of International Money and Finance*5: 467 – 83.

Glentworth, G. and Hancock, I. 1973. "Obote and Amin: change and continuity in modern Uganda politics", *African Affairs* 72, 288: 237 – 55.

Gollan, R. 1968. *The Commonwealth Bank of Australia: origins and early history.* Canberra: ANU Press.

Goodfriend, M. 1986. "Monetary mystique: secrecy and central banking", *Journal of Monetary Economics* 17, 1: 63 – 92.

2007. "How the world achieved consensus on monetary policy", *Journal of Economic Perspectives* 21, 4: 47 – 68.

Goodfriend, M. and Hargreaves, M. 1983. "A historical assessment of the rationales and functions of reserve requirements", *Federal Reserve Bank of Richmond Economic Review* 69 : 3 – 21.

Goodfriend, M. and King, R. 2005. "The incredible Volcker disinflation", *Journal of Monetary Economics* 52, 5: 981 – 1015.

Goodfriend, M. and Prasad, E. 2006. "A framework for independent monetary policy in China", IMF Working Paper WP/06/111.

Goodhart, C. 1984. *Monetary theory and practice: the UK experience.* London: Macmillan.

1988. *The evolution of central banks.* Cambridge, MA: MIT Press.

1989. *Money, information and uncertainty,* 2nd edn. Basingstoke: Macmillan.

2004. "The Bank of England 1970 – 2000", in R. Michie and P. Williamson (eds.), *The British government and the City of London in the twentieth century*. Cambridge University Press, pp. 340 – 71.

Goodhart, C., Capie, F., and Schnadt, N. 1994. "The development of central banking", in F. Capie, C. Goodhart, S. Fischer, and N. Schnadt (eds.), *The future of central banking: the tercentenary symposium of the Bank of England*. Cambridge University Press, pp. 1 – 112.

Goodhart, C., Hartmann, P., Llewellyn, D., Rojas – Suárez, L., and Weisbrod, S. 1998. *Financial regulation: why, how and where now?* London: Routledge.

Goodhart, C., Hofmann, B., and Segoviano, M. 2004. "Bank regulation and macroeconomic fluctuations", *Oxford Review of Economic Policy* 20, 4: 591 – 615.

Goodhart, C. and Schoenmaker, D. 1995. "Should the functions of monetary policy and banking supervision be separated?", *Oxford Economic Papers* 47, 4: 539 – 60.

Goodhart, C., Schoenmaker, D., and Dasgupta, P. 2002. "The skill profile of central bankers and supervisors", European Finance Review 6, 3: 397 – 427.

Green, D. and Singleton, J. 2009. *The watchdog: New Zealand's audit office*, 1840 – 2008. Dunedin: University of Otago Press.

Green, E. H. H. 1992. "The influence of the City over British economic policy, c. 1880 – 1960", in Y. Cassis (ed.), *Finance and financiers in European history*, 1880 – 1960. Cambridge University Press, pp. 193 – 218.

Greenlee, M. B. 2008. "Historical review of 'umbrella supervision' by the Board of Governors of the Federal Reserve System", Federal Reserve Bank of Cleveland Working Paper (Financial Stability) No. 08 – 07.

Greenspan, A. 2001. "Remarks by Chairman Alan Greenspan on transparency in monetary policy at the Federal Reserve Bank of St. Louis, Economic Policy Conference, St. Louis, Missouri (via videoconference), October11", www. federalreserve. gov/boarddocs/speeches/2001/20011011/default. htm (accessed 15 July 2009).

2008. *The age of turbulence*. London : Penguin.

Greider, W. 1987. Secrets of the temple: how the Federal Reserve runs the country. New York: Simon & Schuster.

Griffiths, B. and Wood, G. E. (eds.) 1981. Monetary targets. London: Macmillan.

Grimes, A. and Wong, J. 1994. "The role of the exchange rate in New Zealand monetary policy", in R. Glick and M. M. Hutchison (eds.), *Exchange rate policy and interdependence: perspectives from the Pacific Basin*. Cambridge University Press, pp. 176 – 97.

Gros, D. and Thygesen, N. 1990. "The institutional approach to monetary union in Eu-

rope", *Economic Journal* 100, 402: 925 – 35.

Grossman, R. S. 1994. "The shoe that didn't drop: explaining banking instability during the Great Depression", *Journal of Economic History* 54, 3: 654 – 82.

2001. "Charters, corporations and codes: entry restriction in modern banking law", *Financial History Review* 8, 2: 107 – 21.

2006. "The emergence of central banks and banking regulation in comparative perspective", *Wesleyan Economics Working Papers* No. 2006 – 21.

Gunasekera, H. A. de S. 1962. *From dependent currency to central banking in Ceylon.* London: G. Bell and Sons.

Gurley, J. G. 1960. "The Radcliffe Report and evidence", *American Economic Review* 50, 4: 672 – 700.

Gustafson, B. 2000. *His way: a biography of Sir Robert Muldoon.* Auckland University Press.

Guttmann, S. 2005. *The rise and fall of monetary targeting in Australia.* Melbourne : Australian Scholarly Press.

Haas, P. 1992. "Introduction: epistemic communities and international policy coordination", *International Organization* 46 : 1 – 35.

Hafer, R. W. and Wheelock, D. H. 2001. "The rise and fall of a policy rule: monetarismat the St. Louis Fed, 1968 – 1986", *Federal Reserve Bank of St. Louis Review* 83, 1: 1 – 24.

Hall, M. J. B. 1993. *Banking regulation and supervision: a comparative study of the UK, USA and Japan.* Cheltenham : Edward Elgar.

Hamada, K. and Hayashi, F. 1985. "Monetary policy in postwar Japan", in A. Ando, H. Eguchi, R. Farmer, and Y. Suzuki (eds.), *Monetary policy in our times.* Cambridge, MA: MIT Press, pp. 83 – 121.

Hamilton – Hart, N. 2002. *Asian states, Asian bankers: central banking in SoutheastAsia.* Ithaca, NY : Cornell University Press.

Hammond, T. H. and Knott, J. H. 1988. "The deregulatory snowball: explaining deregulation in the financial industry", *Journal of Politics* 50, 1: 3 – 30.

Hartcher, P. 2006. *Bubble man: Alan Greenspan and the missing 7 trillion dollars.* New York: Norton.

Havrilesky, T. 1995. "Restructuring the Fed", Journal of Economics and Business47, 2: 95 – 111.

Hawke, G. R. 1973. *Between governments and banks: a history of the Reserve Bank of New Zealand.* Wellington: Government Printer.

1985. *The making of New Zealand.* Cambridge University Press.

Hawtrey, R. G. 1922a. "The Federal Reserve System of the United States", *Journal of the Royal Statistical Society* 85, 2: 224 – 69.

1922b. "The Genoa resolutions on currency", *Economic Journal* 32 : 290 – 304.

1932. *The art of central banking.* London : Longmans, Green Helleiner, E. 1994. States and the reemergence of global finance. Ithaca, NY: Cornell University Press.

2003a. *The making of national money: territorial currencies in historical perspective.* Ithaca, NY: Cornell University Press.

2003b. "The Southern side of 'embedded liberalism' : America's unorthodox money doctoring during the early post – 1945 years", in Flandreau (ed.), pp. 249 – 75.

Helliwell, J. F. 2005 – 2006. "From flapper to bluestocking: what happened to the young woman of Wellington Street?" *Bank of Canada Review* Winter: 31 – 9.

Hennessy, E. 1992. *A domestic history of the Bank of England*, 1930 – 1960. Cambridge University Press.

1995. "The governors, directors and management of the Bank of England", in R. Roberts and D. Kynaston (eds.), *The Bank of England: money, power and influence* 1694 – 1994. Oxford : Clarendon Press, pp. 185 – 216.

Henry, P. B. 2007. "Capital account liberalization: theory, evidence, and speculation", *Journal of Economic Literature* 45, 4: 887 – 935.

Hetzel, R. L. 2008. *The monetary policy of the Federal Reserve: a history.* Cambridge University Press.

Hetzel, R. L. and Leach, R. F. 2001a. "The Treasury – Fed Accord: a new narrative account", *Federal Reserve Bank of Richmond Economic Quarterly* 87, 1: 33 – 55.

2001b. "After the Accord: reminiscences of the birth of the modern Fed", *Federal Reserve Bank of Richmond Economic Quarterly* 87, 1: 57 – 64.

Hickey, D. and Mortlock, G. 2002. "Managing human resources – a central bank perspective", *RBNZ Bulletin* 65, 1: 34 – 42.

Hillman, A. L. 1999. "Political culture and the political – economy of centralbank independence", in M. I. Blejer and Š. Marko (eds.), *Central banking, monetary policies, and the implications for transition economies.* Boston, MA : Kluwer, pp. 73 – 86.

Hodd, M. 1987. "Africa, the IMF and the World Bank", *African Affairs* 86 : 331 – 42.

Hogan, M. J. 1987. *The Marshall Plan: America, the UK and the reconstruction of western Europe*, 1947 – 52. Cambridge University Press.

Holbik, K. (ed.) 1973. Monetary policy in twelve industrial countries. Boston, MA: Federal Reserve Bank of Boston.

Holder, R. F. 1965. "Australia", in W. F. Crick (ed.), *Commonwealth banking systems*. Oxford: Clarendon Press, pp. 54 – 110.

Holmes, F. W. 1999. *Thoroughbred among banks in New Zealand*, 1945 – 1984, vol. II. Wellington: National Bank of New Zealand.

Holtfrerich, C. – L. 1988. "Relations between monetary authorities and governmental institutions: the case of Germany from the 19th century to thepresent", in Toniolo (ed.), pp. 105 – 60.

1999. "Monetary policy under fixed exchange rates", in Deutsche Bundesbank (ed.), pp. 307 – 401.

Holtfrerich, C. – L. and Iwami, T. 1999. "Post – war central banking reform: a German – Japanese comparison", in Holtfrerich, Reis, and Toniolo (eds.), pp. 69 – 110.

Holtfrerich, C. – L. and Reis, J. 1999. "Introduction", in Holtfrerich, Reis, and Toniolo (eds.), pp. 1 – 10.

Holtfrerich, C. – L. , Reis, J. , and Toniolo, G. (eds.) 1999. *The emergence of modern central banking from* 1918 *to the present*. Aldershot : Ashgate.

Holthausen, C. and Ronde, T. 2004. "Cooperation in international banking supervision", ECB Working Paper Series No. 316.

Holub, T. and Hurník, J. 2008. "Ten years of Czech inflation targeting: missed targets and anchored expectations", *Emerging Markets Finance & Trade* 44, 6: 67 – 86.

Honkapohja, S. 2009. "The 1990's financial crises in Nordic countries", Bank of Finland Research Discussion Papers No. 5/2009.

Honohan, P. and Klingebiel, D. 2000. "Controlling the fiscal costs of banking crises", World Bank Policy Research Working Paper No. 2441.

Hood, C. 1995. "The "New Public Management" in the 1980s: variations on a theme", *Accounting, Organizations & Society* 20, 2/3: 93 – 109.

Horiuchi, A. and Shimizu, K. 2001. "Did amakudari undermine the effectiveness of regulator monitoring in Japan?", *Journal of Banking and Finance* 25, 3: 573 – 96.

Howe, A. 1994. "From 'old corruption' to 'new probity': the Bank of England and its directors in the age of reform", *Financial History Review* 1: 23 – 41.

Howitt, P. W. 1993. "Canada", in Fratianni and Salvatore (eds.), pp. 459 – 508.

Howson, S. 1993. *British monetary policy*, 1945 – 51. Oxford: Clarendon Press.

1994. "Money and monetary policy in Britain, 1945 – 1990", in R. Floud and D. McCloskey (eds.), *The Cambridge economic history of modern Britain* , vol. III. Cambridge University Press, pp. 136 – 166.

Hsieh, C. – T. and Romer, C. D. 2006. "Was the Federal Reserve constrained by the gold standard during the great depression? Evidence from the 1932 open market purchase program", *Journal of Economic History* 66, 1: 140 – 76.

Husain, S. A. (ed.) 1992. *History of the State Bank of Pakistan* (1948 – 1960). Karachi: State Bank of Pakistan.

Hutchison, M. M. and Walsh, C. E. 1998. "The output – inflation tradeoff and central bank reform: evidence from New Zealand", *Economic Journal* 108: 703 – 25.

International Monetary Fund. 2004. "Monetary policy implement ation at different stages of market development", Washington, DC: IMF.

Israelsen, L. D. 1985. "Marriner S. Eccles, Chairman of the Federal Reserve Board", *American Economic Review* 75, 2: 357 – 62.

Issing, O. 1997. "Monetary targeting in Germany: the stability of monetary policy and of the monetary system", *Journal of Monetary Economics* 39, 1: 67 – 79.

1999. "The Eurosystem: transparent and accountable or 'Willem in Euroland'", *Journal of Common Market Studies* 37, 3: 503 – 19.

2000. "Should we have faith in central banks?", Speech by Professor Otmar Issing, Member of the Executive Board of the European Central Bank, St Edmund's College Millennium Year Lecture, Cambridge, 26 October 2000. www. ecb. int/press/key/date/2000/html/sp001026 _ 2. en. html (accessed 11 July 2009).

2004. "Inflation targeting: a view from the ECB", *Federal Reserve Bank of St. Louis Review* 86, 4: 169 – 79.

2005. "Why did the great inflation not happen in Germany?" *Federal Reserve Bank of St. Louis Review* 87, 2, part 2: 329 – 35.

Jackson, R. H. 1946. "Closing address before the International Military Tribunal", http: //avalon. law. yale. edu/imt/07 – 26 – 46. asp (accessed 13 August 2009).

Jacobsson, E. E. 1979. *A life for sound money: Per Jacobsson his biography.* Oxford : Clarendon Press.

Jadhav, N. 2003. "Central bank strategies, credibility and independence: global evolution and the Indian experience", *Reserve Bank of India OccasionalPapers* 24, 1 & 2: 1 – 104.

James, H. 1986. *The German slump: politics and economics*, 1924 – 1936. Oxford : Clarendon Press.

1996. *International monetary cooperation since Bretton Woods.* Oxford University Press.

1999a. "The International Monetary Fund and central banking", in Holtfrerich, Reis, and Toniolo (eds.), pp. 323 – 40.

1999b. "The Reichsbank, 1876 – 1945", in Deutsche Bundesbank (ed.), pp. 3 – 53.

2001. *The end of globalization: lessons from the Great Depression.* Cambridge, MA: Harvard

University Press.

2002. "Central banks and the process of financial internationalization: asecular view", in S. Battilossi and Y. Cassis (eds.), *European banks and the American challenge*. Oxford University Press, pp. 200 – 18.

Japanese Bankers Association. 2001. *The banking system in Japan*. Tokyo: Japanese Bankers Association.

Jha, R. 2008. "Inflation targeting in India: issues and prospects", *International Review of Applied Economics*, 22, 2: 259 – 70.

Johnston, R. A. 1985. "Monetary policy – the changing environment", *Reserve Bank of Australia Bulletin*, June, 807 – 14.

Jones, D. 2000. "Emerging problems with the Basel Capital Accord: regulatory capital arbitrage and related issues", *Journal of Banking & Finance* 24: 35 – 58.

Kaelberer, M. 2003. "Knowledge, power and monetary bargaining: central bankers and the creation of monetary union in Europe", *Journal of European Public Policy* 10, 3: 365 – 79.

Kahler, M. 2002. "Bretton Woods and its competitors: the political economy of institutional choice", in D. M. Andrews, C. R. Henning, and L. W. Pauly (eds.), *Governing the world's money*. Ithaca, NY: Cornell University Press, pp. 38 – 59.

Kahn, C. M., McAndrews, J., and Roberds, W. 2003. "Settlement risk under gross and net settlement", *Journal of Money, Credit and Banking* 35, 4: 591 – 608.

Kahn, G. A. 2005. "The Greenspan era: lessons for the future – a summary of the Bank's 2005 economic symposium", *Federal Reserve Bank of Kansas City Economic Review* 90, 4: 35 – 45.

Kaminsky, G. L. and Schmukler, S. L. 2003. "Short – run pain, long – run gain: the effects of financial liberalization", IMF Working Paper WP/03/34.

Kaldor, N. 1960. "The Radcliffe Report", *Review of Economics and Statistics* 42, 1: 14 – 19.

Kaplan, J. J. and Schleiminger, G. 1989. The European Payments Union. Oxford: Clarendon Press.

Kapstein, E. B. 1989. "Resolving the regulator's dilemma: international coordination of banking regulations", *International Organization* 43, 2: 323 – 47.

1992. "Between power and purpose: central bankers and the politics of regulatory convergence", *International Organization* 46, 1: 265 – 87.

2008. "Architects of stability? International cooperation among financia lsupervisors", in Borio, Toniolo, and Clement (eds.), pp. 113 – 52.

Karunatilake, H. N. S. 1973. *Central banking and monetary policy in Sri Lanka*. Colombo:

Lake House.

Kawai, M. 2002. "Exchange rate arrangements in East Asia: lessons from the 1997 – 98 currency crisis", *Monetary and Economic Studies* 20, S – 1: 167 – 204.

Kemmerer, E. W. 1918. The ABC of the Federal Reserve System. Princeton University Press.

1927. "Economic advisory work for governments", *American Economic Review* 17, 1: 1 – 12.

Kenen, P. B. 1995. *Economic and monetary union in Europe: moving beyond Maastricht.* New York : Cambridge.

Kenward, L. R. 1999. "What has been happening at Bank Indonesia?" *Bulletin of Indonesian Economic Studies* 35, 1: 121 – 7.

Kettl, D. F. 1986. *Leadership at the Fed.* New Haven, CT: Yale University Press.

Keynes, J. M. 1923. *A tract on monetary reform.* London: Macmillan.

1936. *The general theory of employment, interest, and money.* London: Macmillan.

Khatkhate, D. 1977. "Evolving open market operations in a developing economy: the Taiwan experience", *Journal of Development Studies* 13, 2: 92 – 101.

1991. "The central bank's role in financial sector development", in P. Downes and R. Vaez – Zadeh (eds.), *The evolving role of central banks.* Washington, DC: IMF, pp. 16 – 29.

Khiaonarong, T. 2003. "Payment systems efficiency, policy approaches, and the role of the central bank", Bank of Finland Discussion Papers 1/2003.

Killick, T. (ed.) 1984. *The IMF and stabilisation.* London: Heinemann.

Killick, T. and Mwega, F. M. 1993. "Kenya, 1967 – 88", in Page (ed.), pp. 39 – 77.

Kindleberger, C. P. 1986. "International public goods without international government", *American Economic Review* 76, 1: 1 – 13.

1987. *The world in depression, 1929 – 1939.* London: Pelican.

1996. *Manias, panics, and crashes: a history of financial crashes,* 3rd edn. New York: Wiley.

King, Mervyn. 1994. "Monetary policy in the UK", *Fiscal Studies* 15 : 109 – 28.

1997. "Changes in UK monetary policy: rules and discretion in practice", *Journal of Monetary Economics* 39 : 81 – 97.

1999. "Challenges for monetary policy: new and old", in New challenges for monetary policy: a symposium sponsored by the Federal Reserve Bank of Kansas City, Jackson Hole, Wyoming, 26 – 28 August, 1999, pp. 1 – 57.

2004. "The institutions of monetary policy", *American Economic Review* 94, 2: 1 – 13.

King, Michael. 2001. "The Bank of Canada's pursuit of price stability: reputation as an alternative to independence", Central Banking 12 : 68 – 78.

2005. "Epistemic communities and the diffusion of ideas: central bank reform in the United Kingdom", *West European Politics* 28, 1: 94 – 123.

Kisch, C. H. and Elkin, W. A. 1932. *Central banks*, 2nd edn. London: Macmillan.

Klasen, K. 1957. "Relations between the German central banking system and the commercial banks", in Bundesverband des Privaten Bankgewerbes, *Relations between the central banks and commercial banks*. Frankfurt am Main : Fritz Knapp, pp. 19 – 43.

Komiya, R. and Yamamoto, K. 1981. "Japan: the officer in charge of economic affairs", in A. W. Coats (ed.), pp. 262 – 90.

Kriz, M. A. 1948. "Central banks and the state today", *American Economic Review* 38, 4: 565 – 80.

Krozewski, G. 2001. *Money and the end of empire*. Basingstoke: Macmillan.

Krugman, P. R. 1998. "It's baaack: Japan's slump and the return of the liquidity trap", *Brookings Papers on Economic Activity* 2 : 137 – 87.

Kunz, D. B. 1987. *The battle for Britain's gold standard in* 1931. London: Croom Helm.

Kydland, F. , and Prescott, E. S. 1977. "Rules rather than discretion: the inconsistency of optimal plans", Journal of Political Economy 85, 3: 473 – 92.

Kynaston, D. 1995. "The Bank of England and the government", in R. Roberts and D. Kynaston (eds.) The Bank of England: money, power and influence, 1694 – 1994. Oxford: Clarendon Press, pp. 19 – 55.

La Porta, R. , Shleifer, A. , and Lopez – de – Silanes, F. 2002. "Government ownership of banks", *Journal of Finance* 57, 1: 265 – 301.

Lacker, J. M. 2004. "Payment system disruptions and the federal reserve following September 11, 2001", *Journal of Monetary Economics* 51 : 935 – 65.

Laidler, D. 1969. *The demand for money*. New York: Harper & Row.

Lastra, R. M. 1996. *Central banking and banking regulation*. London: LSE Financial Markets Group.

Laurens, B. (ed.) 2005. "Monetary policy implementation at different stages of market development" . IMF Occasional Paper No. 244.

Lawson, N. 1992. *The view from No. 11*. London: Bantam.

League of Nations. 1945. *The League of Nations reconstruction schemes in the interwar period*. Geneva: League of Nations.

Leeson, R. (ed.) 2000. *A. W. H. Phillips: collected works in contemporary perspective*. Cambridge University Press.

Leigh – Pemberton, R. 1990. "Some remarks on exchange rate regimes", *Bank of England Quarterly Review* 30, 4: 482 – 4.

Leone, A. 1991. "Effectiveness and implications of limits on central bank credit to the government", in P. Downes and R. Vaez – Zadeh (eds.), *The evolvingrole of central banks*. Washington, DC: IMF, pp. 363 – 413.

Levine, R. 1997. "Financial development and economic growth: views and agenda", *Journal of Economic Literature* 35, 2: 688 – 726.

Lexis, W. 1910. "The German bank commission, 1908 – 9", *Economic Journal* 20, 78: 211 – 21.

Lin, S. and Ye, H. 2007. "Does inflation targeting make a difference? Evaluating the treatment effect of inflation targeting in seven industrial countries", *Journal of Monetary Economics* 54 : 2521 – 33.

2009. "Does inflation targeting make a difference in developing countries?", *Journal of Development Economics* 89 : 118 – 23.

Lohmann, S. 1992. "Optimal commitment in monetary policy: credibility versus flexibility", *American Economic Review* 82, 1: 273 – 86.

1998. "Federalism and central bank independence: the politics of German monetary policy 1957 – 92", *World Politics* 50, 3: 401 – 46.

Lombra, R. E. and Moran, M. 1980. "Policy advice and policymaking at the Federal Reserve", *Carnegie – Rochester Conference Series on Public Policy* 13: 9 – 68.

Lucas, R. E. 1973. "Some international evidence on output – inflation tradeoffs", *American Economic Review* 63, 3: 326 – 34.

1976. "Econometric policy evaluation: a critique", *Carnegie – Rochester Conference Series on Public Policy* 1 : 19 – 46.

MacDougall, D. 1957. *The world dollar problem*. London : Macmillan.

Macfarlane, D. 2008. "The value of a 'Coyne': the Diefenbaker government and the 1961 Coyne affair", *Past Imperfect* 16 : 120 – 42.

Macfarlane, I. J. 1998. "Australian monetary policy in the last quarter of the twentieth century", *Reserve Bank of Australia Bulletin*, October, pp. 6 – 19.

Mackie, J. A. C. 1967. *Problems of the Indonesian inflation*. Ithaca, NY: Cornell University Modern Indonesia Project.

Maddison, A. 1991. *Dynamic forces in capitalist development*. Oxford University Press.

1995. *Monitoring the world economy*, 1820 – 1992. Paris : OECD.

Maes, I. 2004. "On the origins of the Franco – German EMU controversies", *European Journal of Law and Economics* 17 : 21 – 39.

2006. "The ascent of the European Commission as an actor in the monetary integration process in the 1960s", Scottish Journal of Political Economy 53, 2: 222 – 41.

Mahadeva, L. and Sterne, G. (eds.) 2000. *Monetary policy frameworks in a global context.* London : Routledge.

Maier, C. S. 1975. *Recasting bourgeois Europe.* Princeton University Press References 313.

Mankiw, N. G. 2001. "U. S. monetary policy during the 1990s", NBER Working Paper No. 8471.

2006. "A letter to Ben Bernanke", *American Economic Review* 96, 2: 182 – 4.

Marcussen, M. 1998. "Central bankers, the ideational life – cycle and the social construction of EMU", European University Institute, Robert Schuman Centre, Paper No. 98/33.

2009. "The Danish central bank: consistent search for stability, but reluctance regarding international integration", University of Copenhagen.

Marichal, C. and Díaz Funtes, D. 1999. "The emergence of central banks in Latin America: are evolutionary models applicable?", in Holtfrerich, Reis, and Toniolo (eds.), pp. 279 – 319.

Marsh, D. 1993. *The Bundesbank: the bank that rules Europe.* London : Mandarin.

Martin, W. M. 1970. "Toward a world central bank?" *Atlantic Community Quarterly* 8, 4: 503 – 15.

Mas, I. 1995. "Central bank independence: a critical view from a developing country perspective", *World Development* 23, 10: 1639 – 52.

Masciandaro, D. and Quintyn, M. (eds.) 2007. *Designing financial supervision institutions.* Cheltenham: Edward Elgar.

Masera, F. , Fazio, A. , and Padoa – Schioppa, T. (eds.) 1975. *Econometric research in European central banks.* Rome: Banca d" Italia.

Maulia, E. 2009. "Indonesia's central bank ordered to protect rupiah", *Jakarta Post*, 6 February.

Maxfield, S. 1994. "Financial incentives and central bank authority in industrializing nations", *World Politics* 46, 4: 556 – 88.

1997. *Gatekeepers of growth: the international political economy of central banking in developing countries.* Princeton University Press.

Mayer, M. 2001. *The Fed: the inside story of how the world's most powerful financial institution drives the market.* New York: Free Press.

Mayer, T. 1999. *Monetary policy and the great inflation in the United States.* Cheltenham: Edward Elgar.

Mayes, D. G. 2006. *The future of financial markets.* Basingstoke: Palgrave Macmillan.

Mayes, D. G., Halme, L., and Liuksila, A. 2001. *Improving banking supervision.* Basingstoke: Palgrave.

Mbowemi, T. T. 1999. "Inflation targeting in South Africa", *South African Journal of Economics* 67, 4: 400 – 9.

McCallum, B. T. 1995. "Two fallacies concerning central bank independence", *American Economic Review* 85, 2: 207 – 11.

McClam, W. D. 1978. "Targets and techniques of monetary policy in Western Europe", *Banca Nazionale del Lavoro Quarterly Review* 124 : 3 – 27.

McKenna, C. D. 2006. *The world's newest profession: management consulting in the twentieth century.* Cambridge University Press.

McKinley, V. and Banaian, K. 2005. "Central bank operational efficiency: meaning and measurement", in Courtis and Nicholl (eds.), pp. 167 – 82.

McLeod, R. H. 2003. "Towards improved monetary policy in Indonesia", *Bulletin of Indonesian Economic Studies* 39, 3: 303 – 24.

McNamara, K. 2002. "Rational fictions: central bank independence and the social logic of delegation", *West European Politics* 25, 1: 47 – 76.

Meek, P. (ed.) 1983. Central bank views on monetary targeting. New York: Federal Reserve Bank of New York Mehrling, P. 2002. "Retrospectives: economists and the Fed: beginnings", *Journal of Economic Perspectives* 16, 4: 207 – 18.

Meltzer, A. H. 2003. *A history of the Federal Reserve* , vol. I, 1913 – 1951. University of Chicago Press.

2005. "Origins of the great inflation", *Federal Reserve Bank of St. Louis Review* 87, 2, part 2: 145 – 75.

Mendzela, J. 2005. "Why change ?", in Courtis and Nicholl (eds.), pp. 15 – 27.

Merrett, D. T. 1998. "Capital markets and capital formation in Australia, 1945 – 1990", Australian Economic History Review 39, 2: 135 – 54.

Meyer, R. H. 1970. *Bankers" diplomacy: monetary stabilization in the twenties.* New York: Columbia University Press.

Mikesell, R. F. 1954. *Foreign exchange in the postwar world.* New York: Twentieth Century Fund.

Miller, M. B. 2003. "The business trip: maritime networks in the twentieth century", *Business History Review* 77, 1: 1 – 32.

Milward, A. S. 1984. *The reconstruction of Western Europe.* London : Methuen.

Mishkin, F. S. 1995. *Financial markets, institutions, and money.* New York: HarperCollins.

（ed. ）2001. *Prudential supervision: what works and what doesn't*. University of Chicago Press.

2008. "Challenges for inflation targeting in emerging market countries", *Emerging Markets Finance & Trade* 44, 6: 5 – 16.

Mishkin, F. S. and Posen, A. S. 1997. "Inflation targeting: lessons from four countries", *Federal Reserve Bank of New York Economic Policy Review* 3, 3: 1 – 110.

Mitchell, W. C. 1911. "The publications of the National Monetary Commission", *Quarterly Journal of Economics* 25, 2: 563 – 93.

Mitchener, K. J. , Shizume, M. , and Weidenmier, M. D. 2009. "Why did countries adopt the gold standard? Lessons from Japan", NBER Working Paper No. 15195.

Moggridge, D. E. 1969. *The return to gold, 1925: the formulation of economic policy and its critics*. London: Cambridge University Press.

1992. *Maynard Keynes: an economist's biography*. London: Routledge.

Moggridge, D. E. and Howson, S. 1974. "Keynes on monetary policy, 1910 – 1914", *Oxford Economic Papers* 26, 2: 226 – 47.

Mooij, J. 2005. "Corporate culture of central banks: lessons from the past", *Journal of European Economic History* 34, 1: 11 – 42.

Morrell, K. G. 1979. "Non – bank financial institutions, II: the market for longterm funds", in R. S. Deane and P. W. E. Nicholl (eds.), *Monetary policyand the New Zealand financial system*. Wellington: Reserve Bank of New Zealand, pp. 99 – 116.

Mouré, K. 1992. "The limits to central bank cooperation, 1916 – 36", *Contemporary European History* 1, 3: 259 – 79.

2002. *The gold standard illusion: France, the Bank of France, and the international gold standard, 1914 – 1939*. Oxford University Press.

Muirhead, B. 1999. *Against the odds: the public life and times of Louis Rasminsky*. University of Toronto Press.

Mundell, R. A. 2000. "A reconsideration of the twentieth century", *American Economic Review* 90, 3: 327 – 40.

Munoz, S. 2007. "Central bank quasi – fiscal losses and high inflation in Zimbabwe: a note", IMF Working Paper WP/07/98.

Nakakita, T. 2001. "Restructuring the Ministry of Finance and revising the Bank of Japan Law", *The Japanese Economy* 29, 1: 48 – 86.

Nash, G. D. 1959. "Herbert Hoover and the origins of the Reconstruction Finance Corporation", *Mississippi Valley Historical Review* 46, 3: 455 – 68.

Nelson, E. 2005a. "The great inflation of the 1970s: what really happened?" *Advances in*

Macroeconomics 5, 1, Article 3.

2005b. "Monetary policy neglect and the great inflation in Canada, Australia, and New Zealand", *International Journal of Central Banking* 1, 1: 133 – 79.

2007a. "The great inflation and early disinflation in Japan and Germany", *International Journal of Central Banking* 3, 4: 23 – 76.

2007b. "Milton Friedman and U. S. monetary history: 1961 – 2006", Federal *Reserve Bank of St. Louis Review* 89, 3: 153 – 82.

2008. "Friedman and Taylor on monetary policy rules: a comparison", Federal *Reserve Bank of St. Louis Review* 90, 2: 95 – 116.

Nelson, R. H. 1987. "The economics profession and the making of public policy", *Journal of Economic Literature* 25, 1: 49 – 91.

Neumann, M. J. M. 1999. "Monetary stability: threat and proven response", in Deutsche Bundesbank (ed.), pp. 269 – 306.

New York Times. 1922. "Four swam ashore in river of flame", 12 September.

Nicholls, G. 2001. "Central banking in the context of a currency union: a case study of the ECCB", *Social and Economic Studies* 50, 3 – 4: 75 – 107.

Niemeyer, O. 1931. Banking and currency in New Zealand. Wellington: Government Printer.

Noble, G. W. and Ravenhill, J. (eds.) 2000. *The Asian financial crisis*. Cambridge University Press.

Norman, M. 1932. "Foreword", in Kisch and Elkin, pp. v – vi.

Nurkse, R. 1944. *International currency experience*. Geneva: League of Nations Oatley, T. and Nabors, R. 1998. "Redistributive cooperation: market failure, wealth transfers, and the Basle Accord", *International Organization* 52, 1: 35 – 54.

Obstfeld, M., Shambaugh, J. C., and Taylor, A. M. 2004. "Monetary sovereignty, exchange rates, and capital controls: the trilemma in the interwar period", *IMF Staff Papers* 51: 75 – 108.

Officer, L. 2001. "Gold standard", EH. Net Encyclopedia, ed. R. Whaples, http: // eh. net/encyclopedia/article/officer. gold. standard (accessed 22 August 2009).

Ohnuki, M. 2007. "The Bank of Japan network and financial market integration: from the establishment of the Bank of Japan to the early 20th century", *Monetary and Economic Studies* 25, 1: 95 – 127.

Okazaki, T. 1995. "The evolution of the financial system in post – war Japan", *Business History* 37, 2: 90 – 106.

Okina, K. 1999. "Monetary policy under zero inflation: a response to criticisms and questions regarding monetary policy", *Monetary and Economic Studies* 17, 3: 157 – 82.

Oliver, M. J. 2007. "Financial crises", in M. J. Oliver and D. H. Aldcroft (eds.), Economic disasters of the twentieth century Cheltenham: Edward Elgar, pp. 182 – 235.

Olsson, U. and Jörnmark, J. 2007. "The political economy of commercial banking in Sweden: a bird's eye view of the relations between industry and banking over 150 years", in P. L. Cottrell, E. Lange, and U. Olsson (eds.), *Centres and peripheries in banking*. Ashgate: Aldershot, pp. 197 – 210.

Onado, M. 2003. "Financial regulation in Europe and in Italy", in De Rosa (ed.), pp. 165 – 83.

Orbell, J. 2004. "Baring, (George) Rowland Stanley, third earl of Cromer (1918 – 1991)", in Oxford dictionary of national biography. Oxford University Press ; online edn, January 2008, www. oxforddnb. com/view/article/49616 (accessed 17 April 2008) .

Organisation for Economic Cooperation and Development 1974. *Monetary policy in the United States*. Paris: OECD.

1983a. *Economic survey*: New Zealand. Paris: OECD.

1983b. *The internationalisation of banking*. Paris: OECD.

O'Rourke, K. H. and Williamson, J. G. 1999. *Globalization and history*. Cambridge, MA: MIT Press.

Orphanides, A. 2002. "Monetary policy rules and the great inflation", *American Economic Review* 92, 2: 115 – 20.

2003. "Historical monetary policy analysis and the Taylor rule", *Journal of Monetary Economics* 50, 5: 983 – 1022.

2004. "Monetary policy rules, macroeconomic stability and inflation: a view from the trenches", Journal of Money, Credit and Banking 36, 2: 151 – 75.

Osterloo, S. and de Haan, J. 2004. "Central banks and financial stability: a survey", *Journal of Financial Stability* 1 : 257 – 73.

Padoa – Schioppa, T. 1994. *The road to monetary union in Europe: the emperor, the kings and the genies*. Oxford : Clarendon Press.

1999. "EMU and banking supervision: lecture by Tommaso Padoa – Schioppa, Member of the Executive Board of the European Central Bank, at the London School of Economics, Financial Markets Groupon 24 February 1999", www. ecb. int/press/key/date/1999/html/sp990224. en. html # (accessed 1 July 2009) .

Page, O. 2005. "Foreword", in J. Tattersall and R. Smith (eds.), *A practitioner's guide to the Basel Accord*. Old Woking : City & Financial Publishing, pp. xvii – xxii.

Page, S. (ed.) 1993. *Monetary policy in developing countries*. London: Routledge.

Palgrave, R. H. I. 1894. *Dictionary of political economy*, vol. I. London : Macmillan.

1903. *Bank rate and the money market.* London : John Murray.

Parker, R. E. (ed.) 2002. *Reflections on the Great Depression.* Cheltenham : Edward Elgar.

2007. The economics of the Great Depression: a twenty – first century look back at the economics of the interwar period. Cheltenham : Edward Elgar.

Patrick, H. T. 1965. "External equilibrium and internal convertibility: financial policy in Meiji Japan", *Journal of Economic History* 25, 2: 187 – 213.

Paul, R. 2009a. *End the Fed.* New York : Grand Central.

2009b. "Fed audit will show what they're hiding", www. ronpaul. com/2009 – 08 – 01/ fed – audit – will – show – what – theyre – hiding/ (accessed 6 August 2009) .

Pauly, L. W. 1988. *Opening financial markets: banking politics on the Pacific Rim.* Ithaca, NY : Cornell University Press.

1997. *Who elected the bankers? Surveillance and control in the world economy.* Ithaca, NY: Cornell University Press.

Pazos, F. 1972. *Chronic inflation in Latin America.* New York : Praeger.

Peden, G. C. 2000. *The Treasury and British public policy*, 1906 – 1959. Oxford University Press.

Persson, T. and Tabellini, G. 1993. "Designing institutions for monetary stability", *Carnegie – Rochester Conference Series on Public Policy* 39 : 53 – 84.

Péteri, G. 1992. "Central bank diplomacy: Montagu Norman and central Europe's monetary reconstruction after World War I", *Contemporary European History* 1, 3: 233 – 58.

Phelps, E. S. 1967. "Phillips curves, expectations of inflation, and optimal unemployment over time", *Economica* 34, 3: 254 – 81.

Pigou, A. C. 1921. *The political economy of war.* London : Macmillan.

Plantier, C. and Scrimgeour, D. 2002. "The Taylor rule and its relevance to New Zealand monetary policy", *RBNZ Bulletin* 65, 1: 5 – 13.

Plessis, A. 1992. "Bankers in French society, 1860s – 1960s", in Y. Cassis (ed.), *Finance and financiers in European history* 1880 – 1960. Cambridge University Press, pp. 147 – 60.

2007. "The Banque de France and the emergence of a national financial market in France during the nineteenth century", in P. L. Cottrell, E. Lange, and U. Olsson (eds.), *Centres and peripheries in banking.* Aldershot : Ashgate, pp. 143 – 60.

Plumptre, A. F. W. 1940. *Central banking in the British dominions.* University of Toronto Press.

Pollard, P. S. 2003. "A look inside two central banks: the European Central Bank and the Federal Reserve", *Federal Reserve Bank of St. Louis Review* 85, 2: 11 – 30.

Posen, A. S. 1995. "Declarations are not enough: financial sector sources of central bank independence", in B. Bernanke and J. Rotemberg (eds.), NBER *Macroeconomics Annual 1995*. Cambridge, MA: MIT Press, pp. 253 – 74.

Prast, H. M. 2003. "Financial stability and efficiency in the twentieth century: the Netherlands", in De Rosa (ed.), pp. 185 – 204.

Price, L. 1998. "The responsibilities of central banks in the transition economies", *Journal of International Development* 10 : 643 – 57.

Rajan, R. G. and Zingales, L. 2003. "The great reversals: the politics of financial development in the twentieth century", *Journal of Financial Economics* 69 : 5 – 50.

Rasminsky, L. 1987. "The role of the central banker today", in P. Ciocca (ed.), *Money and the economy: central bankers' views*. Basingstoke: Macmillan, pp. 57 – 78.

Reddell, M. 1999. "Origins and early development of the inflation target", *RBNZ Bulletin* 62, 3: 63 – 71.

Reid, M. 1982. The secondary banking crisis, 1973 – 75. London : Macmillan Reinhart, C. and Felton, A. (eds.) 2008. *The first global financial crisis of the 21st century*. London: Vox-EU Publications.

Reinhart, C. and Savastano, M. A. 2003. "The realities of modern hyperinflation", *Finance and Development* 40, 2: 20 – 3.

Reis, J. 2007. "An 'art', not a 'science'? Central bank management in Portugal under the gold standard, 1863 – 1871", *Economic History Review* 60, 4: 712 – 41.

Reserve Bank of New Zealand. 1963. *Money and banking in New Zealand*. Wellington: RBNZ.

1986. *Financial policy reform*. Wellington : RBNZ.

1989. *Annual report 1989*. Wellington : RBNZ.

1993a. "*Interview with Don Brash*", RBNZ Bulletin 56, 3: 284 – 90.

1993b. *Monetary policy and the New Zealand financial system*, 3rd edn. Wellington : RBNZ.

1994. "The way we were", *Bank Notes* 44, 4 August.

1999. "New Policy Targets Agreement", www. rbnz. govt. nz/news/1999/0092613. html (accessed 8 October 2009).

RBNZ Archives. 1972. Box A0071: "Inflation in New Zealand", 6 November 1972.

1986. "Board minutes", 13 March.

Rhodes, J. R. and Yoshino, N. 1999. "Window guidance by the Bank of Japan", *Contemporary Economic Policy* 17, 2: 166 – 76.

Rich, G. 2003. "Swiss monetary targeting 1974 – 1996: the role of internal policy analysis", ECB Working Paper No. 236.

Richter, R. 1999. "German monetary policy as reflected in the academic debate", in Deutsche Bundesbank (ed.), pp. 525 – 71.

Riefler, W. R. 1936. "The dilemma of central banking as illustrated in recent literature", *Quarterly Journal of Economics* 50, 4: 706 – 18.

Riles, A. 2001. "Real time: governing the market after the failure of knowledge", Northwestern Law Legal Working Paper Series. Law and Economics Papers. Working Paper No. 41, law. bepress. com/nwwps/lep/art41 (accessed1 October 2009) .

2004. "Real time: unwinding technocratic and anthropological knowledge", American Ethnologist 31, 3: 392 –405.

Ritter, L. S. 1980. "Allan Sproul 1896 – 1978: a tower of strength", in L. S. Ritter (ed.), *Selected papers of Allan Sproul* . New York : Federal Reserve Bank of New York, pp. 1 –21.

Roberts, P. 1998. " 'Quis custodiet ipsos custodes?' The Federal Reserve System's founding fathers and allied finances in the First World War", *Business History Review* 72, 4: 585 – 620.

2000. "Benjamin Strong, the Federal Reserve, and the limits to interwar American nationalism: Part I: Intellectual profile of a central banker", *Federal Reserve Bank of Richmond Economic Quarterly* 86, 1: 61 –76.

Roberts, R. 1995. "The Bank of England and the City", in R. Roberts and D. Kynaston (eds.), *The Bank of England: money, power and influence*, 1694 – 1994. Oxford : Clarendon Press, pp. 152 –84.

Robertson, P. L. and Singleton, J. 2001. "The Commonwealth as an economic network", *Australian Economic History Review* 41, 3: 241 –66.

Robertson, R. R. 1968. *The Comptroller and bank supervision.* Washington, DC: Office of the Comptroller of the Currency.

Rockwood, C. E. 1969. *National incomes policy for inflation control.* Tallahassee : Florida State University Press.

Rodgers, P. 1998. "The Bank of England Act", *Bank of England Quarterly Bulletin* 38, 2: 93 –6.

Rogoff, K. 1985. "The optimal degree of commitment to an intermediate monetary target", *Quarterly Journal of Economics* 100, 4: 1169 –89.

Roll, E. 1993. *Independent and accountable: a new mandate for the Bank of England.* London : Centre for Economic Policy Research.

319

Romer, C. D. 1992. "What ended the Great Depression ?", *Journal of Economic History* 52, 4: 757 – 84.

Romer, C. D. and Romer, D. H. 2002a. "The evolution of economic understanding and postwar stabilization policy", NBER Working Paper No. 9274.

2002b. "A rehabilitation of monetary policy in the 1950s", *American Economic Review* 92, 2: 121 – 27.

2004. "Choosing the Federal Reserve chair: lessons from history", Journal of Economic Perspectives 18, 1: 129 – 61.

Rosati, S. and Secola, S. 2006. "Explaining cross – border large – value payment flows: evidence from TARGET and EURO1 data", *Journal of Banking and Finance* 30, 6: 1753 – 82.

Rose, A. 2007. "A stable international monetary system emerges: inflation targeting is Bretton Woods, reversed", *Journal of International Money and Finance* 26, 5: 663 – 81.

Rosenberg, E. S. 1998. "Revisiting dollar diplomacy: narratives of money and manliness", *Diplomatic History* 22, 2: 177 – 98.

Rosenbluth, F. M. 1989. *Financial politics in contemporary Japan.* Ithaca, NY: Cornell University Press.

Ross, D. M. 2004. "Domestic monetary policy and the banking system in the UK 1945 – 1971", in R. Michie and P. Williamson (eds.), *The British government and the City of London in the twentieth century.* Cambridge University Press, pp. 298 – 321.

Rowse, T. 2002. *Nugget Coombs: a reforming life.* Cambridge University Press.

Sacerdoti, E. 1991. "Central bank operations and independence in a monetary union: BCEAO and BEAC", in P. Downes and R. Vaez – Zadeh (eds.), *The evolving role of central banks.* Washington, DC : IMF, pp. 147 – 66.

Sachs, J. D. 1986. "The Bolivian hyperinflation and stabilization", NBER Working Paper 2073.

Sanchez – Arroyo, A. 1996. "The Mexican payment and settlement system: the quality and quantity leaps ahead", *North American Journal of Economics and Finance* 7, 2: 171 – 9.

Santaella, J. A. 1993. "Stabilization programs and external enforcement: experience from the 1920s", *IMF Staff Papers* 40, 3: 584 – 21.

Sayers, R. S. 1957. Central banking after Bagehot. Oxford : Clarendon Press 1958. *Modern banking* , 4th edn. Oxford : Clarendon Press.

1961. "Alternative views of central banking", *Economica* 28, 110: 111 – 24.

1968. *Gilletts in the London money market*, 1867 – 1967. Oxford : Clarendon Press.

1976. *The Bank of England*, 1891 – 1944, 3 vols. Cambridge University Press.

Schacht, H. 1955. *My first seventy – six years.* London: Allan Wingate.

Schedvin, C. B. 1992. *In reserve: central banking in Australia*, 1945 – 75. St Leonards NSW: Allen & Unwin.

Scheller, H. K. 2004. The European Central Bank: history, role and functions. Frankfurt am Main : ECB.

Schenk, C. R. 1992. "The sterling area and British policy alternatives in the 1950s", *Contemporary Record* 6, 2: 266 – 86.

1993. "The origins of a central bank in Malaya and the transition to independence, 1954 – 59", *Journal of Imperial and Commonwealth History* 21, 2: 409 – 31.

1994. Britain and the sterling area. London: Routledge 1997. "Monetary institutions in newly independent countries: the experience of Malaya, Ghana and Nigeria in the 1950s", *Financial History Review* 4, 2: 181 – 98.

2002. "Banks and the emergence of Hong Kong as an international financial centre", *Journal of International Financial Markets, Institutions and Money* 12, 4 – 5: 321 – 40.

2004. "The new City and the state in the 1960s", in R, Michie and Philip Williamson (eds), *The British government and the City of London in the twentieth century*. Cambridge University Press, pp. 322 – 39.

2008. "Malaysia and the end of the Bretton Woods system 1965 – 72: disentangling from sterling", *Journal of Imperial and Commonwealth History* 36, 2: 197 – 220.

2010. *The decline of sterling: managing the retreat of an international currency*, 1945 – 1992. Cambridge University Press.

Schiltz, M. 2006. "An "ideal bank of issue": the Banque Nationale de Belgique as a model for the Bank of Japan", *Financial History Review* 13, 2: 179 – 96.

Schloss, H. H. 1958. *The Bank for International Settlements: an experiment in central bank cooperation*. Amsterdam : North – Holland.

Schnabel. I. 2004. "The German twin crisis of 1931", *Journal of Economic History* 64, 3: 822 – 71.

Schubert, A. 1992. *The Credit Anstalt crisis of 1931*. New York: Cambridge University Press.

1999. "The emergence of national central banks in central Europe after the break – up of the Austro – Hungarian monarchy", in Holtfrerich, Reis, and Toniolo (eds.), pp. 186 – 230.

Schultz, F. H. 2005. "The changing role of the Federal Reserve", *Federal Reserve Bank of St. Louis Review* 87, 2, part 2: 343 – 8.

Schwartz, A. J. 1993. "Currency boards: their past, present and possible future role", *Carnegie – Rochester Conference Series on Public Policy* 39 : 147 – 87.

Scott, W. A. 1914. "Banking reserves under the Federal Reserve Act", *Journal of Politi-*

cal Economy 22, 4: 332 – 44.

Seidel, R. N. 1972. "American reformers abroad: the Kemmerer Missions in South America", *Journal of Economic History* 32, 2: 520 – 45.

Shih, V. C. 2008. *Factions and finance in China.* Cambridge University Press.

Shughart, W. F. and Tollison, R. D. 1986. "Preliminary evidence on the use of inputs by the Federal Reserve System", in Toma and Toma (eds.), pp. 67 – 90.

Sijben, J. J. 2002a. "Regulation and market discipline in banking supervision: an overview – part 1", *Journal of International Banking Regulation* 3, 4: 363 – 80.

2002b. "Regulation and market discipline in banking supervision: an overview – part 2", *Journal of International Banking Regulation* 4, 1: 55 – 71.

Siklos, P. L. 2002. *The changing face of central banking.* Cambridge University Press.

2008. "Inflation targeting around the world", Emerging Markets Finance & Trade 44, 6: 17 – 37.

Simha, S. L. N. 1970. *History of the Reserve Bank of India* (1935 – 51). Bombay: Reserve Bank of India.

Simmons, B. 1993. "Why innovate? Founding the Bank for International Settlements", *World Politics* 45, 3: 361 – 405.

2001. "The international politics of harmonization: the case of capital market regulation", *International Organization* 55, 3: 589 – 620.

2008. "The future of central bank cooperation", in Borio, Toniolo, and Clement (eds.), pp. 174 – 210.

Simons, H. C. 1936. "Rules versus authorities in monetary policy", *Journal of Political Economy* 44, 1: 1 – 30.

Singleton, J. 1995. "Labour, the Conservatives and nationalisation", in R. Millward and J. Singleton (eds.), *The political economy of nationalizationin Britain* 1920 – 50. Cambridge University Press, pp. 13 – 33.

1998. "Anglo – New Zealand financial relations, 1945 – 61", *Financial History Review* 5: 139 – 57.

2006. "The central bank and government partnership in Australia and New Zealand since the 1930s", in G. Boyce, S. Mcintyre, and S. Ville (eds.), *How organisations connect.* Melbourne University Press, pp. 100 – 22.

2007. "Destruction and misery ... the First World War", in M. J. Oliver and D. H. Aldcroft (eds.), *Economic disasters of the twentieth century.* Cheltenham: Edward Elgar, pp. 9 – 50.

2009. "The winds of change for central banks? The impact of economic criseson the central banking world". Paper presented at the workshop on the global financial crisis: historical perspectives and implications for New Zealand, Reserve Bank of New Zealand, June.

Singleton, J., with Grimes, A., Hawke, G., and Holmes, F. 2006. *Innovation and independence: the Reserve Bank of New Zealand*, 1973 – 2002. Auckland University Press.

Singleton, J. and P. L. Robertson. 2002. *Economic relations between Britain and Australasia* 1945 – 1970. Basingstoke : Palgrave.

Skidelsky, R. 1994. *John Maynard Keynes: the economist as saviour* 1920 – 1937. London : Papermac.

Small, D. H. and Clouse, J. A. 2004. "The scope of monetary policy actions authorized under the Federal Reserve Act", Board of Governors of the Federal Reserve System Research Paper Series – FEDS Papers 2004 – 40.

Smith, V. C. 1936. *The rationale of central banking*. London: P. S. King.

Snowdon, B. 2002. *Conversations on growth, stability and trade*. Cheltenham: Edward Elgar.

Solomon, R. 1982. *The international monetary system*, 1945 – 1981. New York: Harper & Row.

Solomon, S. 1995. *The confidence game: how unelected central bankers are governing the changed global economy*. New York: Simon & Schuster.

Sommariva, A. and Tullio, G. 1987. *German macroeconomic history* 1880 – 1979. New York: St Martin's Press.

Spence, J. D. 1981. *The gate of heavenly peace: the Chinese and their revolution* 1895 – 1980. New York: Viking.

Sprague, O. M. W. 1914. "The Federal Reserve Act of 1913", *Quarterly Journal of Economics* 28, 2: 213 – 54.

Sproul, A. 1967. "Coordination of economic policy", *Journal of Finance* 22, 2: 137 – 46.

1980. "The 'Accord' – a landmark in the first fifty years of the Federal Reserve System", in L. S. Ritter (ed.) *Selected papers of Allan Sproul*. New York: Federal Reserve Bank of New York, pp. 51 – 73.

St – Amant, P., Tkacz, G., Guérard – Langlois, A., and Morel, L. 2005. "Quantity, quality, and relevance: central bank research, 1990 – 2003", Bank of Canada Working Paper 2005 – 37.

Stern, K. 1999. "The note – issuing bank within the state structure", in Deutsche Bundesbank (ed.), pp. 103 – 64.

Stewart, H. 2009. "This is how we let the credit crunch happen, Ma'am", The Observer, 26 July, www. guardian. co. uk/uk/2009/jul/26/monarchy – creditcrunch (accessed 26 July

2009）.

Stiglitz, J. E. 1998. "Central banking in a democratic society", *De Economist* 146, 2: 199 – 226.

Stiglitz, J. E. and Uy, M. 1996. "Financial markets, public policy, and the East Asian miracle", *World Bank Research Observer* 11, 2: 249 – 76.

Stockwell, E. (ed.) 1989. *Working at the Board*, 1920 – 1970. Washington, DC : Board of Governors of the Federal Reserve.

Stockwell, S. E. 1998. "Instilling the ' Sterling Tradition' : decolonization and the creation of a central bank in Ghana", *Journal of Imperial and Commonwealth History* 26, 2: 100 – 19.

Strakosch, H. 1921. "The South African Reserve Bank", *Economic Journal* 31, 122: 172 – 8.

Streit, M. E. 1999. "German monetary union", in Deutsche Bundesbank (ed.), pp. 639 – 81.

Summers, B. J. (ed.) 1994. *The payment system: design, management, and supervision.* Washington, DC : International Monetary Fund.

Sutton, M. 1984. "Indonesia, 1966 – 70", in Killick (ed.), pp. 68 – 114.

Svensson, L. E. O. 1997. "Inflation targeting in an open economy: strict orflexible inflation targeting?", RBNZ Discussion Paper G97/8.

2001. *Independent review of the operation of monetary policy in New Zealand: reportto the Minister of Finance.* Wellington : New Zealand Treasury.

2003. "What is wrong with Taylor rules? Using judgment in monetary policy through targeting rules", *Journal of Economic Literature* 41, 2: 426 – 77.

Sylla, R. 1988. "The autonomy of monetary authorities: the case of the U. S. Federal Reserve System", in Toniolo (ed.), pp. 17 – 38.

Tabellini, G. 2008. "Why central banking is no longer boring", http: //voxeu. org/index. php? q = node/1259 (accessed 2 July 2009) .

Takagi, S. 2007. "Managing flexibility: Japanese exchange rate policy, 1971 – 2007", *Singapore Economic Review* 52, 3: 335 – 61.

Takeda, M. and Turner, P. 1992. "The liberalization of Japan's financial markets: some major themes", *BIS Economic Papers* 34.

Tamaki, N. 1995. *Japanese banking: a history*, 1859 – 1959. Cambridge University Press.

Taylor, J. B. 1993. "Discretion versus policy rules in practice", *Carnegie – Rochester Series on Public Policy* 39 : 195 – 214.

2009. "The financial crisis and the policy responses: an empirical analysis of what went wrong", NBER Working Paper No. 14631.

Taylor, J. B. (ed.) 1999. *Monetary policy rules.* University of Chicago Press.

Temin, P. 1989. *Lessons from the Great Depression.* Cambridge, MA: MIT Press.

Thatcher, M. 1993. *The Downing Street years.* London: HarperCollins.

Thirlwall, A. P. 1980. *Balance of payments theory and the United Kingdom experience.* London : Macmillan.

Thornton, D. L. 2006. "When did the Fed begin targeting the Federal Funds Rate? What the verbatim transcripts tell us", *Journal of Money, Credit and Banking* 38, 8: 2039 – 71.

Thygesen, N. 1989. "The Delors Report and European Economic and Monetary Union", *International Affairs* 65, 4: 637 – 52.

Times, The 1903. "Shooting outrage at the Bank of England", 25 November, p. 11.

Toma, E. F. and Toma, M. (eds.) 1986. *Central bankers, bureaucratic incentives and monetary policy.* Dordrecht : Kluwer.

Tomasson, G. 1970. "Indonesia: economic stabilization, 1966 – 69", *Finance &Development* 7, 4: 46 – 53.

Toniolo, G. (ed.) 1988. *Central bank independence in historical perspective.* Berlin : Walter de Gruyter.

Toniolo, G. 2005. *Central bank cooperation at the Bank for International Settlements, 1930 – 1973.* Cambridge University Press.

Treasury and Civil Service Committee 1993 – 4. *First report on the role of the Bank of England*, vol. I. London : HMSO.

Trescott, P. B. 1995. "The money doctor in China: Edwin Kemmerer's commission of financial experts, 1929", in W. J. Samuels and J. E. Biddle (eds.), *Research in the history of economic thought and methodology,* vol. XIII, Greenwich, CT: JAI Press, pp. 125 – 58.

2007. *Jingji Xue: the history of the introduction of western economic ideas into China, 1850 – 1950.* Hong Kong : Chinese University Press.

Trichet, J. – C. 2004. "Foreword", in H. K. Scheller, *The European Central Bank: history, role and functions.* Frankfurt am Main : ECB, pp. 9 – 10.

Tsoukalis, L. 1977. *The politics and economics of European monetary integration.* London : George Allen & Unwin.

Turner, J. D. 2000. "The Hayekian approach to banking supervision in New Zealand", *Annals of Public and Cooperative Economics* 71, 1: 105 – 25.

Uche, C. U. 1997. "Bank of England vs the IBRD: did the Nigerian colony deserve a central bank?", *Explorations in Economic History* 34 : 220 – 41.

Ungerer, H. 1997. *A concise history of European monetary integration: from EPU to EMU.* Westport, CT : Greenwood.

Van Dormael, A. 1978. *Bretton Woods: birth of a monetary system.* London : Macmillan.

Vaubel, R. 1997. "The bureaucratic and partisan behaviour of independent central banks: German and international evidence", *European Journal of Political Economy* 13, 2: 201 – 24.

Végh, C. A. 1992. "Stopping high inflation: an analytical overview", *IMF Staff Papers* 39, 6: 26 – 95.

Verdun, A. 1999. "The role of the Delors Committee in the creation of EMU: an epistemic community?", *Journal of European Public Policy* 6, 2: 308 – 28.

Vicarelli, F. 1988. "Central bank autonomy: a historical perspective", in Toniolo (ed.), pp. 1 – 16.

Vittas, D. and Wang, B. 1991. "Credit policies in Japan and Korea", World Bank Policy Research Working Paper Series No. 747.

Volcker, P. A. 1978. "The role of monetary targets in an age of inflation", *Journal of Monetary Economics* 4, 2: 329 – 39.

2000. "Commanding heights PBS interview with Paul Volcker", www. pbs. org/wgbh/commandingheights/shared/minitextlo/int paulvolcker. html (accessed 4 April 2008) .

Volcker, P. A. and Gyohten, T. 1992. *Changing fortunes: the world's money and the threat to American leadership* . New York: Times Books.

von Furstenberg, G. M. and Ulan, M. K. 1998. *Learning from the world's bestcentral bankers.* Boston, MA: Kluwer.

von Hagen, J. 1999. "A new approach to monetary policy (1971 – 8)", in Deutsche-Bundesbank (ed.), pp. 403 – 38.

Walsh, C. 1995a. "Is New Zealand's Reserve Bank Act of 1989 an optimal central bank contract?", *Journal of Money, Credit and Banking* 27, 4: 1179 – 91.

1995b. "Optimal contracts for central bankers", *American Economic Review* 85, 1: 150 – 67.

Walters, A. A. 1986. *Britain's economic renaissance.* Oxford University Press.

Watts, G. S. 1972. "Government of Canada Treasury bills", *Bank of Canada Review* May: 3 – 13.

1993. *The Bank of Canada: origins and early history,* ed. T. K. Rymes. Ottawa: Carleton University Press.

Wei, H. 1992. "China's central banking system, 1949 – 1990: a historical an alysis with comparisons with Indian central banking", Ph. D. thesis, University of Tennessee. .

Weise, C. L. 2008. "Political constraints on monetary policy during the great inflation", MPRA Paper No. 8694.

Weitz, J. 1997. Hitler's banker: *Hjalmar Horace Greeley Schacht.* New York: Little,

Brown.

Weller, P. 1989. Malcolm Fraser PM: *a study in prime ministerial power in Australia*. Ringwood, Vic.: Penguin.

Werner, R. A. 2002. "Aspects of career development and information management policies at the Bank of Japan", *The Japanese Economy* 30, 6: 38 – 60.

——— 2003. *Princes of the yen: Japan's central bankers and the transformation of the economy*. Armonk, NY: M. E. Sharpe.

West, R. C. 1983. "The evolution and devolution of bank regulation in the United States", *Journal of Economic Issues* 17, 2: 361 – 7.

Wetterberg, G. 2009. *Money and power: from Stockholms Banco 1656 to Sveriges Riksbank today*. Stockholm: Sveriges Riksbank/Atlantis.

White, B. 1997. "Preparing for natural disasters – where does the Reserve Bank fit in?", *RBNZ Bulletin* 60, 4: 332 – 41.

White, L. H. 1989. *Competition and currency: essays on free banking and money*. New York University Press.

——— 1991. "Banking without a central bank: Scotland before 1844 as a 'free banking' system", in F. Capie and G. E. Wood (eds.), *Unregulated banking: chaos or order?* New York: St Martin's Press, pp. 37 – 62.

Whittlesey, C. R. 1963. "Power and influence in the Federal Reserve System", *Economica* 30, 117: 33 – 44.

Wicker, E. 1966. "Federal Reserve monetary policy, 1922 – 33: a reinterpretation", *Journal of Political Economy* 73, 4: 325 – 43.

——— 2005. *The great debate on banking reform: Nelson Aldrich and the origins of the Fed*. Columbus: Ohio State University Press.

Willett, T. D. 1990. "Studying the Fed: towards a broader public choice perspective", in T. Mayer (ed.), *The political economy of American monetary policy*. Cambridge University Press, pp. 13 – 25.

Williams, J. H. 1978. *Postwar monetary plans and other essays*. New York: Arno.

Williamson, P. 2004. "The City of London and government in modern Britain: debates and politics", in R. Michie and P. Williamson (eds.), *The British government and the City of London in the twentieth century*. Cambridge University Press, pp. 5 – 30.

Wolf, H. C., Ghosh, A. R., Berger, H., and Gulde, A. – M. 2008. *Currency boards in retrospect and prospect*. Cambridge, MA: MIT Press.

Wood, D. 2005. *Governing global banking: the Basel Committee and the politics of financial globalization*. Aldershot: Ashgate.

Wood, G. E. 2000. "The lender of last resort reconsidered", *Journal of Financial Services Research* 18, 2/3: 203 – 27.

Wood, J. H. 2005. *A history of central banking in Great Britain and the United States.* Cambridge University Press.

Woodward, B. 2000. *Maestro: Greenspan's Fed and the American boom.* New York: Simon & Schuster.

Woolley, J. T. 1984. *Monetary politics: the Federal Reserve and the politics of monetary policy.* Cambridge University Press.

World Bank. 1993. *The East Asian miracle.* Washington, DC : World Bank.

Wright, M. 2006. "The policy origins of the Reserve Bank of New Zealand", *Reserve Bank of New Zealand Bulletin* 69, 3: 5 – 22.

Wyplosz, C. 1997. "EMU: why and how it might happen", *Journal of Economic Perspectives* 11, 4: 3 – 21.

Yaffe, H. 2009. *Che Guevara: the economics of revolution.* Basingstoke: Palgrave Macmillan.

Yilmazkuday, H. 2008. "Structural breaks in monetary policy rules: evidence from transition countries", *Emerging Markets Finance & Trade* 44, 6: 87 – 97.

Yohe, W. P. 1990. "The intellectual milieu at the Federal Reserve Board in the 1920s", *History of Political Economy* 22, 3, 465 – 88.

Zhang, X. 2005. "The changing politics of central banking in Taiwan and Thailand", *Pacific Affairs* 78, 3: 377 – 401.

Zijlstra, J. 1985. *Jelle Zijsltra, a central banker's view.* Hingham, MA: Kluwer.

译者后记

    第一次接触到《20世纪的中央银行》（英文版）这本书是在2013年冬，临近假期。当时外交学院国际经济学院国际金融系欧明刚主任向我推荐这本书，说这是一本不错的中央银行史书，希望能把它翻译出来。当时我正在给大三学生上《中央银行学》的选修课，同时系里正在商讨如何针对本院学生的特点提高其对专业的兴趣。最后我们决定由我主持，组织几名英语和专业皆有所长的学生来翻译这本书，作为提高其专业兴趣的一次尝试。我于是向我院一年级的研究生和大三本科生的公共邮箱发了一封招募邮件，说我们要翻译一本有关中央银行历史的书，但是不确定是否能争取到学校的经费支持，有兴趣的同学可以自愿报名参加。没想到，同学们的反应非常积极，报名者众。最后确定五名同学与我一起利用即将到来的寒假时间完成初稿。

    我先完成了缩略语和索引的翻译，以便统一专业术语、人名、地名的翻译。2014年3月底，初稿如约交付。接下来的工作则由我独立完成。原计划一个学期完成审稿，最后竟然拖到是年10月份才最终完成定稿。一则因为期间工作繁忙，2014年上半年几乎无暇顾及此事。二则初稿离我预想的效果，还有比较大的差距。期间除了初稿，共改了三稿，其中第一稿主要是确定翻译内容的准确性，后两稿除了内容的准确性之外，重点是使语言更加顺畅，尽量减少专业书籍翻译中容易出现的晦涩感。期间，我联系到本书的作者——约翰·辛格顿教授。就翻译中不确定的地方，我与他多次通过电子邮件沟通，他均给予了耐心和细致的回复。

    本书翻译的初稿分工如下：

    张慧莲、汪振：第一、二、三、十六章；

    谢宜真：第四、五、六章；

赵一迪：第七、八、九章；

兰晓沛：第十、十一、十二章；

杨志鸿：第十三、十四、十五章。

约翰·辛格顿教授欣然为此中文版书写了序言，即将前往香港中文大学深造的彭丽耶同学提供了该序言的翻译初稿。全书由我统稿并完成审校。作为激发学生专业兴趣而推进的教学改革的一部分，我曾把修改的最后两稿发给参与翻译的同学阅读，他们普遍反馈说，无论是英语还是专业方面都有更多的收获。作为一名高校教师，我知道，激发和升华学生们的专业兴趣并非一朝一夕的事，但集腋成裘，事在人为，翻译此书的经历至少对他们是一个帮助。

尽管我们都想尽力做到"信达雅"，但由于能力有限，翻译还远远达不到完美的水平。我们欢迎读者多多批评指正，如对翻译有任何意见和建议，请联系我们，邮件地址是：centralbank20cn@163.com。

最后，我要感谢中国人民银行调查统计司王毅副司长提供的宝贵意见，感谢外交学院欧明刚主任的推荐，也感谢中国金融出版社陈翎编辑的辛勤工作！

张慧莲

二〇一四年十二月于外交学院